近代上海的江南人

熊月之 主编
叶舟 著

上海科学技术文献出版社
Shanghai Scientific and Technological Literature Press

图书在版编目（CIP）数据

近代上海的江南人/叶舟著 . —上海：上海科学技术文献出版社，2023
 ISBN 978-7-5439-8813-2

Ⅰ.①近… Ⅱ.①叶… Ⅲ.①地方文化—文化史—上海—近代 Ⅳ.①K295.1

中国国家版本馆 CIP 数据核字（2023）第 068437 号

组稿编辑：张　树
责任编辑：王　珺
封面设计：留白文化

近代上海的江南人
JINDAI SHANGHAI DE JIANGNANREN

熊月之　主编　叶　舟　著
出版发行：上海科学技术文献出版社
地　　址：上海市长乐路 746 号
邮政编码：200040
经　　销：全国新华书店
印　　刷：商务印书馆上海印刷有限公司
开　　本：650mm×900mm　1/16
印　　张：27
字　　数：388 000
版　　次：2023 年 9 月第 1 版　2023 年 9 月第 1 次印刷
书　　号：ISBN 978-7-5439-8813-2
定　　价：88.00 元
http://www.sstlp.com

前　言

长三角地区是当前我国经济最发达、最活跃、最具国际竞争力的地区之一，改革开放以来，长三角各地经济一体化步伐加快。2010年，国务院正式批准实施《长江三角洲地区区域规划》。2018年11月5日，习近平总书记在首届中国国际进口博览会开幕式上发表演讲指出："将支持长江三角洲区域一体化发展并上升为国家战略。"2019年12月1日，《长江三角洲区域一体化发展规划纲要》正式发布。

"长三角"作为经济圈，虽然是近年来出现的新概念，却有着悠久的历史。在古代，长江三角洲地带被称为江南。从江南到长三角，虽然时代不同，概念和地域有了一定变化，但长三角经济圈的形成、发展乃至今天的繁荣，是历经千年江南文化自身发展的必然结果。放眼未来，地缘相近、人缘相亲的江南文化，也必将为长三角的全面融合提供文化积淀与归属认同的基础。

上海本身为江南的一部分，近代以来，伴随着上海开埠以及随之引起的江南地区市场和贸易格局的深刻变化，江南地区与世界市场的联系进一步密切，上海逐渐成为江南地区再次高速发展的新龙头，由此也基本奠定了今天长三角地区的经济格局。上海力量重塑了江南经济版图和文化版图，江南逐渐成为上海广袤而又丰饶的腹地，江南的上海变成了上海的江南。上海不仅引领整个长三角的发展，而且使得整个长三角地区成为当代中国发展的重要推进器。

自一百七十年前开埠以来，上海在中外贸易通商的推动下，短短几十年间就由一个滨海县城一跃而成为远东商业巨埠。开埠以后，伴随都市化的进程，以及城市社会经济的结构性转型，上海的人口容量急剧扩大，来自五湖四海的移民构成了上海城市居民的主体。移民性，以及由此带来的人口高度异质性和流动性，构成了上海社会的显著特征。民国初年的《上海县续志》写道："查吾邑水陆辐辏，五方杂处，但可论住年之久近，无从有土客之区分。"由于地理上近在咫尺，风俗民情类似，江浙人士成为上海移民中的主要力量，而江南人又在其中扮演了重要的角色。据统计，1930年，江苏、浙江两省籍人占公共租界人口的88.4%，占华界人口的85.5%。1950年1月，江苏、浙江与上海本地籍人，占上海总人口的88.9%。再加上同位于长江三角洲的安徽省，因此在上海人中，江南人有着绝对的优势。江南文化也由此成为近代海派文化的最重要母体。海派文化就是以江南文化为底蕴，吸收、融合了西方文化的某些成分以及中国其他区域文化而形成的。

江南文化与海派文化之间的互动主要是通过人员的流动来实现的。近代江南人在上海几乎遍及各个领域，对上海发展有着重要的贡献。同时，以他们为媒介，海派文化在江南各地传播，推动江南社会变迁，对江南文化的发展开始起到一种辐射和引领作用。因此，研究近代以来江南与上海的人员流动，江南人对上海的贡献以及对江南本地的影响，对深化上海与江南关系研究，推动今天长三角一体化的深入发展有着重要的作用。

基于历史和现实，无论是江南还是上海，都颇受众多学者的关注，长期以来一直是研究的热点和焦点，可是尽管江南研究和上海研究在近三十年来取得了突飞猛进的发展，但是江南与上海关系的研究仍然处于起步阶段，除了樊卫国的《激活与生长：上海现代经济兴起之若干分析1870—1941》（上海人民出版社2002年版）、陈剑峰《集聚和扩散：明清至今浙北区域与上海社会经济关系史研究》（吉林人民出版社2005年版）、陈为忠《转型与重构：上海产业区的形成与演化研究1843—1941》（复旦大学博士论文2014年）等少数著作和论文之外，尚未有全面深入的研究。另一方面，上海城市史研究一直重视对移民群体的研究，目前学术界对上海的江南人已经有一定研究，且对上海的苏北人、宁波人等移民群体的研究已达到相当程度。如陶水木《浙江商帮与上海经济近代化研究1840—1936》(三联书店2000年版)、李瑊《上海的宁波人》(上海人民出版社2000年版)、韩起澜《苏北人在上海1850—1980》(上海古籍出版社2004年版)、顾德曼的《家乡、城市和国家——上海的地缘网络与认同1853—1937》(上海古籍出版社2004年版)、宋钻友《同乡组织与上海都市生活的适应》(上海辞书出版社2009年版)、张笑川《试论近代上海文化的底色：旅沪苏州人与近代上海》(《社会科学》2013年第11期)、徐松如《都市文化视野下的旅沪徽州人（1843—1953）》(上海人民出版社2015年版)均为其佼佼者。但相关研究仍然存在着很多不足，一是对在上海的江南人的整体研究相对缺乏；二是已有研究成果不平衡，江南核心地区杭州、常州、无锡、嘉兴人在上海的研究相对欠缺；三是太过着重于同乡会研究，偏重于静态研究，对江南人在上海的迁居模式、日常生活，江南人对上海的贡献以及在上海与江南关系中所起的媒介作用等动态研究不够。

本书以近代以来，特别是上海开埠及太平天国战争之后江南地区的人群在上海的活动为研究重点，通过全面收集相关的档案、报刊、日记等资料，对近代以来，江南人在上海活动的模式、日常生活状况、江南人对上海发展的贡献，以在上海的江南人为媒介推动江南与上海之间的互动等课题进行讨论，由此推进江南与上海关系研究。

江南是中国一个极为特殊的地区，很早以来就引起众多的关注，但是"江南"这一概念也历经了曲折的变化，相类似的概念还有"江东""江左""吴地"等。周振鹤先生《释江南》①一文曾对此有一系统的梳理，此处仅作一简单的归纳。大致而言，"江南"作为空间概念，在不同的历史时段，涵盖范围有所不同。从今天的角度，按其包含地域广袤的程度，"江南"大致有以下三重含义：其一，最广义的范围，即是"江南"字面上的意义，泛指长江以南地区及江、淮之间的部分地区；其二，"江南"的基本范围，则指长江下游三角洲地区，即今太湖流域为中心向东、西两侧延伸，不仅包括今江苏的南京、镇江地区，浙江的绍兴、宁

---

① 周振鹤《释江南》，《中华文史论丛》第49辑，上海古籍出版社1992年版。

波地区及浙东诸州,还包括今安徽的芜湖、徽州等皖南地区,江西的婺源,苏北的扬州、仪征、泰州、南通等地;其三,江南的核心范围,也即狭义的"江南"则是指太湖流域地区,大致包括今江苏的苏州、无锡、常州,浙江的杭州、嘉兴、湖州及上海地区。此处所讨论的江南,即今天的长三角地区。限于篇幅,本书所讨论的"江南"以浙江、江苏为主,重点关注江南的核心区,即除上海之外的今江苏苏州、无锡、常州和浙江杭州、嘉兴、湖州六市范围。

目 录

前 言 ··· 001

第一章　赴上海：上海开埠与江南人的涌入 ······················· 001
　第一节　政治与经济：江南区域中心的转移与上海的崛起 ········· 002
　第二节　时间与空间：江南与上海的客旅变迁 ······················ 012
　第三节　人口与行业：旅沪江南人在上海的概貌 ··················· 027

第二章　入上海：江南人在上海的迁居过程 ························ 037
　第一节　旅沪江南人的迁居模式：以武进西营刘氏为例 ············ 039
　第二节　江南望族在上海 ·· 051
　第三节　近代江南新兴家族的崛起与上海 ···························· 076
　第四节　旅沪江南人在上海的聚集与活动 ···························· 122

第三章　居上海：江南人在上海的日常生活 ························ 149
　第一节　晚清江南新都市人的形成与青楼生活：
　　　　　以《九尾龟》为中心 ·· 150
　第二节　"过渡时代"江南知识分子在上海的日常生活：
　　　　　以蒋维乔为个案 ··· 172
　第三节　一个江南传教士在上海的一生 ······························ 200
　第四节　一个江南打工青年的日常生活史 ··························· 222

第四章　地缘与业缘之间：旅沪江南同乡组织……………245
　　第一节　旅沪江南同乡会组织的变迁………………250
　　第二节　旅沪江南各同乡组织概况…………………271
　　第三节　旅沪江南同乡与政治活动…………………316

第五章　上海与故土之间：旅沪江南人与江南社会近代化进程………361
　　第一节　旅沪江南人与近代江南经济的发展………362
　　第二节　旅沪江南人与江南地方建设………………374
　　第三节　旅沪江南人与江南新式教育………………381

尾　声……………………………………………………393
后　记……………………………………………………401
参考文献…………………………………………………403

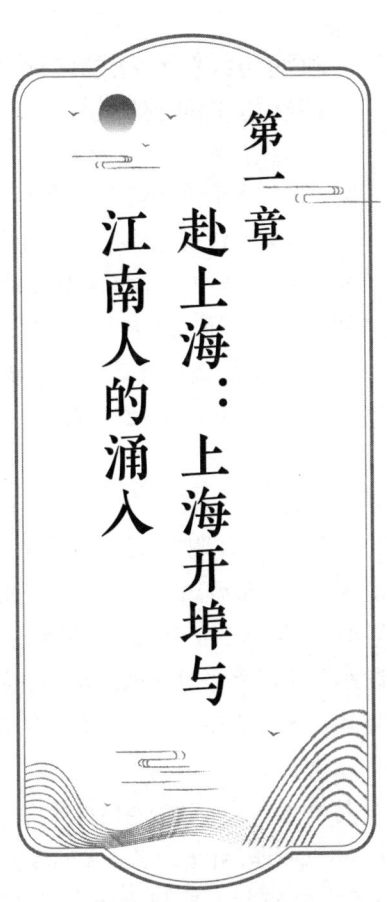

第一章

赴上海：上海开埠与江南人的涌入

第一节　政治与经济：江南区域中心的转移与上海的崛起

一八六〇年四月初一日，太平军兵临常州城下，驻扎于此的两江总督何桂清见势不妙，带兵逃跑，经过当地人五天的殊死抵抗后，常州城落入太平军之手。在激烈的交战中，常州许多房屋被毁，从甘棠桥到驿桥，从西瀛里到太初庵，房屋都化为灰烬。据《团练纪实》的统计，仅在太平军攻城的五天内，团练伤亡近2万，而城内阵亡人数在6万以上，而其中有名有姓的计48 770①，这已经占当时常州城市人口的1/3左右。

常州城的噩梦并未就此结束。同治二年（1863）冬开始的常州围城战，给这里带来了更大的灾难。江阴人金武祥在他的日记中记录到："庚申之乱，乡民叠被搜括，二三年后犹不可支。幸渡江可以躲避，并可载物南渡接济。及去冬今春（同治二年至同治三年），官军攻常，与贼相持日久，兵与贼四出蹂躏，而江北当事防贼北窜，有船只不准北渡之令，于是江南之民坐以待毙，无何偷生，人竞相食。初掠小孩及过客食之，继则父子兄弟夫妇亦相食。及城复，而民实毙十之八九矣。"同时，他称："官军攻常州，相持日久，兵与贼各四出拆毁房屋，大者售卖，小者为薪。自北门至大岸，由近而远，计十余里竟无一椽之覆。"② 这种惨状在其他文献中也多有记载。1865年1月13日《上海之友》报载文称："到常州府，沿途九十五里，仍旧是一片荒芜凄惨的景象，不见一个做工的人，遍地荒蒿，杂草没胫""从常州府到丹阳遍地布满了白骨，不幸的太平军，更可能是无辜的村民，一定遭到了极其可怕的屠戮！常州无锡间

---

① 庄毓鋐等：《武阳团练书》，《中国地方志集成·江苏省府县志辑》第38册，江苏古籍出版社1990年版。

② 金武祥：《金淮生日记》同治三年十月初一至初二条，上海图书馆藏稿本。

有一倾颓的宝塔，相传为四千年的古迹。我曾前往观赏，当我见到塔里塞满了死尸，尸身上的肉全都一片片割下来作为食料的时候，我是感到了怎样的震惊啊！"①毛祥麟也称同治四年他路过"向称繁庶"的奔牛，如今却是"蔓草荒烟"。②

据曹树基的估计，太平军占领常州四年间，常州府人口损失近70%，119.6万左右。③吴建华曾经用常州庄氏家谱记载的"通族丁数"讨论庄氏人丁的变化。庄氏在万历八年的时候为32人，在雍正元年的时候为1723人，嘉庆十年的时候为1500人，咸丰六年为1400人，而到光绪元年时仅为380人，到民国二十四年方增长至600余人。④由庄氏的情况，可窥当时常州城人口减少之一斑。

和常州一样，苏州、杭州这些江南的繁华都会也同样在战争中损失惨重。战争结束数年后，苏州"虽渐次盖造，仍未能遽返旧观，每见通衢僻巷，瓦砾累累"。⑤在这些昔日繁华都会逐渐走向衰落的同时，上海却开始迅速成长。上海之前只是松江府的一个属县，虽然也称"江海通津，东南都会"⑥，但其地位，最多也只是与武进县相仿，在江南地区并不具备中心地位。1842年，《南京条约》签订，上海成为五口通商城市之一。1843年11月17日，第一任英国驻沪总领事巴富尔（George Balfour）宣布上海开埠，从此之后，上海发生了日新月异的变化。1846年，上海出口货值仅占全国总量的16%，五年后，其所占的比重达到50%。到1863年，上海口岸的进出口总值为100 189 564两，而广州仅

---

① 呤唎著，王维周译：《太平天国革命亲历记》下册，上海古籍出版社1985年版，第566—568页。
② 毛祥麟：《墨余录》，上海古籍出版社1985年版，第17页。
③ 曹树基：《中国人口史·清代卷》，复旦大学出版社2005年版，第491页。
④ 吴建华：《明清江南人口社会史研究》，群言出版社2005年版，第71页。
⑤ [清]丁日昌：《抚吴公牍》卷5《饬议排除瓦砾章程》。
⑥ [清]陈文述，《序》，《嘉庆上海县志》卷首，《上海府县旧志丛书·上海县卷》第2册，上海古籍出版社2014年版，第803页。

为 6 046 365 两，不及上海的十五分之一。①

就在此时，整个江南地区都被卷入到太平天国的战乱中，遭受到了史无前例的损失。而上海因有租界的托庇，未受到战争的破坏。虽然上海也发生了小刀会起义，县城被占领，但是随之而来的后果却是大量难民涌入租界，原来的华洋分居格局开始被打破。此后，随着江浙富户豪右开始向上海避难，江浙人掀起了一股向上海急速流动的大潮流。"江浙被兵后，苏、松、杭、嘉、湖数十郡县之人民避难觅食者群卒于是。"②如湖州"士民将家眷迁居于乡，或至上海，数日间迁去十之六七"③；如宜兴，储廷灿时就馆松江，"乡人避地来者立予案值集，或资其行李，典质弗恤也"。④常州人姚公鹤在其所著《上海闲话》中一针见血地指出："太平军之发难，其初外人亦严守中立，故租界因得圈出战线之外。于是远近避难者，遂以沪上为世外桃源。当太平军逼近上海之际，某寓公名租界为'四素地'。盖界内籍外人之势力以免兵祸，所谓素夷狄、素患难者是。而流寓之中，富贵贫贱相率偕来，则所谓素富贵、素贫贱者是。此为上海市面兴盛之第一步。……以上海襟江带海，复经外人之竭力经营，工商发达，输运便利，其足以吸收全国之商业固已。然无吾国数次之乱，其效果亦决不至是。"⑤太平军攻克南京后，短时间内上海人口猛增。据统计，1853 年在租界居住的中国人约 500 人，1854 年上海小刀会起义期间，增至 2 万余人，1860 年太平军第一次攻打上海期间，人口骤增至 30 万人，1862 年又增至 50 万人，一度还达

---

① 黄苇：《上海开埠初期对外贸易研究（1843—1863）》，上海人民出版社 1961 年版，第 145 页。
② ［清］吴云：《两罍轩尺牍》卷 1《沈郎亭大司农》，清光绪十年刻本。
③ 周庆云：《南浔志》卷 45《大事记》，《中国地方志集成·乡镇志专辑》第 22 册上，上海古籍出版社 1990 年版。
④ ［清］钱志澄修，吴景墙纂：光绪《宜兴荆溪县新志》卷 8《人物志》，《中国地方志集成·江苏府州县志辑》第 40 册，上海古籍出版社 1990 年版。
⑤ 姚公鹤：《上海闲话》，上海古籍出版社 1989 年版，第 26 页。

到70万人①。如果再加上县城中原有的居民，上海华洋两界的总人口超过100万。另据太平军战事平息后上海租界当局所做的第一次人口调查显示：1865年初，上海法租界计有外侨460人，中国人55 465人，凡55 925人；公共租界计有外侨2 297人，中国人90 587人，凡92 884人。两租界总计中外人口148 809人②。可见，即使战事平息后有大批难民重返家园，但仍有近15万难民继续留在租界，成为上海市民。曾一度还乡的难民目睹兵燹之后破败不堪的江浙世界，又纷纷重返沪上，或置产兴业，由绅变商；或以苦力谋生，由农变工。上海租界人口由此逐渐回升。大量移民的涌入，加速了上海的发展。而其中，江南移民则扮演了尤为重要的角色。此后，每到战乱，上海都成为江南人的避风港。辛亥革命时，稍有风吹草动，常州人便惊恐万分，"避乱来沪者益多"。③

其实，细究起来，上海在近代的发展并不仅仅是因为开埠，也不仅仅是因为太平天国战争，这些政治事件只能说是加快了上海发展的进程。

在人类历史上，港口的发展和繁荣，往往是沿江沿河及沿海城市的催化剂，而城市的繁荣拓展又对腹地经济的发展形成强力的推动效应；腹地市场经济的推进，又对作为商品集散地的港口城市的发展至关重要。唐宋之后，江南作为中国社会经济发展最快的地区之一，必须有一个相当规模及辐射能力的重要港口，并以此集聚本地市场，维系与海内外的经济贸易、对外交流来往。只不过这个港口从青龙镇到刘家港到上海港，始终表现为一种游移、变迁的过程。同时，江南港口的腹地以及辐射范围，也经历着一个自长江三角洲向长江流域以及整个中国沿海逐步扩张的过程。这表明，当一个地区的社会经济发展到一定程度时，一定会在最合适的地方，形成和发展起自己的聚落或口岸，这是不以人们的意志

---

① 《上海研究资料》，上海书店出版社1984年版，第138页；蒯世勋编著：《上海公共租界史稿》，上海人民出版社1980年版，第359页。
② 汤志钧主编：《近代上海大事记》，上海辞书出版社1989年版，第214页。
③ 蒋维乔：《因是子日记》宣统三年九月初八日条，上海图书馆藏稿本。

为转移的。上海的历史发展进程其实就是这一规律的体现。

天宝五年(746),唐朝在今天青浦东北吴淞江南岸设置了直属华亭县的青龙镇,这成为上海地区古代城市化进程的起点。发达的国内及国际贸易与人员往来,使青龙镇成为"人烟浩穰,海舶辐辏"的枢纽,极大地提升了上海地区的发展水平。不过唐以后,太湖平原东部海岸线加速向外伸展,吴淞江河线也不断延长,河床比降越来越平,流速越来越小,冲淤能力也越来越弱,再加上宋以后,由于人口增长,人地关系日趋紧张,生态环境开始受到破坏,吴淞江逐渐淤塞。随着吴淞江的淤塞,青龙镇逐渐衰落,即使崇宁、宣和年间对这一段河道进行疏浚也无法恢复旧观。此后,华亭县的外港从青龙镇转到上海镇,上海由宋末设置市舶分司,直至元代至元二十九年(1292)立县都是这一发展的结果。

今天上海港的口岸地位在宋元明时期已现雏形。关于上海成为聚落的记载始于北宋,至迟在北宋熙宁十年(1077),上海浦西岸已设有酒务,但还未成镇。南宋景定、咸淳年间(1260—1274),设立了专理航海

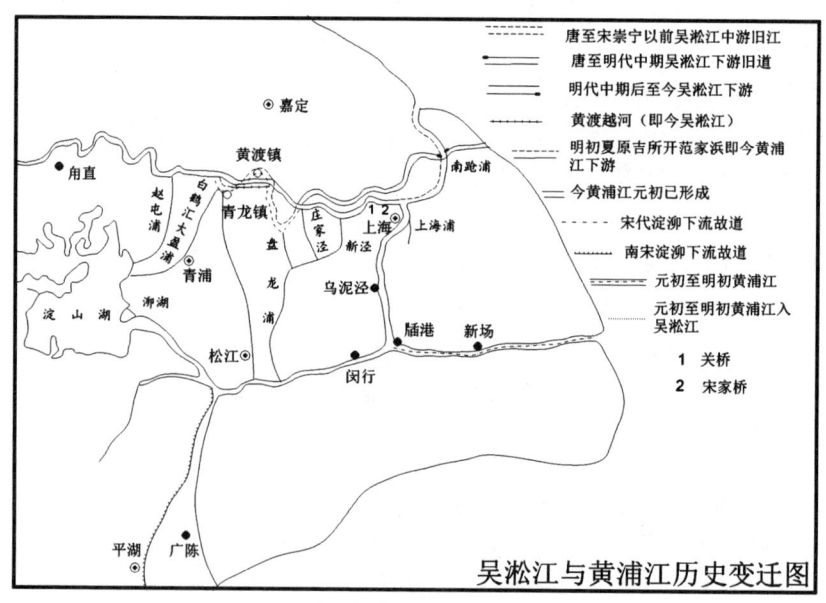

吴淞江与黄浦江历史变迁图

贸易的市舶司，上海镇的名称也开始见之于文献。宋后期青龙镇日见衰落之时，现今上海地区范围内，能令海船进出的港湾有黄姚镇、江湾镇和上海镇三地。其中位于吴淞江支流上海浦近旁的上海镇，由于离吴淞江近在咫尺，所依傍的上海浦、黄浦及宋家浜等河道又皆与吴淞江相通，既便于海船进出，又利于海船停泊交易，因此逐渐得到了发展。

  元至元十四年（1277），元政府在江南设立四处市舶司，上海与庆元（宁波）、澉浦、泉州各居其一。至元二十九年，上海正式建县，青龙镇属上海县。县城所在的上海镇已是"有市舶、有榷场、有酒库、有军隘、官署、儒塾、佛仙宫观、甿廛贾肆，鳞次而栉比，实华亭东北一巨镇"。但从当时整个江南地区而言，上海的口岸地位还在毗邻的北翼浏河镇之下，而且上海南侧钱塘江北岸的澉浦，来往海船也东达泉潮，西通交广，南对会稽，北接江阴。上海位于浏河、澉浦南北之中，海船溯驶上海县城必经的吴淞江下游又淤浅之势不减，这些都抑制了上海港的进一步发展。

  随着吴淞江的日渐淤塞，太湖和淀泖之水迂回宛转，分道宣泄，一路经浏河由刘家港北出长江，一路由新泾、蒲汇塘，经黄浦出海。明初，由于吴淞江下游淤塞严重，户部尚书夏原吉提出了日后影响深远的"掣淞入浏"和"黄浦夺淞"计划。随着"掣淞入浏"的推进，刘家港地位日益提高，更因成为郑和下西洋的出发港而名噪一时，太仓也顺利立卫建州。与此同时，又另辟入海新道范家浜，引黄浦淀泖之水径达于海，其后由于潮流冲刷和继续疏浚，黄浦江日益壮大，嘉靖元年定型的吴淞江新道，则反成为其支流，在今外白渡桥注入黄浦江，奠定了今日黄浦江水系的格局。入清以来，随着浏河日益缩狭淤浅，黄浦江则继续扩展，最终演变成为太湖下游通畅的泄水道。位于黄浦江下游的上海港由此趁势崛起。

  上海县城内河航运已经较为兴盛，城南郭临浦傍浜的大小南门外薛家浜、陆家浜、肇家浜一带，已逐渐成为当时最主要的内河航运驳岸码头。明中叶时，上海人陆楫有一段话说得很形象，"自吾海邑言之：吾邑僻处海滨，四方之舟车不一经其地，谚号为小苏州。游贾之仰给于邑中者无虑数十万人。特以俗尚甚奢，其民颇易为生尔"。[①] 但是，当时上海北有"天下第一码头"之称的刘家港，南有乍浦、宁波，其中宁波为朝贡贸易所在，港外双屿岛又是民间走私贸易的聚集之所，所以上海港作为江南口岸的地位并未显见。

上海港地位的真正确立是在清前期，期间有三大因素起了十分关键的推动作用。一是江海关的设立，确立了上海在江南口岸的统率地位。康熙二十三年（1684），清政府开通海禁，翌年又在江南等地设立江、浙、闽、粤四海关。上海县城成为统辖长江入海口南北600余里海岸线、

黄浦帆樯

大小24处分海口的江海大关所在。清政府在规定江南沙船收泊浏河镇的同时，规定江海大关所在的上海港专门收泊闽粤商船，由此促成了上海县城大小东门外，即宋元时代顺济庙、市舶司署一带的重新繁盛。二是浏河镇阻塞，使昔日收泊刘家港的江南沙船、青口豆船等悉数收泊上海。清前期，清政府对江南口岸实行上海县城大关与浏河镇，南洋鸟船、北洋沙船分口收泊政策，明文规定北洋沙船只准收泊太仓浏河镇，南洋海船收泊上海口岸。延至乾隆末，特别是嘉庆、道光年间，浏河镇因浏河河道淤塞以及河口拦门沙隆起，作为港口不得不最终宣告废弃，所有往日明令收泊浏河之北航沙船渐渐不遵旧例，越收上海大关，后来几乎

---

① ［明］陆楫：《蒹葭堂稿》卷6，《续修四库全书》集部第1354册，上海古籍出版社1995年版。

全部改为停泊上海。嘉庆十三年（1808），苏松太兵备道公开谕示，沙船"或收浏河，或收上海，均听商民自便""自此以后，浏河一口竟无一船之至矣"。①上海口岸由此而再获鼎盛发展之契机。三是道光年间运河淤塞，江南漕粮不得不由河运改为海运，由此进一步促进了上海港的空前繁盛。运河不畅使大量昔日以苏州为基地，历来走运河水路的内河贸易也多改为经上海口岸而走海路。数量众多、船籍分属于长江三角洲各个县份的江南沙船终于齐集上海口岸，从而更进一步促进了上海海运贸易的繁盛和上海口岸的发展。到鸦片战争前，随着南北洋沿海贸易的兴盛，上海口岸常年停泊的北洋沙船已达3 500艘，南洋海船近千艘，航运总吨位可达42万吨以上。上海已经成为当时中国南北洋之间，沿海和腹地之间交换各种商货的重要商港。②正如道光年间时任江苏布政使的李星沅所说，"上海号称小广东，洋货聚集……稍西为乍浦，亦洋船码头，不如上海繁富。浏河亦相距不远，向通海口，今则淤塞过半"，唯有上海"适介南北之中，最为冲要，故贸易兴旺，非他处所能埒"。③上海由此而最终取得江南地区一枝独秀的口岸地位。正是这个原因，当外国人初到中国之后，立刻敏锐地发现了这个地方的独特地理优势。在1830年代一位英国人来到上海，如此记述道："我所熟悉的城市，没有其他城市具备上海那样的优点；上海已成为通往中华帝国的大门，实际上就是主要的入口港。溯（黄浦）江而上，驶向上海县城时，但见帆樯林立，即可就显示出它是一个巨大的国内贸易中心。"④所以到了近代开埠以后，上海借助对外贸易迅速成为全国对外开放的最大通商口岸。

上海地位的转变，有一点可以证明。明清期间，江南各地若稍稍繁

---

① ［清］金端表：《刘河镇纪略》卷3，《中国地方志集成·乡镇志专辑》第9册，上海书店出版社1990年版。
② 张忠民：《清前期上海港发展演变新探》，《中国经济史研究》1987年第3期。
③ ［清］李星沅：《李星沅日记》，《清代日记汇抄》，上海人民出版社1982年版，第207页。
④ Robert Fortune: Three Years Wanderings in the Northern Provinces of China，转引自姚贤镐《中国近代对外贸易史资料》第1册，中华书局1962年版，第516页。

华一点，便有"小苏州"之称，上海县城在明末"谚号为小苏州"。①到了近代，江南各地则多有"小上海"，最著名的"小上海"，是当时江南地区除上海之外最发达的工业城市无锡。此外，江南各地县城市镇中以"小上海"为名者，屡见不鲜。如浙江海宁硖石，"为浙西大镇，民物繁庶，素有'小上海'之称"②；如江苏武进"夏溪镇素有'小上海'之称，其热闹可想而知"③；又如常熟浒浦，当地码头

利玛窦与徐光启

"以浒浦为最盛，该地竟有'小上海'之称"④；吴江盛泽"以其为丝绸工业地域，故繁华热闹异常，素有'小上海'之称"⑤。由此也可知当时上海在江南各地人眼中的地位。

更深入地来看，上海的发展也并不完全是因为其特殊的地理位置。其实，早在明清时期，作为江南文化的一个组成部分的上海文化显示出了其与众不同的个性，将江南文化中的务实致用、开放包容、博采众长的特色体现得非常鲜明。其中徐光启就是上海文化的典型代表，以他为首的晚明西学东渐潮流对中国科学启蒙的意义非常重大。著名学者李约瑟在评价耶稣会士在华科学活动时，认为在文化交流史上，没有一件足以与17世纪西方传教士来华相比，因为从那以后，世界性的科学与中国

---

① ［明］陆楫：《蒹葭堂稿》卷6，《续修四库全书》集部第1354册，上海古籍出版社1995年版。
② 《本埠新闻·江浙时局之昨日消息》，《申报》1924年9月1日第14版。
③ 《地方通信·常州》，《申报》1925年12月21日第15版。
④ 《常熟傀儡咸暴富》，《申报》1938年10月13日第14版。
⑤ 《苏嘉路上一小镇》，《申报》1942年7月8日第14版。

科学已不复存在根本性的区别了。这一交流是人类不同的两大文明之间联系的最高典范。在这一过程中，以徐光启为代表的上海士人起到了最为关键的作用。他们相信民族文化的传统力量，立足于传统的巅峰，虚怀若谷，放眼世界，就像鲁迅先生所说的"拿来主义"，吸收一切人类文化的优秀成果。他们以博大开放的文化心态，融汇古今，横贯中西，对中国传统科技进行了全面的总结和理性的反思，取西方科技之长，舍传统科技之短，在科技哲学、农学、数学、天文等方面取得划时代的成就，并指明了中国传统科技朝着近代方向发展的道路。正如竺可桢所言，徐光启可称为恩格斯所谓的这个时代"学问上、智力上和性格上的伟人"。①

晚清以降，面对西方文化的强势冲击和挑战，中国社会表现出不同的应对态度：一种是坚守固有的文化传统，盲目排外；一种是极力推崇西方文化，主张"全盘西化"；一种是自主开放，积极应对，以兼容并包的方式实现中西文化的有效整合。由上海引领的江南社会无疑是秉持第三种应对态度的典范。由于历史的原因，上海和江南对洋人和西洋文化并不抱抵触和抗拒心理，所谓"华洋商人友好无间，非如粤埠华洋人民积有芥蒂，遇事有不能融洽之虞也"。②于是，大批外商前往上海寻求发展。外商云集上海，也把他们的文化习俗和生活方式带进了上海，上海成为最先接触西方文明的城市，并进而影响整个江南都市。

到了近代，上海迅速成为全国对外开放的最大通商口岸，伴随着商业的频繁往来，文化也随之交流融合。上海作为中国的文化中心以及各种先进思想的宣传基地，进一步将江南文化中最有价值的开放包容、务实致用的基因发挥得更加淋漓尽致；大量移民的迁入，又把中国各个区域文化带进了上海，于是上海成为各种文化和文明的交汇、交流与交融

---

① 竺可桢：《徐光启纪念论文集》序言，《竺可桢文集》，科学出版社1979年版，第435页。
② Banister: A History of the External Trade of China，班思德《最近百年中国对外贸易史》，1931年中英合璧本。

地，海派文化也随之逐渐发展壮大起来。正是这种兼容并包、海纳百川的文化特点，海派文化也伴随着近代上海的崛起而兴盛。

历史学家白吉尔曾这样评价上海："随着研究的深入，我清楚地认识到，不管上海怎么异化，她还是一座中国城市。是中国人填满了前租界的空间，没有他们的认同与合作，任何规划都不可能实现。上海社会接受了西方人带来的形式，把它吸收、消化并转化成中国式的现代特色。这座城市所具有的独特性和吸引力是其他殖民地都没有的，亚洲、非洲别的殖民地区完全是另一种模式。"① 海派文化的独特性和吸引力来自哪里？正是因为她是将江南文化最有价值的因子提炼、浓缩，并且吸收、融合了西方文化的某些成分而形成的。海派文化，从江南文化的土壤中汲取了丰富的营养，完成了从承继江南文化到熔铸江南文化，再到引领都市文化的历程，从而推动了上海文化在整个江南文化格局中中心地位的确立。而另一方面，海派文化对江南文化的继承、集聚、融合、创新，使得无论是海派文化还是江南文化都变得更具近代特性。由此，以上海为中心的江南也成为中国现代化运动的一个非常重要的推进器，至今仍是中国最充满魅力和活力的地区之一。大量在上海的江南人在这一发展进程中无疑起到了重要的作用。

第二节　时间与空间：江南与上海的客旅变迁

思想的传播并非空穴来风，必须依靠人的活动进行，因此人们的活动范围就相应成为信息接受和传递的空间。但人们发生空间位移要有交通条件来保证，因此，交通状况的优劣成为信息传播的决定性因素之一。一般来说，交通越发达，为本区域成员接受外界思想和外来思想进入本地就提供了越便利的条件，反之，如果一个区域处于相对封闭的状态，

---

① ［法］白吉尔：《上海史：走向现代之路》，上海社会科学院出版社2005年版，第2页。

那么本区域了解和接受外来思想的机会会减少,固守原有生活方式的可能性会增强。从信息传播的过程来看,交通的空间距离与信息传播的范围成正比。近代江南新思想传播速度的快慢与交通的发展有着明显的相关性,在早期,交通条件的落后限制了新知识新思想的传播,而到后期,随着交通工具的进步如轮船、火车的出现则拉近了江南各地之间的空间距离,也加快了思想的传播,而这些新思想的传播又对江南社会产生了重要的影响。

一、往还壶榼夜航船

江南属于著名的水乡,根据范毅军的描述,江南地区"平均每一平方公里土地上,就有超过两公里的河流通过,此外更有面积大小不等的湖泊广布其间"。① 因此正如王家范所言,在江南"船是基本的运输工具,河流是交通大动脉"。② 这两大因素成了构筑江南交通格局的决定性要素,船成为沟通城市和市镇,市镇与乡村来往的重要交通工具。江南很早就已经出现了来往于各地的班船,这就是著名的夜航船。夜航船的历史非常悠久,宋代笔记《能改斋漫录》和《中吴纪闻》中都提到,古乐府中还有夜航船之曲。③ 元末明初人陶宗仪在《南村辍耕录》中也说:"凡篙师于城埠市镇,人烟凑集去处招聚客旅,装载夜行者,谓之夜航船。"④ 晚清江阴人金武祥曾有这样一首诗:"凌杂米盐星货铺,往还壶榼夜航船。村童鲁钝时逃塾,野老辛勤自力田。"其下有注:"吾乡城镇均有班船,或日班,或夜班,或谓之信船,粤人谓之渡船,皆往来有定期,以寄书

---

① 范毅军:《市镇分布与地域的开发:明中叶以来苏南地区的一个鸟瞰》,《大陆杂志》第102卷第4期,2001年。
② 王家范:《百年颠沛与千年往复》,上海远东出版社2001年版,第214页。
③ [宋]吴曾:《能改斋漫录》卷7《事实》,中华书局1960年版,第192页;龚明之:《中吴纪闻》卷四,上海古籍出版社1986年版,第89页。
④ [元]陶宗仪:《南村辍耕录》卷11,中华书局1959年版,第137页。

信及货物,并以载客商……即古所谓夜航船也。"① 这段话可以说是对江南一带城乡之间交通情况的生动描述。当时江南各地都有属于本地特色的船只,日本学者松浦章曾根据《北新关志》列出了清代运行在运河沿线的 70 余种船只,大多以镇江、松江、杭州、湖州、平湖、宁波、无锡、吴江、常州、嘉兴、丹阳、南浔等江南各地地名命名。②

夜航船虽然方便,但是运行缓慢,本地往来尚算便捷,可若要跨府越州,便要耗去大量时间。《宋会要辑稿》中保留了一份珍贵的资料,绍兴十二年(1142),户部曾规定江南各州府官船抵达临安的地里和日限,其中秀州为一百九十八里,计四日二时;平江府为三百六十里,为八日;湖州为三百七十八里,计八日二时;常州为五百二十八里,计十一日四时;江阴军为七百三十八里,计十六日。③ 这也使得后人得以了解当时来往于江南的船只途中所需花费的时间。松浦章在《天下路程示我周行》中作过计算,在清代,从苏州到上海一百多公里的距离,正常情况下,民船需要航行四至五日。可见,由于船只动力技术进展不大,其实和六七百年前没有什么明显的变化。而由于潮水、气候、突发事件等种种不可知的因素,还会延缓出行的时间。

河上帆船

同治十年(1884),江阴人金武祥第一次乘船到上海,向来观察非常仔细的他记录了沿途的旅程:八月初八日"未刻开行,二十里戚墅堰,十里横林,泊"。初九日"五鼓开行,二十里洛社,二十里皋桥通白塔湖,并至江阴等处,

---

① [清] 金武祥:《陶庐五忆》,光绪粟香室丛书刻本,第 8—9 页。
② 参见 [日] 松浦章《清代内河水运史研究》,江苏人民出版社 2010 年版。
③ 《宋会要辑稿》食货四八之一,中华书局 1957 年版,第 5623 页。

十里无锡县,培成侄上岸进城,遂绕城行。十里老窑头,三十里社安,十里南望亭先过北望亭,有厘卡,二十里浒墅关,泊"。初十日"五鼓开行,二十里枫桥有厘卡,十里阊门,进水关,泊"。十一日"五鼓开行,五里斋门,五里娄门,十里槐谷帮,二十里惟亭,十五里真义桥桥内即进贤镇,十五里昆山县,泊南门"。十二日"五鼓开行,走内河,约二十里出口。内河路较近,而桥甚低,水长恐难迳过。又行二十里菉葭帮,二十里黄渡,水路纡回,风顺逆不定,牵挽而行,颇行濡滞。中经厘卡二处,未暇询其地名。黄渡市肆近百家,为青浦县辖,离县约十里,小泊,候潮退。又行二十里张家泾,泊"。十三日"五鼓开行,十里野鸡墩,十四里周泰伯庙,二十六里上海县"。①

从上述的记载可推断,从常州到无锡要一天时间,苏州要两天,昆山则是三天,青浦四天,到上海已经是第五天了。由于船只动力技术进展不大,其实和700多年前没有什么明显的变化。直到光绪十一年(1885),庄宝澍参加顺天乡试后,从上海乘船回常州,一路上或是潮水盛涨,舟高于桥,或是西风大作,舟行蹇缓万分,或是城河水浅,不得进步,十二月初五日从上海出发,当天只到周太仆庙,次日方到黄渡,到常州也是十一日。②可见缓慢的船速加上部分航道"纡回曲滞",江南客旅并不像今天人们以为的那么方便。

那么陆路的情况又如何呢?江南陆路的主要有塘路构成。塘路本是修浚河道时挖河积土筑成的纤道,供船夫背纤走,此后加宽渐成塘路。塘路和驿路、官路基本

金武祥

---

① [清]金武祥:《金淮生日记》八月初八日至十三日条,上海图书馆藏稿本。
② [清]庄宝澍:《庄宝澍日记》光绪十一年十二月初五日至十一日条,《晚清常州名贤日记四种》,凤凰出版社2013年版,第342—343页。

一致,故有官塘之称,主要用于政府公文的传递和官员公务旅行,大多与主要干河平行。除了塘路之外,其他地方基本无路可走,即使有路,也是那种直穿田野的小路。塘路路况其实也不尽理想,不仅颠簸,遇上雨雪尤为艰难。同治十一年(1872)十二月,金武祥从南京回江阴,便走塘路。当时正逢大雨雪,阴雨泥泞,他"乘马而行,据鞍扶伞,倾险时虞",行走两天,方从南京到句容,感叹是"客中苦况之尤甚者",①江南其他地方的情况当与此类似。

二、飚轮刻日知千里

机械动力的轮船来到中国是在鸦片战争之后。1842年签订的《南京条约》规定开放广州、福州、厦门、宁波、上海五处通商口岸,实际承认了外国享有在中国沿海通商口岸自由航行的权利。1844年,"魔女"号、"海盗"号、"财神"号三艘英美轮船在广州与香港之间的航线上航行,这是外国轮船在中国水域最早开设的定期航线。1858年签订的《天津条约》开放了长江水道,沿江港口正式对外开放。次年,一些在上海的外国洋行如怡和、宝顺已经开始在长江一线从事轮运活动。1862年3月,旗昌洋行集资100万两,在上海设立了第一家外资专业轮船公司,即上海轮船公司(Shanghai Steam Navigation Co.),这便是著名的旗昌轮船公司。②

同治三年(1864)三月,也就是旗昌洋行开办两年半之后,金武祥第一次乘旗昌洋行"湖广"号从九江返回故乡,当天经过了湖口、彭泽、东流,次日一早到达安庆,经淞阳、芜湖、南京,到晚上已抵达镇江,船价是每人银二两八钱。他在镇江找到一艘小船回家,却因水浅候潮等了一天,途中又经历了两天,方才抵达常州府城,回到江阴老家还要一个晚上的时间。船价则是每人四百五十文,与江轮相比无论从时间还是

---

① [清]金武祥:《金淮生日记》同治十一年十二月初十、十一日条。
② 樊百川:《中国轮船航运业的兴起》,中国社会科学出版社2007年版,第88页,第91—92页。

蒸汽轮船

金钱来看,其实并不怎么合算。海轮费用要更贵,但用时也更短。金武祥在同治十年(1871)从上海乘坐英国公司轮船"蒙古"号到香港,只花了两天时间,船费是每人英洋八元,当时从天津到上海的轮船用时和费用也基本一致。①

轮船与帆船,孰优孰劣,乘过的人自然很清楚,所以同治十一年(1872)四月在《申报》上刊登了一篇《轮船论》,呼吁在内河使用轮船运输。文中比较轮船和帆船在苏沪两地的航行速度,称从上海到苏州,水路大约三百里,轮船最慢时速可达每小时五十里,三百里的路程一天即可到达。而内地民船最快也要两天,慢则要三天,若遇到阻滞,更不知道要多少天了。文章还比较了上海至汉口的行程:上海搭轮船到汉口,价格每人不过七两银子,计铜钱十二千余,为期不过三日,如果改搭民

---

① [清]金武祥:《金淮生日记》,同治三年九月十七日至二十二日条;同治十年闰五月十七日条。

船，虽然船价火食可减省一半，而最快也要二旬，而这个时间轮船已可往返三次。

由于江南地区大部分人都无法享受轮船所带来的通行便利，所以来自上海的新知识与新思想的传播也自然受到了各种局限。前引《轮船论》以为如果使用轮船进行信息传递，"虽不能如电报之速，然较之急足快船已十倍矣"。① 据姚公鹤回忆，1890—1891 年间，族伯姚岳望自英国出使回常州，赴家塾见其父，力劝其子弟"于诵读之暇，不可不购阅新闻纸以通知时事"，并和他们谈及《申报》上所登载的郭嵩焘画像之事。② 这说明，姚公鹤兄弟此时仍很少能够读到《申报》。蒋维乔和同人们第一次看到江南制造局翻译的西学书籍已经是光绪十九年（1893），而本地旧儒听说他们在研究西学，目为怪物，痛诋不已。蒋维乔在日记中认为常州与上海交通需用帆船，极其不便，是导致当地风气十分闭塞，接收新知识新思想困难的重要原因。③

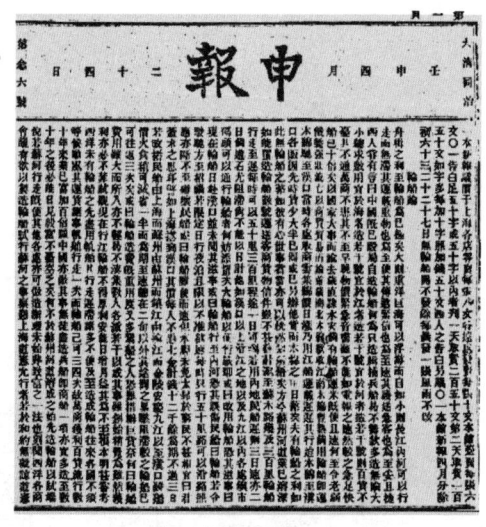

《轮船论》

这一点，也可以从《申报》《格致汇编》等当时的一些传播新思想的媒体的销售渠道情况得到证明。1877 年第 11 期的《格致汇编》上刊载了其销售点，分别是中国北京、烟台、武穴、上海、汕头、温州、天津、登州、九江、苏州、福州、香港、宜昌、牛庄、汉口、南京、厦门、广州、淡水、宁波、镇江、武昌、济南、日本神户、横滨、新加坡，基本

---

① 《轮船论》，《申报》1872 年 5 月 30 日第 1 版。
② 姚公鹤：《上海闲话》，上海古籍出版社 1989 年版，第 29 页。
③ 蒋维乔：《竹翁自订年谱》本年条，上海图书馆藏稿本。

上都是开放的通商口岸和省会城市,江南各府县,特别是次级中心城市如常州、嘉兴、湖州等均不在列。①1880年的《申报》第一次出现了外埠售报处的记录,包括北京、天津、南京、武昌、汉口、扬州、安庆、九江、苏州、杭州、福州、宁波、香港、广州、南宁、重庆、长沙,也基本上是通商口岸和省会城市。②上述城市能够成为这些媒体的销售点,不管原因如何,至少说明了两个问题:一是《申报》《格致汇编》这样的刊物在这些城市有着足够的销售量;二是这些城市有着相对畅通的信息传递渠道,从上海运送报纸刊物到这些城市相对较为方便。这两个方面其实是相辅相成的。一旦有足够畅通的传播渠道,自然能获得一定的销售量,而一旦销售达到一定规模,自然会推动更加畅通的传播网络的建立,因此可作出下列判断:至少在1880年代,通商口岸和省会城市是信息传播最为畅通的地区,也是接受新思想最快的地区,而江浙腹地各城市在信息传播和新思想接受方面要明显落后于上述地区。

江南河道中其实很早出现了轮船的身影。比如1877年翁同龢自上海赴常熟,已经由小轮带船航行。③只不过这些多经政府特许,其用途受到严格限制,"准行内河并带官物,不准带货搭客作贸易之事,以示与商船有别"。④而轮船在江南内河的正式航运一直未能获得官方的正式批准。在光绪八年(1882)的《申报》中称:"苏、杭内地河道,若以小轮船行驶,极为便捷。历年中外商人皆以厚利所

申报馆

---

① 《各口寄售〈格致汇编〉》,《格致汇编》第2年第11卷,1877年12月。
② 《广告》《申报》1880年1月1日第1版。
③ [清]翁同龢:《翁同龢日记》第三册,中华书局2006年版,第1304页。
④ 《交通史航政编》第1册,交通史编纂委员会1935年版,第482页。

在，多思禀准试办。只恐碍民船生路及税卡抽厘等情，辄格于时议，未蒙准行。"① 当然，改变总在慢慢地进行着，就在同一年，招商局"翔凫"号轮船开通了从上海经嘉兴至硖石的航线，这是上海至江南腹地最早的客轮。② 光绪十五年（1889），康有为由上海乘翔凫轮至嘉兴，仅需半天时间。③ 不过这都只是个案，于是聪明的中国人想到了一种折中的办法，于是江南的河道上经常会出现轮船拖着帆船前行的奇观，这与铁路运行初期，马拉火车在铁道上行走的景象恰成一奇妙对比。就在翔凫轮开通两年后的光绪十年（1884），《申报》在嘉兴开设了申昌书画室，专门出售《申报》及相关出版品。次年4月，《申报》在常熟开设了申昌号，11月，《申报》在常州、湖州等江南其他府城也开设了申昌书画室。但是由于官方对内河轮船运输的限制，这些新知识的传播仍然局限在府城一级，乡镇甚至县城受其影响仍然有限，当时居住在常州乡间的姚祖晋兄弟仍然没有看到《申报》，即便是府城中看到《申报》的那些人也因为运输的原因，并不能及时阅读最新的报纸和书籍，而只能通过"打包"的方式集中阅读过时的新闻和知识。可见，由于江南地区大部分人尚无法享受通行便利，新思想的传播仍然局限在少数精英文人圈子之中。

三、火轮船又火轮车

但是历史前进的车轮总是无法阻挡。1890年，清政府终于承认"上海一口，时有华洋官商雇（轮船）往内地"的事实，"另定专章，奏准暂时雇用"，但仍"声明不准搭客各带私货"，"亦不准拖带货船"。于是在这年下半年，有一些小轮船公司相继开行。1891年，戴嗣源、戴玉书父

---

① 《轮船试行》，《申报》1882年5月23日。
② 《嘉兴市志》编纂委员会：《嘉兴市志》，中国书籍出版社1997年版，第1093页。
③ 张荣华整理：《康有为日记》，《近代史资料》第119号，中国社会科学出版社2009年版，第49页。

内河蒸汽轮船

子创办的戴生昌开通了苏、杭、嘉、湖各路航线。① 这些小轮船公司的出现,成为日后江南内河轮船航运业的起点。光绪二十年(1894),徐兆玮到北京参加乡试,先在常熟乘小舟,第二天夜间抵达苏州,次日戌刻附小轮赴上海,第三天午刻抵达上海。

而官方政策的全面松动是在中日甲午战争之后,光绪二十一年(1895)签订的《马关条约》明文准许外国船只"从上海驶进吴淞口及运河以至苏州府、杭州府"。光绪二十四年(1898)颁布的《内港行船章程》又将范围扩大到各通商省份的内河水道。② 此后,以上海为中心,专营内河航线的外国轮船公司相继设立。1896年5月,在苏州、杭州被辟为通商口岸之前四个月,日本商人白龙岩平创办了大东新利洋行,9月份,苏杭开埠,大东公司以两只小轮船开设了上海、苏州航线,次年一月,再以一只小轮开设了上海、杭州航线。此后大东公司得到了日本政府的支持,1898年10月,改组为大东汽船合资会社。1902年大东开设了苏州至常州、无锡、镇江的航线,逐渐成为江南航线上的霸主。③

---

① 樊百川:《中国轮船航运业的兴起》,第159—160页。
② 王铁崖:《中外旧约章汇编》第1册,三联书店1957年版,第616、786页。
③ 樊百川:《中国轮船航运业的兴起》,第278—279页。

也就在颁布《内港行船章程》的同一年，官方规定："通商省份所有内河，无论华、洋商均可行驶小轮船，藉以扩充商务，增加税厘。"①1896年，由杭州往来上海、苏州的轮船局已经有四家，小轮三十八只。苏州也有四家轮船公司往来沪、杭两地，此外还有往来无锡、常州、湖州的小轮三只。戴生昌轮船局在1899年添设了镇江、清江浦航线，1900年再添苏州、无锡、常州线，并于1901年延长至镇江。此后，招商局成立了内河轮船公司，最初航线仅在上海，随后大事扩充，通过兼并戴生昌等手段，在江南伸展至青浦、南浔、湖州、宜兴、溧阳、江阴，从苏州西经无锡、常州至镇江，再北折而至扬州、清江，又从清江北越宿迁至窑湾，西溯淮河至正阳关，形成一个庞大的内港航运网。②

招商局

轮船开禁后，江南各地之间的联系更趋密切，客货来往益加频繁。光绪二十二年（1896）轮船刚刚开始在江南大量航行时，据苏州海关的统计，有"由申进口小轮353只，拖船1 004只；出口往申小轮355只，拖船902只"，"计往沪者12 142人，由沪来者16 008人"，到了次年，沪苏杭之间乘坐轮船往来者已超过20万人次。光绪二十五年（1899）8月4日的《申报》记述了苏州河口以西轮船运输繁忙的景象："内地通行小轮船，取费既廉，行驶亦捷，绅商士庶皆乐于出途。沪上为南北要冲，商贾骈阗，尤为他处之冠。每日小轮船之来往苏、嘉、湖等处者，遥望苏州河一带，气管鸣雷，煤烟聚墨，盖无一不在谷满谷，在坑满坑

---

① 《总署奏请准内河各埠行驶小轮片》，《清季外交史料》卷130，书目文献出版社1987年版，第2177页。

② 樊百川：《中国轮船航运业的兴起》，第242、第318页。

焉"。① 光绪二十三年（1897），江南人庄宝澍想从汉口赴上海，不乘轮船，认为轮船有"箱笼货物之多，阴雨朝晚之不时，停轮久暂之难料"等诸多不足，"力排众议，竟雇华舟"，被亲朋好友嘲笑为"背时"，他在日记中也承认自己"愚而好自用"。② 可见当时人们已觉得出门远行，乘轮船为当然之事。

光绪二十八年（1902），蒋维乔准备第一次前往上海，七月初四日，他在常州乘船，下午四下钟即到无锡，与他在无锡的朋友顾倬、蔡文森等会合，一同前往上海。七月初六日，他们上午乘轮船到苏州，然后再从苏州乘轮过金鸡湖，第二天早上到达上海。二十日，蒋维乔本拟与南菁书院的老师钟观光一同赴日本游学，但他父亲谎称其妻、子重病，他只得连忙回乡探望，当时乘轮归家，次日到苏，得知中国教育会成立，是晚十一下点已经抵家。这一路程相比当年的金武祥要明显缩短了许多。③ 而到了第二年，已经常驻上海的蒋维乔回家过年。十二月二十二日，他到招商局买票，午后登舟赴苏。二十三日早晨的"七下钟"他到了苏州，随后至阊门到日商经营的大东局买票乘大东公司的小轮船回家，"午后一点钟开轮，六下钟到无锡"，"十二下钟"他就到家了。④

交通的发展也加速了新知识新思想的传递速度，仅仅在戴生昌开通苏南内河航线一年多之后的1893年，无锡县城开设了申报销售点，到了1896年大量轮船进入江南内河之后，新知识新思想的传播速度更是日益加快。学界在讨论近代思想传播进程时，大多以为甲午战争中国战败，割地赔款，对国人造成了极大冲击，使得一些知识分子沉痛觉醒，危亡意识之下，创生各种思想潮流，推动了整个中国社会的变化。而事实上，《马关条约》签订之后的内河轮船开禁其实对新思想在内地尤其是江南的

---

① 《防内河小轮船失事说》，《申报》1899年8月4日第1版。
② ［清］庄宝澍：《庄宝澍日记》光绪二十三年五月初八日、初九日条，《晚清常州名贤日记四种》，凤凰出版社2013年版，第515—516页。
③ 蒋维乔：《因是子日记》光绪二十八年七月初四日至二十日，上海图书馆藏稿本。
④ 蒋维乔：《因是子日记》光绪二十九年十二月二十二日至二十三日条。

传播起了极大的推动作用,而这一点恰恰是很多人容易忽视的。正是在光绪二十三年(1897)后,蒋维乔开始大量阅读新式书籍,"时务报、万国公报、农学报,凡新出之报章杂志,无不购阅,制造局所译之书随手翻阅。"① 到了1902年,他在日记中称:"余之改革新思想大为发展,凡遇改革,必有动力,故余今岁之运动,亦为生平所未有,凡赴沪三次,赴锡、赴宜、赴虞各一次,联络各地同志,籍谋改革"。② 1903年是蒋维乔第一次长时间居住在上海的年份,在这一年岁尾的日记中,他写道:"今岁处沪上,所得阅历上之知识及教育学生心得,什佰于他岁。"③

正是上海与江南之间时空距离的不断缩短,推动了信息传播渠道多元化和传播速度的加快,新事物、新知识、新思想开始在各地次第迅速普及,身处其中,耳濡目染,人们的眼界日益开阔,社会观念和行为方式也发生了前所未有的变化,对新事物逐渐由消极被动接受转化为积极主动认识、接受和推崇。过去江南小城那种目障身塞、孤陋寡闻的狭小空间被一种开放的广阔的精神空间所代替,轮船的发展更使得大量普通民众得以进入上海。普通民众关心的并不是新知识新思想,他们被上海吸引是因为那些赴沪同乡们道听途说的信息,到了上海之后,被大都市的各种景观所耳濡目染,自然也会接受那些若似若无、半真半假、纷繁杂乱的各种信息、思想和知识,或主动或被动地将这些信息、思想和知识带回家乡。上海市面的繁华、物品的丰富、名词的新鲜由此普及到了江南最底层的民众,恰恰是这种潜移默化式的信息传递才从根本上改变了江南社会经济文化各个层面。

此后,随着火车通行,江南赴上海的旅程更加方便。光绪三十三年(1907)的四月初四,沪宁火车正式通车。十二日,金武祥在常州登上火车到上海参加张园举行的赈灾赛珍会,顺便尝试一下这个新鲜事物。他仍然在日记中仔细地记录了沿途的行程:"午后两点钟时出小北门,过吊

---

① 蒋维乔:《竹翁自订年谱》光绪二十三年条。
② 蒋维乔:《因是子日记》光绪二十八年岁末条。
③ 蒋维乔:《因是子日记》光绪二十九年岁末条。

沪宁铁路

桥,下小桥,约二里至车栈,乘宁沪铁路火车赴沪。""开行经戚墅堰、横林,三点二刻至无锡,又经周泾巷、望亭,浒墅关",此时"遇沪上来车",之后"四点三刻抵苏州,过外跨塘、唯亭,抵昆山县,又过罗家浜、安亭、黄渡、南翔、真如、袋角,傍晚抵上海,遂下车"。其间只花了五个小时。他还记录了车价,"二等车房每客洋三元一角,三等车房每客一元四角"。等几天后回常州,细心的他还发现"车价二等二元四角,三等一元五分,较自常至沪为减也"。① 此后,沪宁线上还开通了特别快车,蒋维乔回常奔母丧,乘特别快车只花了三个小时的时间,这已经和21世纪初高铁开通前沪宁线火车运行时间只有一个小时的差距了。②

交通的方便使得江南人的活动半径大大增加,而火车的开通进一步缩短了空间的距离,很多人开始沿着铁路线出游。中国传统社会的文人或是主动游览山川,或是被动疾驱奔驰,均好出行,清人陆继辂曾称"余以负米出游,每岁暮一归省,发春数日即又治装行"。③ 然而羁人逆旅中能得山川之助,增进诗艺,但是也耗费了大量的生命在旅程中,更不

---

① [清]金武祥:《金淮生日记》光绪三十三年四月十二日条、十七日条。
② 蒋维乔:《因是子日记》宣统二年十月初八条。
③ [清]陆继辂:《崇百药斋文集》卷一四《五真阁吟馆序》,《续修四库全书》集部1497册,上海古籍出版社1995年版。

用说绝大多数文人的活动范围其实仍然有限。光绪十九年（1893），吴稚晖在日记中曾说："予性好游，年将三十矣，犹不得畅游，除考试外，所到之处，不出五百里。"其实，这"五百里"都是夸张。吴稚晖是位于常州、无锡交界的阳湖县雪堰桥人，他的外家住在无锡城中，除了常州府城、无锡县城和参加院试必须去的江苏学政所在地江阴县城之外，他在二十五岁之前，只去过苏州游玩过五天，而六岁至十五岁这十年间更是终年不出里门。光绪十五年（1889），二十五岁的他第一次乘轮船从无锡到南京参加省试；次年，他第一次来到上海。光绪十八年（1892），他第一次乘海轮赴天津，然后到北京去参加乡试，这一年他已经二十八岁了。① 随着时间的推移，他此后的出游生活更是日新月异，从轮船到火车，从火车到飞机，从无锡到上海，从上海到北京，从北京到广州，从广州到日本，从日本到欧洲，终于如愿得以畅游了。

金武祥在日记中曾经讲述了这样一个传奇故事。有一群旅居异乡的客人在岁末夜集会馆，有人突然叹道："已经岁暮，吾辈远客他乡，不获聚家室团圆之乐，残年旅况，情何以堪？"大家听了之后都唏嘘感叹。旁边有个道士回道："欲归度岁，亦何难哉？"此处离家乡尚有千里之遥，所以众人皆以为妄言。道士道："贫道有小术，请尝试之。"遂叠纸作一船，到门外一吹，顷刻长大，与真船无异。道士让客人们登船，告诫他们闭目勿视。随着他一声"起"，船已御风而行，两个时辰之后已经到家门口，尚是除夕的黎明。② 传统社会客途艰难，这个故事只是旅人的美好愿望。古代中国幅员辽阔，交通不便，中国人所谓安土重迁，其实在某种程度上也因为环境所迫而已。到了近代，随着交通状况的改善，更多的人开始走出家门，接受新事物和新思想。江南客旅的历史变迁，其实只是一个时代的缩影，江南人的生活方式、思维方式就此改变，而这一变化也成为推动江南乃至中国社会变迁的重要动力。

---

① 吴稚晖：《癸巳日记》四月十四日，《吴稚晖先生全集》卷十一《山川人物》，中国国民党中央委员会党史编纂委员会1969年版，第164—165页。
② ［清］金武祥：《金武祥日记》光绪元年十月二十日条。

第三节　人口与行业：旅沪江南人在上海的概貌

开埠之初，上海客籍移民中以闽广籍势力最大，这是早期十三行贸易体制的遗产，上海通商伊始，充当洋行买办、通事和捐客的大多是广东人。姚公鹤在《上海闲话》中说："洋人由广东北来上海，故广东人最占势力。"太平天国之后，上海由闽广人的天下一变而为江浙人的天下。江浙人地理上近在咫尺，风俗民情接近，即如语言也是"所谓上海白者，大抵均宁波、苏州混合之语言，已非通商前之旧矣"。① 这些优势使江浙人很快成为上海移民中的最大群体。

据统计，1885 年，在公共租界的江苏籍人为 39 604 人，浙江籍为 41 304 人，其时公共租界中的华人总数为 109 306，江浙人占 74%，而江苏人则占 36%。此后，江苏籍人在上海人口的比重成倍增长。1910 年，江苏籍人第一次超过了浙江人，达到 180 331 人，占总数的 43.6%，而浙江人为 168 761 人。此后历年的统计，除 1920 年稍有下降之外，均保持高速增长势头。1930 年，江苏人达到 500 576 人，占总数 54.95%，第一次超过了半数。浙江人则为 304 544 人。1935 年，江苏人为 591 192 人，浙江人为 388 865 人。在整个华界江苏、浙江两省人口则更多，1930 年，江苏人为 669 253 人，浙江人为 283 995 人，此后除 1931—1932 年略有波动外，其余均保持稳步增长，至 1936 年，江苏人有 868 903 人，浙江人为 412 583 人。② 可见，在抗战前，整个上海特别市范围内江苏人在 146 万人左右，浙江人则在 80 万人左右。

由于没有分县籍贯人口统计，再加上相关资料欠缺，很难统计出江南核心区域即苏、锡、常、杭、嘉、湖六地旅沪人口总数，但可以依据现有的文献做出一个粗略的估算。

---

① 姚公鹤：《上海闲话》，上海古籍出版社 1989 年版，第 19 页。
② 邹依仁：《旧上海人口变迁的研究》，上海人民出版社 1980 年版，第 114 页。

宣统二年（1910），常州府旅沪同乡筹办常州八邑会馆，就常州府旅沪人数进行过相关调查。据调查：武进、阳湖两县有 2 万多名，绅商学界之外，有打铜作、漂布匠、机器匠、木漆匠、茶房、机司、成衣、工役之类；无锡、金匮两县在上海的人有 4 万多名，绅商学界之外，面馆、机司、茶房、船户、水手、工匠之类。宜兴、荆溪两县寓沪共数千名，绅商学界之外，杂货、工役、小本营生之类共数千名。江阴、靖江两县寓沪有 1 万多名，绅商学界之外，麻油作、打米店、司工役之类。总数约有 8 万人之多。① 到了 1924 年常州同乡会成立时，原武、阳两县在上海的已经有 10 万人以上。到了 40 年代②，常州旅沪人士已经"无虑数十万"③，30 年之内，常州人在上海的移民数量已经增长了十倍以上。另据无锡同乡会的相关统计，20 年代，无锡旅沪人口基本上和常州一致，即 10 万左右，占无锡总人口的 25%④，至 1930 年代，应该也会增至 20 万人以上。江阴、宜兴则应该在 10 万左右。苏州由于离上海更近，人口基数也较大，旅沪人口应该相对较多，估计在 30 万左右，即苏、锡、常三地旅沪人口应该在 80 万以上，占整个江苏籍旅沪人口的 60%。

苏南各地旅沪人口基本上处于较为均衡状态，下文将会提及，各县大都有旅沪同乡组织，几乎没有空白，除武进、无锡等大县外，江阴、宜兴、吴江、常熟各县同乡会规模均不可小视，即使是规模较小的太仓等县的同乡组织也相对较为活跃。相形之下，浙江各地的旅沪同乡组织则明显呈现不均衡状态。下文将述及浙江旅沪学会 1913 至 1914 年的籍贯统计，宁波、绍兴两地成员达一半以上，杭、嘉、湖则占据了剩余的绝大多数，台州、严州、衢州等地成员明显较少。就杭、嘉、湖三地而

---

① 《常州八邑会馆创立之时采访舆论情况》，上海图书馆藏盛宣怀档案。
② 《常州旅沪同乡会函稿记事簿》，上海市档案馆藏档案 Q117-8-16。
③ 蒋维乔：《发刊词》，《常州旅沪同乡会会讯》创刊号，上海市档案馆藏档案 Y4-1-705。
④ 罗苏文、宋钻友：《上海通史》第 9 卷《民国社会》，上海人民出版社 1999 年版，第 235 页。

言，这种不均衡状态也十分明显。杭属八县同乡会成员主要以附郭杭县（即旧钱塘、仁和二县）为主，其他各县除海宁外，均无同乡组织，同乡会会长、副会长、董事28人，海宁4人，余杭2人，富阳1人，其余均为杭县人①；湖州同乡组织主要成员是吴兴人，连南浔镇都有浔社，可其他各县仅德清有同乡组织，且活动极不频繁；嘉兴有嘉善、海盐、桐乡三个同乡会，但除海盐同乡会相对活跃外，嘉善、桐乡同乡组织程度明显不如太仓等苏南县级同乡会。再以湖社为例，此社名义为湖属六邑人士同乡组织，但社员几乎都是吴兴人，《湖州月刊》的论著，十有八九也是论及吴兴社会，以致有读者来函批评："社既以湖州为名，那么对六邑的情形和事业，应有均等的调查和发展"，希望湖社"以后多征求各邑的社员，一切建设事业，亦须普及各邑"。② 潘公展曾对此作出解释："我们的目的，自然要求六邑的同志都加入湖社协力进行，自然要希望六邑的事业平均发展。可是在起初的时候，除了吴兴一邑外，外邑的同志很少加入，或者他们不曾知道的缘故。"③ 但其实外邑同志很少加入，不一定是因为不曾知道，更有可能是旅沪人数的基数少，导致上层精英少。此后湖社曾努力吸引外邑人士参加，但是吴兴社员一直占总数的90%以上。

根据上述情况，当可参照浙江旅沪学会的籍贯比例，推断出杭、嘉、湖三地旅沪人口应该在20万左右，占整个浙江籍人口的20%—25%。则苏、锡、常、杭、嘉、湖六地在上海的人口总数大约为100万人，占江、浙旅沪人口的45%。

福州路街景

---

① 《杭属八县同乡会章程》，1919年铅印本。
② 《上海大学王宇春君来函》，《湖州月刊》1925年第2期。
③ 《复函》，《湖州月刊》1925年第2期。

旅沪江南人的职业也没有很详细的调查，只能根据同乡会的会员名录进行简单的推算。上海档案馆藏有 1946 年苏州旅沪同乡会复会大会成员名单，其中，党政军警组 13 人、银钱业 16 人、金业 2 人、珠宝业 2 人、证券业 1 人、保险业 1 人、颜料业 5 人、旅馆业 1 人、棉纱业 1 人、洋货业 1 人、南北货 1 人、进出口 1 人、中药业 1 人、绸缎业 2 人、纸业 2 人、印刷广告 2 人、地产 4 人、布厂 1 人、牛乳厂 2 人、纱厂 1 人、皮件厂 2 人、西医 4 人、中医 1 人、医院 1 人、古玩 1 人、话剧 1 人、游艺 1 人、电影 1 人、律师 3 人、文化 10 人、教育 2 人、团体 5 人，共 92 人，基本涵盖了当时旅沪苏州人中的著名人士。成员不仅人数众多，而且涵盖行业广泛，其中政党军警组、银钱业和文化行业人数最众。①

1926—1933 年《无锡旅刊》刊登有 433 名新会员的详细情况，其中有 403 人登记有职业，在这些职业中，无锡人在上海具有优势的产业，如面粉、纺织、丝织、五金及相关产业的人员占了绝大多数，其中面粉业 97 人，占到总人数的 24%，纺织业相关 51 人，占 12.7%，这些在面粉行业和纱厂工作的相关会员大都来自荣氏家族所创办的企业当中（这一点从会员所登记的住址和通讯处中可以得到印证），此外，丝织业相关 20 人，袜厂 7 人，成衣业 2 人，均是无锡人在纺织方面优势的延续。五金业相关 23 人，则和当年周廷弼、祝兰舫起家的五金业密切相关。

除了这些优势产业领域外，无锡同乡会员其实涉及行业颇广，如

《无锡旅刊》

---

① 《苏州旅沪同乡会理监事、特别会员、普通会员和选举理监事选票及社会局关于理监事宣誓就职的指令》，上海市档案馆藏档案，Q117-12-2。

工厂手工业方面，有杂粮（10）、珠玉（6）、米业（5）、建筑（3）、印刷3、煤炭（2）、皮毛（2）、工程（2）、笔墨、颜料、冷作、木行、红木、铜作、盒作、广货、镜业、油麻、打样、班鼓、麻油、铜锡、锡箔、机务、油厂等。在商业金融业方面，有商业（21）、洋行（12）、银行（6）、钱庄（3）、保险（3）、洋栈（2）、洋务、会计等。服务业方面，有酒业（3）、面馆（3）、旅馆（3）、饭馆、肉庄、西菜、药房、面包等。在文化界，有教育界（7）、书业（3）、报界、影片、绘图、翻译等。在专业知识领域，有医生（9）、律师（4）、翻译等。在交通邮政领域有航船（10）、铁路（4）、交通（3）、转运（2）、邮局（2）、电话、邮政、电局、邮务等。此外还有政界警界11人，军人3人。

再以无锡旅沪同乡会为例，1926—1932年间的新登记会员的平均年龄为31.3岁。而据1949年的一份入会志愿书，① 总计235人中，除26人未填写年龄外，其他209名男性会员的年龄平均为34.2岁。在教育程度上，235人中，除33人未登记外，其他202人均受过一定程度的教育，其中小学毕业的人数有85人、占35.6%，中学（包括初中、高中）毕业的人数有109人、占45.6%，大学、专科学校毕业的有5人，旧学私塾教育的有3人，所占比例都很小。由于上海是移民城市，除了少数富裕家族之外，大部分人是独自从乡村移居到上海，他们不仅离开乡土，也离开了父母，其年龄自然相对较为年轻，而其学历也相对较高一些，但是由于当时社会学历普遍不高，所以中学毕业应该占了多数。正是因为江南旅沪人士年龄较轻，并有一定的知识水平，也就容易接受新的思想，有能力在城市中站稳脚跟，同时也有助于培养他们的开放意识、平等精神、民主思想，这就为构建上海的城市品格和城市精神奠定了一定的社会基础。

俗语云"一方水土养一方人"，一地的自然条件及人文社会环境，对一方人群的塑造有着直接的影响。在各地特定的物质与文化生活方式基础上，形成了具有区域特征以及悠久民俗传统的"区域人群"。当这些区域人群迁居外地之时，也必然随之将这些区域特征带到迁居之地，由此

---

① 《无锡旅沪同乡会会员入会志愿书》，上海市档案馆藏档案，Q117-7-32。

形成移民社会中一种色彩斑斓的现象。近代上海作为一个以移民为主体的大都会，也充分体现出这种充满地域色彩的群体特征。如吴趼人《沪上百多谈》即指出，在晚清上海，"衙门里师爷多绍兴人，剃头司务多句容人，典当朝奉多徽州人。……卖土挑膏多广东人，卖熏肠熏腊多无锡人，卖拳多山东人，收纸锭灰多绍兴人，酱园多海盐人，药店多宁波人"。① 近年来上海移民群体的研究也充分证明了这样的一种现象。如上海的宁波人以工商、金融为主要行业，广东人亦以工商业为主，湖州人在缫丝业最为集中，苏北人则以从事苦力和工厂做工为多。

以无锡人为例，如前所述，纺织、面粉、五金业占了同乡会员一半左右，会员住址或通讯处来自荣氏企业申新、茂新、福新的人数有135人，占比31.2%。当时有统计资料显示，20年代，荣氏企业所雇用的957名职员中，617名为无锡人。② 又如下文将述及，旅沪湖州人最早以丝织业相关起家，因此早期旅沪湖州人士中主导者均为丝商，民国时湖州人借蒋介石和陈其美、陈立夫、陈果夫等的关系，大量跻身于国民党的中高层，因此，湖社社员中工商界约占52%，军政界约占22%；同时期的宁波旅沪同乡会成员中工商界的比例约占67%，军政界人士约占0.7%。浓厚的政治色彩是湖州旅沪人士的典型特点。③

苏州人的特色是在上海创建了大量的老字号商业，包天笑称："其实上海自开埠以来，最先到的便是苏州商家，当时的大商业，如珠宝业、绸缎业、药材业、参茸业、典当业，以及钱庄、金铺都是苏州人来创始的。说句可耻的话，因为苏商的发展，妓馆也借说书为名，号称书寓，而成为苏帮了。"④ 今天一些上海老字号如五芳斋糕点店、雷允上药店、周

---

① 吴趼人：《沪上百多谈》，《吴趼人全集：诗·戏曲·杂文》，北方文艺出版社2019年版，第213—214页。
② 熊月之：《会馆公所与近代上海社会》，上海三山会馆管理处编《上海会馆史研究论丛》第2辑，上海社会科学院出版社2014年版，第31页。
③ 参见周虹《精英与桑梓：湖社对湖州的公益活动（1927—1937）》，东华大学硕士论文2012年。
④ 包天笑：《钏影楼回忆录》，中国大百科全书出版社2009年版，第365页。

虎臣笔墨庄等都是苏州人在上海开埠后开设的。同时，以东山席氏等为代表，苏州和宁波一样，是上海洋行、钱庄、银行等金融机构高级职员的主要籍贯地。

又如苏州盛泽一直是重要的丝织产地，晚清至民国初，由于盛泽绸商的积极推销，纺绸首先在上海市场打响，站稳脚跟，被誉称为"盛纺"，蜚声海内外。当时在上海的盛泽绸庄多集中在黄浦区今福建路以东、河南路以西、广东路以北、无锡路以南一带，领投掮客之类小商人则寓居于九江路、汉口路一带的旅舍，如源源旅馆、卫生旅馆等是盛泽人的群集之处。每天清晨，盛泽绸商在日升楼、同羽春、宵莲阁等茶馆例行"茶会"，聆市面、谈生意，在上海丝绸商业中自成一体，称"盛泽帮"。1916年，盛泽宝泰绸行行东陈宝钦、升记绸行行东孙吉甫及汪永亨绸行行东汪鞠如在上海合资创办的物华丝织有限公司是当时全国规模最大的丝绸联合企业。至抗日战争前，盛泽绸商在上海投资设厂有记载的可查达19家。所以旅沪盛泽人一直以丝绸业为特色，而由盛泽丝绸商人主导的盛泾绸业公所则是旅沪盛泽人活动的中心。①

旅沪海盐人在上海的主要产业是酱园和棉布业。如著名的徐氏徐松盛酱园、冯氏万通酱园、何氏万春酱园，还有冯筱庭开设于南市小桥浜的"万祥"；张桐僧开设于北京路的"万升"、东新桥的"万顺"、公馆马路的"万隆"；海盐萧氏开设于南桥（属奉贤）的"鼎丰"，还有闸北的"宝大"、浦东烂泥渡的"陈松盛"、徐家汇路的"益大"、杨树浦的"松春"等。据旅沪海盐同乡会有关资料记载：20世纪20年代末海盐人在沪开设酱园、酱号有117家，另有槽坊、酒行、油行9家，几乎覆盖全市。从事酱园业者达千人以上，当时人称为"海盐酱园帮"，上海酱业公所即被海盐人所控制，海盐旅沪同乡会最早就以酱业公所为活动中心。此外还有著名的澉浦棉业帮，海盐早期赴沪经商从事棉布业者，有陈氏的日新盛棉、日新增棉、日新昶棉，即所谓的"三日新"，基本上控制上

---

① 周德华：《近代吴江丝绸商人在上海苏州》，政协吴江学习文史委编《吴江文史资料》第16辑，1998年，第138—140页。

海棉布业的批发业务。1934年,"日新昶"出资开设协丰新染织厂,职工170—180人,澉浦人占近80%。至日本投降前夕,澉浦人在沪从事的棉布业覆盖全市,其中合资或独资开设棉布店号(含纱号、布摊)40家,合资或投资创办纱厂、印染厂、染织厂10余家,从业人员不下千人。①

又如下文所述,晚清江阴奚氏在上海开设瑞康颜料号,成为上海颜料大王,此后江阴人大量涌入颜料业。1920年代,又是在江阴人刘永康和薛福基推动下,上海和全国各大城市创设的大、中、小型橡胶业迅速发展,仅上海一地,多达80余家,其中大多数系江阴人创设,从事橡胶业的员工也多数是江阴人。当时橡胶业三大名牌,即是江阴人刘永康的"回力"、薛福基的"双钱"、叶吉廷的"永"字,上海橡胶界几乎成了江阴人的天下。②

在旅沪江南人中,拥有丰厚的收入、过着富裕的生活的人毕竟是少数,加入同乡会的也只是少数精英阶层。以无锡旅沪同乡会为例,人数最多时期也仅为6000余人,仅占了整个无锡旅沪同乡总数的0.03%。③大量产业工人、手艺人及苦力是不可能进入同乡会的,同乡会的职业统计也不涉及这些人。而工人、店员、轿夫、仆人、苦力、跑堂等底层人士应该是旅沪江南人的绝大多数。葛元煦曾记载:"轿夫以苏州、无锡人为佳,上身不动,坐着安稳","画阁沿街添几处,绝好堂倌,都是苏州女"。④《海关报告》中也说:"侍候外国妇女的大多数女佣以及本地人商店的刺绣工和妇女头饰工是苏州来的。"⑤

谈到旅沪江南人的职业特征,还有一个行业虽然很多人闭口不提,

---

① 海盐县党史地方志编纂委员会:《海盐县志1986—2005》,浙江人民出版社2013年版,第1543—1547页。
② 钱尊藩:《上海橡胶工业的先驱者:刘永康和薛福基》,江阴市政协学习文史委编《江阴文史资料集粹》,上海古籍出版社2004年版,第251—257页。
③《无锡旅沪同乡会填报社会团体登记表》,上海市档案馆藏档案B168-1-797-19。
④[清]葛元煦:《沪游杂记》,上海书店出版社2009年版,第103、273页。
⑤ 徐雪筠:《上海近代社会经济发展概况1882—1931》,上海社会科学院出版社1985年版,第21页。

但也不可忽略,即妓女。旧上海,特别是在晚清时,专用"书寓"一词指代高级妓女的寓所。法国学者安克强认为,上海的"书寓"最初是从苏州传来的。①包天笑曾云:"因为苏商的发展,妓馆也借说书为名,号称书寓,而成为苏帮了。"②学术界一般认为,苏州妓女应在1850年代之前已经逐渐向上海进军,而这一过程是与苏商在上海的发展相伴而行的。据安克强的研究,在19世纪中叶,高级妓女的来源较为多元,有苏州、南京、扬州、宁波、湖州、湖北、江西等多个群体,但是以后,绝大多数其他地域的高级妓女群体被江南高级妓女所取代,苏州女子在其中更是占据绝对优势。安克强根据王韬文集中出现的106个高级妓女进行统计,其中54名来自江苏,而苏州地区16个,占最多数。出版于1923年的《上海览游指南》亦指出,"书寓"群体清一色由苏州籍女子组成。安克强还曾根据1923年高级妓女申请在法租界开业的警方报告,整理出一份77名高级妓女的籍贯表,全部为江南籍,其中苏州63人,常州5人,上海3人,宁波2人,杭州、无锡、扬州、嘉兴各1人,苏州籍占了82%。③

不过总体而言,与其他各地如苏北、安徽等地主要以从事较为下等的体力活,如码头工人、人力车夫、运垃圾工,且大量进入帮会相比,江南人即使是在底层工人中,也主要从事高度熟练工种,工资级别相对较高。有证据证明,在棉纺厂、缫丝厂、卷烟厂、面粉厂及有轨电车工业职员中,工资相对较高的岗位多数是江南人,尤其是丝织业中更主要以浙江、常州、无锡和苏州工人为主。④可以说,旅沪江南人整体的工资级别、教育程度和生存状况均明显高于上海平均水平。

---

① [法]安克强:《上海妓女——19—20世纪中国的卖淫与性》,上海古籍出版社2004年版,第24页。
② 包天笑:《钏影楼回忆录》,中国大百科全书出版社2009年版,第365页。
③ [法]安克强:《上海妓女:19—20世纪中国的卖淫与性》,上海古籍出版社2004年版,第27—28页。
④ [美]韩起澜:《苏北人在上海1850—1980》,上海古籍出版社2004年版,第59—60页。

第二章 入上海：江南人在上海的迁居过程

移民上海改变了传统宗族的聚居方式。在传统社会中，同一族人大量移居异地，即便是在京城也是罕见的现象，如西营刘氏曾言："凡我族人，宦辙所至，经商所历，足迹遍各行省，然以生活环境之不齐，欲集多数族人于一地，除春秋祭扫外，实不可能。"① 但是近代的上海却成为原来聚居在乡村和非中心城市的江南人的主要移居地。虽然江南和上海的地理距离很近，但是这种移居和以前最终还是要叶落归根的迁移不同，移民和故乡的心理距离反而拉大，很多人从此定居于此，很少再回到近在咫尺的故乡。更何况，这些大量人口的移入外地，加之上海的西式生活和高度发达的商业社会所带来的思维观念、生活方式的变化，对原有的以血缘关系为纽带的宗族组织和宗法观念必然会带来极大的冲击。另一方面，上海在成立特别市之前，行政建制一直是个县，传统社会中的地方政府只是一种类似于无为而治的管理体制，根本无法适应新时代的城市变化。租界虽然实施有限的市政管理职责，但也不是功能齐全的强势政府。在这个管理缺位、秩序混乱的城市中，急剧涌入的大量移民的处境并不如其最初想象的那么美好。很多时候，移民在上海生存仍然必须依靠血缘关系和地缘关系，血缘、地缘关系以及由此而来的宗族认同、家乡认同仍然是他们之间的重要纽带。有时候，他们会感觉家乡越来越远，血缘越来越淡，而有时候，他们却发现家乡和血缘始终围绕在自己的身边。这种复杂而又矛盾的处境，其实是很多上海移民心理的真实写照。下面拟通过研究江南人迁居上海的模式，对这一情况进行详细的分析。

---

① 刘春圃：《卷首识语》，《武进西营刘氏旅沪通讯录》，上海市档案馆藏档案，Y4-1-291。

第一节　旅沪江南人的迁居模式：
　　　　以武进西营刘氏为例

一、基本概况

《西营刘氏旅沪通讯录》编于1938年。1937年8月13日，淞沪抗战爆发，在坚持抵抗了三个月左右，1937年11月12日，上海沦陷。不久，11月29日，日军占领常州，江南遇到了自太平天国庚申之变后又一次劫难。此时周边唯一的净土是上海的租界，这便是所谓的"孤岛"，和当年一样，大量的江南难民再次云集上海租界。《通讯录》的"尾语"称："吾族刘氏旅居沪地，其数至伙。比国军西撤，故乡遭劫，四方而至春申者更不可胜数。"①《通讯录》收录了男口123人，女口107人，总计230

西营刘氏旅沪摄影

---

① 《武进西营刘氏旅沪通讯录》，下文引自此书者不再注明。

人，此外还列出了时居于香港、重庆、成都、青岛及广西、广东、湖北的本族人员共15人。比照编于十年前的《西营刘氏家谱》[①]，当时全族男口447人，则赴沪男口当占全族男口的近1/3，可见当时西营刘氏迁沪的规模。

西营刘氏自称远祖出自西汉彭城，元至正十六年（1356），第十九世刘真和侄子刘洪随汤和统兵下江南。次年攻克常州后，刘真统兵驻防常州西营，后世子孙世代居住在常州西营，遂称"西营刘氏"，刘真亦为刘氏宗族迁常始祖。第二世刘敬有一子刘俊，刘俊生四子刘敏、刘能、刘永童和刘永纪，刘氏宗族后世以这四子为四房逐渐繁衍，尤以长房刘敏、三房刘永童后代子孙最为众多。长房刘敏第四子刘璠的儿子刘鉴，本为刘氏宗族的外甥，姓张，从小在刘家长大，后留在刘家改姓刘。值得注意的是，和当时一般普通家族不同，名门望族很少会攀附名人为祖先，刘鉴的后代从来没有避讳自己的祖先姓张。文廷式曾言："国朝世家大族颇有非本姓者……其见于文集、笔记、族谱、行卷者，如海宁之陈元龙、世倌等本高姓，武进之刘纶本张姓，嘉兴之钱仪吉等本何姓，钱塘之许乃普等本沈姓，合肥之李鸿章等本许姓，名人则李申耆本姓王，蒋心畲本姓洪，如此者甚众。"[②]

刘鉴之后繁衍至第十世刘履旋，成为宗族发展的一个分界点。刘履旋生有六子，刘维祺、刘维烈、刘云瑞、刘维宁、刘维章、刘维熊，六人的后世子孙均人脉兴盛，人才辈出，举业为宗族之最。其中著名的美术大师刘海粟是刘履旋的二子刘维烈的

西营刘氏家谱

[①]《武进西营刘氏家谱》，1929年铅印本。
[②]［清］文廷式：《纯常子枝语》卷6，《续修四库全书》集部1165册，上海古籍出版社1995年版。

后代,清大学士、博学鸿词科第一名刘纶及其孙常州今文经学集大成者刘逢禄为刘维宁后代。此外,三房刘永童的后代也不乏通过科举考试为官的子孙。如清大学士刘于义、会元刘嗣绾等均为三房后代。此房后人刘度来联合宗族各房子孙扩建了宗族祠堂,修建了规模庞大的宗族义庄,用以尊祖敬宗收族。① 盛宣怀的留园义庄和拙园义庄就是参考刘氏义庄的相关规章建立起来的。②

西营刘氏属于纯粹的城居宗族,但其迁居的模式其实与一般的从农村迁移到城市的模式并没有什么太大的分别,只不过是从 A 地的乡村迁居至 B 地的城市而已,仍然没有彻底摆脱乡土的羁绊。但即使这样,近代以前这种迁居模式也并不常见。而西营刘氏迁居上海的模式却与前述传统的宗族聚居模式不同。这是一种纯粹从城市到城市的宗族迁移模式,完全没有乡土的因素存在。在中国传统的宗族聚居模式中,这是一种全新的个案。同时,由于西营刘氏名门望族的属性,因此其迁居上海的模式,成为中国传统名门望族在近代变迁的典型样本。值得庆幸的是,在上海档案馆保留了《西营刘氏旅沪通讯录》,对照族谱及其他资料,为全面分析刘氏在上海的活动情况打下了良好的基础。

二、量化分析

1. 职业

《通讯录》中涉及成年男性共 69 人,除 4 人职业不明以外,另外 65 人均有详细的职业介绍。其中政界的 15 人,金融界 12 人,商界 11 人,教育界 8 人,军界 5 人,工程师 4 人,会计 2 人,医生 3 人,电影业 2 人,编辑 1 人,药剂师 1 人,律师 1 人。

首先可以发现,西营刘氏在上海的所有成年男性成员中没有一名是处于社会底层的,没有普通工人和小职员。西营刘氏历史上可谓名人辈

---

① 《武进西营刘氏家谱》卷3《总系一至五世》。
② [清]刘炳照:《盛行辕修谱处致盛宣怀函》,上海图书馆藏盛宣怀档案。

出，整个清代这个家族产生进士21人，在常州诸望族中仅次于庄氏，产生过举人27人，为官者更是层出不穷。旅居上海的西营刘氏成员其中不乏清代名人之后，如刘逢禄的玄孙刘廷煦，刘嗣富的玄孙刘春圃、刘夔龙，刘度来之子刘峄等。虽然时代变迁，原有的科举功名已不复存在，所有成年男性中也只有年纪最大的刘琛（时年68岁）在前清时代任过知县，但刘氏成员依然均从事上层的良好职业。可见在新的时代，传统社会的名门望族依然掌握着大量的经济、社会和文化资源，足以顺利地实现转型和过渡。当然，刘氏宗族本身的特点也起到很大的作用。刘氏宗族和很多以乡土为根基的宗族不同，他们原本生活在城市，不仅不是农民，绝大多数族人甚至都不是城市平民，基本上都属于城市中上层阶级，有一定的财富和文化素质。因此，其族人迁居上海之后，较之其他一般宗族成员而言，更容易获得良好的职业。

其次，刘氏成员以从政者为最多，加上军界的5人，占了总数近三分之一，可见从政依然是传统望族的优先选择。在中国社会中，从政为官永远是获得各种资源的最重要渠道，因此，望族为维系其地位，将做官为第一选择是相当理性的策略。又由于望族有做官的传统，相对于社会上的一般人，他们更加谙熟官场的规则，因此也更容易获得晋升。还值得注意的是在15名从政的成员中，除了刘琛是退休知县外，其余均为警官、盐务官员和财税官员，这也是在当时的中国政界掌握资源最为丰富、获得利益最多的行业。刘氏成员均从事这三个行业，即使没有明确的职业策略规划，也是长期混迹于官场之后的理性选择。

第三，从事金融、商业的人员已经超过政界与军界人数之和。在传统中国，社会既承认商人在交往有无、物质流通中所扮演角色的重要性，又对他们保持了一种戒备态度，既妒羡其可以一本万利，过上富裕的生活，又轻视贬低，认为他们身上只具有铜臭气，所以商人有一块法定的生息空间，又受到了诸多的限制。常州以读书闻名，其风俗本不重商，有"末流乃负贩"的说法。像西营刘氏这样的名门望族始终把科举放在第一位，从商则放在次一等的位置。但常州又地处商业发达的江南，交通方便，市场繁荣，难免受到商业的影响，更不可否认人有群居的天性，所以"群习懋迁理"①也很正常。早在清乾嘉时期,洪亮吉称"昔之为农者或进而为士矣,为贾者或反而为农矣;今则由士而商者十七,由农而贾者十七"。②所以,虽然表面上没有强调经商挣钱,但实际上西营刘氏从事商业的成员应该早就存在,而且也不在少数。到了近代,情况发生了变化。商人的地位明显提高,从商成为又一个获得资源的重要渠道,所以刘氏家族中大量出现了从事金融、商业的成员。另一方面,在中国社会中,政商不分的情况古已有之。从政获得资源之后来从商,一直是很多名门望族的经营策略,常州的望族盛氏、汪氏等一直是亦官亦商,近代以后这一情况更加突出。如《通讯录》中的刘桐既是江苏民政实业司第一科科长,也是安徽中国银行行长。又如刘春圃既是江苏淞沪警察厅司法科长,又从商;其堂弟刘夔龙是北京税务局参议,又有陆军少校的军衔,在上海还是华丰面粉厂的股东。这种政商不分、政商一家同样也是刘氏家族维持其长远发展的一项理性策略。

第四,在通讯录中有4位工程师、3名医生、2位会计师、2位电影从业人员、1位药剂师、1位律师、1位在《大英晚报》中担任编辑。这些代表社会现代化程度的新兴职业的从业者出现,是城市现代化发展的必然结果,同时也代表着现代都市文化对传统名门望族职业观念的影响。这种情况在当时的名门望族中并非罕见。如吴建华曾对常州庄氏第16世至第18世进行过统计,发现其中也有大量从事电报业、铁路业、海员、律师、翻译等新兴职业的成员。③如果说医生是名门望族从业的传统选择,编辑、药剂师、会计师、律师等和传统职业观念还没有冲突的话,那么2名电影从业人员的出现,则代表了传统职业观念的彻底转变。在传统社会中,从事演艺事业的所谓优伶,向来为诸望族所排斥。如龙溪盛氏在族谱中规定:"为僧道,为胥隶,为优戏,为椎理屠宰,犯者宜

---

① [清]钱维乔:《竹初诗钞》卷10《鸡鸣起》,《续修四库全书》集部1460册,上海古籍出版社1995年版。
② [清]洪亮吉:《卷施阁文甲集补遗·服食论》,中华书局2001年版,第240页。
③ 吴建华:《明清江南人口社会史研究》,群言出版社2005年版,第245页。

会族众委曲开谕,令彼省悟改图,断不可避嫌姑息也","有失身娼优奴隶,原谱削其名,并妻子不书,均不入,示绝也。其三代以后子孙能改过自新,方入"。①而在此《通讯录》中电影从业人员已经成为高尚职业,不仅正大光明地记录在案,而且其从业者均为名门之后。

上海美专校门

刘尔权的父亲是湖南阮州知州,外祖父是湖南知县。刘继群是清会元刘嗣绾的玄孙,父亲刘明禔是候补知府,外祖父史悠庆来自常州另一望族,官居湖南知府。

第五,人们从《通讯录》中会发现一件相当耐人寻味的事情。在从事教育业的8人中,有4人在上海美专任教授,除了时任上海美专校长、列名《通讯录》中的西营刘氏成员著名美术大师刘海粟外,还有刘海粟的哥哥刘荣昌、堂弟刘欢、侄子刘狮。除了此4人外,还有2人为美专毕业生,2人时在美专读书,而2位美专毕业生则都是刘荣昌的儿子。刘氏在上海的69名成年男性中,和美专发生关系的占了近10%,这应该不能用偶然来解释。很显然,刘海粟作为上海美专的校长,他对他的族人,尤其是血缘最亲近的弟侄有着特殊的照顾。诚然不能否认,有画鱼圣手之称的刘狮确实是出色的画家,刘荣昌在美专教中国文学也有口皆碑。但刘荣昌的两个美专毕业生的儿子此后都从政,可见进美专读书只不过是他们向前发展的跳板,他们能进美专看来也不是美术上的天赋,只不过是因为他们是刘荣昌的儿子、刘海粟的侄子而已。由此可知,即使在上海美专这样的现代都市新型机构当中,教师招聘和学生招收上,血缘关系仍然起到了重要的作用。刘海粟既是现代意识极强的艺术家,也是

---

① 《宗规》,《龙溪盛氏族谱》卷首。

西营刘氏在上海滩上最有名的人物，这双重身份，导致了艺术上的离经叛道、大胆创新和在办学、用人上对血缘关系的重视这看似矛盾的表现并存于刘海粟的身上。在一个异乡城市，血缘关系是获得工作和求学的捷径，即使今天也不例外。这种情况也并不只是在刘海粟的上海美专中存在。如刘尚德是武进银行的经理，其子刘乾亦在武进银行工作；刘桐曾任蚌埠银行的经理，其子刘勋率则是同家银行的主任。就业求学中的血缘优势还扩大到同乡优势中，笔者将会下文中进一步说明，此处仅举一例。刘宪是常州职业学校校长，他到上海之后，立即被同乡许冠群聘请到了旗下的新亚药厂担任人事部经理，这显然是同乡因素起的作用。这一切恰恰反映了血缘等看似传统的东西在现代社会中仍或明或暗地存在着，并依旧发挥着重要的作用。

2. 教育

名门望族对教育的重视，当然其目的在于培养尽可能多的进士举人，但据吴建华的统计，江南大部分家族仅有10%不到的人有机会获得青衿，因此，家族的教育策略其实是保证尽可能多的族人有获得教育的机会，先保证基本教育的普及，其次才是提高精英教育的成功概率。西营刘氏一直重视教育，其建立祠田的目的也是"俾有余资，延请名师，训导无力宗人子弟俱得读书上进"。① 这也是西营刘氏为何从清代到近代一直人才辈出的原因之一，据《西营刘氏清芬录》的统计，刘氏族人有著作流传的有63人之多。到了近代，新兴学校大量出现，留学国外也成为一种新的选择，作为功名仕宦不绝的望族子弟，其实很容易从一种教育潮流投向另一种教育潮流。

首先，重视基础教育。《通讯录》中所有的刘氏男性族人都曾经受到一定程度的教育，所有10—20岁的适龄青少年无论男女，无一例外都在读书。

其次，高等教育普及率很高。在20—25岁的适龄男青年共10名，

---

① 《武进西营刘氏家谱》卷7《祠田记》。

除 2 名以外，均在大学读书，包括上海美专 2 名以及圣约翰、同济大学、陆军大学、雷士德大学等。另外还有 16 名男性成员大学毕业，所毕业大学包括复旦、交通大学、东吴大学、震旦学院、中法大学、金陵大学等。此外有 4 名曾经留学海外，包括 3 名留日及 1 名留法（即刘海粟），大学毕业程度及以上者在所有的成年男性中占 29%。如考虑到成年男性成员中包括曾经经历传统科举考试者，而且大学在国内创办不到 50 年时间，当时学校数量尚不很多等因素，这一比例是相当高的。由于新式教育在中国的发展是一个循序渐进的过程，因此，西营刘氏的成员还有 6 名在早期还参加一些法政学堂、武备学堂、师范讲习所、财政讲习所等的学习，如果加上这些成员的话，大学学历获得者的比重还将更高。

第三，西营刘氏成员对教育的重视还体现在成员中从事教育行业的很多，而且很多人是学校的创办人或者是校长。如前所述，西营刘氏有 10 人从事教育，其中有 3 名是校长，包括上海美专创办人兼校长刘海粟、江苏省立苏州工业专门学校校长刘勋麟、私立大江中学创办人兼董事长刘士林。另外还有 4 人曾经从事过教育工作，如刘桐曾经是江南高中两等商业学校教务长，刘宪曾经是上海市立职业学校校长，此外还有当时暂时不在上海，没有列入《通讯录》名单，但是家眷都在上海的常州粹化女中校长、常州教育局长刘同文。

3. 婚姻圈与女性观

整个《通讯录》中共涉及 64 个婚姻关系，对照前章所分析的传统社会名门望族的婚姻关系，可以发现既有延续又有变化。

如前章所述，门当户对是名门望族最重要的婚姻策略，同时由此产生的副产品是望族间的世代联姻。这在《通讯录》中仍然有所表现。比如，常州最有名的世代联姻是庄刘两家的联姻，而在《通讯录》中显示，庄刘两家的联姻在经过数百年之后仍然持续，江苏省立工业专门学校校长刘勋麟娶了庄宝澍的女儿。刘氏与常州其他望族之间联姻的还有刘琛娶了著名画家汤世澍的女儿，刘廷恂的母亲是举人程惟孝之女，刘继群的母亲是湖南知府史悠庆之女等。

66个婚姻关系中包括15个异地婚姻，22%的比例和传统社会的异地婚姻比例基本一致，这表明，即使在近代社会，婚姻圈始终是以本地为中心的。而且15个异地婚姻，其中有13个仍然局限于以常州为中心的周边地区，包括宜兴1个，元和1个，震泽1个，吴县1个，溧阳1个，江宁4个，无锡5个，另外1个湖南陈氏则是世居常州，其实可以视为常州本地宗族。而且异地婚姻也仍然是以门当户对为基本标准，如无锡的嵇、顾、孙均是名门望族，宜兴的周氏是内阁中书之女，江宁周氏是浙江按察使之女。然而15个异地婚姻中唯一一个例外却显示了传统婚姻关系的新变化，留学日本的刘狮娶了一位日本太太邦子，跨国婚姻第一次出现在名门望族的婚姻关系中。但是更大的变化是在通讯录中没有体现出来的一个个案。刘海粟的婚姻彻底改变了传统望族的婚姻策略，代表了近代都市文化对传统婚姻关系的有力冲击。

《通讯录》中刘海粟的妻子只标明江宁成氏，表面上好像只是传统名门望族异地婚姻圈的延续，实际情况则完全不同。刘海粟的父亲刘家凤，娶洪亮吉的孙女，著名骈文家洪齮孙的女儿。他的长子刘际昌，娶吕德全的女儿，吕德全是吕思勉的叔叔。次子刘荣昌，先娶了庄企征的女儿，庄氏卒后，继配溧阳唐氏。刘荣昌与庄氏的婚姻仍然是庄刘联姻的延续，而刘吕之间也属于世代联姻。刘家凤第三、四、五个儿子都没有活到壮年。刘家凤给第六个儿子刘海粟选择的婚姻对象是丹阳商人、前任道台林氏的女儿，一直到此时，仍然属于传统名门望族的婚姻模式。但是随即发生的事却将一切模式全部打破。刘海粟喜欢的对象是表妹杨守玉。这个类似于巴金小说《家》中描绘的故事，在传统社会中其实很常见。洪亮吉少年时心仪表妹蒋氏，但外祖母为他选择了另一段婚姻，洪亮吉性格叛逆，而且终生难忘表妹，但他只能接受家

刘海粟

族为他安排的婚姻，并没有任何的反抗①。但是刘海粟却选择了反抗，他在结婚后逃到了上海。②

洪亮吉没有反抗，刘海粟反抗，这是因为时代的变化，新的婚姻观在当时已经开始传播，家族安排的婚姻模式已经不是天经地义的。但是刘海粟的婚姻故事并没有到此结束。1915年，他在上海遇到神州女中的老师张韵士，一见钟情，随即与之结婚。刘海粟和张韵士生活了近二十年，张韵士为刘海粟生了龙、虎、豹、蛟、蟒五个儿子。③在《武进西营刘氏家谱》刘海粟一栏中，称其"配张氏韵士"。但之后，刘海粟爱上了他在上海美专的女学生成家和，征得张韵士的同意之后，两人离婚，1933年，刘海粟又与成家和结婚，所以在《通讯录》中刘海粟的妻子是"江宁成氏"，刘海粟当时比成家和大十多岁，成为上海滩上令人瞩目的新闻。④十年之后，刘海粟和成家和又离婚，并在不久之后和夏伊乔结婚。⑤

刘海粟的婚姻故事在今天听来并没有什么大不了的，只不过又一个名人的花边新闻。但在当时，无论是最初的逃避家族安排的所谓门当户对的婚姻，第二段自由恋爱结婚，第三段师生恋，以及第二段、第三段的夫妻双方协议离婚，这一切都是对传统望族婚姻模式的冲击。但必须注意的是，家族在面对这一冲击时，并没有不知所措，更没有采取开除出族之类的极端措施，而是重新做出了相应的调整。一般而言，家谱记录婚姻模式有一定的规则。如庄氏族谱中规定："世表内所书配偶，书'配'字，继者书'继配'二字，娶妾者书'侧室'二字。……年久遗姓无考者，书'某氏娶'，再醮者书'室'字，继娶再醮者书'次室'二字。

---

① 关于洪亮吉与表妹事，参见李慈铭：《越缦堂读书记》，辽宁教育出版社2001年版，第992页。
② 《刘海粟年表》，《刘海粟画集》下，北京工艺美术出版社2006年版，第414页。
③ 《刘海粟年表》，《刘海粟画集》下，第416页。
④ 《刘海粟年表》，第419页。
⑤ 《刘海粟年表》，第420页。

有出醮者，削姓空白，以别熏莸。"①西营刘氏也基本是按照这一规则记录的。但是以上最多只对寡妇再嫁这一问题作出了相应规定，并没有对现代离婚再婚的情况有相关的措施。在传统宗族观念中，婚姻被称为终身大事、天作之合，离婚被认为是违背天意的，不仅非常少见，而且还只是男子特权。男子择偶不适，可停妻再娶，而女子只能忍痛终身。自二十世纪以来，因文化的进展和思想的变革，离婚不仅被允许，并且逐渐普遍。1930年12月6日，南京国民政府公布了从属于民法典的婚姻章，规定"夫妻两愿离婚者得自行离婚"，并在某些方面给予女子权益以倾向性的保护。②法律公布之后，据吴至信当时在北平的调查，离婚案数字开始暴增。③面对这一新的情况，传统家族也在进行调整。以刘海粟的婚姻情况为例，《家谱》中没有记录和丹阳林氏的这一段婚姻，《通讯录》中则略去了他和张韵士的婚姻。虽然这只是回避矛盾的不得已而为之，但也说明传统家族在面对新的婚姻关系时所做的一些努力。

传统家族不仅在调整对婚姻关系的认识，也在调整有关女性的观念。如前所述，这部《通讯录》中所有的学龄青少年，不管男女都在学校读书。如前章所述，和之前一般的认识不同，传统家族一向重视对女性的教育，因此，把女孩子送到新式学校读书和之前的做法并没有什么太大矛盾。但是另一方面，传统家族让女性获得一定的教育，提高女性的素质，是为了有助于其将来相夫教子，在很大程度上面是要加强其在婚姻市场上的砝码。但是在新的时代，女性受教育已经不完全只是为了日后的婚姻做准备工作。"相夫教子"的"贤妻良母"形象不再是望族衡量女性的唯一标准。培养独立的新女性，已经成为一种新的思想观念。女性有了走出家门的要求，开始进入社会，在一些新兴的产业、职业中崭露头角。在这本《通讯录》中有20名20岁至30岁的女性，其中有8名女性已经标注了职业，包括1名医生、2名护士、1名药剂师和4名教师，

---

① 《续增义例》，《毗陵增修庄氏族谱》卷首，1936年铅印本。
② 孟昭华等：《中国婚姻与婚姻管理史》，中国社会出版社1992年版，第242页。
③ 吴至信：《最近十六年之北平离婚案》，《社会研究季刊》，1935年第1期。

接受西式教育的中国女子

占了总数的40%，这已经是相当可观的比例了。这种新的女性教育观念和女性职业观念，其实也已经成为当时诸望族的一种共识。如庄觉生修订庄氏《家规》称："世风日开，男子本志在四方，女子亦宜就学。"① 庄蕴宽对其外甥女陈衡哲称："你是一个有志气的女孩子，你应该努力地去学西洋的独立女子。"②

刘氏宗族迁居上海的模式既有其特殊性，又有其典型性。首先，上海的西式生活和商业社会所带来的思维观念、生活方式的变化对刘氏迁居至此的成员产生了很大的影响，如婚姻观念、女性观念、职业观念等都发生了或多或少的变化。其次，由于名门望族在传统社会中掌握了一定的资源，并且有重视教育的传统，因此，他们在面对这些冲击的时候，有实现平稳过渡和转型的可能。而且其原先拥有的一些优势，如关系网络、社会资源等对他们在新的社会中生存和发展仍然会起到一定的作用。第三，由于刘氏宗族是一个彻底的城居宗族，他们的成员较之一般的

---

① 《续订家规四则》，《毗陵增修庄氏族谱》卷11。
② 陈衡哲：《我幼时求学的经过：纪念我的舅父庄思缄先生》，《陈衡哲散文选集》，百花文艺出版社2004年版，第72页。

乡—城混居宗族在财富和文化积累方面有更多的优势，因此，当他们移居上海之后，会较一般的宗族更容易适应时代和社会的变化，更加顺利地实现转型。

第二节　江南望族在上海

所谓望族，是人们对地方上有声望和影响的家族的通称，这些家族在本地乃至全国的政治、经济、文化等领域有着举足轻重的地位，"其耳目好尚，衣冠奢俭，恒足以树齐民之望而转移其风俗"。①明清两代江南地区经济繁荣、文化发达，在科举方面成就显著，如前文所述，"状元之乡""进士工厂"在江南可谓数不胜数，由此涌现出众多由科甲出仕起家的望族。著名学者范金民言："明清江南进士不但分布极不均衡，极为集中，而且还集中在有限的几姓几族之间。"②近人沈昌直《吴江文献保存会书目序》曰："吾吴江地钟具区之秀，大雅之才，前后相望，振藻扬芬，已非一日。下逮明清，人文尤富，周、袁、沈、叶、朱、徐、吴、潘，风雅相继，着书满家，纷纷乎盖极一时之盛。"其他如昆山归氏、常州庄氏、钱塘许氏、海宁查氏、湖州董氏、无锡秦氏、慈溪郑氏等等，均共同展示了明清时期江南望族、世家传承之久之盛。进入近代以后，江南这些望族又以上海为基地，顺利完成家族的近代转型，不断培养出优秀的人才。如当代获得诺贝尔奖的华人：上海金山籍的高锟，杭州临安籍的钱永健，江苏太仓籍的朱棣文等其实均出于江南望族。此处仅以江南传统望族在上海的数个个案为例，讨论这些文化望族在上海的活动情况。

---

① ［清］张海珊：《聚民论》，［清］贺长龄编《皇朝经世文编》卷58，《近代中国史料丛刊》初编731册，台北文海出版社1975年版。
② 范金民：《明清江南进士数量、地域分布及其特色分析》，《南京大学学报》1997年第2期。

一、武进龙溪盛氏与上海

龙溪盛氏自称始祖为明初历城侯盛庸，盛庸是明初靖难之变中建文帝的重要将领，在燕王朱棣攻占建康后，宣布投降，此后屡屡受到朱棣的猜忌，于永乐元年自尽。也许是因为这个原因，其孙盛睿举家从金陵迁居常州城西北的龙溪，成为龙溪盛氏的始迁祖。龙溪，据《龙溪盛氏宗谱》称"青山门与河路湾相去里许，其地为龙溪"①，位于西新桥之西，芦墅桥之东，原与关河、市河相通，今天为西新桥南埧金色新城沿河一带，后来因盛氏聚居而又称盛家湾。

和明清时期常州其他名门望族相比，在晚清之前，龙溪盛氏无论是在科举、文化还是在财富积累等诸方面均乏善可陈，即使和同为盛庸之后的常州另一支盛氏——花墅盛氏相比也相去甚远。花墅盛氏在清代中叶不到一百年时间内曾经产生过五名进士和六位举人，并有盛思本等在清代常州文化史上有一定地位的文化名人，而龙溪盛氏的崛起则要晚了很多。但从另一方面来说，龙溪盛氏的崛起却也预示着清后期以降，中国社会的一场变局即将来临。

龙溪盛氏

龙溪盛氏真正的辉煌来自清后期"长房三分支派"的崛起，这一支在百年间产生了盛氏第一位举人，第一位进士，更产生了日后影响中国政坛和商界的一代名臣——盛宣怀。所谓"长房三分支派"是指迁常第三世盛芳有三子：用章为长房，元章为次房，顺章为三房。长房用章有三孙：长孙可仁为"长一房"、次孙可义为"长二房"、三孙可礼为"长三房"，盛可礼之后即为"长房三分支派"。

---

① [清]李瑞岗：《序》，《龙溪盛氏宗谱》卷首，1943年敦睦堂木活字本。

清朝乾隆后期以降，随着人口的增长，江南各府的生员数量日益庞大，给科举应试带来了巨大的压力。大部分普通家族没有城中名门望族的支撑，也没有深厚的社会网络作保障，获得功名的可能性也就越来越低，因此有很多人放弃举业，开始经商。第十一世盛洪仁（1748—1815）和弟盛林（1759—1814）都走上了这条道路，盛林曾回忆道："吾祖父最好读书，吾以从事家计，不获发名于时，吾常以为恨。"① 但是他们通过经商积累了一定的财富，并通过从事慈善和地方公益事业在地方上获得了一定的声望，如盛洪仁"乙巳岁大饥，偕同志部署捐赈事，悉规画井井，郡守廉府君能，复以董开浚城河事"②；盛林"凡郡中敬节、存仁、育婴、赈济等事为之悉尽力"③。另一方面，长期的经商氛围又使得龙溪盛氏和一般的常州名门望族不同，养成了其族人务实、能干、精明的个性，使得盛氏家族在日后可以适应时代的要求迅速崛起，其家族基因在近代太平天国战争和近代洋务运动背景下，得到充分的发挥。

　　盛洪仁没有子嗣，由盛林的次子过继，他是盛氏家族承前启后的重要人物盛隆。盛隆（1786—1867），字树堂，号惺予，别号龙溪主人，晚号拙园叟。盛洪仁兄弟一生都以无法读书应科举试为遗憾，当他们积累了一定的财富，建立了读书求学的物质基础，将所有的希望都寄托在了盛隆的身上，让他投身于当时常州城中著名的文人吴师陆的门下，而盛隆也没有辜负他们的期望，嘉庆十五年（1810），盛隆以宛平籍中举人，成为龙溪盛氏产生的第一位举人，也揭开了盛氏日后辉煌的序幕。

　　盛隆有四子，长子盛应（1808—1860），字砚存，号彦人，道光二十三年（1843）举人，历任同知，归安知县，咸丰十年（1860）太平军攻杭州城时阵亡，清廷诰赠太仆寺卿，世袭云骑尉。次子盛康（1814—1902），字勖存，号旭人，别号待云庵主，晚号留园主人。三子盛廉（1818—1846），字镜存，号谨人，盛廉应该是盛氏家族成员中最有

---

① ［清］盛隆：《逸帆公行状》，《龙溪盛氏宗谱》卷19。
② ［清］盛隆：《士翁公行状》，《龙溪盛氏宗谱》卷19。
③ ［清］盛隆：《逸帆公行状》，《龙溪盛氏宗谱》卷19。

诗才的一位,他嗜学工诗,著有《莲初吟草集》,可惜英年早逝,卒年仅29岁。四子盛赓(1823—1900),字璞人,号朴人,盛赓在湖南为官三十一年,历任长沙、浏阳、沅江、安乡、道州等知县、知府,官至桂阳直隶州知州,为官以清廉著称。

从盛隆开始,龙溪盛氏已经开始通过联姻等手段,跻身常州名门之列,盛隆长女嫁给了孟河名医世家巢氏,而次女则嫁给了嘉庆会元、福建粮道、著名八股高手费庚吉之子费学曾。费学曾(1829—1898),字绳庵,号幼亭,一号竹士,官至直隶清河道,费学曾的儿子,也就是盛隆的外甥、清代著名学者、书法家费念慈。而他的儿子盛康和盛廉也都娶了费氏。这一阶段盛氏联姻的另外一个对象是常州城中的富商大贾,如顾氏、徐墅陈氏,这些家族和盛氏一样虽然在科举成就上不值一提,但均是常州商界执牛耳之人,他们的联姻为日后盛宣怀在商业上的成功提供了重要的助力。如盛廉的女婿顾赞衡曾任常州酒业公会的总理。顾赞衡的儿子顾润章日后成为盛宣怀商业经营的左膀右臂,他先后任通商银行办事总董、招商局、汉冶萍等董事,成为盛宣怀最重要的亲信,辛亥革命后,盛宣怀出奔日本,顾润章"主持一切","在惊涛骇浪中卒致盘石苞桑之固",深得盛宣怀信任。先后担任汉冶萍公司总稽核处长、招商

盛宣怀家族合影

局查账董事、东方地产公司、六合公司董事经理、新闻报馆董事等职。他的弟弟顾汝昌,字咏熙,也在盛宣怀帐下任三新纱厂董事、无锡贞吉栈经理等职。徐墅陈氏是常州乡间豪富,其先祖陈明善在乾隆年间曾官山西知州,与洪亮吉等人交好,在徐墅修建了著名的亦园,并选《唐宋八大家诗》,至今流传。陈廷毅是盛宣怀妹婿,其子陈景瀚曾任盛宣怀所属公司华大新公司总稽核、华盛纺织公司董事、又新公司总董等职。可以说在这一阶段,日后盛宣怀赖以成功的人际关系网络已经初见雏形。

盛隆诸子中以盛康为最出色,盛康是龙溪盛氏第一位,也是唯一一位进士,他是道光二十四年(1844)进士,授工部主事,历官安徽庐州、宁国、直隶诸州县知县、知府。咸丰年间任湖北督粮道、武昌道兼布政使、按察使,后移任浙江杭嘉湖兵备道、按察使。由于受到家族背景的影响,盛康少年时"为学不务章句,期于致用",当时"道光中叶,朝士狃于承平,从容晏安,不问外事",而盛康却深识远见,尤其心仪于陈庆镛、魏源等人,因此"朝章国故,兵谋外情,靡不探讨,卓然体用大备"。① 而在太平天国战争爆发时,他正在湖北任职,和当时转战在两湖一带的曾国藩等人所率领的湘军关系密切,家传的经商才能和经世致用的取向相结合,令在他乱世中得以大显身手,在后勤保障方面表现出众,尤其深得当时各大员的信任,从而跻身到全国性的权力网络之中,也为日后其子盛宣怀的成功开辟了道路。1867年盛隆去世之后,丁忧的盛康乘机离开了官场,战争中积累的财富和营建起来了的人际关系网络使他在退休后仍然如鱼得水,他创办的木行、典当行、钱庄的经营日益红火,也让他得以逐步将祖辈的理想逐一变成现实。由于常州在战乱中残破不堪,盛康寄居苏州,他买下了苏州刘氏的寒碧山庄,开始大肆营建,为表示此园与刘氏有关,他把山庄的名字改成了留园,成为苏州城中著名的园林风景。同时,他仍然关心着家族的发展。他继承父亲的遗志,将盛氏义庄逐步扩大,先在常州以盛隆的字号为名建成面积近数千亩的拙园义庄,并在义庄东边建设族学,以盛隆所著《人范须知》命名为"人

---

① [清]王文韶:《旭人公神道碑铭》,《龙溪盛氏宗谱》卷19。

范书院"。不久之后,他又苏州留园建了针对本房支的留园义庄,在义庄东边又建立家善堂,作为向穷苦人施医赠药之所。同治十年(1871),他又因为向河北受水灾的灾民捐赠棉衣、大米而被嘉奖,加布政使衔。光绪十九年(1893)正逢他中秀才一甲子,得以赴京参加"鹿鸣宴",江苏抚院颁赠"望重儒林"匾额。他的晚年正当儿子盛宣怀风光无限的时候,因此其名望也日益显赫,盛宣怀请汪洵、费念慈、吕景端等文化幕僚辑《皇朝经世文续编》120卷,以自己父亲为名。他去世时,盛宣怀在常州为他举办了隆重的葬礼。

盛康生六子:宣怀、隽怀、廷怀、寰怀、星怀、善怀。其中尤以盛宣怀最为知名。盛宣怀(1844—1916),字杏荪,号愚斋。和自己的父亲及祖父科场得意不同,盛宣怀在同治五年(1866年)考中秀才后,乡试三次不中,最终绝意科举,然而真正发扬盛家门楣,将盛家带入极盛,一跃成为全中国最富有、最令人瞩目的名门望族的也正是盛宣怀。盛宣怀深受祖父和父亲的影响,一生都致力于"有用之学",对天下之事,"事事研求"。同治九年(1870年)四月,盛宣怀被湖广总督李鸿章招入其幕府,任行营内文案兼充营务处会办,从此深得李鸿章赏识、器重,入幕一年即升至知府、道员,并获得赏花翎二品顶戴的荣誉。1872年,盛宣怀建议李鸿章创办中国第一个民用航运企业轮船招商局,并且受命拟定章程。从此,盛宣怀开始了他的实业家生涯,他用了几十年的时间从一个军营文秘成长为掌握国家十几个垄断企业的实业界巨人,被称为近代"中国第一代实业家"、"中国近代工业之父"与"中国实业之父"。3年后,他主持创办湖北煤铁开采总局,经营大冶、广济煤铁矿务。1880年,他创办天津电报总局,津沪、苏浙、湘粤、晋冀、豫鲁、东三省等全国20多个省市的电线,都是在他的主持下架设的。1882年,他又创办了山东平度、辽宁金州金矿。1886年,他在任职山东登莱青道时,创办了全国第一家内河小火轮航运公司山东内河小火轮航运公司,名声远扬的中国首家葡萄酒公司张裕葡萄酒厂也是他这个时期创办的。1893年,他在上海成立华盛纺织总厂。1896年,他接办张之洞无力再办下去的汉阳铁厂,并且督办全国铁路主要干线卢汉铁路的修筑。1897年,盛宣怀创办了中国通商银行。1908年，盛宣怀将汉阳铁厂、大冶铁矿、萍乡煤矿合并，组成中国第一家钢铁联合企业——汉冶萍煤铁厂矿公司。盛宣怀还是一个教育家、慈善家。天津大学的前身北洋大学堂、上海交通大学的前身南洋公学等，都是他一手办起来的。在他的倡议下，1904年中国红十字会成立，他是第一任会长。盛宣怀所开创的这些基业是中国走向世界、走向现代化的物质基础，相关产业的成功举办让盛宣怀仕途一帆风顺，先后历任天津海关道、太常寺卿、工部左侍郎、邮传部尚书，官居极品。同时，也给盛宣怀个人及其家族带来了巨大的物质财富，成为近代中国首富，1917年，也就是盛宣怀去世后的第二年，盛家请李鸿章的长子李经方出面主持清理盛宣怀遗留的财产。经过两年多的清理，认定盛家财产截至1920年底总额达1 160万两白银。

盛宣怀

盛宣怀在近代中国政治史、经济史、思想史上具有举足轻重的地位，历史学家称其为"中国第一代实业家"、"洋务派主要开拓人"、"影响中国近代史的一位关键人物"，慈禧太后称其为"是今日不可少之人"。他甚至影响了清王朝的最终命运，八国联军攻占北京之际，他和赵凤昌等人联络各省督抚，实施东南互保。1911年，也正是他与四国银行签订湖广铁路借款合同，激起四川保路风潮，成为武昌起义的导火索。

盛宣怀的一生风光无限，但也毁誉参半。从今天的视角来重新审视盛宣怀，会有很多新的感受。盛宣怀其实是一个伟大的拓荒者，他的很多举动在中国历史上都具有拓荒性质和创新意义。他本是一介秀才，也根本没有任何留洋学习的可能，却为沉睡、保守却不可一世的大清创造那么多的第一，后人不能不景仰他所拥有的不可思议的拓荒胆略、超前意识和创新精神。需要强调的是，盛宣怀的这些拓荒、这些第一总是与现代趋势、国际惯例与世界潮流联系在一起的。比如采矿，传统中国文化都是在地球的表层（泥土、河水等）获取生活资源。盛宣怀第一次将中国人的视野转入地球表层以下。早在1875年盛宣怀为湖北矿务局督办时,就向李鸿章提议,由政府投资,设立机构,在湖北广济开采煤矿、铁矿。湖北煤铁开采总局成立后,盛宣怀主持一系列开采业务。此后他又参与创办了荆门矿务总局、辽宁金州铁矿、山东登州铅矿、徐州利国煤矿、吉林三姓金矿、安徽宣城煤矿、陕西延长石油等等,成为我国近代机器采矿业的创始人。张之洞就曾称赞盛宣怀"访矿首功"。又如,企业并购,这是近现代市场经济中的常见行为,但对中国人来说很是陌生,特别是并购外国企业,更是新闻。1876年,盛宣怀促成轮船招商局将竞争对手、最早进入中国长江开展内河航运业务的美国旗昌公司收购下来。这是中国近代史上第一个成功的中资企业并购外资企业案例。再如,参展世博。中国向以中央之国自诩,物华天宝,人杰地灵。在世界面前平等地展示一国的文化、科技成就似乎有违国体。1866年,法国巴黎世博会向总理衙门发出邀请,清廷仅以"晓谕商民"来搪塞。数年后的奥地利维也纳世博会,清廷依旧扔出"中国向来不尚新奇、无物可以往助"的托辞。在那之后的几十年,大部分政府官员只是将其视为赛珍耀奇的无益之举,甚至将该"赛会"与传统社会中的庙会混为一谈。然而,除1889年巴黎世博会、1893年芝加哥世博会、1900年巴黎世博会,没有"盛档"记录外,盛宣怀差不多参加了自1878年至1915年的历届世博会。1904年,美国在圣刘易斯举办世界博览会,展期长达7个月,总计60个国家参与。美国公使巴礼德给盛宣怀发去《为美国博览会致盛宣怀节略》,介绍世博会筹办情况,表达盛情邀请大清国参展的诚意,请盛宣怀务必"于所辖地方嘱商工人等预备上等赛物",由海关或通过别的途径运往会所。最终盛宣怀促成了中国首次以官方形式高规格率商人组团赴会。世博会在清廷形象也正逐渐从"炫奇"与"赛珍"的舞台转变为"交流"和"商战"的平台。此外,盛宣怀在治事之余暇,关心乡邦文献,广为收集刊印,他曾花巨资校刻《常州先哲遗书》72种749卷,被《续修四库总目提要》称赞为"在郡邑丛书中可称最完善者矣",《书林清话》中也称此书"抉择严谨,刻手亦工,后有作者,当取以为师资矣"。从今天的视角而言,盛宣怀的声望、魄力和组织能力在当时的中国确实无人能及，但另一方面，盛宣怀发迹也离不开复杂的人际关系网络和权钱交易，他为国家创造了大量的财富，但也攫取了大量的财富以满足自己及家族的私欲，他是那个时代造就的人物。

从盛康开始，龙溪盛氏正式进入常州望族的行列，因此盛宣怀的婚姻对象都是常州最为显赫的高门名族，盛宣怀第一位妻子来自前街董氏，前街董氏在明清两代一共产生过16位进士和11位举人，盛宣怀的岳父是道光十八年进士，官至江西督粮道的董似縠（1804—1886）。董夫人为他生了盛昌颐、盛和颐和盛同颐三个儿子。董夫人去世后，盛宣怀更与常州最有名，也是中国科举史上最为成功的家族——庄氏联姻，他的岳父庄毓莹虽然只是个廪贡生，但却是状元庄培因及常州今文经学派大师庄述祖的直系后裔。庄夫人非常能干，尤擅理财，盛氏的大量财富在她手中被管理得井井有条，盛宣怀去世之后，她在上海的威望依然不减，她离开人世时仍然可以将盛氏的财产保持在一千万两白银左右。而庄氏与盛氏，常州最有文化的家族和常州最富有家族之间的联姻，也让两个家族都从中得到了巨大的好处。庄毓莹的侄孙、盛宣怀的外甥庄篆（原名受录，字得之），是庄氏亲戚中最得盛宣怀欣赏的一个，是其重要的生

盛宅

意助手,曾任信义洋行买办、招商局董事,并接替盛宣怀出任中国红十字会理事长。

到了盛宣怀的下一代,由于其在全国炙手可热的地位以及为了编织人际关系网络的需要,其子女的婚姻对象都是非富即贵,而且遍及全国。长子盛昌颐娶了著名学者宗源瀚的女儿,次子盛同颐娶了杭州人、知州郑立诚的女儿,盛恩颐娶了民国国务总理孙宝琦的大女儿孙用慧,盛重颐娶了苏州望族、状元彭启丰的后人,盛升颐娶了清末外务部尚书吕海寰的女儿,长女嫁给了嘉兴人、山西候补道姚宝勋的公子,次女则嫁给了常州望族冯氏的冯敦干,冯敦干的大哥冯敦高(1863—1902)后来被盛宣怀委任为京城电报局总办,是他的重要耳目。三小姐嫁给了无锡富商、进士林祖述的公子林志伟。四小姐盛稚蕙嫁予了上海道邵友濂的二公子邵恒,民国著名文人邵洵美是她的儿子,而邵洵美则娶了盛昌颐的女儿、表妹盛佩玉。五小姐盛关颐嫁给了后来成为台湾富商的林薇阁,六小姐盛静颐嫁给了南浔四象之首、著名的丝绸富商刘俨庭,七小姐盛爱颐嫁给了庄夫人的侄子庄铸九,八小姐盛方颐嫁给了大盐商、曾经的江

盛宅

南首富周扶九的外孙彭震鸣。

盛宣怀死后,按照他的遗命,其后代(五房子孙)作为继承人均分580万两,另外一半580万两捐入他所举办的愚斋义庄。义庄的财产,四成用于慈善事业,六成为盛氏家族公用。在使用方式上有一条原则,即"动息不动本",任何时候只准取用利息,本金永远不许动。在庄夫人依然在世的时候,盛家的声望依然得以维系,但是等庄夫人去世之后,盛氏接班人的问题开始出现了。盛康有六房太太,生下四儿四女,盛宣怀有七房太太,生下八儿八女,而他下面仅四子盛恩颐有二十七个小孩,但是盛宣怀的几个儿子均非经商之才,连守业的能力也不怎么样,而他之前在亲戚中选择的几个接班人当中,顾润章英年早逝,庄得之的能力十分平庸,盛氏的发展开始面临危机。

盛宣怀长子盛昌颐、次子盛和颐和三子盛同颐都过世较早,当时在上海乃至中国商界最知名的是四子盛恩颐、五子盛重颐和七子盛升颐。盛恩颐(1892—1958),字希曾,号我纶,一号泽承,又号小愚。是庄夫人的唯一儿子,因此备受宠爱。他虽然继承了汉冶萍公司总经理的职位,但做事并不认真,庄夫人去世之后,盛氏分家,盛恩颐搬到极斯菲尔路(万航渡路540号)的花园洋房中,依然过着吃喝玩乐的生活,1957年在他仅有的财产——苏州留园祠堂中去世。盛重颐(1893—1960),字绍曾,号我垌,一号泮臣,是盛家兄弟中比较持重的一个,他一直专心办实业,并买下今淮海路1517号、现日本驻沪领事馆邸的花园大洋房,是上海当时为数不多的豪华住宅之一。1949年后,盛重颐前往香港,不久因生意受挫而穷困潦倒。盛升颐(1900—1964),号苹臣,一号鹤守,他在宋家的提携下,曾出任苏浙皖统税局局长,掌管江南一带的财政大权,同时还主持华福烟公司、华盛纺织公司等家族企业。1949年后,他前往台湾,虽然担任台湾航业驻东京总代表,但已是日薄西山,最终病逝于东京。除了盛氏兄弟之外,在民国上海还有一个显赫的人物盛文颐,盛文颐(1875—1950)字惠曾,号我京,别号幼龛,是盛赓的孙子,他也娶了前街董氏知县董ід庆女儿,这使得他和盛宣怀之前的关系更加密切,他依靠着盛家的权势,长期在北方任职,民国初期担任了京汉铁路局局长,是盛宣怀的重要耳目。抗战后,盛文颐投靠了日本人,成为汉奸,并通过"宏济善堂"大肆贩卖鸦片得利,同时他又是臭名昭著的裕华盐公司的头子,垄断了整个沦陷区的食盐买卖,所以他又有"黑白大王"之称,购买了今瑞金宾馆一号楼的马斯立花园大洋房。1943年,盛文颐同资重新纂修了《龙溪盛氏宗谱》,这是龙溪盛氏第七次修谱,家谱中保存大量的资料,为学术界所重视。抗战胜利后,他被捕入狱,1949年后转入提篮桥监狱,最终死于狱中。①

二、苏州贝氏与上海

吴中贝氏第一世贝兰堂,原籍浙江金华府兰溪县,明中叶迁居江南苏州府吴县,世居阊门外南濠,兰堂公以行医来吴,贸易为生,遂占籍焉。②贝兰堂最初在阊门外的南濠街摆草药摊兼作医生,兰堂之子兰亭,兰亭长子和宇都经营中药,并将药摊发展为"贝和宇广行"中药店。至六世,贝廷子贝鉴(藻庵)、贝钰(完一)、贝钰(蘅山)、贝鈫(潜谷)分成四支。其中潜谷公支发展最快。贝鈫子七世贝绍溥(慕庭,1705—1769)自幼体弱多病。其父曾言:"汝体素弱又无兄,若弟以佐汝,苟习举子业,无田园为后日忧,非计也。汝其勉为之。"贝绍溥从此放弃科举,经营家族产业,其间"南走钱塘,北至金陵,又北至燕冀,露宿风餐,备尝客况。夙兴夜寐,几无暇晷,近则谨守先业,远则贸易殊方。及五旬外,始置田房产业,迄今恢大家业,亦可谓无愧于先人矣"。③经努力,贝氏家族"传至乾隆年间时已经成为吴中巨富,当时苏州地方有四贵、四富之说,四贵为彭、宋、潘、韩;四富为戈、毛、毕、贝。这个贝就是贝慕庭家"。④贝绍

---

① 参见易惠莉《盛宣怀评传》,江苏人民出版社2012年版。
②《世系》,《吴中贝氏家谱》,1920年石印本。
③ [清]贝绍溥:《慕庭公自序》,《吴中贝氏家谱》。
④ 贝祖武:《吴中贝氏家族》,政协苏州市文史资料研究委员会等编《吴中情思:苏州文史资料选辑》第17辑,第1页。

溥在乾隆二十六年（1726）从徐淳复手中购买了位于西跨塘龙山塘桥南的"茧园"，后易名为"澹园"。"茧园"乃"当地园亭之冠"。贝绍溥之孙贝廷焱（1767—1798）则把祖业扩展到浙江湖州的南浔、双林和新市，分别开设了"贝益寿""贝文一""贝泰来""贝宁远"等国药号，至今"贝文一"仍是湖州老字号品。

贝家积累一定资财后，开始了"广储经书、奋志功名"之路。贝绍溥长子贝模（1731—1807），为府学增贡生，乾隆年间由阊门外南濠外迁居城内桃花坞，居家读书，著有《听涛书屋吟稿》四卷。贝模次子贝廷荦（1761—1806），工书法，耽吟咏着，有《见窗吟稿》两卷。贝廷点（1793—1847），字若存，号六泉，是苏州著名的书画家，与朱听泉、陈斗泉有"枫桥三泉"之称，其山水画深得文徵明三昧。贝廷荦长子贝镛（1780—1846）为学者袁廷梼的女婿，好收藏，工行楷，兼善篆隶，多集古人名墨，著有《持静斋书目续》等。贝镛在苏州齐门外井寺桥别业构筑千墨庵，将所收藏的珍品尽藏于中，绘制《千墨庵图》，名家题跋题满。十世贝青乔（1805—1863），字子木，鸦片战争期间为奕经幕僚，著有名篇《咄咄吟》，并有《半行庵诗存稿》八卷。十一世贝信三（1811—1875），道光二十年（1840）恩

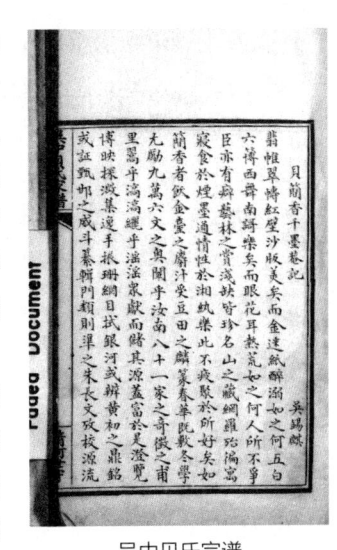

吴中贝氏宗谱

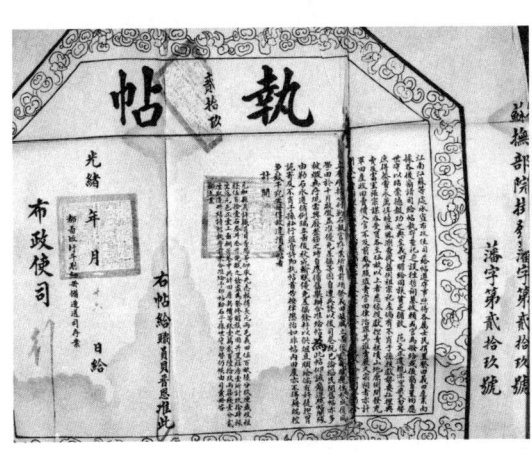

贝氏义庄执帖

科举人,隐居山塘桐桥贝氏节孝祠旁的简园,自号桐桥渔隐,藏书万卷于祠堂内,供族人浏览,撰有《简园试帖》《简园琐闻》等。①

到了近代以后,贝氏的商业天分更是发挥得淋漓尽致。十二世贝晋恩(1825—1886)官至杭州府西塘海防同知,告老还乡后在苏州和木渎等地与人合伙开设典当、贝大有酱园。贝晋恩去世后,贝理泰(1866—1958)接管家业,他将大部分无利可图的企业全部出盘或收歇,即使经营良好的"贝大有酱园"交由原经理掌管,自己则至各处任钱谷师爷。他在任吴县政府主计课课长期间,结识了在江苏银行任职的陈光甫,两人志趣相投,陈光甫与常州富商庄篯等数人集资创办上海商业储蓄银行,庄篯任董事长,陈光甫任总经理,贝理泰出资五千两白银成为董事。1917年,以总行董事的身份兼任苏州分行经理。这是苏州首家具有现代意义的私营银行,贝理泰也堪称苏州兴办股份制商业银行的第一人。不久,上海商业储蓄银行为扩大营业范围,开办了中国旅行社,贝理泰仍任苏州分社的经理。②此后,贝理泰家族基本上均从事银行业。贝理泰次子贝祖翼,先后担任中国实业银行上海分行的副经理、总行副经理等职。贝理泰三子贝祖诒(1893—1982),号淞荪,先后在上海澄衷学堂、东吴大学中学部及唐山路矿学堂学习,1913年毕业后在汉冶萍煤矿公司上海办事处担任会计,翌年转入中国银行北京总行,在管理处担任会计之职。1915年调入广州分行后,由代理会计主任升至该行经理。1918年贝祖诒奉命组建香港分行,是中国银行香港分行的主要奠基人。1928年贝祖诒调任中国银行上海分行经理,同年,中国银行改组为专营外汇银行,贝祖贻被选为总行私人股东董事兼总行营业主任。同年11月中央银行成立,贝祖诒任监事。1930年贝祖诒被总行派往美国和欧洲考察,负责对中国银行体系的改革。回国后,经其组织策划,中国银行在世界主要城市、港口设立分支机构,开创了中国人自己办理国际汇兑业务的先例。1932年贝祖诒升任中国银行副行长,并被聘为中央银行理事,同时

---

① 李志强:《吴中贝氏家族研究》,上海师范大学硕士论文2016年。
② 贝祖武:《吴中贝氏家族》,第8页。

任国货银行官股监察、全国经济委员会棉业统制委员会委员、中央银行监事、浙江省建设厅工商设计委员会委员等职。1941年贝祖诒任中英美外汇平准基金委员会中国代表和中国银行代总经理。1944年他以中国代表的身份出席在美国召开的国际货币金融会议。1946年3月到1947年4月，由于宋子文的极力推荐，贝祖贻担任中央银行总裁。1949年贝祖诒迁居美国，曾任纽约斯泰公司顾问、香港上海商业银行董事长，晚年寓居纽约。① 四子贝大智，接替贝理泰继任上海商业储蓄银行苏州分行经理。五子贝祖武，先后在上海商业储蓄银行总行及苏州分行担任职员长达七年，1937年担任中国旅行社苏州分社副经理。抗战结束后，继续担任上海商业储蓄银行苏州分行及旅行社经理。②

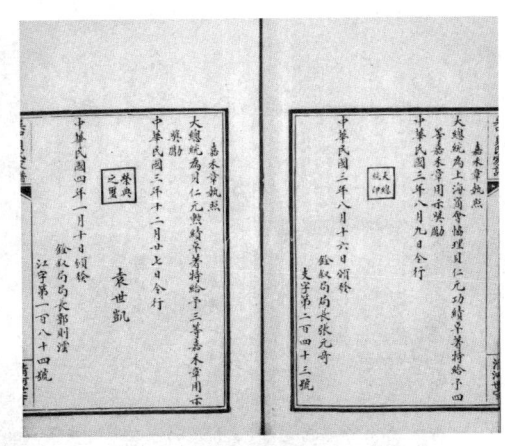

贝仁元授勋证书

同为十三世的贝寿同（1876—1941），字季眉，号季美。早年就读于江南格致书院，上海南洋公学，1904年东渡日本入早稻田大学攻读政治经济学，并参加同盟会。1910年赴德国夏洛腾堡工科大学学习建筑，1914年毕业归国。1915年在司法部任技正，主持全国司法系统的建筑实务事务。1916年起兼北京大学讲师、教授，交通大学京校教务主任，将西方的建筑科学教育引进我国。同时任北京中国银行总行顾问。1921年再次赴欧考察德、比、奥等国的监狱建筑，归国后设计了许多法院、监狱等许多新式建筑。其侄贝聿铭（1917—2019），1927年举家迁至上海，就读于圣约翰中学，1935年赴美留学后，先后在麻省理工学院、哈佛大学

---

① 张晰：《民国金融巨子贝祖诒》，《浙江档案》2007年第11期。
② 李志强：《吴中贝氏家族研究》，上海师范大学硕士论文2016年。

贝氏家族合影

学习建筑,成为著名的现代主义建筑大师,为美国艺术与科学院院士、中国工程院外籍院士,其设计的肯尼迪图书馆、卢浮宫都为建筑史上的杰作。1982年,他在香港设计了著名的中银大厦,其实也是贝氏家族与中国银行之间密切关系的延续。[①]

与潜谷支英才辈出相比,其他三支一直乏善可陈。但蘅山公支第十三世贝仁元(润生,1870—1945)改变了这一状况。贝润生幼时因家贫,十六岁赴上海,在奚润如瑞康颜料行做学徒。因精明能干,二十八岁擢为瑞康颜料行经理,并成为股东。另外,又与咸康颜料号薛宝润合伙组建谦信靛油公司。20世纪20年代薛宝润退出后,贝润生又与周宗良合作改组谦信公司,扩大资本,在全国各地广设分号、代理处。瑞康、谦信等行号因与洋商关系密切,享有品牌经销特权,发展十分迅速。1920中后期,谦信公司更名为谦和公司,成为全国最大的德国进口颜

[①] 参见张一苇《神秘的东方家族:贝聿铭和他的家族》,苏州大学出版社2014年版。

料包销商。贝润生因此获得"颜料大王"称号，成为沪上巨富。除了经营进口颜料业务外，贝润生还大量投资工业和房地产业。甲午战争后，独资创办赓记缫丝厂、振成缫丝厂。与朱葆三等人集资20万元，创办中兴面粉厂。此外，还投资厚生纱厂、裕和缫丝厂、纶华缫丝厂、豫丰纱厂、豫康纱厂、光华机器染织厂等企业。他还在上海大力投资房地产业，先后购置各类房屋千余幢，房产面积达16万平方米，土地面积达150亩，成为沪上房地产业后起之秀。光绪三十年（1904）

贝润生

上海商务总会成立，贝润生任协理。三十四年，发起成立上海洋货九业公所，次年当选为上海商务总会议董。1912年3月再任上海总商会协理。是年，向陈其美捐资十万元，资助革命活动。1914年，贝润生任全国商联会副会长。此外，还兼任洋货公会总董、平江公所总董、苏州旅沪同乡会会长等。热心于教育事业，曾资助同济德文医工学堂，并出任校董。1918年与黄炎培创办中华职业学校。同年，在苏州购得狮子林，经多年改建和扩建，将狮子林修葺成名动江南的私家园林。①

三、杭州叶氏与上海

杭州叶氏原籍徽州，明万历中始祖仰湖公迁居杭州。数传后至叶景葵六世祖叶藩，字登南，号古渠，晚号皋亭山农，工制艺。乾隆辛未（1751）进士，由翰林院庶吉士，历官广西太平府明江同知、广东廉州府知府等，归田后历主讲楚北、江汉、新安、紫阳、四明、月湖等书院。从此卜居张卿子巷，有书斋名紫藤花馆，太平天国时被毁。高祖叶

---

① 李峰主编：《苏州通史（人物卷）》下，苏州大学出版社2019年版，第34—35页。

之纯，字中子，号寿挣。嘉庆庚午（1810年）岁贡，著有《敦怡堂稿》行世，是杭州名师，从游甚众，掇巍科者指不胜屈。高叔祖叶之承，字瓒夫，号秋水，嘉庆戊午（1798年）举人。官山东寿光、商和知县。喜饮，工书，耽吟咏，有诗入《国朝杭郡诗续辑》卷二十九。曾祖叶庆喧（1800—1857），字宣三，道光丁酉（1837年）举人，曾主持河南彰德昼锦书院，任河南鄢陵县知县。祖父叶尔安（贞甫），附贡生，候选训导。后任河南省商水县知县，调滑县知县，署理许州直隶州知州等职。叶尔安喜藏碑拓，"专研造象，尚有裱本四巨册"尤"以河南马氏存古阁旧藏为最多，皆乾嘉间拓本"。著有《韵字辨同摘要》四卷、《补藤花馆石墨日录》一卷、《北朝造象石刻目》一卷、《北朝造象题跋稿》一卷、《咏兰室石墨证古》一卷等。父叶济（1857—1929），字作舟，号既行，杭州府仁和县学附生。1876年中举人。历任河南安阳县知县、郑州直隶州知州。入民国，任郑县知事，升任开封道尹。堂叔祖叶尔恺（1863—1940？），字悌臣，号伯皋。光绪十五年（1889）进士，授翰林院编修，曾任陕西学政、云南提学使等职。堂叔叶瀚（1861—1936），字浩吾，肄业于上海格致书院。入鄂督张之洞幕府。1895年，与汪康年在上海创办蒙学公会，刊行《蒙学报》。1902年，与蔡元培、章太炎等发起成立中国教育会，次年与蔡元培等人组织对俄同志会，积极参加拒俄运动。1905年，与蔡元培、杜亚泉等创办理科通学所。民国后，曾任北京大学历史系教授兼研究所国学门导师。堂叔叶澜（1875—1943后），字清伊、清漪。杭州府学附生，后留学日本，参与发起东京青年会。1903年在上海创办《国民日日报》，著有《天文歌略》，又与叶瀚合著《地学歌略》。表母舅吴庆坻（1849—1924），字子修，别号悔余生、补松老人。浙江钱塘人。光绪十二年（1886）进士。历任会典馆总纂，四川、湖南学政，著有《补松庐诗集》《悔余生诗集》《补松庐文录》与《蕉廊丛朕》等。表兄吴士鉴（1868—1933），字公督，号纲斋，晚号九钟老人。光绪十八年（1892）榜眼，授编修，历任翰林院侍读、南书房行走、江西学政。民国后任资政院议员、清史馆纂修，著有《含嘉室诗集》《含嘉室文存》等。弟叶景莱（1879—1909），字仲裕，1903年进上海震旦学院。1905年，随马相伯院长脱离震旦，创办震旦公学。1907年，与于右任、邵力子等创办《神州日报》，次年回杭州，又接办《全浙公报》，任安定学堂监督，并积极参与政治活动。后因浙路事和预备立宪受挫，得脑疾。宣统元年，投长江自尽。①

叶景葵幼年时在外祖父家私塾就读。十六岁时举为秀才。二十岁娶朱氏为继室，次年参加乡试中举人。其文章受岳父之友赵尔巽的赏识，与之结为忘年交。光绪二十四年（1898），赴北京会试落第。此后逐渐受维新思想，入通艺学堂学习英文、算术，并用心研读《天演论》等。戊戌政变后转而重视实业，始有"实业救国"思想。光绪

叶景葵遗像

二十八年，叶景葵受山西巡抚赵尔巽之聘，入幕任内书记。次年中进士，但仍随赵尔巽赴湖南巡抚、盛京将军任，担任文案、盛京财政局会办。光绪三十四年，受聘新成立的中国最早的商业银行浙江兴业银行，为武汉分行总理。不久，受赵尔巽委派，为四川转运局驻沪总办，从此移居上海，常往来沪、汉两地。1911年春，任天津造币厂监督。不久奉旨进京，以三品京堂候补，署理大清银行监督。接任后对体制进行改革，武昌起义后，辞职南下。1912年一度与李一琴出任汉冶萍公司经理，至次年盛宣怀从日本回国，重掌公司经营权后辞职。

1915年，经浙江银行董事会推举，出任董事长，掌握全行经营管理大权。对全行进行重大改革，改上海分行为总行，杭、汉为分行，修改全行章程，实行董事长负责制，董事会设在上海，下设总办事处管理总分行业务，使事权集中，改变三行分立的局面，至1920年增资至250万

---

① 柳和城：《叶景葵年谱长编》，上海交通大学出版社2017年版，第1—3、8页。

元,并先后培养徐寄庼、徐新六等新人。在业务方面,重视存放款经营,增设分支机构以吸收各地存款,至抗战前夕已达三十五处。1924年订立储蓄部章程,为确保存户利益,拨出专款作该部资金,会计独立,与总分行本身营业分开,并规定"本行全体董事及总经理对于储蓄存款均负无限责任"。放款方面,他提出"将资金投资于工商业"的口号,并在各总分支行附设仓库,扩展抵押贷款业务。以上措施使存款额逐年上升,1926年增至3 469万余元,多次居于全国商业银行的首位。放款额总行达715万余元,其中半数以上投入工商企业。被企业家刘鸿生称:"浙兴才是我们企业自己的银行。"

1916年,北京政府下令停止兑现中国银行的兑换券,叶景葵以中国银行商股股东身份出面组织中国银行商股股东联合会,自任副会长(会长张謇),委托律师登报担承兑责任,中行沪行及浙兴信誉地位日益提高。1931年,当选曾参与发行公司债的中兴煤矿常务董事、董事长,对该矿进行全面整顿,加强管理,降低成本,添置运输设备,加以煤质优良,业务得到迅速发展,1936年产量达到173万吨,获利446万余元。抗战后,煤矿被日军占领,拒绝合作,始终未能正式复业。

20年代末,上海经济受世界资本主义经济萧条的影响,工商企业对货币资金的需求相对减弱,叶景葵组织浙兴另辟蹊径,加大投资有价证券和房地产业的力度,建造大批"浙兴里""兴业里""兴业坊"等弄堂石库门房屋出租,弥补投资收益。在存款方面,总存额虽继续上升,1934年达7 747万余元,但由于竞争激烈,相形之下,浙江兴业分行发展逐渐落后于人,再加上为国民政府多次掠夺,再难复当年盛况。叶

当年的合众图书馆

景葵多次欲辞职,但直至1945年他年逾七十才辞去董事长职,但仍任常务董事,且勤于视事。

抗战爆发后,留在"孤岛"上海,途中见江、浙藏书纷纷流散,至感痛惜,遂邀同张元济、陈叔通、李拔可、陈陶遗于1939年共同创办合众图书馆,约请顾廷龙主其事,撒网罗佚,搜集古籍善本。叶并率先捐赠全部藏书,并出资十五万元建造馆址。1941年新馆落成,叶另建一小屋于旁,自称别号"书寄生",日夜读书自娱,借以洁身隐居。合众图书馆日后成为上海图书馆前身。

1946年,蒋介石发动全面内战,叶景葵借诗讽之"蓬藤在位非民望,莸莠盈朝是国仇",将蒋氏比作残疾小丑。1947年,国民党军警特务镇压青年学生的民主爱国运动,与唐文治、张元济等十位有影响的古稀老人联名向市政当局吴国桢、宣铁吾发出抗议信,抨击黑暗统治,要求速行释放被捕学生,事后并集体拒绝吴、宣邀请的"茶会"。1949年4月28日,因心脏病辞世。①

四、海盐张氏与上海

海盐张氏自称为宋名相张九成之后,明洪武初张留生自钱塘迁海盐,为始迁祖。五世后分汉文公、敬哉公、碧溪公三支。②海盐张氏为当地名门,潘光旦撰《明清两代嘉兴的望族》,张氏跨十二世,著录16人。③海盐张氏最盛一支为敬哉公三房,自第十一世明张奇龄(1582—1638)中万历四十三年亚魁后,至张元济,共中进士2人,举人5人。自张奇龄创立涉园为藏书楼始,绵延至张元济,传承11代,近300年,更是在中国藏书史中极为少见。张元济曾回忆:"余幼时在粤东,闻先大夫言:

---

① 汪仁泽:《叶景葵》,《中华民国史人物传》第7卷,中华书局2011年版,第4598—4604页。
②《海盐张氏族谱》卷5《世系》,1934年刻本。
③ 潘光旦:《明清两代嘉兴的望族》,商务印书馆2015年版,第258页。

'吾家世业耕读,自有明中叶族渐大,而以能文章掇科第者,首推符九公(即奇龄);绝意仕进,潜心义理经济之学,门弟子极盛,咸称曰大白先生;尝筑屋城南,读书其中,今所谓涉园是也。'① 大白公读书城南乌夜村,既建涉园,广贮图籍,绵历数代。"② 张奇龄次子张惟赤(1615—1676),为顺治十二年进士,康熙时"即倦仕宦,此疾归田,即城南三里之老屋,拓而充之,颜曰涉园。邑志所称乌夜村故址者是也。池亭林木之胜,甲于东南"。③ 张惟赤子张胎(1640—1809),中康熙十一年举人,归隐后"增茸故园,林泉台榭,极一时之胜;啸歌之暇,率族中子弟读书其中"。④ 藏有影宋本甚多,书有"涉园主人鉴藏""古盐氏小白珍藏"等印。⑤ 至乾嘉间,张宗松兄弟9人,至少有6人以藏书闻名,与当时吴骞、鲍廷博、陈鳣、黄丕烈等诸大家相往返,成为书林佳话。⑥ 道光后涉园藏书一度中落,张元济曾云:"涉园所藏,当嘉庆时为苏州书估陶氏五柳居捆载而去(余见黄荛圃某书后跋有此语)。张月霄《爱日精庐藏书志》刊于道光丙戌,犹云:'清绮后人尚能世守陈编。'至道光癸卯,相距仅十七年,而管芷湘见是本《书目》,已入于僧院敝簏。是其书已尽散矣。时国家尚称承平,而吾家何以衰退若此。"⑦

---

① 张元济:《海盐张氏涉园从刻跋》,《张元济全集》第10卷,商务印书馆2010年版,第94页。

② 张元济:《清绮斋藏书目跋》,《张元济全集》第10卷,商务印书馆2010年版,第13页。

③ 徐珂:《清稗类抄》第9册《张螺浮藏书于涉园》,中华书局2010年版,第4223页。

④ 张元济:《海盐张氏涉园从刻跋》,《张元济全集》第10卷,商务印书馆2010年版,第94页。

⑤ 徐珂:《清稗类抄》第9册《张螺浮藏书于涉园》,中华书局2010年版,第4223页。

⑥ 张元济:《海盐张氏涉园从刻跋》,《张元济全集》第10卷,商务印书馆2010年版,第94页。

⑦ 张元济:《清绮斋藏书目跋》,《张元济全集》第10卷,商务印书馆2010年版,第13页。

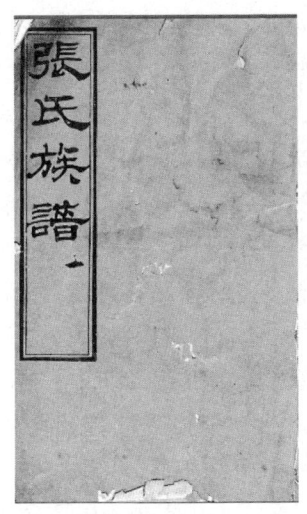

海盐张氏族谱　　　涉园图彝尊

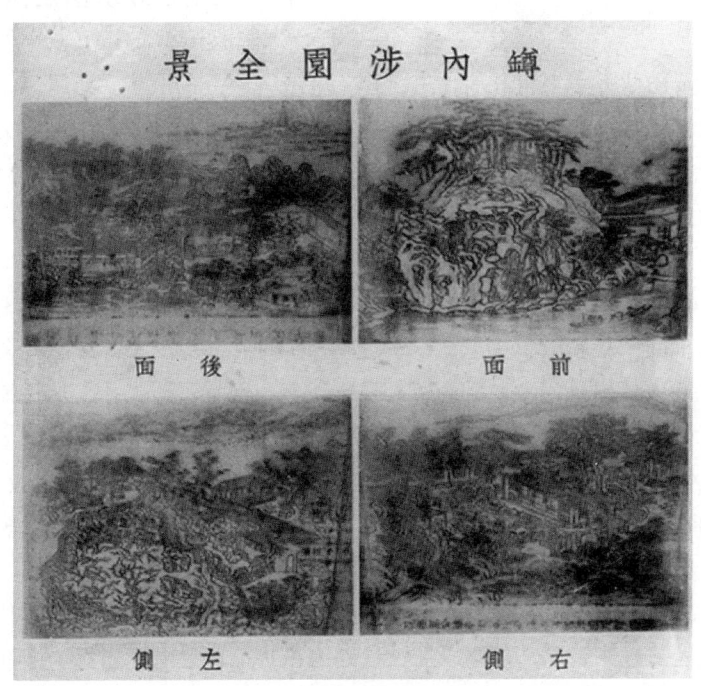

涉园图

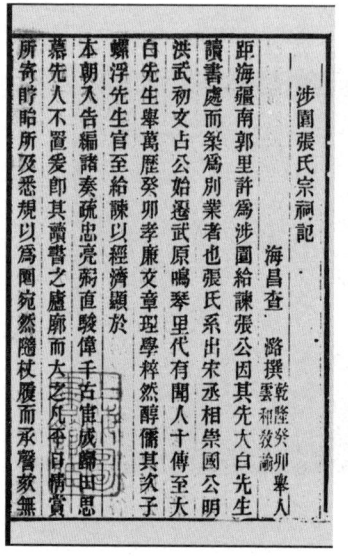
涉园张氏宗祠祀

张元济（1867—1959），字筱斋，号菊生。七岁入塾读书。光绪十年（1884）中秀才，光绪十五年赴杭州应乡试中举人，光绪十八年初中进士，授翰林院庶吉士，散馆后任刑部贵州司任主事。中日甲午战争失败后，张元济倾向改革维新，钦慕西学，主张"昌明教育""开发民智"，走教育救国之路。戊戌维新时，得徐致靖的保荐，和康有为等受到召见，并上《痛陈本病，统筹全局以救危亡折》。变法失败后，受革职永不叙用处分，遂离京南下上海，在李鸿章举荐下，应盛宣怀之聘去筹办南洋公学译书院，任译书院院长，兼代南洋公学总理，同时帮助商务印书馆开展译书工作，并成为商务的股东。光绪二十九年冬，辞职转入商务工作，接任编译所所长。他鉴于商务人力、财力、技术和经验的不足，毅然建议与日本书业商金港堂合资。同时聘请蒋维乔、杜亚泉等一些懂新学的学者充编辑，请严复主持翻译世界名著，锐意出版西方名著沟通中西文化；并从日本请来教科书编辑专家长尾桢太郎等人，和高梦旦、蒋维乔等广泛搜罗访求蒙学课本，出版教科书，编成我国最早的《最新教科书》，又与蔡元培等编辑出版《最新修身教科书》，注重人格品德教育。之后他用人唯贤，善于网罗进步人才，加强编辑力量，相继出版各种课本、教授法、参考书、文学作品等千余种，十年之间，使商务由一个小型印刷所迅速发展成一个新型的现代化出版企业，成为我国第一家成套出版中小学教科书的出版机构。张元济是我国出版事业现代化的奠基人，商务印书馆步入现代印刷出版业的功臣。

同时，积极倡导立宪，与汤寿潜等成立浙江全省铁路公司，他率浙江代表团赴京请愿，获不以浙江铁路为抵押品的胜利，当选为浙江全省拒款会副会长，并参与组织预备立宪公会。与此同时，通过商务出版的

《东方杂志》鼓吹宪政,并出版一系列宣扬国家主权、公民权、代议制、地方自治、个人主义等政治思想的书籍。

1914年夏瑞芳去世后,他一度任商务印书馆总经理,两年后改任经理。任职期间,对商务进行改革,新设总务处统管印刷、编译、发行三部;出版《辞源》,生产教学幻灯片,开办函授学校,先后创办了多种综合性和专门性的期刊,使商务成为我国最大的新式文化企业。"五四"新文化运动时期,张元济顺时应变,将商务的出版重心移到学术丛书出版上,重用陈独秀、茅盾、郑振铎等新知识分子,提倡白话文,宣传妇女解放,支持新文化运动。1920年4月,张元济辞去经理,改任监理,直到1926年。他对商务实施科学管理,全面监督商务的出版业务。在其主持下设计新式排字架,提高印刷效率,编辑《新法教科书》一套八册,出版《四部丛刊初编》,并将私家藏书楼涵芬楼改名东方图书馆,公诸社会。1926年,他改任董事长,宣布退休。

张元济

张元济退休后,仍然惦记着商务的发展。为了保存和弘扬传统文化,他继续孜孜不倦地埋头整理影印古籍,在他的精心策划下,先后编印有《涵芬楼秘笈》《四部丛刊》《续古逸丛书》《百衲本二十四史》《丛书集成初编》《四库全书珍本》等大型丛书,对古籍的抢救整理贡献极大。

上海"一·二八"事变时,商务毁于日军的炮火,损失惨重,张元济不顾年迈挺身复出,以董事长身份参与商务的复兴,召开董事会组成复兴委员会,任主席。当日军侵略华北日亟之际,他用白话文撰《中华民族的人格》一书出版,以历代的民族英雄人物激励国人,慷慨陈词,提倡民族精神,培养民族人格。同时先后在《大公报》撰文揭露国民党官僚的营私舞弊,在《东方杂志》发表文章,唤起民众对国民党愚民统治的认识。他的救国救民热情令人钦佩。抗日战争爆发后,张元济留在上海,坚决不让商务向日本注册,长期隐于沪上,以鬻字卖文贴补生计,但从未间断对善本古籍的抢救和整理工作，与郑振铎、何炳松等苦心搜访遗佚，保存文献；与叶景葵等创办私立合众图书馆，鼓励私人捐赠藏书。1947年，国民党军警特务镇压青年学生的民主爱国运动，与唐文治、叶景葵等十位有影响的古稀老人联名向市政当局吴国桢、宣铁吾发出抗议信，抨击黑暗统治，要求速行释放被捕学生。1949年9月，北上出席全国政治协商会议。之后，他历任华东行政委员会委员，华东军政委员会委员，第一、二届全国人大代表，以及公私合营商务印书馆董事长、上海文史馆馆长等职。①

第三节　近代江南新兴家族的崛起与上海

关于晚清绅士阶层的变动，有一个代表性的观点，即所谓"绅商阶层"的出现。"绅商"，即绅和商这两个阶层相互流动，形成一种从事工商实业活动，又同时享有传统功名和职衔的过渡性社会阶层。②之前，学术界对"绅商"的研究集中于某些言商亦言儒的官商，其实大多数是仍来自传统的名门望族。如上文所及的常州盛宣怀、苏州贝氏、杭州叶氏等均是如此。

但望族绅商只是当时参与工商业的极小部分，来自相对中下层的平民群体其实才是工商从业者的主要组成部分，但之前由于种种原因，这一阶层并未得到太多的关注。在晚清工商业得到发展，清政府开始推行"新政"的背景下，有从商经验，处事相对较理性务实的中下市民群体适应时代的要求迅速崛起，进入政治文化的核心层。在江南，出现了大量的这种新兴绅商家族，他们的共同点是之前家族有经商史，只是中下层小本经营的小商贩，甚至是小学徒，虽然"耕读传家"，却从未进入文化精英阶层。到了晚清以降，他们抓住机遇，迅速崛起，家族在一二代之内出现多名精英，形成了全国性的影响。近代上海"地襟吴会，物产殷

---

① 熊尚厚：《张元济》，《中华民国史人物传》第5卷，中华书局2011年版，第5095—5100页。
② 马敏：《"绅商"词义及其内涵的几点讨论》，《历史研究》，2001年第2期。

饶，析支卉服之辈，重译款塞之伦，航海梯山，靡不集视听于斯，权低昂于斯"，① 成为这些新兴家族活动的重要舞台。

一、无锡、江阴新兴家族

1. 锡山周氏周廷弼家族

锡山周氏远祖自称周敦颐之后，南宋时自湖南道州迁至无锡。② 周氏之前"世多务农"③，直至其父亲始业儒，但也是亦儒亦商，"家世业铁"，④ 曾"贸易于武林"。⑤ 周廷弼（1852—1923），字舜卿。年幼时家本小康，延师授读，但不久遭遇太平天国战事，迁徙靡常。战争结束后，家益落，遂致失学。年十六随同父亲至上海学习生意，在利昌铁号做学徒⑥。由于周廷弼早年失学，学问甚浅，故"同学者皆玩而忽之"。但不久，其东人以及日与往来之西人咸刮目以视，则以其中文中学既皆有门径，而西文西语亦为师西人者所不如耳。在受到英人帅初的资助后，"遽脱学生籍，自为东人"。不久，"其名誉乃为旅沪数万家之冠"，时年方三十余岁。⑦ 周廷弼以铁业在上海起家，此后又"居常深思铁为军资日用所必需，徒局于一隅非计，于是近自长江，远至沿海以及东洋各埠均次第推广，业乃日扩，资乃日增"。又"先知金融之为商本，则创银行；知地利之为富源，则倡农业"，所办信成银行，成为中国第一家商办银行；所办无锡农会，也为各省农会之导师。⑧ 周廷弼致富后，创办了常州府在上海的第一

---

① 唐文治：《荣君宗敬暨德配陈夫人六秩双寿序》，《荣氏宗谱》卷29，1935年木活字本。
② 王清穆：《序》，《锡山周氏光霁祠大统宗谱》卷首，1919年木活字本。
③ 唐文治：《周舜卿先生六秩寿序》，《锡山周氏光霁祠大统宗谱》卷首。
④ ［清］溥颋：《周舜卿京卿六十双庆寿序》，《锡山周氏光霁祠大统宗谱》卷八。
⑤ ［清］刘树屏：《周道然先生传》，《锡山周氏光霁祠大统宗谱》卷八。
⑥ 孔令仁等：《中国近代企业的开拓者》，山东人民出版社1991年版，第81页。
⑦ 章钧：《周舜卿亲家六十寿序》，《锡山周氏光霁祠大统宗谱》卷八。
⑧ ［清］溥颋：《周舜卿京卿六十双庆寿序》。

家同乡组织——锡金公所,"使数万众之强者弱者皆有所畏惮依附,而不为外人所欺凌;其没而无力以敛者亦得恃公所敛,免暴骨于外而还葬故乡"。① 宣统二年(1910),周廷弼因办理实业有效,被授以四品京堂,同时又因为纳税为全国之冠,当选为资政院议员。② 辛亥革命后,周廷弼失去依靠,信成银行宣布倒闭。

周廷弼其他致富来源一是经营房地产。1885年,在上海南市高昌庙以4万余元购进地产20余亩,建造住房和市房,三年后以50万元的高价售出,获得厚利。他在上海北苏州路四川路桥所设的震昌、升昌两号的房地产,由于上海邮政总局兴建大楼的需要,以每亩28万元的代价售给了邮政总局,成为日后著名的上海邮政大楼,而震昌、升昌只出了5万元的代价另觅新址迁移,从中获利颇丰。二是承包拆卸外轮。升昌在经销洋行商品之外,又向拍卖行购买废旧外轮。购进时按废铁价格计价购下后,将机器、钢铁全部拆卸,加以整修,再行出售,盈得厚利。这一项包拆旧轮生意,由周廷弼开先例,以后就成为铁号、铁厂的一项固

周舜卿

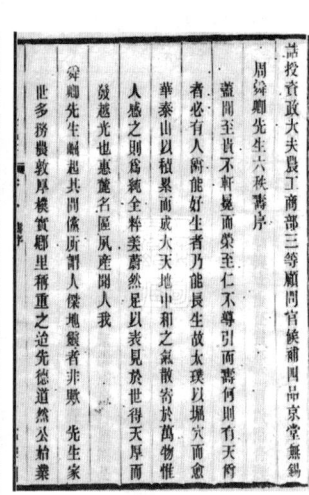

周舜卿六秩寿序

---

① 章钧:《周舜卿亲家六十寿序》,《锡山周氏光霁祠大统宗谱》卷八。
②《锡山周氏光霁祠大统宗谱》卷37。

定的副业,不少人由此而发家致富。

周廷弼的工业投资,始自1896年与同乡豪绅薛南溟在上海合资开设的永泰丝厂,接着又投资于陆润庠创办的苏州苏纶纱厂和苏经丝厂,不过周廷弼此时的投资只是为了应酬权贵,投资之后,并不过问。他在近代工业方面的直接经营,是从1902年他在无锡独资开设的当地第一家缫丝厂,即裕昌丝厂开始的。最初开办后,因茧车失火,丝车被毁。1904年,周廷弼另行出资银5万两,购入意大利式铁制缫丝车98台,并建筑厂房,正式开设裕昌丝厂。1906年,他考察日本,发现蚕丝事业需要科学管理,提高技术含量,从此开始对工业,主要是对缫丝工业的经营增加了兴趣,并逐步扩大了投资。1914年第一次世界大战爆发以后,我国出口的生丝在国际市场上供不应求,各缫丝厂莫不获利倍蓰,裕昌盈余也在2—3万元,最高年分(1922)盈余达15万元。至其病故前(1923),资本总额已达18万两,为最初投资额的三倍半,丝车也陆续增加到330台,并在无锡南门外金钩桥开设慎昌丝厂,置有丝车272台。①

2. 无锡荣巷荣氏

据家谱所言,始祖为孔子七十二贤徒之子祺,北宋进士荣谭迁居湖北鄂渚,为近祖第一世,十四世荣清于明正统初年由金陵迁居惠山南麓之长清里,是为梁溪荣氏之始。荣清有三子,是即上荣、中荣、下荣三分支之祖,长清里后即为荣巷。

荣巷荣氏于清末前无登仕途者,但经商历史却极早,早在明代正德、嘉靖年,有荣焕"理稿政兼贸迁","不二十年间,蓄畜百倍,堂构一新,遂成当地大户,驾龚姓而上"。②乾隆中荣汝宁(致远)成为荣氏家族发达的转折点,其父荣震经商失败,"遭逢坎坷,辄不如志",遂命荣汝宁"出持家务,因习会计","以商贾为人之佐,往返荆湘,辄获利,他人不

---

① 冯炬、刘曼姝:《周廷弼》,政协无锡市文史资料研究委员会、无锡市地方志编辑委员会等:《无锡文史资料》第1辑《无锡名人传》,第75—80页。
② 《光耀公传》,《荣氏宗谱》卷27,1935年木活字本。

能及也,惟故富家翁争延致之,遂以商贾起家"。其经商秘诀为"今置一货,而人争市之,我复市焉,物贵而利轻矣;今脱一货,人争售之,我复售之,物贱而利又轻矣。或先之,或后之,故莫我若也"。① 日后著名的电报大王荣月泉即出于荣致远后。

荣氏宗谱

清末,上海"绾毂江海,百廛所萃,为泰东西商业之渊薮",② 荣氏家族始涉足上海从商。有的从事海运,如荣柏鹤(升泰)"商于申浦,浦去吴淞三十里,为出洋扼海口岸,海艇环泊,帆樯林立,贸迁所至,南迄闽广,北达天津、牛庄,公(升泰)佐山东巨商,籴贱贩贵,经纪海运,老成谙练"。他还努力帮助族人在上海创业,"族剑舟君创立木棉花肆,三起三蹶,卒以获济,公居间调停之力颇多"。③ 其子荣耀德(畹香)"内通江汉,外达重洋,梯航万里,转输百货"。④ 又如荣鸣九(耘堂)"壮贾于沪地","既洞悉商情,以时废着亿辄中,家以大起。尝自置海舶,南走闽广,北达天津、烟台,万里梯航,转输百货。先是,业此者皆他郡人,至君乃鸠同志为之,实开吾邑商务风气之先。嗣后购巨舰,营海运者踵起,锡商人遂占歇浦一席地矣"。⑤

更多的则从事纺织业。昔年荣柏鹤从事海运之前,即曾服贾,业花布。道咸间,荣胜溢(曜亮)曾在上海开设瑞裕铁号,太平天国战争中,避难于沪上,遇宗人荣志瀛(剑舟),合开荣广大花号,不久店号即由上

---

① [清]徐宗海:《例赠登仕郎乡饮宾致远公传》,《荣氏宗谱》卷27。
② [清]张彦昭:《国学生荣耘堂家传》,《荣氏宗谱》卷27。
③ 荣汝棻:《例授登仕郎升泰公传》,《荣氏宗谱》卷27。
④ [清]荣汝棻:《例授登仕郎畹香公传》,《荣氏宗谱》卷28。
⑤ [清]张彦昭:《国学生荣耘堂家传》,《荣氏宗谱》卷27。

荣氏修谱摄影

海南市一处发展为三处,并在汉口设籽花号,在日本设出庄,一度成为"四牌子之一""申地滨海,故多木棉贾肆,任力者往往佣为蹴花",荣胜溢"交游广,岁荐一二十人以为常,其精习会计,能上商者,靡不拔任,视其材,经商三十年,推荐不下数百,戚党间罕或无藉于公"。①荣佩芳(如璋)早年即在荣广大花行习业,以敬业耐苦,得经理器重,及升行员。光绪二十二年受"沪上巨商丁鹤泉聘,驻日董理花衣出口,因游大阪、神户、长崎、东京各大埠,大惊我国棉业之落后,因潜心研究,不遗余力,有见闻辄贡献于国内棉业界,勤勤焉,唯冀有以改良旧业,挽回利权"。后"与友朋合设元大花行于上海","光宣之间,国人自办之新式纺织厂三新公司崛起于上海,慕其才,聘为办花主任"。②荣广大花号为日后荣宗敬、荣德生投身于纺织工业作出了资金、人才、制度、信息等多方面的准备。

---

① [清]王縡:《诰赠奉政大夫国学生曜亮荣公传》,《荣氏宗谱》卷27。
② 袁咏棠:《佩芳先生传》,《荣氏宗谱》卷28。

荣宗敬兄弟"先世素业商",祖父荣锡畴(1823—1863)常以贩运往返申锡。"歇浦自欧美通商后,各业尤以花铁为最盛",子荣熙泰(1849—1896)"奉父命入铁肆习贾,主者爱其勤敏,不数年司会计"。太平天国战争后,至浙之乌镇,辗转至粤东,经族叔荣履吉保举,任广东肇庆府厘捐总办,以六品衔保举。不久回乡隐居。① 曾对其子荣宗敬、荣德生兄弟说:"今天下岌岌乎,患贫非贫之患,有财而不能生之患。列强之立国也以商,各挟其金石水火、声光化电之学,夺造化而斗神鬼,赫然充塞于天地,皆其战胜之利器也。吾国自罢黜百家而后,商失其学,工心计者皆可为货殖之雄,而不知经纶民物之精义,固自有其专门之学,即专门之学而求之,虽布帛菽粟亦可开富有之大业。是不可以不知也。"② 荣宗敬兄弟深受其影响。

荣熙泰

荣宗敬(1872—1938),原名宗锦,荣德生(1875—1952),名宗铨。兄弟幼时入塾读书。宗敬于13岁时去上海,先后在南市铁锚厂及钱庄当学徒,期满后任职森泰蓉汇划字号,负责无锡、江阴。宜兴等地的汇兑收解。光绪二十年(1894)因所在钱庄倒闭而归家。德生亦在15岁时往上海通顺钱庄当学徒,期满后于光绪十九年随父去广东子水河口厘金局帮理账务。光绪二十一年,荣熙泰携德生回无锡。次年与人合伙在上海开设广生钱庄,资本3 000元,荣家出一半,派荣宗敬任经理,德生管正账。不久又设无锡分庄,德生任分庄经理。光绪二十四年,钱庄由荣家独资经营,并兼营茧行。八国联军入侵,华北混乱,粮食减产。荣氏兄弟见面粉北运免税,能获厚利,与离职回乡的朱仲甫共同发起,在无锡开办保兴面粉厂,共集股39 000元,荣氏兄弟从广生盈利中提取6 000

---

① [清]荣汝棻:《诰赠朝议大夫文治君传》,《荣氏宗谱》卷28。
② 秦敦世:《荣隐君传》,《荣氏宗谱》卷28。

元股于光绪二十八年建成投产，这是荣氏兄弟第一次投资实业。次年，朱氏退出，荣氏兄弟增资至24 000元，再吸收买办张石君、祝兰舫等人入股共5万元，改组为茂新，荣德生任经理，荣宗敬在上海兼任批发经理。光绪三十一年，荣氏兄弟又与买办荣瑞馨等人合股集资二十七万元在无锡创办振新纱厂，光绪三十三年建成。光绪三十五年，茂新因受外国面粉竞销的影响，亏损很大，各股东失去信心，纷纷退出，荣宗敬以低价买下十四股，增加设备，决心继续经营。

荣宗敬

辛亥革命后，荣德生于1912年出席了在北京召开的全国工商会议，提出扩充纺织业等提案。同年，面粉营业好转，荣氏兄弟各出资1万元，与王禹卿等人集股4万元在上海创办福新面粉厂，荣宗敬任总经理。这是荣氏在上海投资的第一个企业。其后两年，以福新盈利开办福新二厂和三厂。一战期间，各国忙于战争，急需粮食，不但外粉在国内市场绝迹，而且国产面粉一度远销欧洲、南洋，荣氏粉厂获得厚利。于是荣氏用企业的盈利和日本银行所借的款项，进一步扩充营业。通过收买兼并，荣氏在无锡建立了茂新二厂，在上海建福新四、六两厂，并在汉口新建福新五厂。由于股东间存在矛盾，荣氏于1915年退出振新。次年在上海招股创办申新纱厂，荣宗敬自任总经理。1917年又收买恒昌源纱厂为申新二厂。

五四运动爆发后，全国兴起了抵制日货运动，荣氏趁机扩展企业，派人赴欧美订购机器，在无锡建公益铁工厂，并先后在上海、济南等地购置土地，准备建厂，经过几年筹划，在上海建起了福新七厂、八厂，在无锡和济南分建茂新三厂、四厂。荣氏企业经过不断扩充，截至1922年，面粉厂达到12个，生产能力占全国民族资本面粉厂的三分之一左右，被称为"面粉大王"。纱厂4个，拥有纱锭13万余枚。自有资本1 000万余元，二十年中增加200余倍，荣家企业体系大致形成。1921年成立茂新、福新、申新总公司于上海，荣宗敬自任总经理，并在苏、浙、皖等省设棉麦采购和纱粉销售机构达19处。荣氏凭借雄厚实力,操纵纱布、粉麦市场。荣宗敬当上了华商纱厂联合会副会长。荣德生也于1918年和1921年先后当选江苏省议员和北洋政府国会议员。

1922年后,外国资本卷土重来,荣家企业出现亏损。为加强竞争,荣德生于1924年在申新三厂实行管理改革,聘用专家和技术人员代替工头管理生产,以及定出一整套现代科学管理的厂规和罚则,提高了生产效能。在五卅运动和大规模的抵制外货高潮中,荣家企业扭转了亏损,转为盈利。荣宗敬还在外汇套购中获利,趁机兼并,增设了申新五、六两厂。

1927年南京国民政府成立后,荣宗敬因不愿认购国民政府摊派的库券,被蒋介石下令通缉,并查封其财产。荣宗敬被迫屈服,以后逐渐向国民党政府靠拢。他先后担任了国民政府的工商部参议、中央银行理事、全国经济委员会委员等职务。并与官僚资本加强联系,在资金、原料、市场等方面取得政府的一些帮助。又得到中国银行和上海商业储蓄银行的支持,以做押款的办法,先后收买东方、三新等纱厂,建立了申新七、八、九厂。1931年,申新发展到九个厂,拥有纱锭四十六万枚,荣氏家族企业成为旧中国规模最大的民族工商业企业。①

申新纺织公司

唐文治曾如是追述荣氏家族的发展:初创"茂新第一面粉厂,时维光绪二十七年也"。此后"于三十四年又创设二厂于惠山浜。民国三年又就一厂之旁添设三厂,二年又创设福新一厂于上海新闸桥,三年又创设二厂于西苏州路,六年又创设茂新四厂

---

① 江绍贞:《荣宗敬、荣德生》,《中华民国史人物传》第5卷,中华书局2011年版,第2917—2922页。

于山东济南,同时又创设福新三厂于上海小沙渡路,就二厂附近创设四厂,又创五厂于汉口硚口宗关,七年又创设六厂于新垃圾桥,同时又创设七厂于上海新闸大通路,创设八厂于沪莫干山路,综计面粉凡十二厂。至纺织厂则首基于民国四年创设上海白利南路之申新一厂,八年又创设二厂于上海宜昌路,三厂于邑之西门外五洞桥,九年又创设四厂于汉口硚口宗关,十三年又创设五厂于上海杨树浦高郎桥,十四年又分设六厂于常州南门外,十八年又创设七厂于上海杨树浦,十九年又创设八厂于上海陈家渡,二十年又创设九厂于上海杨树浦,综计纺织凡九厂",赞其"前服贾者所未有也"。① 当时"各厂用职工十万,间接倚为生活者又数十万"。②时人号称"直与美之福特,犹太之洛格飞禄(洛克菲勒),鼎足而三"。同时又积极投身公益事业,"商业各学校之设立者凡十一所,输巨金建南洋大学图书馆,而建大公图书馆于其乡,藏书二十余万卷。综计其教养而役属者三万余人,而为吾邑(无锡)开辟利源岁且不下数千万"。③

但同时,荣氏企业负债已达 4 000 余万元,逐渐面临危机。到 1934年 6 月,申新资产总值六千八百万元,而负债已逾 6 300 万元,以致荣家各厂大部分被抵押。实业部长陈公博乘机提出"整理"方案,企图用 300 万元将申新攫为国民政府的"国营"企业,经努力,方才免于被吞。1935 年,申新七厂借汇丰银行的押款到期,无力偿付本息,汇丰擅自将申新七厂财产低价拍

荣氏老宅陕西北路 182 号

---

① 唐文治:《荣君宗敬暨德配陈夫人六秩双寿序》,《荣氏宗谱》卷 29。
② 杨钟钰:《荣德生先生花甲初庆寿序》,《荣氏宗谱》卷 29。
③ 杨寿湄:《荣德生先生暨德配丁夫人六旬双庆寿序》,《荣氏宗谱》卷 29。

卖给日商，引起轩然大波。几经波折，荣家企业虽然保存下来，但在资金上不得不依靠中国、上海等银行垫款营运，许多厂的经营管理权亦为中国、上海等银行组成的银团所掌握。

抗战爆发后，荣宗敬留驻上海，荣德生则去汉口。荣宗敬为摆脱敌人的利诱拉拢，避居香港，1938年在香港病逝。荣德生返回上海，为避开日本人的胁迫，不出任申新总经理，企业分别由子侄们管理。抗战胜利后，荣德生锐意进取，着手重建茂新一厂，扩建申新二厂，并创建规模庞大的天元实业公司，然至1947年11月仅建成天元麻、毛、棉纺织等厂。是年，荣德生由他儿子荣毅仁出面，与上海几个大粉厂合组小麦联购处，垄断了安徽、江苏部分的麦源。又低价买进了敌伪遗留下来的原麦物资。茂新等厂顺利修复开工，并将福新系统重归荣家掌握，扩建后的申新三厂成为江苏省最大的棉纺织厂。

1946年，荣德生曾遭匪徒绑架，1948年他的侄子荣鸿元又被蒋经国逮捕，两次敲诈勒索达美金百万元以上。荣德生逐渐对国民政府感到绝望。1949年后，荣德生曾任中国人民政治协商会议第一届全国委员会委员和苏南行政公署副主任等职务。1952年7月在无锡病逝。①

荣毅仁（1916—2005），荣德生之子，毕业于圣约翰大学历史系，辅佐父亲荣德生经营面粉、纺织、金融等家族企业。抗日战争初期，荣氏企业损失巨大，后于1939年到1940年间在上海租界投资黄金获利17.9万两。抗战胜利后，到1946年，上海申新等厂盈余折合黄金8万两。1947年，担任无锡茂新面粉公司经理。

上海解放后，荣毅仁留在上海。1950年6月，荣毅仁受到毛泽东的接见，深受鼓舞。国家发行胜利折实公债时，他主动认购650万份。抗美援朝时，捐献7架半飞机和大量衣物，并表示随时准备跟共产党上山，愿意迁厂内地。1950年，荣毅仁担任上海申新纺织印染公司总管理处总经理，在上海纺织行业中带头提出接受政府加工订货，要求政府对纺织

---

① 江绍贞：《荣宗敬、荣德生》，《中华民国史人物传》第5卷，中华书局2011年版，第2917—2922页。

行业实行统购措施。申新系统的5个厂在1950年接受政府委托加工棉纱量占全部销售量的74%。1952年，在上海市开展的"五反"运动中，荣氏企业被毛泽东亲自定为"完全守法户"，成为"五反"后期进行处理定性的一个标兵。1953年8月，申新完成公私合营。1957年，当选为上海市副市长。1959年8月，担任纺织工业部副部长。"文化大革命"期间，受到了冲击。"文革"结束后，纠正了对其不应有的批判，并发还了荣家在上海企业应发而未发的定息。1979年，在中央的支持下，主持设立中国国际信托投资公司，担任董事长兼总经理，为改革开放作出了有益探索。1985年7月1日，加入中国共产党。1993年3月，在八届全国人大一次会议上，当选为国家副主席。此外还担任全国工商联主席、海峡两岸关系协会名誉会长、中国和平统一促进会会长、香港特别行政区基本法起草委员会委员等职。①

3. 江阴博潴奚氏

博潴，今名北渚，在江阴马镇区，据奚氏族谱称，是族先世北宋末随驾南渡，居淞江（今上海）。始迁祖世炎，南宋咸淳间自吴淞迁江苏江阴北渚。其五世孙成明洪武元年任湖广沅洲卫总旗，十六年升授贵州平越卫（今福泉）守营游击，二十六年告致，遂居平越，建文间归葬江阴，谱内以为一世。北渚镇上以奚氏、薛氏为著名，奚氏奚蕚衔和薛氏薛宝润均为上海著名颜料大王，江阴执沪上之颜料业之

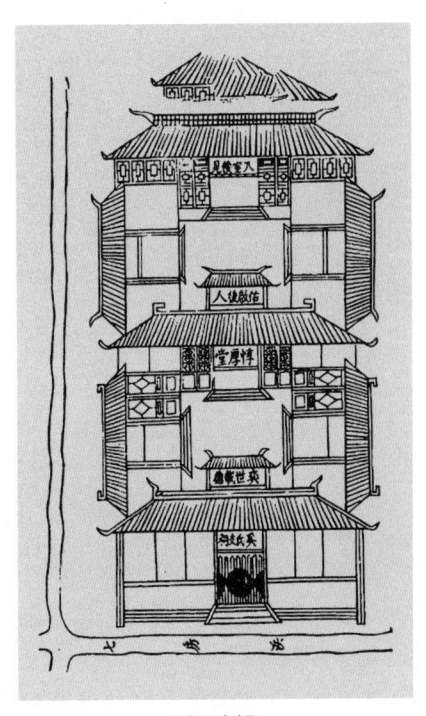

奚氏宗祠

---

① 《统一战线人物志》第2卷，华文出版社2007年版，第813—823页。

牛耳，即始于奚氏。

博渚奚氏老三房鲲南公支公五公派的第十六世为奚德监，字晋庭。奚德监的两个兄长都读书，只有奚德监一人独"仔肩家政，遂师计然，居贾，逐什一之利"。太平天国战争爆发，江阴受难严重，奚德监即移居常熟梅里镇。① 战后回乡，产业已毁，其子奚能需（字润如，1851—1893）不得已"去苏金阊习洋广业"。奚润如娶了同邑冯检书之女，"有奁田三十亩"。此时正好其东家歇业，奚润如慨然曰："大丈夫久寄人篱下，安得出头地。"他和好友吴馥堂、赵雨亭"谋自立计"，但"苦无资本"，决定在妻子的支持下"以奁田售银，偕吴、赵往申江，在英租界开设瑞康号"。此后"号务独支，席不暇暖，衣布食粗"，"不五六年，各夷语不译自解，洋人信且密，转运洋商票货，动以数十万计，交易源流天下，遂称大贾"。② 奚润如的瑞康颜料号在上海颜料界可谓首屈一指，不仅是因为其规模大，更在于培养出了两位著名的学徒：虞洽卿和贝润生。虞洽卿（1867—1945），浙江镇海人，十五岁经同族虞鹏九介绍赴沪学习商业，遂入瑞康颜料号。当时瑞康颜料号资本仅八百两，号中只同伙三人，虞洽卿以一人任各种杂务及跑街，至年底，由其经手买卖者计赚二万余元，于是奚润如极其器重。当时商铺旧例，学徒年终所得，仅鞋袜费十二元，奚润如破例给他四十元，"诚创例也"。次年，奚润如又分瑞康两股给虞恰卿，自是后，瑞康营业日益发达。③ 此后虞恰卿虽离瑞康，入洋行为买办，但始终是瑞康股东。贝润生（1870—1945），苏州吴县人，幼时因家贫，十六岁赴上海，在瑞康颜料号任学徒，因精明能干，28岁即擢为瑞康颜料行经理，并成为股东，后与奚润如同乡咸康颜料行薛宝润合伙组建谦信靛油公司，此后组建谦信公司，成为全国最大的德国进口颜料商，获得颜料大王之称号。④ 贝润生字

---

① 奚九成：《封翁晋庭叔暨婶母毕太宜人合传》，《博渚奚氏宗谱》卷24，1947年木活字本。
② 奚九成：《司马润如弟传》，《博渚奚氏宗谱》卷24。
③ 《虞洽卿先生之略历及旅沪五十五年大事记》，《宁波旅沪同乡会月刊》第156期，1936年。
④ 李峰主编：《苏州通史（人物卷）》下，苏州大学出版社2019年版，第34—35页。

润生,即为纪念老东家。借助这两个经商天才,瑞康颜料号蒸蒸日上,一度成为上海首屈一指的颜料企业。奚润如也"新堂构,颜曰'垂裕',在吴城、申浦置广厦,田园日辟"。① 这里的广厦即指静安寺路的萼园,绕有亭树、花木、竹石、

梅龙镇酒家

鱼鸟之胜。后虞洽卿购下此处,又在萼园边上购下大量土地,开发建设为著名的重华新村,即今南京西路1081弄。1940年代,著名的梅龙镇酒家即搬入其中。

奚润如死后,其子奚光旭继承家业。奚光旭(1880—1918),字振镛,号萼铭,后以号行。奚萼铭死后,虞洽卿在江阴同乡会举行的纪念典礼中,曾如此评价奚萼铭:

> 公虽富家子弟却立身高洁,处事勤慎,非吝于财,以身作则,力行节俭,其留好样与社会,吾人应作为表率者,一也。奚姓众多,聚族数千,公数十万金,购地置产,创立义庄,施惠于族人,临终时慨然以数十万金为购地产之用,使义庄得以永远成立。又独任巨款,设立学校,嘉惠子孙,博仁中学,仁心广博,众人赖之,后皆成立。奚公由一身而及于一族,吾人应作为表率者二也。关心桑梓,慈善事业。辛亥之年,洪水为灾,江阴圩田悉被冲没,奚公慨捐巨资,以工代赈。次年又大水因圩岸加高,并未受灾,境内农民之受其惠者,历久未忘。至于在梓乡之造桥修路,毅然踊跃轮输两万银元,犹其小焉者也。巍巍义成桥,乡情梓义高。江阴人经商沪上者甚众,江阴公所,同乡凝心聚力,而奚公

---

① 奚九成:《司马润如弟传》,《博渚奚氏宗谱》卷24。

捐资造丙舍，至今公所甚兴旺，亦奚公之力居多。热心桑梓如奚公，吾人应作为表率者三也。生平所作，公不分地域，于湘赈、顺直水灾以及各省慈善事业之为公所知者，无不慨焉解囊，捐助巨款，竭其心力，为社会谋公福，吾人应作为表率者四也。以振兴实业为前提，奚公迩来对于各实业均甚热心，鄙人所经理之厚生纱厂，其一也。提倡实业，直接以裕民生，间接以纾国难，吾人应作为表率者五也。①

奚萼铭去世后二年，即1920年，妻子黄氏捐资5万银圆，在苏州公园内建成苏州图书馆，1930年，图书馆为奚萼铭塑铜像纪念，并由曾任教育总长的张一麐撰《捐吴县图书馆奚萼铭先生立像纪念碑》文。

奚萼铭去世后，瑞康颜料号由其弟奚光华主持。奚光华（1894—？），字福康，号萼衔，后以号行。冯煦曾称其"负异才，以商世其家"，"精敏绝伦，龙门所称。少有斗志，既饶争时，君皆规其盈虚而消息之。目营四表，心融万流，其业遂日隆隆起。而又宏胞舆之量，汲汲以济人，利物为急，凡饥之糜粥，寒之衣衲，疾之药物，以至废学者设校以纳之，病

奚萼衔

涉者修桥以济之，岁有旱涝，又立斥巨金以拯之。所耗无艺，不毫发吝也。性闲适，于世所耽，乐修然无与，拓园林，储图史，间与二三知己流连尊俎，惟和天倪，尤为今之所难。"②奚萼衔还曾创办光华颜料油漆厂、久源地产公司、国信银行、泰康钱庄等，并任江阴公所董事长、江阴旅沪同乡会会长等职。

在奚萼衔稍后的则是其同族的另一颜料大王奚润耕。奚润耕（1889—？）为老三房道南公圣邻公派第十九世，名远村，字润耕，号亚村，后以字行。奚润耕父奚光宇，字辅周。少

---

① 《澄商追悼奚萼铭纪》，《申报》1919年4月11日11版。
② ［清］冯煦：《奚君萼衔四秩引延录序》，《博潴奚氏宗谱》卷25。

年时读书聪慧，因太平天国战争而失学，一度弃儒就贾，与常州朋友在常州"合赀设肆"，可是"孰知儒而贾，不若贾而狡者之筭算也，数年间，大半耗折，触手皆荆棘矣"。于是再度弃贾习儒，日以课徒为事。① 奚光宇虽不擅经商，但奚润耕却是商业天才。光绪三十年，他"只身走沪渎"，因为沪上颜料号大多为江阴人所开，最初在颜料号做学徒。但是他"志存远大，不甘久居人后"。1918 年，与友朋合资开设瑞润颜料号。当时"适值海内外商业均凋翅不振"，奚润耕亦"濒于颠踬"，合作者都"心死气绝，咸甘引退"，奚润耕"独百折不挠""信用渐著"。不久，美商恒信洋行来沪，推销颜料，聘奚润耕为江苏经理，此后声誉隆起。1920 年，设瑞润隆号于无锡，"嗣后遇有地产、工厂、金融，各种之合组事业，叠膺经理、董事、公会理事长之选者，殆难胜计"。② 他曾创办著名的大沪饭店，筹办上海市西颜料业同业公会、江阴旅沪同乡会、江阴公所等团体，担任上海特别市西颜料业同业公会理事长，江阴旅沪同乡会主席，江阴公所常务委员等职。

二、常州的纺织业新兴家族：刘氏、江氏、吴氏

1. 靖江梓溪刘氏

刘氏原世居江右南昌梓溪，故名梓溪刘氏，明初刘重义率二子刘旺、刘兴随朱元璋征战，刘兴遂定居江阴城西青山里泰山坊，第四世刘海迁居江阴马驮沙。明成化七年（1471），马驮沙从江阴划出，设靖江县，刘海慨然捐资二万金建城，授五品职衔，并成为靖江刘氏始迁祖。刘海有四子，次子刘璘，璘次子刘安，安次子刘位，刘位分支后称"璘安位"支，梓溪刘氏曾出五名进士，璘安位即占三位。

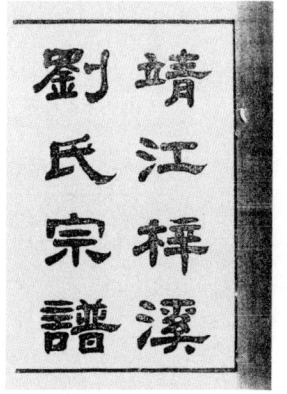

靖江梓溪刘氏宗谱

---

① 奚忠源：《辅周公暨配孙孺人传》，《博潴奚氏宗谱》卷 24。
② 吴耕飏：《乡台奚君润耕六秩寿序》，《博潴奚氏宗谱》卷 25。

刘国钧、刘靖基均出自璘安位,刘国钧为第二十三世,刘靖基为第二十二世,但刘国钧长刘靖基十五岁。

刘国钧(1887—1978)生于靖江县生祠堂镇(今大兴镇),祖父刘品荣年轻时在靖江县城土布行学徒,后回生祠堂镇开小布庄。父亲刘黻堂早年入塾读书,考取生员,此后屡试不中,在西乡坐塾。刘品荣去世后,刘黻堂因不善经营,小布庄歇业,应试无望,即得"心恙"。赖妻子丁氏贤德,"攻苦食淡,针刺佣工,以育儿女"。刘黻堂以测字务主,夏书便面,岁暮书春帖。① 刘国钧少时幼时家贫,读私塾半年辍学。十多岁自谋生路,曾做过小贩,到槽坊做苦工。15岁到常州奔牛镇刘吉升京货店学徒。1909年,开始独立创业,创办和丰京货店,并开办染坊,因经营有方,逐渐积累了一些资本。1915年,与蒋盘发、刘宝森等人合资,创办大轮机器织布厂。1918年春,他收回大纶投资,独资创办了广益布厂,开工不到一年就盈利3 000余元,此后也年年获利。1922年,又建了广益二厂,成为当时常州最大的布厂。

刘国钧

蒋盘发创办的大纶纱厂于1924年停产清理,1926年由银团接办,因管理不善,工潮迭起,此时,"久记"股东愿以50万元出盘。刘国钧听说此事,积极联系,并开始筹集资金。当时常州较有实力之工商界对经营纱厂缺乏信心。因而刘国钧几乎到处碰壁,经多方奔走,连大纶纱厂少数原股东同意以少数资金投入在内,勉强筹集40万元,其中他个人即占半数以上。1929年底正式订立协议盘买大纶纱厂。在初步达成协议时,无锡唐星海亦有意来常州经营纱厂,拟出5万元之代价,请刘转让,但刘国钧经营纱厂之意志坚定,未予同意。在接办大纶久记纱厂后,即更名为"大成纺织染公司",次年开始生产。

---

① [清]钱振锽:《刘翁黻堂传》,《梓溪刘氏宗谱》卷2,1940年铅印本。

大成纺织染公司位在常州市大南门外，刘国钧接办后担任经理，分工负责厂内生产，刘靖基为协理，分工负责营业，并在上海设置办事处，由刘靖基常驻负责。当时大成公司资金，注册为50万元，因筹集不足，实收40万元。但以万枚纱锭，260台布机规模之企业，流动资金至少需50万元方能周转，又因原大纶纱厂经营时，对机件之维护保养较差，许多必要的附属设备亦不完善。刘国钧看到如此情况，对生产极为不利，认为"工欲善其事，必先利其器"，遂进行大检修与增加必要之附属设备，共花去13余万元。周转资金由此更感不敷。以其广益染织厂名义向金融业借到长期信用贷款，再加上其私人垫款，共垫入大成公司达40万元，故大成公司之流动资金，尚能勉强周转。由于刘国钧曾经营布号，又经营布厂，对公司的生产经营，尤其对染织方面的花色品种，具有一定经验，对企业前途信心甚足。他曾在一次董事会议上对担心公司前途的董事说："各位如果对公司前途担心，可将股款改作存款，国钧有信心于一年到两年之后还本。"足见他对企业生产，具有十分把握。

　　大成公司自开工伊始，生产大见起色，锭扯由0.8磅增至1磅以上，布机台扯亦较原有基础提高20%以上。1930年夏季正式投入生产，当年年底结算，就获得盈余10万元左右。1931年底结算，除分红、股息一切开支，又获得净盈余50万元。获得盈余后，刘国钧力主增资，在他的推动下，1931年冬，股东会增加资金为100万元。①

　　当时我国棉纺织业工厂，对于纺、织、印、染，只经营其中的一部分，至多是纺织或印、染联营。

大成纺织染厂

---

① 朱希武：《大成纺织染公司与刘国钧》，全国政协文史委编《文史资料》选辑第31辑，《文史资料选辑》合订本第10卷，中国文史出版社，第185—187页。

染色与印花作为棉纺工业的一部分，比例很少。外国资本利用我国这一弱点，压低棉纱、坯布价格，抬高色布价格，以打击和摧残中国棉纺业。刘国钧目睹此状，遂于1932年偕同陆绍云、朱希武等东渡日本，参观日本纺织业，研究其生产经营之方法。归国后，感到不发展印染，决不能与外货竞争。同时，他认为日本纺织业有许多资本主义的生产经营方法比较先进，决心对大成予以改革。又感到独资经营之广益染织厂，虽因生产花色布匹，业务甚好，年年盈余，然终须费一部精力照顾，两者关系较难处理，遂将自己的广益厂并入，增添印染设备，改为大成二厂，而大成一厂增加纱锭15 000枚，专事纺织，大成由此成为中国第一家纺织印染配套的"一条龙"联合企业。

大成公司创办之后以惊人的速度迅猛发展，从1930年至1937年的8年中，无论设备还是资金，均增加8倍，资产猛增至460万元，日产布5 000匹，不仅成为常州轻纺工业企业之冠，在全国也名列前茅。著名经济学家马寅初誉称：全国纺织业在日趋萧条情况下，惟大成公司八年以八倍的速度增加着，这是罕见的奇迹。①

抗战中，刘国钧在重庆创办了大明纺织染公司，在重庆开办了批发字号，在香港开办了经销原料的大孚商行，并在重庆、昆明、河内、仰光等地设立办事机构。抗战胜利后，刘国钧恢复了大成公司，又与彭浩徐等创办了中国纺织机械公司。1949年，大成已经成为拥有3 000万元资本、5万枚纱锭、1 180台布机、日产5 000匹布的全国数一数二的纺织企业。1948年底，刘国钧将大成公司布机经台湾运往香港，并携眷移居香港。1950年春回国，继任大成公司总经理兼董事长，安达公司副经理兼副董事长。1954，大成公司在江苏省棉纺织系统中首先实行公私合营。此后，刘国钧历任江苏省人民政府副省长、江苏省政协副主席、全国人大代表、民建江苏副主委、工商联江苏副主委等职。②

---

① 万灵：《刘国钧和常州的纺织工业》，《江苏纺织》1991年第6期。
② 史全生：《刘国钧》，中国社会科学院近代史研究所、中华民国研究室合编：《中华民国史资料丛稿·人物传记》第15辑，中华书局1982年版，第66—70页。

刘靖基，又名刘伯寅（1902—1997），生于江苏常州。其父刘炽昌早年"习商常郡，继经营于皖北之蚌埠、怀远、正阳关、亳州、涡阳、蒙城、五河、临淮、关寺等处，颇着声誉，一时从食者千余人，乡党受提挈者甚伙"。① 刘靖基1916年考取江苏省立工业专科学校。1917年刘炽昌去世，刘靖基因身体和家庭原因辍学。1918年入刘柏森所创宝兴纱厂当练习生，此后先后在苏纶纱厂、宝丰纱厂、宝成纱厂任职，因表现优异，受到宝成经理吴敬仪赏识，遂成其兄吴

刘靖基

镜渊之婿。1924年，在上海开设裕靖工厂，自任经理，但不久即倒闭。后又返苏纶纱厂，任营业主任。1930年，经刘国钧邀请，协助收购大纶久记纺织公司，将其改组为大成，刘靖基负责上海营业所。抗战中，又和刘国钧在租界创办安达纺织公司，任经理，并担任上海棉纺同业公会收花处常务理事、总经理。抗战胜利后，任安达公司总经理、华商纱厂联合会执委、上海商会理事、上海市参议员、全国纺织业联合会常务理事、苏浙皖六区棉纺同业公会副主任委员等职。1949年后，留在上海，加入民主建国会，先后担任安达、大丰、民丰、江南水泥厂、泰利大隆机器厂董事长、经理，职工万余名。1953年，公私合营，刘靖基带头将安达和大丰公私合营，在上海乃至全国产生深远影响。此后担任上海市棉纺织工业公司经理，上海市人民委员会委员、上海市工商业联合会主任委员、上海市人大代表，上海市政协副主席等职。十一届三中全会后，刘靖基创建爱国建设公司，任全国政协副主席、上海投资信托公司董事长、中国国际投资信托公司董事、民建上海市委主委、沪港经济发展协会会长等职。②

① 《梓溪刘氏宗谱》卷23《年表》。
② 《刘敬基》，《统一战线人物志》第2卷，华文出版社2007年版，第655—662页。

2. 湖塘萧江氏

在旅沪江南商人中,有一个特殊的群体,这便是徽商。这些徽商很早迁移到苏南各地,定居兴业,经商致富。"生长其地者率循新安江而下,以繁殖于吴越之间,至今吴越旧家原其初,颇多歙产",① 所以有"无徽不成镇"之说。根据胡适的说法,是指一个地方如果没有徽州人,那它就只是个村落。徽州人住进来以后,就开始建立店铺,然后逐渐扩张,从而将一个小村落变成了小市镇。② 到了近代,敏感的商业神经使得他们又抓住机会,再度从各个地方迁居进入上海,大展拳脚。这些徽商群体成为新兴商人的一个特殊组成部分。常州和其他江南城市一样,也活跃着大量的徽商,最有名的是曾产生过清代大学士程景伊的程氏和既经营典当、又产生过多个进士的青果巷汪氏。但是程氏和汪氏都属于早就取得科举和商业双重成功的城市望族,大量活跃在各个乡镇的徽商家族则直到晚近方才浮出水面,湖塘桥镇的萧江氏是其中的重要代表。

萧江氏家族合影

---

① 沙彦楷:《增泉先生家传》,《萧江氏宗谱》卷2。
② 胡适口述,唐德刚译注:《胡适口述自传》,华东师范大学出版社1993年版,第2页。

萧江氏来自婺源江坑，自称是南朝齐梁皇族之后，因避兵祸而改姓江。① 明末清初时，江靖从婺源到常州湖塘桥镇经商，"歙之为县也，地当皖南，风气亦稍刚劲，土脉不甚丰腴，而人心递嬗又非唐末时可比，方烽火离披，决非乐土"，相对而言，"常州毗联苏镇，地当孔道，富庶之区"，而湖塘桥"密迩郡城，振兴尤易"②，因此江靖遂迁居于此，为湖塘桥江氏始迁祖。

萧江氏在家规中曾称："术业所托，终身以之，工忌淫巧，贾忌作伪，然取厚利者，每不免焉，非性然也，习使之也。"因此认为"为子孙计，莫如耕读两途"。不过

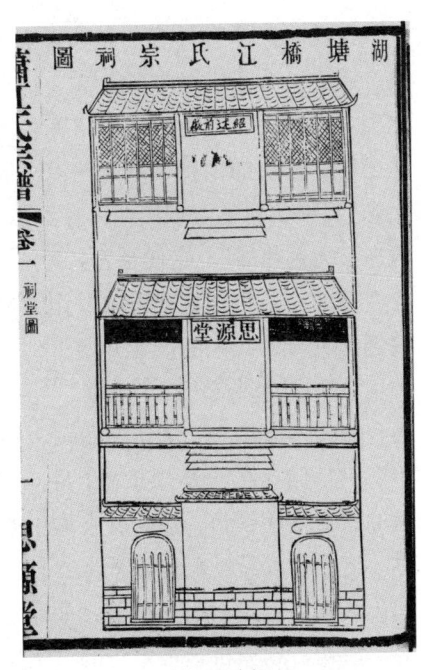

萧江氏宗祠

这只是停留在书面文字而已，并没有真正付诸实施，江氏大都仍以工商世其业③，以商业起家，也以商业传家，所以家规中仍然要为经商留下一定空间："工贾去其所忌，而行其所安，其与徒手无籍，习下流者不又相悬霄壤欤？"④ 其实，培养下一代的经营才能是徽商家族的固有传统，江源瀚年仅十岁，便学习"衣食之购备，田产之出入"，⑤ 正是在这种经商传统的不断传承延续下，江氏在湖塘桥镇取得了持久的发展。

---

① 此说为伪托，详情可见冯尔康：《古代宗族乱以名贤为祖先的通病：以明代〈新安萧江宗谱〉为例》，选自联合报文化基金会国学文献馆编：《第五届亚洲族谱学术研讨会会议记录》，联经出版公司1991年版。
② 江源瀚：《创修宗谱序》，《萧江氏宗谱》卷首。
③ 江上悟：《萧江氏源流》。
④《家规》，《萧江氏宗谱》卷1。
⑤ 江上悟：《萧江氏源流》。

江氏早期主要经营的是典业和糟坊。江上悟曾回忆："迁常四世立祭产碑文，有祖宗拨典当房屋二十三间，田若干亩为祭产云。"① 乾隆间典当业从江氏手中转移至常州著名文人赵翼手中，之后江氏的主要产业是糟坊。糟坊的创始人是第三代江景瀚，其子江珍绪"少时精会计，有大志"，承父命学习烟酒业，在本镇开设江万聚糟坊，"信义昭然，名噪遐迩，无远弗届"。这便是著名的江万聚糟坊，赵翼曾赠送一联"瑶斝酒含春色丽，金炉烟盎晚香浓"作为贺礼。江珍绪之侄江义后来又在寨桥镇创立分号，江氏的产业开始得到壮大。传至嘉庆间江直时，已有"油坊一，质库二，良田二十余顷"②。江万聚在最盛时有房屋六十间，设酿酒、制酱两个工场，大缸二百只，酒坛三千只左右，酱油灶二座，温缸十二只，储存酱油大缸五六十只，产品通过自设在本镇中街的门市向本地的有关商店销售，后来又在城中西瀛里和双桂坊分设江万聚北号和南号。清中叶以后年产量黄酒约二十多万斤，酱油十多万斤，醋一万余斤。江氏致富后，热心当地公益，如修建湖塘桥，造文昌阁，参与水灾赈济等。清初，湖塘桥镇最繁华的市集均在桥北一带，而桥南尚湮没于荒烟蔓草之间，至嘉道时桥南一带已经"成市成都，俨为巨镇"，江氏后人以为此虽是整个湖塘桥人"群策群力，日新月异"的结果，但"溯是镇之兴者"，必推美于江靖及其江氏子孙。所谓"无徽不成镇"，在湖塘桥镇发展的历史上得到了最好的演绎。

　　由于萧江氏是外地迁至本土，人数相对较少，加上影响力只限于湖塘桥一地，所以直至近代之前，萧江氏的发展仍然相对缓慢，这从该家族一直到民国之后方才兴修家谱可见一斑。这种情况直到第七世江鑫（字丽峰）方才开始改变。江鑫于太平天国战争中入两淮运使乔松年幕，因战功至直隶州州同衔。战争结束后，江鑫重整家业，将江氏带入一个新阶段。江鑫在不仅主持家乡重建，还"集资采办耕牛，召能竹木工者制纺织之具，散发民间，以劝耕织"。湖塘桥从一个乡间集市发展到今天

---

① 江上悟：《萧江氏源流》，《萧江氏宗谱》卷4。
② 王敏：《江成侃传》，《萧江氏宗谱》卷2。

全国闻名的纺织工业中心,与江鑫及其后人的关系密不可分。江鑫最早在湖塘镇开设布号,并推动了周边地区的蚕桑养殖的发展,"访浙省桐乡、石门诸县种桑饲蚕居法,编刊浅说,采购桑种,为兴大利,至今赖之"。①

江鑫有三子,长子江源浚专事诵读,手中一卷外无所好,是著名的画家。②江鑫去世时,次子江源灏才七岁,延续江氏产业的重任落到他的身上。江源灏十六岁时先到常州城中甘棠桥恒源钱庄习业三年,十九岁回湖塘桥接管家族生意,和年仅十四岁的三弟江源瀚合作经营,使之顿复旧观。江源灏还在湖塘桥开办当时第一所新式小学——时敏小学,并资助江源浚的两个儿子江澄、江湛读书。③江源浚虽然对商业没什么兴趣,但两个儿子却都是商业奇才。江澄(1886—1953),字上悟,先入江南水师学堂学习,后学习铁道,民国二年当选为省议会议员。江上悟在湖塘桥附近创办天生蚕种制造场,帮助家乡改良蚕种,同时还发展奶牛业,创办中国炼奶厂,并出资修建武宜公路、常漕公路,成立武宜长途汽车股份有限公司等,推动了湖塘乃至整个常州的近代工业化进程。④而次子江湛更年未弱冠,在商业上崭露头角,一意以振兴实业为己任。⑤江湛(1893—1966),字上达,后以字行。1907年江上达毕业于常州城内著名的冠英小学,此后进入和慎银号当练习生,不久凭借其经商才能获得和慎银号经理卢正衡的赏识,并由此结识卢正衡的生意伙伴,时任武进县商会会长的常州商界名流钱以振。钱以振不仅是常州商界的领袖,同时也是出身望族的前任知县。他对江上达非常欣赏,并将女儿相许,从此江上达的经商天分和钱以振的社会资源得到了有效的结合,江上达开始进入发展的高速通道。1919年,钱以振和常州另一位商业领袖于定一合资创办常州纱厂,江上达出任常州纱厂副理。同时为吸引资金,以金

---

① 孟森:《江君丽峰家传》,《萧江氏宗谱》卷2。
②《江公源浚家传》,《萧江氏宗谱》卷2。
③《增泉先生家传》。
④ 湖塘镇编史修志领导小组编:《湖塘镇志》,1986年,第395—397页。
⑤《江公源浚家传》。

融推进工业发展，1920年和1921年，钱以振和江上达又相继在常州开设了富华储蓄银行和常州商业银行。由于钱以振的经营失误，1923年，常州纱厂被无锡荣氏兼并，更名为申新六厂，钱以振宣告破产。此后，江上达开始了独立经营。他先是应吴县杨廷栋的邀请，出任其创办的常州震华电厂的副厂长。在他灵活的经营下，震华电厂差点让无锡的耀明电灯公司倒闭。有了震华电厂的经营资本，江上达和杨廷栋合作，重新从无锡荣氏那儿收回常州纱厂，改名为民丰纱厂。到抗战前，民丰纱厂已经成为一个兼具纺织印染的综合性纺织企业，资本总额已经达到140万元，上海成为民丰纱厂的主要销售基地，江上达遂常驻上海，一跃成为上海滩上的纺织业巨头。"八一三"事变后，江上达为保全厂家，不惜和日本人合作，并得到上海工商界上层人物的拥戴，先后担任汪伪商业统制委员会理事、棉花统制委员会委员、苏浙皖区华商纱厂联合会副理事长等要职，并集资一百万元创设了上海纺织学院，成为上海纺织业的领袖人物。抗战结束后，江上达一度入狱，不久出狱后即调整经营策略，将民丰纱厂在美订购的纱锭全部运往香港，在荃湾设立上海纱厂，江上

民丰纱厂

达自己也迁居香港。1952 年，江上达应邀回到上海，后定居北京，最终病逝于此①。

由于江上达在纺织业上的成功，带动了整个萧江氏在纺织业上的发展，据江澄称，到 1948 年，萧江氏全族一共有一百二十二丁，大都仍以工商世其业，尤集中于经营纱布，"除设有纱厂、布厂外，在京、沪、苏、皖均有吾族人之基业，贸迁及于全国，近且运销海外，远至南洋各地"。②

3. 红塔吴氏

常州红塔吴氏自称本族为吴泰伯之后，第九十六世吴继阳迁居常州北门外的红塔庄，也就是在今新北区三井街道，是为红塔吴氏的始迁祖。常州在明清两代文化异常繁盛，名门望族的数量与成就放眼全国也堪称出众，吴氏又是本地的大姓，如北渠吴氏和薛墅吴氏都产生过大量的进士和学者。红塔吴氏与之相比却明显一直默默无闻，吴镜渊在纂修族谱时也承认"我红塔支族人乡居者多"，吴氏先祖"累世皆耕读不仕，以积善称乡里"。③

红塔吴氏支谱

吴良贵（1849—1909）谱名敬嗣，字凤梧，诸生。晚年因助赈贵州，获得议叙州同知衔。其上世自高曾以来务为宽厚，导致田庐为族人所侵占，祖父吴书英十二岁而孤，益

---

① 吴中：《江上达》，《中华民国史资料丛稿·人物传记第十五辑》，中华书局 1982 年排印本，第 94—98 页。
② 江上悟：《萧江氏源流》。
③ 吴有伦：《红塔支统世谱原序》，《吴氏红塔支统世支谱》卷首，1936 年铅印本。

无以存，只身入城，经百苦，构家室。咸丰十年（1860），吴良贵十二岁，常州城落入太平军之手。少年吴良贵颠沛流离，母亲、父亲和叔叔相继去世，乡人感动吴良贵孝心，争毁户牖助丧具。吴良贵在如皋找到了自己的舅舅。战争结束后，吴良贵回到常州，四壁无存，于是昼事贸易，夜事诵读，因"敦敏乎于廛市，诸巨肆争聘为主计，所入略裕"，他还和徽商世家程氏结亲，娶了号称"素封"的程氏的女儿。囊中充裕的吴良贵大购书籍，肆志研索。有一天，著名的维新派思想家张鹤龄偶然看到了他写的文章，以为"宿学所不如，力劝他参加科举考试"，但是吴良贵却宛然相拒，以为"读书应举非所志也"。吴良贵于贸迁偶暇课诸子读，辄至漏数下。程夫人劝他让儿子早点休息，他回答道："若辈有书可读，便为苦耶？昔若祖考之课吾读也，室陋不蔽风雨，冰积砚池中，指且裂，不具炉火，尚待呵冻作书画为膏火资，岂得如吾辈今日之暇逸耶？"①在他的认真督促下，三个儿子日后均学有所成，均成为近代著名的工商企业家。

吴良贵有三子，长吴有伦，光绪元年（1875）出生，谱名志继，字镜渊，后以字行。次吴章，光绪三年岁末出生，谱名善继，字敬仪，后改镜仪，以字行。三子吴有章，光绪九年生，谱名可继，字镜予，后以字行。

光绪末年，吴镜渊兄弟均捐资获监生衔，吴镜渊和吴敬仪为候补知县，吴镜予为候补府经历。由于和盛宣怀同乡的关系，兄弟诸人均曾在汉冶萍公司任职，并将父母接往湖南，宣统元年（1909），吴良贵得痰疾，病逝于湖南，吴镜渊丁忧回乡。湖南的这一从政经历虽然短暂，但是却让吴氏兄弟获得了初步的财富积累，而且他们的能力也在常州同乡中留下了深刻的印象，为以后的发展打下了坚实的基础。

辛亥鼎革，地方势力和某些别有用心之人乘机宣称汉冶萍为盛宣怀私产，提议没收，汉冶萍面临瓜分危机。身在日本的盛宣怀，与孙中山取得联系，以中日"合办"汉冶萍公司的办法取得日本借款，以帮助孙

---

① 吴有伦等：《显考凤梧府君行述》，《吴氏红塔支统世支谱》卷2。

中山解决财政需款,想以此来挽救自己的不利处境。消息传出,举国哗然。为避免汉冶萍公司被没收,时任长沙转运局局长的吴镜仪积极斡旋。1913年5月20日,吴镜仪以湖南代表身份在汉冶萍股东会上散发传单,沥陈辛亥之时汉冶萍公司的遭遇,痛陈别有用心之人,以汉冶萍"无人不目为盛宣怀私产,提议没收。风潮所激,众口一词"。进而指出,"无非各股东共投血本,兴办中原实业,恐被盛氏个人牵累,故不惜力排群议,一意维持;虽他省责言,指为攘利,亦所不顾"。①吴氏兄弟在危难中的态度令盛宣怀无比感激,盛宣怀找到吴氏兄弟,请他们帮忙协助将自己留在湖南的10万两银圆转移到上海。当时兵荒马乱,带现金十分不安全,如何顺利地转移这份财产成为一个棘手的难题。三兄弟中最具经商天分的吴敬仪想出了一个办法,他利用地区差价,将银圆换成美孚煤油,由水路运到上海,结果到上海之后油价翻了几番,盛宣怀不仅保住了这份财产,还大赚了一笔。盛宣怀要重酬吴氏兄弟,吴氏兄弟只要其纱厂的股票,盛宣怀满足了这一要求。吴氏兄弟这次不仅赚到了第一桶金,而且从此之后正式跻身入了常州乃至中国的上层精英圈,开始了他们发迹之路。

初战成功的吴氏兄弟先在常州白云溪上购置新宅,白云溪在常州城东,溪水宽阔,风景秀丽,而且在明清两代这里涌现出无数的文人墨客,达官贵人。洪亮吉曾称:"云溪之秀甲于郡中,环溪亦皆名族所居。"吴氏兄弟的新宅是昔日洪亮吉舅家常州望族蒋氏的居所,宅院设计考究,十分气派,吴孝恪在为程太夫人七十寿辰撰写的寿序中称此地"小阁临流,水木清美"。②吴氏兄弟此时已经俨然成为常州城中的新贵。1916年,吴氏三兄弟发起纂修吴氏统宗谱活动,吴氏祖居无锡梅里,在苏南分支众多,精英辈出,而昔日无足轻重的红塔支吴有伦兄弟主导宗谱纂修,标志着以吴氏三兄弟为代表的红塔支的正式崛起,1919年,程太夫人去

---

① 陈旭麓编:《盛宣怀档案资料选辑:汉冶萍公司3》,上海人民出版社2004年版,第522—523页。
② 吴孝恪:《程太夫人七秩寿序》,《吴氏红塔支统宗支谱》卷3

世，吴氏兄弟相继离开常州，开始了他们各自辉煌的历程，日后他们和他们的后人在中国历史上都留下了不可磨灭的印迹。

中华书局

大哥吴镜渊投身金融界，民国初年常州很多新兴的纺织工厂背后都有他参与的投资，真正令他名声大噪的则是在1917年，当时中华书局的创始人之一常州同乡沈颐和陈寅找到他，告诉他由于经理陆费逵经营不善，中华书局债务缠身，这就是中华书局史上著名的民六危机。①吴镜渊与同邑李叔裴等人组成"维华银团"，以银行垫款的形式注资中华书局，缓解了财务危机，从此，吴镜渊代表的常州银团掌握了中华书局的财政命脉。董事会推选他为中华书局监察、常务董事，集财务、管理行政权于一身。吴镜渊厉行改革，悉心管理，开源节流，陆续建立一套规章制度，同时兼任稽核处主任，严加稽核各账目，奖惩分明，帮助中华书局渡过难关。董事会秘书高念修曾言，"其时吴氏已年近古稀，我每将账目上呈他审批的时候，从不轻易放过，每笔都要用算盘——亲加复核"。通过整顿，改进企业管理，使中华书局很快复苏、发展，成为全国书业中一个仅次于商务印书馆的集出版、发行、印刷于一体的联合企业集团。为褒奖吴镜渊的贡献，中华书局董事会特制一枚20余寸的大银盾，上刻"扶危定倾"四个大字，赠送予吴镜渊。②

1930年，他又协助刘国钧创办大成纺织股份有限公司。常州大纶

---

① 张静庐：《中国现代出版史料（丁编）》上卷，上海书店出版社2011年版，第399页。

② 吴中：我所知道的"维华银团"，《中国出版史料：近代部分》第3卷，湖北教育出版社2004年版，第188—190页。

久记纺织股份有限公司之前一直为上海财团控制，刘叔裴是其中的主要股东，一直想撤股，借机筹备撤资11万元股金。为顺利推进大纶改组，刘国钧极力争取吴镜渊的支持，由吴镜渊出面挽留刘叔裴，吴、刘二人以20万元资本稳定企业的股份。1930年，刘国钧顺利改组大纶久记，成立大成纺织染股份有限公司，吴镜渊成为重要股东，出任公司董事长，而刘叔裴则担任公司董事。① 值得一提的，吴镜渊的大女儿嫁给了大成企业的主要负责人刘靖基，刘靖基通晓纺织市场和管理，出任副经理，兼任候补董事，负责上海办事处，刘国钧则负责企业管理和运作，一里一外，配合协作。1931年后，又将与吴镜渊之弟镜仪合作长达10年之久、留学日本的纺织专家陆绍云被聘为公司工程师，更是为企业发展注入国际管理视角。改组后的大成纺织染发展迅速，至1937年，已成为民族纺织业的代表性企业，被经济学家叹为奇迹。1930—1943年间吴镜渊连续出任大成纺织染股份有限公司董事长，企业的重要决策，都离不开吴镜渊的贡献。至1951年，吴氏家族仍有多人赫然列名于大成纺织染股东名录：诸如吴镜仪、吴安然、吴蔚然、吴瑞萍、吴舜文、吴舜九、吴舜琴、吴明然、吴卓然、吴森然、吴舜华。② 值得一提的是，三女儿吴舜文则嫁给了另一位合作伙伴严裕棠的儿子严庆龄，日后吴舜文在台湾创办了裕隆汽车公司，成为宝岛经营界的传说。

随着实业迅速发展，银行逐渐取代钱庄成为民族工业的重要融资来源。20世纪30年代，仁丰、同德、永孚三家钱庄合并，改组为武进商业银行，以仁丰钱庄的原址为武进商业银行的营业所。1934年2月18日武进商业银行开业，刘国钧、刘靖基被推为董事，吴镜渊则出任常务董事。在1937年前，武进商业银行营业尤见发达，据记载，"二十五年度存放款总额，尤见增加。现已设有本外埠办事处凡六处，仓库凡六处，各种

---

① 《大成公司股东成立会》，《纺织时报》1930年3月30日第3版。
② 《大成纺织染股份有限公司股东名录》，《刘国钧文集》附录，南京师范大学出版社2008年版，第7页。

设施均能切合内地工商业之实际需要"。①

吴敬仪则步入实业界，1919年同乡刘树森在上海开设宝成纱厂，吴敬仪应刘树森的邀请担任宝成纱厂经理。②1922年，刘树森又在天津建立了宝成纱厂，由自己的儿子刘志勤（仲融）主持，而实际工作都由经理吴敬仪负责。吴敬仪在宝成艰苦经营十年，期间遭受了因刘树森经商破产、工厂被抵押给美商慎昌洋行等种种困难，但仍然将工厂勉力维持。值得一提的是，1930年，吴敬仪力排众议，在他的指导和策划下，宝成纱厂成为中国历史上第一个实行八小时工作制的企业，在中国企业史和管理史上留下了重要的一笔。吴敬仪将宝成厂工人分为三班，每班八小时，轮流运作，工人工资不减，而工厂厂量却得以大增。③1931年，吴敬仪被聘为天津招商局局长，随即离开了宝成厂。不久宝成厂又恢复了十二小时工作制，工厂管理也陷入了困局，1934年，内忧外患交织的宝成厂终于落入了日本人之手。

小弟弟吴镜予最善笔墨，他在湖南时已结识同在汉冶萍的宋子文。民国后，他成了宋子文的高级秘书，和一班在湖南相识的常州同乡如李嘉燮等人成为宋子文的重要班底。宋子文担任财政部部长之后，李嘉燮出任财政部的常务次长，以他为首的常州班成为财政部举足轻重的势力，而吴镜予也成为其中重要的一员。他先担任财政部的秘书，1930年之后又成为财政部参事。1922年，他还和李嘉燮的弟弟李又生在北京开办了华夏实业银行，总资本银洋一百二十五万元。此外吴镜予又善诗古文词，书法精湛，且工画梅花，是民国时著名的书画家。

吴氏的第三代也是人才辈出，吴敬仪认为不能做官，也不能从商，社会动荡，经商会倾家荡产。世事变幻叵测，学工、学理也不行，但不

---

① 中国银行经济研究室编：《全国银行年鉴：民国二十六年》，《近代中国史料丛刊三编》，文海出版社1987年版，第264页。
② 上海市政协文史资料工作委员会、中国社会科学院：《中华民国史资料丛稿：人物传记》，中华书局1988年版。
③ 《天津工厂八小时工作制之发轫》，《大公报》1930年2月19日第2版。

管时局如何变化，社会都少不了医生。而要做医生就要做个医术高明的好医生，要做好医生得先进好学校。其子吴瑞萍、吴阶平、吴蔚然、吴安然均毕业于其时最好医学院——协和医学院，日后分别成为儿科、泌尿外科、外科、免疫学专家多后面几代吴氏子女中，也有多人受家庭影响，选择医生职业，吴氏一门三十余人习医业医。所以吴镜仪在《镜仪辛丑留言》中，对孩子的成就深感欣慰："男女九人，兄弟姊妹，多数同操一业，同处一方，互相提携，互相亲爱"。[①] 吴阶平认为父亲吴镜仪对他一生影响很大，父亲以家学和阅历曾告诫子女，世道多变，要好好学技术，学医学救死扶伤是任何时代都需要的，靠本领谋生。他曾怀念父亲的言传身教，称："他在家中办了私塾，请当地最博学的先生教几个孩子读四书五经。他还经常请在纱厂工作的美国人的孩子到家里跟自己的孩子们玩，这使得自己从小就会说一口标准的美式英语。吴敬仪对任何事情都认真负责，有些事情认真得甚至有些过分。他有几块金怀表，每天都要拿出来，与收音机里的报时校对，准确度要求到秒。"

荣宗敬、荣德生、刘国钧、刘靖基、江上达、吴镜渊的成功代表着江南新一代资产阶级的崛起，与江南传统的绅商有明显的不同，且更具备企业家精神。这些人大多出身中小商人，有着专业知识和创新精神，有着较强的市场观念和质量意识，企业管理水平也较高，为本地经济的发展奠定了基础。而上海是其发展的重要一环，他们的主要活动在上海，企业的资金和技术、管理方式也同样来自上海，上海为他们的发展提供了一个广阔的舞台。

三、"四象"的崛起：湖州丝商家族

湖州产丝的历史，最早可上溯到距今 4 700 多年前的良渚文化。1958 年考古工作者在湖州城区南郊的钱山漾遗址，发掘出土了良渚文化时期的丝线、丝带和绢片，为我国迄今为止所发现的最早的古代丝料和丝织

[①] 邓立：《吴阶平传》，浙江人民出版社 1999 版，第 10—11 页。

品遗物。自那以后，湖丝随着历史的脚步不断向前发展。三国东吴时，已有"永安（今湖州德清县）出御丝"的记载，这是湖州所产之丝成为皇家贡品的最早记载。① 唐朝后期开始，全国丝织业的中心从黄河流域转移到江南地区，更加快了湖丝发展的步伐。明朝已有"湖丝冠绝海内，归安（湖州）为最"② 之说。伴随着湖丝声誉不断提高，湖州地区形成了一批与丝绸有关的专业市镇，如菱湖、南浔、双林、新市、练市等等。当时的湖丝除供应国内市场外，还有一部分通过走私远销海外，明嘉靖年间，湖丝在国内市场每百斤价值百两银子，运往南洋"得价两倍"，运往日本则"每百斤值银五、六百两，取去者其价十倍"，原因是湖丝"尤为彼国所重"③。

明万历年间，湖州南浔镇七里村（距镇7里而得名）的农民，率先改良蚕种，改进养蚕与缫丝技术，所产之丝具有白、净、柔、韧的特点，成为湖丝中最佳者。"湖丝惟七里尤佳，较常价必多一分"。④ 从此，"七里丝"逐渐成为湖丝的代名词，不仅湖州所属各地生产之丝均冠以"七里"之名，甚至连杭州、嘉兴、苏州等地所产之丝亦竞相使用"七里"牌号，以博取国内外客商的信赖。进入清代，七里湖丝长盛不衰，以至康熙年间"七里丝名甲天下，辇毂输将，其名上达京师，大贾皆冒七里"。⑤ 自清雍正年间开始，七里丝改称"辑里丝"，究其原因，说法不一，大约总以其名雅致吉利有关。至道光初年，辑里湖丝对生产工序进行两次改良以后，将初缫之丝"合二丝为一，以经车纺之"，加工成丝经出售，更具市场竞争力。

---

① [宋]李昉：《太平御览》卷814《布帛部》，上海古籍出版社2008年版。
② [明]陈全之：《蓬窗日录》卷1《环宇》，《续修四库全书》子部第1125册，上海古籍出版社1995年版。
③ [清]郑若曾：《郑开阳杂著》卷4，《景印文渊阁四库全书》第584册，台北商务印书馆1986年版。
④ [明]朱国桢：《涌幢小品》卷2《农蚕》，中华书局1959年版，第44页。
⑤ [清]温枽忱：《七里村志》，周庆云纂《南浔镇志》卷6《村庄》，《中国地方志集成·乡镇志专辑》第22册上，上海古籍出版社1990年版。

辑里湖丝自 1825 年起大量销往欧美，"优者称细丝，光采鲜艳，韧力富足，为外人所喜。……岁销五六万包（每包 80 斤）"。① 由于国内外市场的需求不断扩大，孕育出更多的商人从事收购转售获利。南浔镇上居民经营丝业者不在少数，以致有"镇上大半衣食于此"之说。

在整个 19 世纪，茶叶和蚕丝占了"中国出口贸易的主要部分"，"1867 年这两项占出口总值的 90%，1894 年仍占 50% 以上"。1887 年，蚕丝更是取代茶叶成为中国最主要的出口物，"到 1898 年，蚕丝的出口值约为茶叶出口值的 2 倍"。②

蚕丝出口量的大量增加，和上海开埠有着密切关系。上海开埠前，中国的蚕丝出口只能通过广州十三行。上海开埠后，中国生丝出口中心迅速转移至上海。"1845 年，上海、广州共出口生丝约 10 576 担，其中上海约占一半；到 1853 年，骤增至 52 400 担，其中上海占 93%。"③ 1850 年，蚕丝占上海出口货物的比重为 52%，茶叶为 46%；1860 年，蚕丝为 66%，茶叶为 28%。④ 进入 20 世纪以后，上海的出口货物日趋多样化，生丝所占的比重也日趋减少，至 1920 年代下降为 20%，但仍然占据上海出口货物的头把交椅。⑤

蚕丝在上海出口量的领先主要是产地接近，"上海出口的大部分蚕丝是湖州、南浔以及江浙两省边界其他地区生产的白丝"。据 1878 年的贸易报告，该年"生丝出口额计 51 278 担"，其中"包括了约 2 900 担的汉口黄丝，955 担的烟台黄丝，500 担的宁波丝和 156 担的芜湖丝"，

---

① ［清］刘锦藻：《皇朝续文选通考》卷 379《实业二》，续修四库全书史部第 820 册，上海古籍出版社 1995 年版。
② 李明珠著、徐秀丽译：《近代中国蚕丝业及外销》，第 88 页。许涤新、吴承明认为，"甲午战争前，我国出口商品以茶占第一位，丝居第二位"。见许涤新、吴承明主编：《中国资本主义发展史》第二卷，第 285 页。
③ 许涤新、吴承明主编：《中国资本主义发展史》第二卷，第 246、247 页。
④ 黄苇：《上海开埠初期对外贸易研究（1843—1863 年）》，上海人民出版社 1979 年版，第 166 页。
⑤ 罗兹·墨菲：《上海——现代中国的钥匙》，上海人民出版社 1986 年，第 141 页。

其他全部来自"湖州、南浔以及江浙两省边界"。在1879年的贸易报告中,则直接称"上海是湖州、南浔等大产丝区的出口港""浙江省比其他任何一省运来的中国商品的数量都要多些,因为产丝区位于该省境内"。①

南浔镇距离上海仅百余公里,两地又有运河可供直航,所以大批湖丝改由上海出口外销。和以往辗转运往广州外销相比,运往上海在运输路程上缩短了90%,自然运输费用大大降低。同时,运输的近捷也使中途散毁损失的比例也有极大的减少。由于成本的下降,湖丝的出口价格比鸦片战争前下降了35%,从而加强了它在国际市场上的竞争力。以湖丝为主的中国丝经很快地占领了欧美市场,外销量以极快的速度逐年递增。上海开埠前,浔丝的出口量从未超过10 000担,但在1845至1850年间则增至15 000担左右,往后1875年为79 000担,1895年为110 000担。许多南浔商人遂云集沪上,以经营湖丝而迅速致富,"道光以后湖丝出洋,其始运至广东,其继运至上海销售。南浔七里所产丝尤著名。出产既富,经商上海者乃日众,……镇之人业此因而起家者亦不少"。当时的上海出现了很多丝栈,专门组织湖丝的收购与出口,所谓丝栈,其实就是代产区丝行把生丝卖给外商洋行的中间商。这些丝栈买办大都由浙江人,甚至是主要由湖州人主持,他们通过垄断生丝对外贸易获得了丰厚的利润,财富积累速度非常快。学者郝延平称:"浙江买办似乎是专营生丝贸易的",②"湖州人顾福昌、陈熙元、杨涵斋、黄佐卿、杨信之、沈志云、沈联芳、沈静轩、顾寿岳等都由丝栈(号)主而成为买办"。③

1862年,琼记洋行驻上海的负责人兼合伙人侯德在一封信中谈及湖

---

① 李必樟译编:《上海近代贸易经济发展概况(1854—1898年):英国驻上海领事贸易报告汇编》,第416、496、497、540、546页。

② [美]郝延平:《十九世纪的中国买办——东西间桥梁》,上海社会科学院出版社1989年版,第62、63页。

③ 陶水木:《浙江籍买办的崛起及其影响》,《历史教学》1998年第7期。

州丝商陈竹坪时说:"他是靠丝发迹的,这里所有富人都是丝客。"郝延平在其著作中论述买办收入时曾引用了侯德的一封信,信中谈及陈竹坪多么富有时说:"'山东号'(轮船)的盘出真是一大幸事,因为这打通了同陈裕昌(陈竹坪的别号)的关系,他是此地的大亨之一。他在旗昌的计划里投下13万两,拥有'苏格兰号'、'竞赛号'、'山东号'和'查理·福士爵士号',还有房产和地产也占半个外国租界。他现在同我们非常友好,是一个掌握钱财的人,我们要向他磕头求拜。"① 在琼记洋行合伙人眼中如此富有的陈竹坪,不过是南浔"四象、八牛、七十二狗"中的"八牛"之一。

1930年代刘大钧所著的《吴兴农村经济》:"财产达百万以上者称之曰'象',五十万以上不过百万者称之曰'牛',其在三十万以上不过五十万者则譬之曰'狗'。所谓'象'也,'牛'也,'狗'也,皆以其身躯之大小,象征丝商财产之巨细也。"② 到林黎元写《四象八牛:南浔丝商十二家族》,变成"资财在银洋五百万元以上者为'象',一百万元以上者为'牛',十万元以上者为'狗'。"③ 今日一般"四象"为刘、张,庞,顾,"八牛"为邢、周、邱、陈、金、张、梅、邵,"七十二"墩狗,包括南浔的四象,在镇上的有邱茂泰、邱董茂、邱义昌、邱穗升、沈涂记,沈永昌、沈水丰、沈天长、李恒尊、李万顺、李德茂、吴晋昌、吴其昌、吴永记、朱宠茂、朱广隆、庄恒庆、邢丰记、卜同昌、韩怡昌、桂致和、潘泳记、潘大顺、张丰泰、张恒丰、徐世兴、徐惠和、许仁昌、谢森元、刘通德、庞同顺、丁昌记等,多数是开设丝经行致富。四象有北小圩张家、桥下张家、吴楼张家、斜桥(土斗)金家、五家亭盛家、石匠(土斗)邱家、七里村温家、子嘶湾陈家、藏谷桥王家等。不过刘大钧著书时已经指出,调查与传闻不无出入,齐东野语,难以为据。实际上如家

---

① [美] 郝延平:《十九世纪的中国买办——东西间桥梁》,第63、122页。
② 刘大钧:《吴兴农业经济》,中国经济统计研究所1939年版,第123—124页。
③ 林黎元:《四象八牛:南浔丝商十二家庭》,《浙江文史资料》第32辑,第30页。

产百万以上者不止四家,四象当中,刘、张身家均超过一千五百万两,又称象中之狮。八牛的邢、邱、梅、谢等家产也超过百万,与四象的庞家相近。南浔四象其实也并不固定,唐长孺曾称:"最先盖顾、朱、刘、张四家,顾、朱中落,庞、邢继之。邢氏不知起家所自,其富不逮刘、张、庞。"① 后人基本上以刘、张、庞、顾为四象。这四象起家均为寒素,但都抓住机会,成为豪富,成为南浔丝商的代表。②

1. 刘氏

刘镛(1821—1899),字贯经,祖籍上虞,高祖刘尚贤于清康熙初迁居南浔,父刘焕章,有三子,刘镛排行第三,发迹后人称他为刘三东家。刘镛"十四岁,家贫不能具修脯,乃舍儒习贾","十五岁,学业于绵绸布庄,日得点心钱十文……在店操作勤剧,庖福之事皆任之"。③ 此时南浔经营蚕丝致富者已为数不少,刘镛"闻其师岁入仅百千,则以为此不足起家,去入丝肆,五年而尽通其奥,又去与里人合资,别设肆市上"。"方是时,欧洲诸国开商埠于上海,大购湖丝,岁出口八九万名,业是者赢获过当。"④ 刘镛看准机会,于咸丰二年(1852)始赴上海,当时"租界甫辟,浔人尚视为畏途,到者寥寥"。徽州人唐漾荷为"洋商舌人",一见如故,"遂订交,得熟彼国情形",此后"往来上海,岁必数次"。同治元年(1862),开始在上海恒源里购地建屋。当时曾国藩在上海招商运盐,刘镛不失时机地与唐漾荷一起在王秋田名下附股,开始了盐业经营,这是他除蚕丝经营以外新辟的第二条主要生财之道。几年后,从票盐到场盐、到置灶产盐,淮扬一带盐业的产销都由刘镛一手经

---

① 唐长孺:《唐长孺回忆录》,中华书局 2021 年版,第 14 页。
② 下文参考林黎元《南浔的四象八牯牛》,政协湖州文史资料研究委员会编《湖州文史》第 4 辑,1986 年,第 49—82 页。
③ [清]刘锦藻:《先考通奉府君年谱》,《北京图书馆藏珍本年谱丛刊》第 169 册,北京图书馆出版社 1999 年版。
④ 张謇:《清通奉大夫工部郎中加五级南浔刘公墓志铭》,《张謇全集》第 6 册,第 289—290 页。

刘镛　　　　　　　　　　刘锦藻

理。同治四年，徐寅阶在震泽开恒义典，招刘镛入股，"典业自此始"。① 次年，刘镛在湖州集股开设同裕典当行，之后，又在江浙等处陆续开设典行。此时，"淮之盐，徽之茶，苏、松、海门之田若质库，孳乳胚胎，转益浸广"。②

刘镛有四子，长子刘安澜，字紫回，附贡生，为大房，立堂名尊德，建宅于白鹇兜，名尊德里。刘安澜29岁就病卒，无子，以刘锦藻的长子刘承干继承。次子刘安江，又名锦藻，字征如，光绪二十年（1894）进士，立堂名贻德，住宅在南西街新开河口。三子刘安注，字梯青，秀才，立堂名崇德。住宅在南东街花园弄口。四子刘安溥，字湖涵，立堂名景德，住宅在南东街凤凰桥南首。女儿嫁给徐黼之子为妻。

刘锦藻（1862—1934）不仅是进士，且承父业，经营淮盐，为淮盐的大盐商。在通州设垦牧公司，在上海设大达轮船公司和码头，还经营房地产，扬州设有经租账房，杭州、莫干山均有别墅，并广开当铺，在

---

① [清]刘锦藻：《先考通奉府君年谱》，《北京图书馆藏珍本年谱丛刊》第169册，北京图书馆出版社1999年版。
② 张謇：《清通奉大夫工部郎中加五级南浔刘公墓志铭》，《张謇全集》第6册，第289—290页。

南浔投资浔震电灯公司,开设刘振茂绸缎局。1907年,他还和汤寿潜倡议浙江铁路公司集资100万元,创办了浙江兴业银行,从而使刘家从原先单纯的丝商,转变成江南近代著名的民族资本家。刘锦藻子刘承干(1881—1963),字翰怡,号贞一,秀才,承长房刘安澜嗣,并继承了刘氏产业,同时还是著名的藏书家,藏书室名"嘉业堂",一生所刊书籍甚多,集为《嘉业堂丛书》及《求恕斋丛书》两种。唐长孺曾回忆,刘承干"好与诸遗老交,假贷无吝色,凡诸善举,无不竭力,以是稍耗其资"①。1949年后,藏书之在沪者,归之复旦大学,在南浔者无偿归公。

嘉业堂

2. 张氏

张氏原籍休宁,张振先于康熙年间始迁南浔。三世至张维岳,勤于商,在南浔开小酱盐店生理。次子张颂贤(1817—1892),字竹斋。善经营,稍积资金,遂从事丝业。道光二十二年(1842),张颂贤看准时机,在南浔丝行埭和上海增泰丝栈分设张恒和丝行与丝号,聘请得力丝通事,全力经营辑里丝出口业务,成为巨富,在南浔东吊桥外建大住宅,宅后原"东墅"古园废址上建"东园",俗名张家花园。本地人以恒和丝行出名,故称张家为张恒和。分家后,长子张质甫迁居南西街华家弄口,购进原顾丰盛大住宅,经扩建后称南恒和,立堂名懿德;次子张定甫仍住老宅,扩建新厦,称东恒和,立堂名尊德。

---

① 唐长孺:《唐长孺回忆录》,中华书局2021年版,第7页。

张颂贤营丝发家后，又着眼于盐务。太平天国时期，浙江沿海动乱不定，盐官逃跑，私盐充斥，盐商所持食盐引票失去统销保障，纷纷抛售，引票价值惨跌。张颂贤廉价购进杭州大盐商朱恒源的十万引票，过户为张恒源，其他盐商有转让引票

适园

的，亦悉数收并，张家遂成为引商大户。同治三年（1864），改引额为票运，继又规复旧章，张氏财富迅速扩张。他看到日本蚕丝在国际市场竞争剧烈，丝价又操在外商之手，预感湖丝外销好景不长，因而弃丝专营盐务，在上海九江路大庆里设总管理处，称恒源总账房，由外甥李惟奎（联仙）任总经理，原恒和丝行账房林梅生为协理，又得姻亲周庆云的襄助，业务大起，"商利益滋，官课以充，而公之家亦日以丰大"[1]，完成了从大丝商向大盐商的转化。

张颂贤同时又垄断了腌腊业和酱业的用盐，又在南浔独资或合资开办了张恒泰、张恒昌、张元泰、张启泰、张义隆等酱园，在外地还设分店，经营造酱、做酱油、辣酱、酱菜和腐乳等，还扩展到腌腊加工业务，几乎垄断了南浔周边所有乡镇的食盐和酱制品等的批发和销售。此外还在徽州、常熟、南浔等地购置庄田，开典当、钱庄，办通运公司，投资银行，经营房地产等等，财源滚滚。至光绪年间，张家已成为南浔富豪中的"四象"之一，实力仅次于"四象"之首的刘家。

张颂贤长子张钧衡（1871—1927），除承袭祖业外，还在上海开办慎大钱庄和东南信托公司，经营房地产、股票、公债等业务。同时爱好金

---

[1] 张謇：《乌程张封公墓碣》，《张謇全集》第6册，上海辞书出版社2012年版，第264—265页。

石碑刻和玩赏奇石,故取字石铭。在南浔建适园,自号"适园主人"。好收藏,多有历代名家书画、碑刻。其子张乃熊(芹伯,1891—1942)、乃骥(叔驯,1900—1949)、孙张珩(葱玉,1915—1963),均为收藏名家。

次子张宝善,宝善次子即张静江(1877—1950),名增澄,字静江。光绪二十八年(1902)得乃父鼓励发展海外贸易,携银30万两,随孙宝琦出使

张静江

法国。后又创办通运公司,在英国、美国经营丝绸、茶叶和瓷器。光绪三十一年结识吴稚晖、李石曾等,发起和筹办了留法、留英俭学会,创刊《新世纪》,并结识孙中山,参加同盟会,积极支持革命。辛亥革命后,张静江继续追随孙中山,曾在上海与虞洽卿创办证券物品交易所,并设恒泰经纪字号,筹措经费。1924年,在国民党一大中当选中央执行委员。后又将蒋介石力荐给孙中山。孙中山去世后,张静江于1926年当选国民党中央政治会议主席,后出任浙江省主席、建设委员会委员长等职。张静江侄张乃燕(1894—1958),字君谋,号芸庵,1912年加入国民党,曾任国民党中央委员、江苏省教育厅厅长、中央大学首任校长、浙江省政府委员、建设委员会副委员长、比利时公使等职。

3. 庞氏

庞氏原籍绍兴,庞夷简迁居南浔,子父庞听泉,在湖南历任师爷、幕僚。孙庞云鏳(1833—1889),字芸皋,15岁在陈煦元所办的裕昌丝行当学徒,"精究利病"。咸丰十一年(1861),太平天国军进驻南浔,庞云鏳奉父命避居上海,从事丝业。时洋商在上海大量收购湖丝,价格上扬,庞云鏳看准时机,与同镇张源泰丝行、蒋元春丝行主人合伙,在丝行埭开设丝行。后"众忌其能,析资以困之",他独立在上海泰康里设庞怡泰丝号,专与洋商搞出口贸易,又在南浔丝行埭设庞怡泰丝行,由于他善

于经营,"视市盈虚与为进退,获利倍蓰",[①]不数年家产暴增。

庞云鏳在经营中结识杭州胡庆余堂国药店老板胡雪岩,遂成为莫逆之交。胡雪岩曾委托庞云鏳与洋商进行军火交易,转运给左宗棠,获得了暴利,进一步扩大了财富,成为南浔"四象"之一。胡雪岩因囤丝受到丝货塞滞、洋商抑价的影响,几至破产。有此前车之鉴,庞云鏳从此不再经营蚕丝,并告诫他的儿子说:"白老虎可怕,莫再经营蚕丝。"庞云鏳在东大街建大住宅,前临街,后沿栲佬湾,里人称庞家为庞怡泰。还仿胡雪岩的胡庆余堂,在南浔住宅门埭开设规模较大的庞滋德国药店,建有药栈和制药工场,供应饮片和成药,并有名医坐堂处方,业务很广,誉满周围乡镇。又在镇北开设庞怡泰酱园,附有酿造和加工场所,在南栅还有分店。

次子庞元济(1864—1949),字莱臣,别号虚斋。承父业在南浔经营庞滋德国药店和庞怡泰酱园。光绪中曾去日本考察实业,获悉里昂丝绸市场畅销日本匀细厂丝,价格也高,湖丝虽色白质韧,但粗细不匀,已降为杂用丝,如设厂改缫为细丝,可胜过日本丝,回国后,他不顾其父遗教,于光绪二十一年与杭绅丁丙等合资在杭州拱宸桥创办世经缫丝厂,为光绪中浙江"三丝"(杭州世经丝

庞元济

厂、萧山合义和丝厂、宁波永源丝厂)之一。此后又先后独资或合资在上海、杭州、塘栖、南浔创办了世大纶制丝厂、机器缫丝厂、龙章造纸厂、通益公纱厂等企业。另外,庞家在苏州、上海等地拥有大量房地产,原上海市牛庄路的"三星舞台"(后改名中国大戏院)和成都北路的整条世述里都是他的产业。此外在上海还收买洋商正广和汽水公司大世股票,还投资于中国银行和浙江兴业银行,在苏州投资纱厂和印染厂,因而也

[①] [清]郑孝胥:《清赠光禄大夫庞公墓表》,周庆云纂《南浔镇志》卷39《碑刻四》,《中国地方志集成·乡镇志专辑》第22册上,上海古籍出版社1990年版。

成为浙江最早的较著名的民族企业家之一。庞元济善画，更擅收藏名画，著有《虚斋名画录》，后全部献给上海博物馆。

三子庞元澄（1875—1945），原字清臣，后因受舅舅张静江影响，倾向反清，故改青城，号渊如。经张静江推荐加入同盟会，他在租界戈登路7号（今江宁路336号）的住所成为革命联络点，一度成为同盟会财政部的临时办事处。

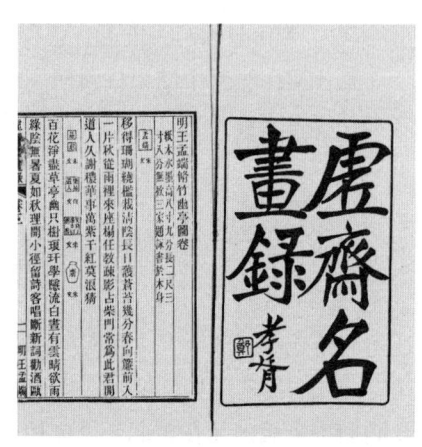

虚斋名画录

1909年当选为谘议局议员，辛亥革命时，出资赞助。二次革命时，一度被袁世凯追杀，流亡日本。孙中山病逝后，在上海做寓公，不问政治，潜心于书画碑帖，鉴赏金石。

4. 顾氏

顾氏原籍桐乡，先世有号苇溪者由桐乡迁南浔。顾福昌（1796—1868），字成之，号春池，因排行第六，后人称他顾六公公。童年家贫，母早卒，弃学从商。初在镇上摆布摊，后至震泽开小布店，兼营蚕丝。南浔和震泽相距12里，他每天朝出晚归，徒步往还，寒暑无间断，秉性勤俭至孝。父病卒后，结束布店，全力在南浔经营辑里湖丝，开设顾丰盛丝行。道光初，上海尚未开商埠，顾福昌即"薄游沪上，时值各国通商，首先经理夷务"，接着在南浔、上海两地开办了丰盛丝经行和寿泰丝栈，成为上海早期的丝通事。当时南浔丝行中出名的有四家，即顾福昌的顾丰盛、朱兆传的朱宏茂、邱仙槎的邱启昌、刘镛的刘正茂，故丝业界流传着"顾六公公朱九伯，仙搓二叔伢三哥"的顺口溜（"伢"nga，系南浔土音，即我们，三哥指刘三东家刘镛），这也是四象的最初萌芽。

顾福昌经营蚕丝致富后，买进了当时上海滩上唯一的外洋轮船码头——金利源码头，并大造堆栈，独占了上海进出口货物装卸和打包的业务。

顾氏家族摄影

因管理有方，成为怡和洋行买办、怡和打包公司经理。他在上海北苏州河路、南浔甫西街华家弄北首、南西街泰安桥块陶家弄西及西大街竹行弄东等处建有大住宅，南浔人称顾家为顾丰盛，"其卒也，花旗国领事馆命挂半旗，此为外国隆礼"。①

顾福昌次子顾敬斋从单纯经营蚕丝商业转向缫丝工业，光绪七年（1881），顾敬斋附股旗昌洋行，合资在上海开办旗昌缫丝局，有丝车200部，由堂弟顾勉夫为丝局买办，负责蚕茧原料采购供应。光绪十二年（1886），旗昌洋行又租赁上海里虹口的公平丝厂，更名宝昌丝厂。后旗昌洋行在美国的总行倒闭，顾敬斋与法国人卜鲁纳两人集资承购宝昌丝厂，另行组织宝昌缫丝有限公司。宝昌缫丝公司成立后，所属两家丝厂

---

① ［清］徐有珂：《小不其山房集》文二《赠中仪大夫顾君暨配朱淑人墓志铭》，《清代诗文集汇编》第680册，上海古籍出版社2010年版。

改称老闸宝昌缫丝局。光绪二十三年,顾敬斋又独资盘进沈志云、吴少固在上海石子街开办的干康丝厂,成为上海最大的丝厂。宣统元年,顾敬斋还与无锡祝兰舫合作,集资在无锡黄埠墩开办源康丝厂。因产品质地优异,1922年源

百乐门

康厂丝在美国费城举办的国际博览会上获甲等大奖。1900年,顾敬斋与著名湖籍丝商黄佐卿、杨信之等在当时两大茧市之一的无锡设立无锡茧业公所,杨信之任总董,顾敬斋、黄佐卿（后由其子黄缙绅接任）均为议董。后因上海为丝茧荟萃与厂丝出口集散地,杨信之、顾敬斋、黄缙绅于1910年秋发起组织上海丝厂茧业总公所。不久该组织扩大为江浙皖丝茧总公所,成为以上海为中心,地跨三省,包括土丝业、厂丝业、茧业的规模最大、势力雄厚的丝茧业团体,顾敬斋长期任议董。到了顾家的第三代,更进一步涉足于房地产业、百货业、珠宝业、娱乐业等,并和常州盛氏一起投资创办了著名的百乐门舞厅。

四、结　语

奚九成曾说奚润如的发迹是"无尺寸基,由少有而富有,居然显亲扬名,不特时贤中不数见,即古人中亦未易多得也"。① 溥颐也说,周廷弼的崛起"固无所凭藉,惟恃其心力而成就若此"。可以说,和早就以城市为中心活动的名门望族相比,这些新兴家族之前都局限于农村,所

---

① 奚九成:《司马润如弟传》,《博潴奚氏宗谱》卷24。

拥有的社会资源和经济资源都相当有限。如顾福昌母早卒，刘国钧父亲有"心疾"，大多数人都是家贫失学，自学成才。在近代之前，他们即使有天纵之才，但没有强大家族的支撑，没有良好的社会环境，仍然不可能进入城市文化精英的核心圈。但是在近代，原有的资源获取机制虽然依旧存在，但新的机制也已逐渐产生。正如冯煦所言："吾国夙尚轩士轻商，商鲜魁垒雄杰者少"，清末"海禁驰，泰东西日以商敝吾国，有志者谋所以胜之"，于是"相踵而起者，风发泉涌，与泰东西角"① 特别是上海这样的东西文化汇聚，各种机遇并存的"冒险家乐园"，为普通人的崛起提供了较原来更多的可能。在这里，努力加上机遇，就可能一夜致富。因此，像荣敬宗、刘国钧这样的人才会迅速进入大上海的精英核心圈，不仅成为旅沪江南人的领袖人物，更被誉为"遍神州而崇拜之模范"。② 当然也不能对新的精英产生机制有过多的理想化描述。这些家族都是有着丰富的经商经验的家族，这已经为其在商界获得成功打下了良好的基础。同时，家族虽然给他们提供的支持不多，但也并非一片空白。如周廷弼到上海，是和他叔父一起，江澄、江湛兄弟读书也受到了叔叔的资助。更重要的是，要想在上海滩叱咤风云，仍然离不开传统的人际关系网络。江上达成为钱以振的女婿之后，才为今后的发展迈出了第一步；周廷弼开银行得到了奕劻的支持；庞元鏴通过胡雪岩与左宗棠发生关系。同样，一旦等他们获得了资源，进入精英的核心圈，他们也和传统家族一样，通过联姻等制度化模式，迅速稳固自己的地位。如周廷弼的联姻对象是如徐润、刘锦藻这样的著名绅商，南浔四象彼此之间都有姻亲关系。家族本身的发展，仍然还是他们重点关心的问题，这从周廷弼、江上达、荣宗敬等人都是本族家谱编纂的主要负责人及主要赞助人足以证明。从这一点来说，新兴家族的兴起虽然有其积极的一面，但仍然是传统时代的产物，存在着诸多局限。

---

① ［清］冯煦：《奚君萼衔四秩引延录序》，《博潴奚氏宗谱》卷25。
② ［清］溥颋：《周舜卿京卿六十双庆寿序》。

第四节　旅沪江南人在上海的聚集与活动

一、旅沪江南新文人群体的形成：以商务印书馆常州帮为中心

1916年，二十岁出头的沈德鸿进商务印书馆编译所工作，他的舍友谢冠生向他介绍商务印书馆的人事情况，说了下面一段话："编译所中的国文部（部长庄俞，武进人）专编小学和中学教科书的人是清一色的常州帮。……理化部是绍兴帮，除了校对之类少数人也许不是绍兴人。"[①]谢菊曾也回忆道："国文部过半数是阳湖武进人，称得上'常州同乡会'。"据不完全统计，商务印书馆编译所国文部大多数是常州籍人，先后进出国文部的常州人估计近百人，其中的代表人物有蒋维乔、庄俞、陆尔奎、沈颐、方毅、谢观、谢仁冰、孟森、胡君复、严保诚、谭廉、恽铁樵、吕思勉等多人，这就是商务印务馆的常州帮，也被称为"阳湖耆宿"[②]。关于商务印书馆常州帮及其形成，黄健民的《"阳湖耆宿"与商务印书馆》[③]和郑峰的博士论文《多歧之路：商务印书馆编译所知识分子研究（1902—1932）》[④]等都进行过相关研究，但在很多细节上尚未梳理清晰，没有做过全面彻底的讨论。商务印书馆常州帮可以说是江南旅沪文人群体的典型代表，对于这个群体的形成和发展的研究，既可有助于了解江南旅沪文人群体形成的模式，也是传统知识分子转型的极佳案例。本节尝试对这一群体的产生进行详细的分析。

[①] 茅盾：《我走过的道路》上册，人民文学出版社1981年版，第121页。

[②] 谢菊曾：《涵芬楼往事》，《十里洋场的侧影》，花城出版社1983年版，第29页。

[③] 黄健民：《"阳湖耆宿"与商务印书馆》，《商务印书馆一百年》，商务印书馆1998年版，第61—69页。

[④] 郑峰：《多歧之路：商务印书馆编译所知识分子研究（1902—1932）》，复旦大学博士论文，2008年。

1. 从血缘到地缘：常州帮的早期聚集
（1）家族与血缘

常州帮的很多成员都来自常州的名门望族，如庄俞、庄适兄弟来自常州最为著名的庄氏家族，其先祖是常州学派创始人庄存与，曾祖庄有可也是著名经学家，属于常州学派中坚力量——爱日草堂诸子①成员。父亲庄鼎彝和嗣父庄鼎臣均是当时著名的学者，分别是咸丰七年和光绪十七年举人，他们"以变法兴学为急务"，在常州创办了较早的新式学堂——冠英小学及女子学校——幼幼女学②，对庄俞的思想变化有着深远的影响。而恽铁樵则来自常州另一个著名的家族恽氏，清代著名古文家恽敬是其本支先祖，恽敬同样是爱日草堂诸子成员。方毅、方宾观的曾祖方履籛是嘉道时常州著名的骈文家和书法家，爱日草堂诸子成员。③陆尔奎的族高祖陆继辂同样是爱日草堂诸子成员。④而吕思勉所在的吕氏家族曾经涌现出毗陵七子中的吕星垣，《旧典备征》则将其列入清代最成功的科举家族之中。⑤"毗陵七子"和"爱日草堂诸子"是清代常州最著名也是影响力最大的文人共同体，以上诸人的先辈均是其中成员，可见其家族文化影响力之深远。谢观和谢仁冰的先祖虽然不是其中成员，但他们所在的罗墅湾谢氏也是常州著名的望族，是常州产生最多进士和举人的家族之一。

文化精英阶层有着一套其独特的策略积累和延续他们的地位，以获取和维持最大利益。其中策略之一是家族的传承和婚姻的联结。稳固的家族制度和家族内部对教育的重视可以保证文化资源的代际传递，而可靠的婚姻策略则可以通过建立一个更广阔的社会网络来实现文化资源的

---

① 陆宝千：《爱日草堂诸子：常州学派的萌蘖》，《中研院近史所集刊》第16期，1987年。
② 张惟骧：《清代毗陵名人小传稿》卷10，《近代中国史料丛刊》续编第13辑，文海出版社1971年版。
③ 吴育：《山东肥城县知县丁君家传》，《私艾斋文集》卷5，道光二十年刻本。
④ 《下浦陆氏本支谱》卷1，光绪十八年善庆堂木活字本。
⑤ 《毗陵吕氏族谱》卷4，光绪四年木活字本。

交换和增值。因此，这些名门望族之间都有着互相的婚姻联系。如方毅的弟弟方粹和谢观一起分别娶了陈允颐的两个女儿。堂弟方宾观娶了庄鼎彝的女儿，庄俞的妹妹。另外陈范也娶了庄鼎彝的女儿，和方宾观是连襟，而陈范的妹妹则嫁给了下文即将提及的沈颐之父沈保衡。张元济的母亲也是来自罗墅湾谢氏，谢钟英是其表兄，谢观、谢仁冰均是其外甥。张元济曾于光绪十九年（1893）随母亲至常州谒外祖茔，原拟雇舟循运河至罗墅湾，拜谒宗祠暨诸长老，因河水涸干，加上张元济生病而止。不过张元济与母亲家族之间的联系，并没有从此中断。光绪二十年（1894），谢钟英入都应会试，来张家参见张母，并和张元济长谈时事。① 这也是谢钟英和张元济之间的第一次见面，此后据蒋维乔日记，谢钟英、谢观、谢仁冰每至上海，都会与张元济见面吃饭。张元济日后邀请谢仁冰出掌商务印书馆经理一职，虽然考虑的是谢仁冰丰富的人脉，但是谢仁冰作为张元济族甥的关系也当是其考虑的因素之一。从此，还可以发现其实张元济与方毅、方宾观、庄俞、沈颐、谢观、谢仁冰都有或近或远的亲戚的关系。这一个相当微妙而有趣的现象，可以帮助理解常州帮形成背后的原因。

除了婚姻关系之外，还有师承关系。陆尔奎少年时先后曾随陈重威求学，在求学阶段，结识了陈重威哥哥陈允颐的女婿谢观，之后并和谢观一起随堂兄陆尔榖求学。吕思勉的早期老师是爱日草堂诸子重要人物丁履恒的曾孙、母亲从姊父丁同绍（桂征），此后的老师分别是屠寄和谢钟英。吕思勉曾言："亲炙而受其益的，则为丁桂征、屠敬山两先生"，"我间接得先生（谢钟英）之益的，却不在其考证，而在其论事的深刻。我后来读史，颇能将当世之事，与历史上之事实互刊，而不为表面的记载所囿，其基实植于此时"。② 这种师承关系更加拉近了这些人之间彼此的距离。

到了近代，这种文化精英的产生与聚集方式又有了新的特点，即平

---

① 张树年：《张元济年谱》，商务印书馆1991年版，第15—16页。
② 李永圻：《吕思勉编年事辑》，第20页。

民家族的迅速涌现，孟森、孟昭常、蒋维乔、沈颐、臧励龢等人是其中的代表。他们的共同点即是有从商的经历，虽然"诗礼传家"，但从未进入文化精英阶层，到了晚清迅速崛起，在一二代之内出现多个优秀的文化精英，形成了全国性的影响。他们家族最初都只是中下层小本经营的小商贩，甚至是小学徒。如孟昭常因为家贫，"仅十四岁即弃书服贾"；①沈颐的曾祖父沈德骏在姐夫开的钱庄中司职出纳；②臧励龢的曾祖臧裕洪因家贫，"不得已告贷集赀，设肆于武进县孝东乡安家舍镇"；③蒋维乔的父亲蒋树德"十三岁弃书习工"，中年后"设肆于市"。④上文曾提及晚清中下层群体的崛起，上述5人均是其中的代表。

文化资源的获得和积累并非完全被本地的名门望族所垄断，因此为新兴家族的发展留下了空间，而近代特殊的社会背景加速了新兴家族的发展，而此处商务印书馆诸成员的背景也更加证明了这一点。蒋维乔曾经和李详称："吾家别于他蒋，由高祖以上，不辨世系，老父以贫故，习工业，生维乔兄弟，厕名士夫间，皆老父余荫所及，非有重世显贵，列于膏粱着姓。"⑤这段话是新兴文化精英崛起的极佳注脚。他们以"孤寒无所凭藉之身"，经过努力，而终于跻身文化精英之列。不过值得注意的是，新兴家族崛起后，也迅速通过联姻等手段进入了以名门望族为中心的社会网络。如沈颐则娶了吕思勉的族叔吕景端的女儿，沈颐的弟弟沈联则娶了举人费久大的女儿，成为谢仁冰的族姨父。这种婚姻关系加强了他们之间的联系，构建了一个相对较为稳固的社会关系网络，而这个社会关系网络在商务印书馆常州帮形成过程中起到了重要的作用。

---

① 孟昭常等：《先太夫人大事哀启》，《沤风诗文抄初集》，1919年铅印本，第32页。
② 恽彦彬：《德骏公传》，《毗陵沈氏宗谱》卷1，1930年九思堂刊本。
③ 臧凤藻：《裕洪公传》，《管庄臧氏宗谱》卷3。
④ 张惟骧：《清代毗陵名人小传稿》卷10。
⑤ 李祥：《武进蒋少颖先生传》，《李审言文集》，江苏古籍出版社，第957页。

(2) 同年与同事

科举时代,"同年"是一种文人来往互动的稳定的制度凭藉。"常州帮"的形成过程中,"同年"也起到了重要的作用。如陆尔奎和庄俞的父亲庄鼎彝、孟森的弟弟孟昭常是光绪十七年乡试的同年。谢钟英则和刘树屏及丁同曾的兄弟丁同方是光绪十四年乡试的同年。沈颐之所以娶了吕景端的女儿,很大程度上是因为其父亲沈保衡和吕景端是光绪元年乡试的同年。

随着近代新式教育的出现,"同学"逐渐取代"同年",成为社会关系的重要组织部分。早在科举制度取消之前,科举考试的内容和传统书院的教学方式已经发生了某些改变。光绪二十二年(1896),时值中日甲午战争,"时马关约成,朝野动色,东南士大夫深维中外强弱之原,非兴学以培长,无自振衰而雪耻",经恽彦彬、刘树屏和李正光等人建议,对常州历史上最有名的龙城书院进行改革,"改设经古精舍,导源于经史词章;别设致用精舍,博习乎舆地算学",①遂延请华蘅芳之弟华世芳任山长。从此之后,龙城书院成为常州一府士子聚集之所。仅在《龙城书院课艺》中列名,之后进入商务印书馆及曾在商务印书馆出版书籍的人有蒋维乔、沈颐、孟森、姚祖泰、姚祖颐、许指严、谢观、严保诚、臧励龢等多人,另外,蒋维乔的弟弟蒋维钟、沈颐的堂兄沈保枢也列名其中。②此外,曾经先后进入龙城书院读书的还有庄俞、方毅等人。③龙城书院的几年读书岁月成为这些人最早接触新式学问的经历。如臧励龢在《龙城书院课艺》中出现的课艺全都以地理为内容,这为他日后成为出色的地理学家打下了良好的基础。龙城书院最大的特色在于数学方面,华世芳和其兄华蘅芳一样都是出色的数学家,他在龙城书院任山长期间,在数学教育方面的成就处于当时的领

---

① 有泰:《序》,缪荃孙等:《龙城书院课艺》卷首,中国历代书院志第12册,江苏教育出版社1995年版
② 《龙城书院课艺》。
③ 庄俞:《庄百俞先生年谱》,1940年铅印本。

先水平。从目前保存的课艺来看，基本摒弃了使用中国传统数学作为解题方法，已经有了微积分和级数的应用，这在同时代的其他学校中是相当少见的。这些均对学校中的学生产生了深远的影响。如严保诚在《课艺》中列名于算学，这和他日后在商务印书馆长期负责理化教科书的编辑、担任爱国女校理化教员、经常发表理化方面的文章有莫大的关系。①

除了龙城书院外，南菁书院是另外一个江南文化精英聚集的场所。胡适曾对南菁书院有极高评价，称其"所出版的书籍，等于外国博士所做的论文"。②南菁书院由江苏学政黄体芳在两江总督左宗棠大力支持下，于光绪八年（1882）在江阴创办，其本意是为了"专课通省经、古"。③黄体芳之后，王先谦继任江苏学政，他在南菁书院刊刻《续经解》，并刊刻《南菁书院丛书》，这两位学政和张文虎、黄以周、缪荃孙等历任山长将南菁书院建设成为东南学术重镇，书院也因此吸引了大批东南的优秀人才。方毅的叔父方怡和刘树屏的堂兄刘可毅、弟弟刘瀚都是南菁书院较早的学生，方毅自己也是南菁书院学生，此外入书院的还有蒋维乔、谢钟英、孟森、陆尔奎、许指严、严保诚等多人。④光绪二十七年（1902），时任江苏学政的李殿林上呈《南菁书院遵改学堂并拟章程》，将南菁书院改为江苏全省南菁高等学堂，在其奏章中，附有学堂所设的课件，除了传统的史学、史学外，还有政学（农学、商学、工学、矿学附）、艺学（体操附）。其中艺学包括算学、测绘学、格致学、译学等。此后丁立钧出任南菁学堂第一任总教习，开始推进西学。蒋维乔曾经回忆当时的情况：

---

① 《龙城书院课艺》，关于华世芳在龙城书院数学教学的成果，可参见夏军剑：《清末数学家华世芳及其〈龙城书院课艺〉研究》，天津师范大学硕士论文，2006年。
② 胡适：《书院制度史略》，《胡适文集》第12册，北京大学出版社1998年版，第449—453页。
③ 左宗棠：《南菁书院讲堂识语》，《南菁辛乙级毕业纪念号》。
④ 赵椿年：《覃研斋师友小记》，《中和月刊》1942年第3期。

当时朝野人士均抱中学为体，西学为用之见解，以为院中肄业各生，非举人，即秀才，皆成材之士，其学问如经史、诸子、舆地、政治、掌故，分别研究，早具专门资格，只须补习普通学已足，故所定课程，为理化、测绘、英文、日文、体操五门，以今观之，实幼稚可晒，然当时已觉太新。学生之笃旧者，犹反对主张，一致不上堂听讲，先生则锐意革新，主张上堂听讲，无形中分成新旧两派，先生（蒋自称）被推为新派领袖，襄助丁山长进行五门课程。同学或习一二门多至三门，先生则贪多务得，五门同时学习。①

蒋维乔

蒋维乔文中所言旧派是孟森，他当时"仍以顽固自负，阴结年长学生多人，反对上课，丁叔衡山长为之不悦，意欲去之。森闻之，先辞职而出"。②孟森要到几年之后留日方才改变他对新学的看法，但蒋维乔当时已经钟情于新学。"迄时理化教习钟观光先生，讲解彻底，实验正确，最得同学信仰，且于授课之余，灌输国家思想，先生始恍然于民族革命意识，心醉其说，对于科举更加鄙视，立志不再应试。"③当时与蒋维乔志同道合，集中于钟观光身边的有严保诚、无锡人顾倬、常熟人徐念慈、丁祖荫等。与钟观光的相识改变了蒋维乔的一生的命运，当时围绕在钟观光身边的人也多多少少都与商务印书馆发生一系列的联系。

2. 张元济、蔡元培与"常州帮"形成之始

光绪二十四年（1898）六月十七日，正当百日维新进行得如火如荼

---

① 蒋维乔：《因是先生自传》，《大众》1945年第27期。
② 张惟骧：《清代毗陵名人小传稿》卷10。
③ 蒋维乔：《因是先生自传》。

的时候，北京羊越胡同江宁试馆，几个官员聚集在一起。和以前不同，他们不是诗酒唱和，也非吟诗作画，更不是听曲看戏，他们聚集在一起，是参加一个日语学习班。早在去年秋天，绍兴人蔡元培和他的同乡王书衡商量，要办一个东文学社，学习日语。正好他在国史馆的同事，翰林院检讨常州人刘树屏也有兴趣，于是他们三个人邀请蔡元培的绍兴同乡陶大均在此每日教授日文。不久戊戌政变暴发，百日维新失败，由此引起连锁反应，一批士人和学生不得不重新谋求出路。于是与戊戌维新相关的知识分子和学生南下、东进，来到受"后党"影响较小的南方。蔡元培和刘树屏的日语学习班也迅速结束，蔡元培回乡。① 和蔡元培同时南下赴沪的还有因戊戌变法而遭"革职永不叙用"的张元济。不过这只是故事的开始，而非是故事的结束，日后发生的一切，都从这个日语学习班开始。

张元济和蔡元培是商务印书馆早期的核心人物，他们之前和常州人有千丝万缕的联系。如前所述，张元济的母亲是常州人，而陈范的兄长陈鼎是蔡元培乡试的副主考，② 此后蔡元培和陈范在《苏报》、爱国学社中密切的合作关系，与此甚有关系。但是这些关系仅是构建近代文人精英群体社会网络的诸多关系中的一部分。从近代开始，整个中国已经从一个熟人社会渐渐向一个陌生人社会发展，商务印书馆作为一个近代的出版企业，劳动分工和跨区域合作是其特性之一，"常州帮"的形成也必须适应这一变化。因此必须要发展一些新的社会关系来维持其稳定，同事关系成为其中相当重要的一环，甚至起到了更加决定性的作用。张元济和蔡元培的南下赴沪都与他们的常州同事密切相关。

张元济被革职后，李鸿章派于式枚问其日后打算，张元济回称将赴上海谋生。数日后，于式枚来谓"中堂已告知盛宣怀，去沪后将由盛安排工作"。③ 李鸿章向盛宣怀推荐张元济，正在创办南洋公学的盛宣怀因

---

① 高平叔：《蔡元培年谱长编》，人民教育出版社1998年版，第127页。
② 高平叔：《蔡元培年谱长编》，第45页。
③ 张树年：《张元济年谱》，第29页。

公学译书院缺乏熟悉西文、精通译印事宜之人主持，通过张元济当年的同事何嗣焜聘张元济为译书院院长，张元济于光绪二十五年二月正式入南洋公学。① 蔡元培回乡后，任中西学堂监督，一心关注地方教育。光绪二十七年（1901）三月十八日，他来到上海，次日一早到张元济家中，一同到澄衷学堂造访时任澄衷学监督的刘树屏。澄衷学堂是上海富商叶澄衷之子遵其父遗命设立，刘树屏这位曾经和他一起学习日语的旧同事邀请他来上海代理一个月的监督之职，当时严保诚与沈颐在澄衷学堂任教习。之后，又经刘树屏的介绍，蔡元培入南洋公学，担任南洋公学特班的总教习。② 光绪二十八年（1902）年初，张元济应夏瑞芳邀请，辞南洋公学职，正式加入商务印书馆，并相约"吾辈当以扶助教育为己任"。③ 至此，构建"常州帮"的社会关系网络已经基本形成，此后的一切随之发生。

三月二十日，蔡元培与蒋智由、乌目山僧在上海成立中国教育会，早就与其有联系的钟观光接到蔡元培电，嘱其赴会，并介绍会员，蒋维乔"与常熟丁芝孙、无锡黄子年皆意气甚盛，怂恿钟师，愿随之赴会。……抵江北，适是夕无轮船，屈计赴会之期，已赶不及，乃发电复蔡、蒋诸君，同时入会"。④ 七月，蒋维乔赴无锡，与他在无锡的朋友顾倬、蔡文森、黄芝年等一同赴沪，见钟观光，并谒蔡元培，这是他第一次见到蔡元培。⑤ 蔡元培告知他们，中国教育会因学堂未有要领，暂缓召开秋间大会。⑥ 钟观光当时要赴日本，蒋维乔"私念虽无力赴东留学，不妨先去游历，拟随之往"，可是他的父亲捏造了"妻子病危"的信函催促他回家，他留在上海的打算第一次宣告落空。⑦

---

① 张树年：《张元济年谱》，第30—31页。
② 高平叔：《蔡元培年谱长编》，第204页、214页。
③ 张树年：《张元济年谱》，第42页。
④ 蒋维乔：《中国教育会之回忆》，《东方杂志》第33卷第1号，1936年1月。
⑤ 蒋维乔：《竹翁自订年谱》。
⑥ 蒋维乔：《因是子日记》。
⑦ 蒋维乔：《竹翁自订年谱》。

这一年的十月十五至十七日，南洋公学爆发了由墨水瓶事件引起的学生退学风潮，这是中国近代最早的一次学潮。中国教育会受南洋公会退学学生请求，在上海办爱国学社。蔡元培另一位同事屠寄在开学仪式上曾发表演讲。十一月初三日，蔡元培又和陈范创办了爱国女学。① 次年即光绪二十九年（1903）年初，蒋维乔偕妻子入住爱国学社，顺便学习英文。爱国学社正式春季开学，由蔡元培为总理，吴稚晖为学监，章太炎为三、四级之国文教员、蒋维乔为一二级国文教员。爱国学社的成员没有薪水，各人均自行另谋生计，对于学社，纯尽义务。② 蔡元培应张元济之邀，兼任商务印书馆编译所所长，并确定国文、历史、地理三种教科书之编纂体例，聘爱国学社之国文史地教员担任，蒋维乔因此担任国文教科书的编辑。③ 五月，《苏报》案爆发，蒋维乔提前结束爱国女校的课程，放假回里，一心编辑教科书。不久，他得到钟观光的信，告知因《苏报》案的原因，爱国女校中途停办，"为保全蔡先生声誉起见"，钟观光答应接办，公推为义务经理，希望蒋维乔"仍本前志，尽力襄助，并促即日赴沪"。闰五月二十日，蒋维乔赴沪，先见钟观光，钟观光"因母病危"，"急突然返里"，蒋维乔遂往见张元济，"拟移居商务书馆编译所，继续编纂蒙学国文课本"，张元济"欣然允之"，蒋维乔遂正式应聘为编译所常任编译员。当时编译员不过六七人，蒋维乔的常州同乡杨赤玉已经在此，负责修改译稿的工作。蒋维乔和杨赤玉成为商务印书馆工作的最早的常州人。④ 以蒋维乔进商务印书馆为标志，商务印书馆常州帮正式开始形成。

3. 殊途同归："常州帮"的最终形成与终结

"常州帮"形成主要是以蒋维乔等人的引荐为主。蒋维乔最早介绍入

---

① 高平叔：《蔡元培年谱长编》，第247页、250页。
② 蒋维乔：《中国教育会之回忆》。
③ 蒋维乔：《编纂小学教科书的回忆》，《出版周刊》第156号，1935年。
④ 蒋维乔：《竹翁自订年谱》。

馆的是庄俞。光绪二十九年四月，庄俞与严保诚、汤中、胡君复、杨择、谢仁冰、徐寯、李复稔等在上海创办人演社，主要编译日文书籍。蒋维乔虽然不是人演社的正式成员，但是人演社最出名的出版物是蒋维乔翻译的涩江保著的《佛国革命战史》，这也是近代中国较早介绍法国革命，传播启蒙思想的著作。《江苏》杂志本年第四期曾称其"于佛国第一次革命时如何着手，如何进步，如何失败，言之綦详。近者革命风潮，大

庄俞

有渡重洋而卷入中国之势。热心爱国之士，盍一穷其因果"。在蒋维乔的引荐下，人演社中的主要成员之后大部分均加入了商务印书馆。在蒋维乔接手爱国女校不久的七月二十日，庄俞接受蒋维乔的邀请，至爱国女校任历史地理科教师。① 随后，蒋维乔又应张元济之请，推荐庄俞入商务印书馆编纂地理教科书、徐寯编纂算术教科书，二人于这年的九月同时入馆。光绪三十年一月，仍然是应蒋维乔的介绍，谢仁冰、严保诚入商务印书馆，严保诚并在爱国女校任历史地理教职。② 谢仁冰在商务印书馆短暂地工作一段时间之后，赴京读书，直到四十年后才重返商务印书馆。而蒋维乔、庄俞、严保诚此后成为"常州帮"的核心力量。

此后，蒋维乔、庄俞等一直介绍诸位同乡进入商务印书馆。从蒋维乔的日记可知，他在光绪三十三年（1907）曾介绍顾铁峰入商务印书馆办词典。③ 宣统元年（1909），他先托夏瑞芳介绍谭廉入清心书院④，又于下年托苏本铫将谭廉介绍入民立学校⑤，之后又介绍入商务印书馆。还是

---

① 庄俞：《庄百俞先生年谱》。
② 蒋维乔：《竹翁自订年谱》。
③ 蒋维乔：《因是子日记》光绪三十三年十月初九条。
④ 蒋维乔：《因是子日记》宣统元年正月十二日条。
⑤ 蒋维乔：《因是子日记》宣统二年九月二十八日条。

在宣统元年，刚刚从湖南来沪的恽铁樵经他委托夏瑞芳进入了养正幼稚舍任教①，此后又经庄俞的介绍入商务②，旋即因为张元济的赏识而开始担任《小说月报》主编工作。

还有一些同乡是因为帮忙介绍其著作在商务印书馆出版，进而与商务印书馆发生一系列的联系。屠寄与蔡元培是在京城的同事，他和商务印书馆早就发生关系，但参与商务教科书的编纂仍然是经蒋维乔的关系。光绪三十一年（1905），蒋维得知屠寄的《中学地理教科稿》"甚有心得"，介绍由商务印书馆出版。③光绪三十三年，又是蒋维乔邀请唐驼为商务印书馆写《习字帖》。④胡君复的《古今联语汇选》也先由蒋维乔介绍在商务印书馆出版，宣统二年（1910），胡君复又由蒋维乔邀请到爱国女校任国文教师，随即入商务印书馆。⑤

但是同乡之间的相互介绍只是常州人进商务印书馆的方式之一，而并非全部。近代文人精英群体的社会关系网络已经远较之前复杂。如陆尔奎，有人称其进商务印书馆是蒋维乔介绍。⑥但是据蒋维乔日记，他初进馆时的地位明显要高于蒋维乔，由蒋维乔介绍应该不可能。其实，陆尔奎是两广总督岑春煊的幕僚，在光绪三十二年之前一直在广东，他到上海是经岑春煊的授意，负责预备立宪公会的筹备工作。⑦不久，他进商务印书馆，其原因应该仍然是岑春煊。同样，孟森出任《东方杂志》的主编也与同乡关系不大。他是作为预备立宪公会的代表进入《东方杂志》，以此为宣传立宪的阵地。而且孟森与郑孝胥关系密切，郑孝胥也是商务印书馆的股东，他引孟森入商务印书馆的可能极大。此外，方毅入商务印书馆的原因是他是马相伯的学生，沈颐入商务印书馆则应该是刘

---

① 蒋维乔：《因是子日记》宣统元年正月二十一日条。
② 庄俞：《庄百俞先生年谱》。
③ 蒋维乔：《因是子日记》光绪三十一年二月十四日条。
④ 蒋维乔：《因是子日记》光绪三十三年九月初七日条。
⑤ 蒋维乔：《因是子日记》宣统二年四月初二日条。
⑥ 宗清元：《陆尔奎与＜辞源＞》，《文史知识》，1988年第5期。
⑦ 郑孝胥：《郑孝胥日记》，中华书局1993年版，第1056—1057页。

树屏和他岳父吕景端的关系。

然而无论是通过什么方式进入商务印书馆,熟人介绍仍然是万变不离其宗的主要方式,只不过这个熟人是亲戚、同乡、同学还是同事,于各人来说均有不同,但是殊途同归,他们都进入了商务印书馆,形成了一个新的文人精英群体。以蒋维乔为例,根据他的日记的统计,他每年大部分的人际交往,如宴请、聚会等,除了和张元济、夏瑞芳这些商务印书馆的领导,以及徐念慈等他当年在南菁的同学之外,基本上是与他这些商务印书馆的同乡在一起,而庄俞、严保诚、沈颐更是他交往圈的核心人物。宣统元年(1909)年二月二十一日,蒋维乔与陆尔奎、庄俞、沈颐、谢观、伍达、谭廉、严保诚在文明雅集讨论常州学务,经陆尔奎倡议,在会谈时约定,每周末进行一次同乡聚会。三月十三日,因文明雅集地方过于狭窄,遂移至青莲阁。① 此后,一直至蒋维乔在1912年离开上海赴南京入职教育部,这个同乡聚会一直存在。而这个同乡聚会的主要人物,基本上都是商务印书馆的成员。除了上述几人外,还有方毅、胡君复等。可见,商务印书馆的"常州帮"不仅仅是一个简单的同乡聚集,其来往互动更有一种类似"制度化"的措施来作为凭藉,以加强彼此之间的联系,同时也有意或无意地通过这种措施来维护或增强整个群体取得资源的可能性。从这个层面而言,商务印书馆的"常州帮"确实存在着,而其中的成员也确实由此获得了一定的利益。如庄俞的弟弟庄适进馆后,由于他与庄俞之间的关系受到了相当的重视。1915年底,庄适要求加津贴,第二年就得到了满足。1917年,商务馆方又主动加送庄适年终津贴一百元。庄适表示:"无特别劳绩,不应额外受酬。"可是高梦旦仍然让庄适接受了这份津贴。②

但值得注意的是,"常州帮"的形成并非无节制的。各人确实会利用自己的关系,引入与自己亲近的人,但很少无节制地滥用这种关系。从今天的角度来看,蒋维乔所引入的人才,如庄俞、严保诚、胡君复、恽

---

① 蒋维乔:《因是子日记》。
② 张元济:《张元济日记》,商务印书馆1981年版,第149页、333页。

铁樵、谭廉等，均是一时之选，也确实为商务印书馆作出了相当的贡献。而对认为不合适的人选，即便是亲戚朋友，蒋维乔也会严辞拒绝。光绪三十四年，有一个同乡"庸熙自常州来，托谋馆事"，蒋维乔以"现在人浮于事谢之"。①时人也评价陆尔奎是"一个操守做事很肯负责的人，他平时对于用人，是丝毫不苟的，尤其是引用他的亲戚，较之于一般蓦（陌）生人，尤为认真，没有一般时人援引亲戚的习气"。②恽铁樵在《小说月报》主编任内不拘一格，奖掖后进的故事则更是称得上文坛佳话。根据郑峰的研究，就编译所的工作任务而言，更看重编译员的工作态度，需要编译员勤勤恳恳、一丝不苟地工作，保持良好的协作关系，而"常州帮"和"绍兴帮"分别包办国文部和理化部都很好地做到了这两项要求。③如陆尔奎，"他在商务印书馆任职，即以终身为商务印书馆服务为职志"，"无论做什么事，只知把自己的事做好，一些没有野心"，"为雇用他的机关着想，这种人才实在不可多得"。④陆尔奎如果不是这样的性格，不可能为编《辞源》而致双目失明。没有他们互相的沟通和理解，将他们的学识奉献给商务印书馆，很多想象《辞源》、《国文教科书》这些有划时代意义的书籍会最终产生。

恽铁樵

然而随着时代的发展，到1920年代后，由于新文化大潮的冲击，中小学教科书以及教辅工具书编纂任务逐渐减少，商务出版方向发生了转变，商务印书馆原有的地缘网络开始受到了一批又一批"新人"势力的

---

① 蒋维乔：《因是子日记》本年七月二十一日条。
② 白羽：《记陆尔奎先生》，《长城》1934年第24期。
③ 郑峰：《多歧之路：商务印书馆编译所知识分子研究（1902—1932）》，第75页。
④ 白羽：《记陆尔奎先生》。

冲击。恽铁樵离开《小说月报》，虽然有弃文从医的想法，但是新文化运动大潮对他的冲击也是原因之一。① 他于1917年辞去《小说月报》主编一职，1920年彻底离开商务，而茅盾曾回忆："《小说月报》的半革新从1920年1月出版那期开始，亦即《小说月报》第11卷开始，这说明：10年之久的一个顽固派堡垒终于打开缺口而决定了它的最终结局，即第12卷起的全部革新。"② 可见，在新文学家的眼中，恽铁樵和他主持的《小说月报》其实是个"顽固派的堡垒"，他最终放弃文学，致力于中医，其实也是选择了主动远离时代大潮。

小说月报

　　恽铁樵的离开只是"常州帮"开始解体的前兆，更大的冲击来自王云五进入商务印书馆。1921年，感到编译所改革迫在眉睫的张元济和高梦旦邀请胡适担任编译所长没有成功，却接受了由胡适推荐的王云五来当编译所长。王云五刚到商务印书馆，"常州帮"的重要人物庄俞向张元济表示："梦翁辞编译所长，荐王云五事，似太骤，可先任副所长，梦公仍兼所长。"③ 但是他怀疑和反对的声音并没有阻止王云五在考察三个月后正式走马上任，推动改革，这种改革不可避免地会触及旧人的利益，"常州帮"和"绍兴帮"盘踞的国文部和理化部成为这位新任所长裁员最多的两个部门，当时引起了强烈的反弹。1922年1月1日，编译员华超在写给胡适的信中称："这次改革虽能完全实行，而闽派的人拓殖太急惹起常州派恶感。"④ 但时代的潮流却是不可阻挡，在1920年以后，随着一批

---

① 范伯群：《从鲁迅的弃医从文谈到恽铁樵的弃文从医》，《复旦学报》2005年第1期。
② 茅盾：《我走过的道路（上）》，人民文学出版社1981年版，第173页。
③ 张元济：《张元济日记》下册，第808页。
④ 《胡适来往书信选》上册，中华书局1979年版，第137页。

批新式人物的进入，商务印书馆的地缘因素逐渐被淡化。随着抗战前后庄俞、陆尔奎等"常州帮"的重量级人物相继去世，"常州帮"已呈日渐凋零的状态。有一个值得注意的细节，1925年常州同乡会名录中，在商务印书馆工作的有15人之多①，而在1948年的名录中仅存谢仁冰一人②，只此一点，已可看出"常州帮"逐渐消亡的状况。现代社会的转型其实是从关系本位的社会（relation-based society）向规则本位的社会（rule-based society）转变的过程。传统的由地缘和血缘关系构建起来的人际关系网络必然会受到冲击。王云五的改革和商务印书馆中地缘因素的淡化，其实是现代城市社会转型不可避免的过程。1948年11月13日，张元济提议谢仁冰出任代理经理，获得通过，③但此时无论是旧的商务印书馆，还是"常州帮"都已经是最后绝唱了。

张元济与商务印书馆同仁

---

① 《常州旅沪同乡会第二届会员录》，1925年铅印本。
② 《常州旅沪同乡会会员名册》，1947年，上海市档案馆藏档案Q117-8-5。
③ 张树年：《张元济年谱》，第538页。

小结

黄健民曾对商务印书馆的"阳湖耆宿"们有如此的评价:"他们顺应近代中国第一次思想解放的潮流,在当时知识界'救亡图存、复兴民族'的总目标之下,凭借满腔的爱国热忱,克服重重困难,致力于编辑出版工作,不仅对商务印书馆的创业有筚路蓝缕之功,而且也为新学的传播、新教育制度的建立、新知识阶层的形成,都作出了卓越的贡献。"[1] 商务印书馆的常州帮是近代文人精英群体的典型代表,其形成既有传统的血缘、地缘因素等不可磨灭的痕迹,又呈现着新时代的某些特点。他们在上海这个大都会中聚集在一起,也在上海这个城市中改变着自己,他们是历史的产物,最后也终究走进历史,但他们在一定的历史阶段作出的贡献,却不会为后人所遗忘。

二、旅沪湖州人群体与近代上海的政治

在湖州人中间,有时会流传这样一句话:"一部民国史,半部在湖州",这句话虽然有点夸张,但也有一点道理。早在民国肇建时的沪军都督府,有人这样说:"府中上下人等,凡是稍优之缺,悉数以湖州人充当,一若都督府变成湖州同乡会。"[2] 这虽然是对手对时任沪军都督、湖州人陈其美的诽谤,但湖州人并不讳言自己在辛亥革命中的地位:"除了本国的华侨,本国只有湖州人,最先响应革命,我乡先进,有的甘心牺牲了生命,为革命而奔走,有的毁家捐助巨额的金钱,扩充民军的饷糈。"[3] 在辛亥革命前,湖州人不仅集资创办杂志和报刊,宣传革命,还集资捐款以支持孙中山等革命党人从事革命活动与反清武装起义,而如陈其美等人则更是亲身投身革命之中。

---

[1] 黄健民:《"阳湖耆宿"与商务印书馆》。
[2]《龙浩池致陈都督函》,《辛亥革命在上海史料选辑》,上海人民出版社2011年版,第793页。
[3] 周树华:《敬告湖州同乡父老的一席话》,《湖社十周年纪念特刊》,1934年。

1. 湖州人与辛亥革命

清末革命思潮的传播,主要通过革命人士及海外留学生创办各类革命杂志和报刊,来达到对革命的舆论宣传效果。湖州人也加入创办革命杂志和报刊的活动中,宣传革命新思潮。1906年,湖州籍浙商张静江和吴稚晖、李石曾在巴黎创办世界社,张静江为巴黎古董商通运公司主人,以其经商所得,负责刊物的经费来源。《世界社》于次年正式创刊《新世纪》周报,"《新世纪》自设备、编排,以至付梓,所有发行工作,人杰无不躬亲任之,且出资最多"。① 世界社还是出版图书的机关,如"《世界大事》《世界六十名人》《夜未央》《鸣不平》诸书,皆其出版物"。世界社通过《新世纪》周报及出版的一系列书刊,对专制思想和体制进行抨击,并大力宣传资产阶级民主革命思想,对革命思潮的传播起到了不容忽视的积极作用。张静江不仅出资自办杂志、出版图书来宣传革命思想,而且还和其他湖州商人一起,资助创办一些进步报刊。1908年,于右任在上海创办"以为民请命为宗旨"的《民呼日报》,"助之者有庞青城、柏小鱼、张人杰、周柏年诸人。号称募集股银十万元"。② 除柏小鱼外,其余3人皆为湖州籍,后该报被清政府查封。1910年,3人再次资助于右任创办《民立报》。虽然此时张静江公司的财务状况不甚乐观,但他依然坚定地支持革命事业,甚至将其妻子的私房钱悉数捐出以资革命。《民立报》创刊后,很快就成为国内最有影响的一家革命报刊,日销售量有2万余份。此外,湖州籍浙商王震(一亭)也为《民立报》提供了资助,并"与同志举办《民声报》"。③ 陈其美(英士)则创办主持了《中国丛报》《民生丛报》等杂志。

张静江是由法国马赛搭乘轮船返回中国途中结识孙中山的,张静江表示:"余亦深信非革命不能救中国,近数年在法经商,获资数万,甚欲

---

① 蒋永敬等:《中华民国名人传》第2册,近代中国出版社1984年版,第381页。
② 《上海民呼日报简史》,冯自由《革命逸史》,新星出版社2009年版,第586页。
③ 《王震事略》,《历史档案》1981年第3期。

为君之助，君如有需，请随时电知，余当悉力以应。"①此后，张静江一直遵循着最初的诺言，为孙中山革命事业奋斗了终身。1906，张静江在新加坡加入同盟会，并将其在巴黎经商所获利润全部用于资助孙中山从事革命活动。其后更是积极动员其他湖州同胞，如将舅父庞青城、大哥张弁群、堂兄张石铭等人发展到革命阵营中来。他们也如张静江般，以自身不俗的经济实力对孙中山的革命事业给予最大限度的资助。1915年，孙中山任命张静江为中华革命党的财政部部长，但其在欧洲的生意，因一战影响不得不暂停，其本人的健康状况也不适宜过度的劳累奔波，因而久居上海静养，兼营钱庄及棉纺织业，以所得利润来继续资助孙中山的革命事业。但仅靠其个人所获来资助革命，远远不能满足革命所需，因此，他还凭借自身的影响力，向海外华侨商人借贷。据1917年1月31日张静江通电各地的报告说，借款的总数已达日金174万、英洋111万，另借日本人久原房之助私人款日金80余万、犬冢信太郎15万、山田纯三郎5万，还有国内借款若干。后来，不仅他在巴黎的开元茶叶店卖掉了，在上海马思南路的6幢花园洋房也卖掉了，所得资金，全都成了革命的经费。以致后来人们称他"毁家襄助革命"，实不为过。孙中山曾言："自同盟会成立后，出资最勇而多者，张静江也。"②根据不完全统计，张静江在辛亥革命前后对革命的捐款达到了110万两白银，加上张氏家族其他成员在这一时期的捐款大约为20万两白银。张氏家族为辛亥革命的捐款总数，大约在130万两白银以上。③

戴季陶记《庞青城事略》，信息直接得自庞氏本人，所录较为可信，其中提及庞氏为革命事业捐助的就有以下各事："1906年冬，杨笃生（毓麟）发议收回《神州报》馆，募资三千元，慨然应之。1907年，加入革命同盟会。孙中山镇南关之役，接济军饷五千元。冬，闻同志

---

① 《新世纪主人张静江》，冯自由《革命逸史》，新星出版社2009年版，第330页。
② 蒋永敬等：《中华民国名人传》第2册，近代中国出版社1984年版，第380页。
③ 徐淑华：《近代浙商对辛亥革命的财政支持》，《云南大学学报（哲学社会科学版）》，2012年第4期。

张□□为刘光汉所卖，被逮，以三百金延辩护，不及。1908年秋，与张静江共设东益昌票号，欲为革命金融机关。1909年，捐万金，倡办《民呼报》，以于右任为主任。夏，赴日本考察商务，闻右任因载沩酋宝熙恶事被逮，促归，以四千余金延辩护士，始延右任出狱。1910年春，东益昌号为经理李燧生（非同盟会员）盗吞巨款十四万，从此破家资之半。1911年春，广州黄花岗之役，以千金济之；嗣闻败衄，同志七十余人死之，悲愤欲狂。武昌起义后，以五千元元济之。金陵军队举事，因无器械，致为张勋所败。冬，押家屋得三万金，助蓝天蔚北伐军饷。1912年春，同志组织同盟会本部于上海，捐资千。喜安恶危，人之常情，处和平之局，而致力于危险之事，非有卓识者，其孰能之哉。自胡虏肆虐，炎黄声教，沦胥几尽。及乎西湖东渐，革命思想，入人日深，而同盟会予以创焉。吾乡中人抱革命之思想，而得列于健儿班中者，以南浔之张静江、庞青城为最早。然静江少游欧美，久居巴黎，羡自由之乐，读革命之史，而回顾祖国，奋然待毙于胡氛蛮障之中，思想之起步，脑筋之刺激日益甚，自非伏处专制政府下之盲民所可同日语者。青城以富家翁生长于华屋之里，未能如静江之乘风破万里浪也，始则从事社会事业，继则投身革命团体，不惜毁家以促成共和之新国焉，可谓人杰矣。……"①

当时任职于沪军都督府所属军饷协济会的湖州人邱寿铭，在《沪军都督府筹饷一、二事》一文中，回忆了当时将旅沪湖州籍浙商请到湖州会馆开会后出资捐助的情形："凡是本籍的湖州人，不问其住在上海时间的久暂，只要具有经济能力，即广为招致。例如，南浔刘澄如、庞莱臣、庞青城、邢氏、张氏、顾氏以及菱湖沈金鉴、荻港朱五楼（久居上海开钞庄）、湖城的沈田莘、李松筠、温选臣等，以及逃官蒋澜江等，约有数百人之多。"并对捐助的金额做了较为详尽的陈述："计有刘澄如说定拾万元，庞莱臣五万元，其他三万、五万、一万五千至数百元不等，总计

---

① 天仇：《庞青城事略》，《民权报》1912年5月8、9日。

在百万以上。"①

除了资金支持外,湖州人还亲自参与到革命之中,张静江、张弁群、庞青城、周佩箴、周柏年、王一亭等都是老同盟会员,长期从事秘密革命活动,辛亥时参与上海、杭州等地的光复起义。不过,湖州人参与辛亥革命最积极、在辛亥上海光复中功勋最为卓著的则是陈其美。

2. 吴兴陈氏与近代中国政治

整个湖州与近代政治关系最密切则是以"三士"(英士、勤士、霭士)和"二夫"(立夫、果夫)为代表的吴兴陈氏。

"三士"之曾祖父陈泰(字蕙庭),是吴兴名儒,著有《静安庐诗文集》,刊入《湖州诗录》。本生曾祖父陈丰,事迹刊载《湖州府志·孝义传》。祖父陈绚,排行第五,谦和近人,民间尊称之为"唱坐五太爷"。他曾负责修建湖州有名的骆驼桥,地方官曾赠"圣门狷者之流"和"矜式乡闾"的匾额,以示表彰。"三士"之父陈延佑,则是一位安分商贾。②

陈其美(1878—1916),字英士。六岁入塾读书,十四岁至崇德县石门镇善长典当铺当学徒,1903年春转到上海同康泰丝栈当助理会计。因对现状不满,另找出路。1906年夏,到日本东京入警监学校。在这里他认识了留日学生中的一些革命青年,也结交了后来与他

陈其美

---

① 邱寿铭:《沪军都督府筹饷一二事》,《辛亥革命回忆录》第7集,中国文史出版社2012年版,第511—512页。
② 参见徐平《民国陈英士先生其美年谱》,《新编中国名人年谱集成》第8辑,台北商务印书馆1980年版。

有密切关系的蒋介石。同年冬加入同盟会。开始了他的政治活动。1908年春,陈奉派归国。往来浙沪及京津各地,联络党人。1909年到上海接办作为革命机关的天宝栈,策动江浙一带的革命运动。同年夏,同盟会员身兼浙江龙华会首领的张恭等拟发动浙江起义,邀陈共同策划,因叛徒刘师培向江督端方告密,机关遭破坏,张恭被捕,起义被迫停止。其后,在上海创办《中国公报》和《民声丛报》,还协助于右任、宋教仁等办《民立报》,进行革命宣传。并在上海加入青帮,以青帮大头目身份,设秘密机关,负责联络长江流域的革命活动。1911年4月,曾参与广州起义,幸免于难。同年7月,与宋教仁、谭仁凤在上海成立同盟会中部总会,他被推为庶务部长。10月10日武昌起义爆发,陈其美往南京、杭州谋响应。两地党人希望上海先发动。陈其美联系青帮、商团和士绅,已集聚了一定力量;同时奉黄兴之命来沪的光复会员李燮和(时任上海光复会总干事),对驻沪湘籍防军也已运动成熟。11月1日,陈与党人集议,正式决定先在上海起事。2日,又分别与上海立宪派人物李平书及李燮和商讨,决定次日发动起义。11月3日,上海民军起义爆发。上午,

革命军占领后的江南制造局东路大门

闸北民军率先起义，占领巡警总局。下午，陈派敢死队进击江南制造局，局内守军赞拒各半，总办张楚宝又负隅顽抗，一时未能攻克。陈令暂停攻击，自己冒险闯进制造局，试图用口舌劝说敌军放下武器，结果为敌军所拘禁。李燮和闻讯，急令民军进攻，市内群众纷纷前往支持，经过激战，第二日晨制造局被攻克，陈得救出险，上海也随之光复。11月6日，他由上海绅商及会党代表拥戴为沪军都督。

上海光复后，南京仍为清军张勋部盘踞。时陈其美以沪军都督身份与苏、浙、镇各军首领共同组织联军，推新军将领徐绍桢为联军总司令，会攻南京。12月2日，南京克复。25日，孙中山从海外回抵上海，陈参加独立各省代表在南京议定设立临时政府。同时，联络立宪派首领张謇等人组织共和统一会，谋求全国统一为宗旨。上海，南京的光复，稳定了辛亥革命胜利的基础，后来孙中山对陈其美所起作用曾予高度评价："时响应之最有力而影响于全国最大者，厥为上海．陈其美在此积极进行。故汉口一失，其美能以上海以抵之。由上海乃能窥取南京．后汉阳一失，吾党又得南京以抵之．革命之大局因以益振，则上海其美一木之所支者，较他者尤多也。"

1912年7月31日，陈其美被袁氏解去沪军都督职务。此后，积极投身"二次革命"。1913年7月16日，被推为上海讨袁军总司令，19日宣告上海独立。但几次攻打制造局，都不能得手，党人纷纷逃亡海外，陈其美仍留上海租界活动。1914年7月。中华革命党成立，他被任为总务部长。1916年5月18日，被袁所收买的张宗昌派程园瑞设计将陈刺杀于萨坡赛路14号寓所。①

陈其美参加革命之后，还积极引导亲戚走上革命。他在日留学从事革命活动期间，就关心"果夫之前途"，"留心教育"陈立夫、陈顺夫、陈敬夫、陈衡夫等侄儿女，并寄宣传品给陈果夫，嘱其在校散发，传播革命思想。返沪后又常对他说："尔等教弟妹好好求学，立志救国""谋

---

① 黄德昭：《陈其美》，《中华民国史人物传》第1卷，中华书局2011年版，第340—344页。

国须比谋一身为重,对于自己一身,但须勉其成为一有能力可以救国之人足矣。"① 在陈其美的教育和影响下,陈果夫加入了同盟会,并联络同志成立同盟会分部,策划革命活动。武昌起义后,陈其美命他在上海望平街设立接洽武汉东下青年的招待所,介绍他们参加革命军队。上海光复后,陈果夫跟随陈其美在沪督府办事。1912年还受陈其美之派,各处筹款。二次革命爆发,陈其美命陈果夫组织奋勇军攻打龙华、江南制造局。1915年,陈果夫又参加了陈其美领导的肇和舰起义。陈果夫日后成为民国显要,同他与陈其美的关系密不可分。陈氏的其他族人也积极支持陈其美的革命,陈其美留学日本和在沪的活动经费,得到其弟陈蔼士和表叔杨信之等人的资助。陈其美在上海筹划革命的秘密接洽机关是在杨信之弟杨谱笙的寓所,并经常在杨信之创办的湖州旅沪公学活动。沪军都督府成立后,为摆脱财政经济的严重困境,陈其美向商界借款银163万余两。②

更重要的是,陈其美的革命一直受到以湖州商人为代表的浙江商人的支持。癸丑讨袁,尽管上海一些资本家失去信心,但陈其美依然得到他的同乡商人、好友的匡助。陈果夫在《回忆录》中记述:"我受陈其美先生之派,向各方筹款,如朱葆三、王一亭、杨信之、沈缦云、叶琢堂、叶惠钧等,均有相当往来。"③ 直到1916年5月1日,张静江还资助陈其美10万元。后来蒋介石

陈其美墓

---

① 何仲箫:《陈英士先生纪念全集》卷3,《近代中国史料丛刊》续编第26辑,文海出版社1970年版,第5页。
② 莫永明:《评民初陈英士的筹款活动》,沈石铭主编《孙中山与湖州人》,团结出版社2001年版,第156页。
③ 吴相湘:《陈果夫的一生》,传记文学出版社1980年版,第61页。

也是循着陈其美的足迹进一步加强与江浙财团的联系，建立了自己的统治地位。

蒋介石的崛起，也与陈氏家族有着密切的关系。蒋介石之所以能够得到孙中山的赏识和重用，是凭借陈其美的着力引荐和奖掖。蒋介石结识陈其美是1906年在东京由浙江奉化的盟兄、陈氏的同学周淡游介绍的。古屋奎二说蒋氏"在日本停留的时间虽短，可是却有很大的收获，那就是和革命志士陈其美结识，建立了革命同志的亲切友谊。两人相处，亲如兄弟"。①据《武岭蒋氏宗谱》记载，1908年陈其美介绍蒋介石加入同盟会。②蒋介石与孙中山的相识也首先是由于陈其美的推荐，则是无疑的。辛亥革命时期，蒋介石是陈其美的助手，根据陈其美的布置，蒋介石参与制定杭州起义的计划，筹划汇款，运送军械，率领敢死队攻取杭城，有力地支持了陈其美筹划江浙起义计划的实施。沪督府成立后，陈其美和黄郛任命他为沪军团长。1912年1月14日，陈、蒋秘密策划刺杀陶成章。陈其美力辞沪督之际，蒋又与其他沪军将领致电孙中山，极力推荐陈出任江苏都督。足见陈、蒋之间的关系非同一般。癸丑年间，陈其美又召在日本东京主办《军声》杂志的蒋介石回国筹商讨袁。陈还拟了一副"安危他日总须仗，甘苦来时要共尝"的对联，请孙中山书写后赠给蒋介石。上海讨袁战争的炮声打响后，蒋介石跟随陈其美，亲临阵地，参与指挥，并率队攻打江南制造局。上海讨袁战争失败后，蒋与陈利用租界活动，并赴宁波运动浙江起义。陈其美赴日与孙中山筹组中华革命党，商议发动反袁三次革命，蒋则肩负了上海等地的反袁重任。中华革命党成立后，蒋介石协助陈其美发动了一次又一次的反袁斗争，如刺杀上海镇守使郑汝成、制定肇和舰起义计划等。陈其美殉国后，孙中山失去了重要助手，蒋以陈其美的"化身"自诩。孙中山深知陈、蒋关系，也了解蒋的军事才能，因此对蒋倍加关心、爱护。孙中山希望蒋成为第二个陈其美，③

---

① [日]古屋奎二：《蒋总统秘录》第2册，台北中央日报社1975年版，第31页。
② 《武岭蒋氏宗谱》卷17，中华书局1948年铅印本。
③ 毛思诚：《民国十五年以前之蒋介石先生》第5编，1937年版，第12页。

要蒋"以继英士之业"。① 由此可见,蒋得到孙中山的器重和信用,并促成了他日后在中国历史上的特殊地位,陈其美则是重要的中间环节。

  蒋介石对于陈其美的栽培感恩戴德。蒋在《祭陈其美文》中详细叙述了他们的深情厚谊。陈果夫、陈立夫成为民国显要,以及陈氏族人得到蒋氏重用,陈其美、蒋介石之间的特殊关系,则是最重要的缘由。而护国讨袁失败后,陈果夫曾与蒋介石同为孙中山筹措革命经费的上海证券物品交易所经纪人,关系更进一步加深。陈果夫于国民党二大上被选为监察委员,开始进入党的中枢;国民党三大上,"二陈"同选入中央执行委员会、党务委员会,陈果夫任组织部长,陈立夫任中央党部秘书长、中央政治学校校务委员会代教育长,初步形成了"蒋家天下陈家党"的格局。日后,"二陈"又担任中央执行委员会委员、中央常务委员会委员、组织部部长、教育部部长等要职,在蒋氏国民政府具有举足轻重的地位。留在湖州的陈其美长兄、陈立夫、陈果夫之父陈其业(勤士,1871—1961),则当选国民参政员、国大代表、全国商业联合会常务理事。陈其美之弟陈其采(霭士,1880—1954)则相继担任浙江、江苏省政府委员兼财政厅厅长、上海江海关监督、国民政府主计长兼中国、交通、农民银行董事或副董事长,并长期担任湖社理事长和湖州旅沪公学董事长。此外,湖州五昌里陈氏族人陈希曾任蒋介石侍从室主任;陈宝骅任职国民党上海特别市党部书记长。②

  除了张静江和陈氏家族之外,在相互引援这下,且随着蒋介石为代表的江浙集团地位上升,湖州还有大量人员进入国民党高层,如戴季陶、褚民谊、潘公展、朱家骅、徐恩曾、周柏年、周佩箴、周颂西、张廷灏等,1935 年国民党第五次代表大会时,当时旅沪湖州人的同乡团体湖社有 10 人当选为国民党中央委员会委员,其中陈果夫、陈立夫、戴季陶、

---

① 蒋介石:《祭总理文》,张其昀主编《先总统蒋公全集》第 3 册,1984 年版,第 4164 页。
② 邵钰:《湖州望族之一:吴兴陈氏》,湖州市陈英士研究会编《陈英士研究文集:纪念辛亥革命九十周年》,2001 年,第 36—69 页。

张静江、褚民谊、潘公展、朱家骅、徐恩曾等,"一部民国史,半部在湖州",确实有其道理。

  刘大钧撰写《吴兴农村经济》时即注意到:"今日吴兴在国内所处之地位,并不减于昔譬盛极一时之湖州。盖往日以'富甲东南'闻名全国者,今日吴兴人士在政治上学术上占重要之地位,亦颇为当世所推重也。鼎革以还,吴兴人才辈出,或输财助饷如张人杰氏,或献身革命如陈其美氏……至今除张人杰氏现任建设委员会委员长外,考试院院长戴传贤氏,国民政府主计处长陈其采氏,实业部部长吴鼎昌氏,江苏省政府主席陈果夫氏,中委陈立夫氏,浙江省主席朱家骅氏,前行政院秘书长褚民谊氏,上海市社会局局长潘公晨氏,均系知名之湖州人士……然则今日以衰老若湖州,犹彰彰印人心目,殆地以人善闻者欤?"①

  这么多的湖州人竟然能在权力争夺激烈的国民党中央占据重要位置,绝不仅仅是凭借个人的单打独斗。陈立夫、陈果夫兄弟在国民党的地位,以及湖州同乡的地缘身份为这些人提供了一个相互联系的经常性纽带,进一步增强了彼此的关系,并使之在国民党内可以相互援引。但也正如桑兵曾论及的,地缘关系在向外作用时可以巩固彼此联系,却不能保障内部的和谐一致。进入国民党权力高层的旅沪湖州人,由于所处位置不同,为了各自的利益,也不时展开明争暗斗。如张静江担任浙江省主席期间,即先后与陈果夫、朱家骅发生冲突。陈果夫、陈立夫兄弟(CC派)与朱家骅之间的斗争尤为激烈。抗战期间,同乡兼同门的朱家骅与二陈,因为轮流执掌国民党组织部和国民政府教育部,用人行事相互排斥,遂成水火不容之势。②

---

① 刘大钧:《吴兴农业经济》,中国经济统计研究所1939年版,第126页。
② 桑兵:《历史的本色:晚清民国的政治、社会与文化》,广西师范大学出版社2016年版,第302页。

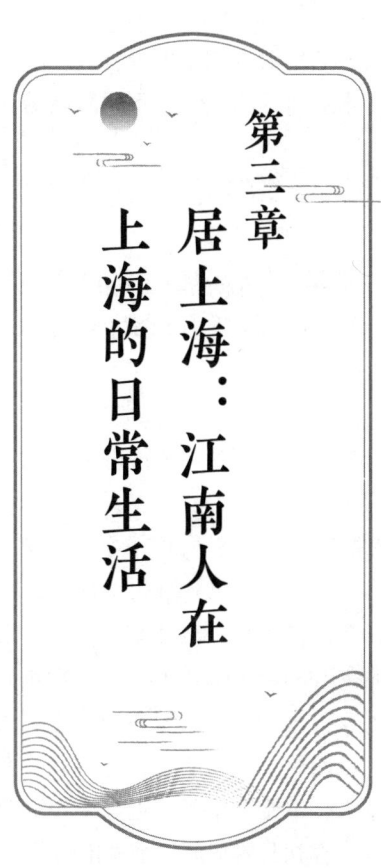

第三章 居上海：江南人在上海的日常生活

上海改变了江南人的生活方式、思维方式，江南人在上海的生存状况也不断在变化着。本章讨论不同时代不同阶层的江南人在上海的日常生活状况。

第一节　晚清江南新都市人的形成与青楼生活：以《九尾龟》为中心

1854年7月11日，工部局成立，从此之后，象征着近代西方城市的一种城市管理模式开始在上海移植，上海的近代城市轮廓逐渐形成。至1865年，英租界内已完成以南京路（大马路）、九江路（二马路）、汉口路（三马路）、福州路（四马路）、广东路（五马路）为标志的干道，此外，如煤气灯、电灯、排水管道也相继付诸使用，而近代城市的消费空间也随之构筑而成。金武祥每到一地都要在日记中用简洁的语言来介绍当地的风土人情，他在1884年初步在租界游逛时的感觉是："至头马路、二马路、三马路等处，皆夷场也。巨屋高楼，皆英法等国人所居。夷人多乘马车，或双轮、或四轮，卷发胡须，深目高鼻者，纵横载道。间遇东洋夷，尚文雅似华人，惟服饰不类，近与中国通商，议立码头，现已在上海开设铺店矣。"① 在初具雏形的这个城市消费空间中，最为人们所津津乐道的仍然是中国人熟悉的如茶楼、戏院、酒肆、栈房、妓院等，尤其以青楼、茶楼、酒楼这在中国历史悠久的"三楼"为其中之代表。三楼生活是早期赴上海的文人日常生活中重要的组成部分，但是限于种种原因，要找到文人三楼生活的第一手资料相当困难，文人的日记中常对此语焉不详，以青楼生活为主题的"狭邪小说"成为相关最重要的资料。"狭邪小说"与江南文人关系密切，起源于活跃在道光时期的常州文人陈

---

① ［清］金武祥：《金淮生日记》同治十年八月十四日条。

森,晚清李伯元成为上海花榜的创始人,此后"狭邪小说"的代表张春帆、韩邦庆,直到之后"鸳鸯蝴蝶派"小说的主要代表徐枕亚、周瘦娟、范烟桥、严独鹤、李定夷、吴绮缘等绝大多数都是江南人,江南文人成为这类小说创作队伍中的最重要力量,而他们的青楼主题小说中也或多或少地反映了当时常州人在上海的日常生活状态。本节以张春帆的《九尾龟》为例,对常州人在上海的青楼生活做一个初步的描述。

一、张春帆与《九尾龟》

1.《九尾龟》其书

"狭邪小说"一词源于鲁迅的《中国小说史略》,在文中他分析了狭邪一派产生的原因,并深刻而详细地对《品花宝鉴》、《青楼梦》、《海上花列传》、《九尾龟》四部作品进行了专门的论述,称其"写法凡三变,先是溢美,中是近真,临末又溢恶,并且故意夸张,谩骂起来;有几种还是诬蔑、讹诈的器具。人情小说底末流至于如此,实在是很可以诧异的。"① 可以说,鲁迅是把《九尾龟》作为"狭邪小说"发展的一个重要阶段来认识的。《九尾龟》自问世以来,评论一直好坏参半。胡适曾评论说:"《海上繁花梦》与《九尾龟》所以能风行一时,因为他们都只刚刚够得上'嫖界指南'的资格,而都没有文学的价值,都没有深沉的见解与深刻的描写,这些书都只是供一般读者消遣的书,读时无所用心,读过毫无余味。"②

但是这种海淫海盗的"坏作品",也

九尾龟

---

① 鲁迅:《中国小说史略》,人民文学出版社2006年版,第347页。
② 阿英:《晚清小说史》,人民文学出版社1980年版,第169页。

得到很多人的肯定。鸳鸯蝴蝶派作家何海鸣对张春帆推崇备至："描摹海上花事之小说，以《九尾龟》为最上乘，盖《九尾龟》之作者，有胸襟，有感慨，有本事，兼有文才也。予爱慷慨淋漓之小说，予尤乐闻溜亮宛转之苏白，《九尾龟》兼而有之，使人意也消矣。"[①] 袁寒云为《九尾龟》作序时，也称"人争为小说，日进丛繁，而巨作之中，能无枝无蔓者鲜矣。前以李伯元、吴趼人称野史之雄，后则李涵秋、张春帆负谲谏之望。"[②] 更重要的是，《九尾龟》在当时十分风行。阿英在《晚清小说史》中曾说："当时这一类的小说很流行，有用吴语的，也有不用吴语的，以繁梦痴仙《海上繁花梦》一百回、漱六山房《九尾龟》一百九十二回，最为有名。"[③] 而且《九尾龟》的畅销持续了相当长的一段时间。1922年11月14日，北京高等师范举行了关于"你最喜欢读的中国旧小说是哪一本的"投票，《九尾龟》得票很多。[④] 秦瘦鸥的《小说纵横谈》也说："我清楚地记得，抗战前不久，走进上海那些大学或中学的宿舍，还可以在不少同学的枕边发现这部'巨著'，其影响之深且远可以见矣！"[⑤]

2. 张春帆其人

张春帆，原名炎，字春帆，之前学界关于张春帆的生平均语焉不详，只有谢仁敏先生根据《铁报》、《申报》上的记录知道他卒于1935年8月10日，并由此推出他的生年为光绪五年。[⑥] 但是如果仅根据《铁报》等记录，张春帆的具体身世材料仍然略显单薄。而了解张春帆的身世生平，与判断《九尾龟》此书的内容有着非常密切的关系。笔者于上海图书馆

---

① 转引自范烟桥：《最近十五年之小说》，芮师和、范伯群等编，《中国文学史资料全编·现代卷·鸳鸯蝴蝶派文学资料》，知识产权出版社2010年版，第244页。
② 魏绍昌辑：《鸳鸯蝴蝶派研究资料》上，上海文艺出版社1984年版，第562页。
③ 阿英：《晚清小说史》，第172页。
④ 秦瘦鸥：《小说纵横谈》，花城出版社1986年版，第75页。
⑤ 《晨报》副刊1923年1月5日—9日。
⑥ 谢仁敏：《项苍园非张春帆考》，《文学遗产》2010年第3期。

发现了张春帆所在家族的家谱，即光绪二十七年（1901）张肇基修守经堂钞本《毗陵张氏支谱》六卷本。根据家谱及相关资料，可以对张春帆的身世做更详细的讨论。

根据《毗陵张氏支谱》，守经堂张氏是明末自江阴迁至常州东关外桃源里，至张春帆共十一世。① 守经堂张氏并非常州的名门望族，根据家谱中的传记资料

张春帆

分析，张氏应该以经商为业，所谓"业酒酤，家颇裕"，② 由此发家，兼及仕途，曾经产生过两个举人。而家族中大部分男丁都通过捐纳获得过一官半职。张春帆的祖父张嗣潢曾任华容县知县，父亲张肇纶为浙江候补通判，保知府衔。张肇纶娶了陈钟英的女儿，从此进入了常州名门望族的婚姻圈。陈钟英原籍湖南衡山，时常州人赵仁基在两湖任职，结识了陈钟英的父亲陈伟，因此两家联姻。道光二十九年（1849），陈钟英娶了赵仁基的女儿，并由此定居常州，成为衡山陈氏与常州结缘之始。陈钟英有三个儿子，五个女儿，都和常州人联姻。长子陈鼎娶李宝嘉的叔父李嘉笙之女，次子陈范娶袁绩庆之女，又继娶庄宝澍之女，三子陈滔娶了庄蕴宽的妹妹。五个女婿分别为赵仁基的孙子、赵烈文之子赵宽、张肇纶、周腾虎的儿子周国涂、沈颐的父亲沈保衡以及之后和陈范一起办《苏报》的举人汪文溥。③ 作为之前联姻的延续，父母为张春帆定亲也选了赵烈文的孙女，赵宽的女儿，只不过因为赵氏早逝，所以才继娶了西营刘氏的女儿。张春帆有一个兄长和五个妹妹，兄长早死，五个妹妹分别嫁给了贵州知府恽鸿仪的长孙恽启楣、候选道史耜良之孙史联三、河南候补同知嵇心一之孙嵇铭、山东候补道陶锡琪长子陶沅和候补知县魏

---

① 《毗陵张氏支谱》卷首，光绪二十七年守经堂钞本。
② 《毗陵张氏支谱》卷4《守经堂述闻》。
③ 陈鼎等：《怀庭府君年状》，光绪木活字本。

允济。①这些婚姻关系和人物,其实或多或少都在《九尾龟》这部小说中有所反映。

如果将张春帆的生平与《九尾龟》对照,就可以发现,其实《九尾龟》是一个半自传体的小说,小说主人公章秋谷其实是作者本人。小说在开场第一回如此介绍章秋谷:"且说这名士姓章,单名一个莹字,别号秋谷,江南应天府人氏,寄居苏州常熟县。"②章莹和字秋谷,恰恰与张炎和字春帆相对应。"江南应天府人氏,寄居苏州常熟县"当然是假托,但是为了行文方便等原因,小说中也经常提及章秋谷和常州的关系。"秋谷因曾祖以下坟墓俱在常州,每年春、秋二季,必到常州扫墓。"③"原来章秋谷原籍本是常州,后来因住在南京多年,所以入了金陵籍贯,直至秋谷丁了外艰之后,方才移到琴川。常州有几处祖坟,每年春、秋二季,秋谷必到常州祭扫一趟。"④

小说中又言:"秋谷时运不济,十分偃蹇,十七岁便丁了外艰,三年服阕,便娶了亲。他夫人张氏,身材不长不短,面孔不瘦不肥,虽不是绝世佳人,恰也不十分丑怪,但是性情古执,风趣全无。"⑤这和张春帆的身世也基本一致。张春帆的父亲逝世于光绪二十一年,时年张春帆恰恰十七岁。文中又言:"太夫人一生就生了二男三女。长男就是秋谷的胞兄,也是文行俱优的人物,到了二十一岁上,便得病死了。寡嫂史氏,是过门守节抱着木主成亲的。第二个就是秋谷。第三个女儿就是秋谷的胞妹,乳名叫做小萱,已经出阁,嫁给无锡文氏。第四第五个女儿名叫小芙、小蕙,都已经字人,尚未出阁。"⑥虽然二男三女与张春帆的兄妹数字情况不符,但是其中的内容介绍却基本一致。张春帆的大哥张宗濂

---

① 《张氏宗谱》卷6。
② 张春帆:《九尾龟》,荆楚书社1989年版,第1—2页。
③ 张春帆:《九尾龟》,第82页。
④ 张春帆:《九尾龟》,第253页。
⑤ 张春帆:《九尾龟》,第2页。
⑥ 张春帆:《九尾龟》,第1168页。

确实是英年早逝，去世时二十一岁，还未正式举办婚礼。他的妻子也确实姓史，也确实是抱着木主成亲，并由"江苏采访局案详巡抚部院题奏，奉旨旌表贞节，并准建坊"的节妇。①以上种种内容的相符都可以证明，章秋谷其实是作者的化身，只不过书中所言"论他的才调，便是胸罗星斗，倚马万言；论他的胸襟，便是海阔天空，山高月朗；论他的意气，便是蛟龙得雨，鹰隼盘空。这章秋谷有如此的才华意气，却又谈词爽朗，举止从容，真个是美玉良金，隋珠和璧"②，显然是作者有意自我吹嘘，刻意营造出来的虚幻形象，满足其虚荣心而已。但是同时也必须承认，和书中的章秋谷相比，除了身世一致之外，其经历和行事也有相近之处。他死后，报纸称其"体格魁梧"，③"少年任侠，有燕赵健儿风"，"为人风趣"④等，均与书中的章秋谷相近。又称"有夫人居苏州，如夫人佩娟女士则居沪上"，⑤也与章秋谷情况相仿，这个"如夫人佩娟女士"当是《九尾龟》中出淤泥而不染的陈文仙的化身。

3.《九尾龟》本事考

如前所述，章秋谷是张春帆的化身，《九尾龟》这部小说也和晚清很多小说一样，其中的人物大多也是真实人物的化身。同时代的《孽海花》《官场现形记》均有人考证过书中人物的本事，一土先生也曾欲做《九尾龟》本事考，指出书中的祁祖云是恽祖祁，考证颇确，可惜只做了一期，便无下文。⑥而有关祁祖云导致钱烈妇自杀之事，是当时常州城内一件大新闻，留下文献极多，将其与《九尾龟》对照，可以发现小说基本上是关于此事件的实录。

---

① 《毗陵张氏支谱》卷3。
② 张春帆：《九尾龟》，第2页。
③ 莴肩：《名小说家张春帆逝世》，《铁报》1935年8月11日。
④ 啼红：《潄六山房主人突患中风》，《铁报》1935年8月10日。
⑤ 莴肩：《名小说家张春帆逝世》。
⑥ 一土：《祁祖云与恽祖祁：九尾龟本事小考之一》，《明清小说研究》1989年第3期。

除了祁祖云之外,《九尾龟》还有一些人物是有原型的。秦瘦鸥曾称:"据说《九尾龟》的作者张春帆是把这个书名当作诨号送给小说里的一个人物的,那人是个大官(很可能指的是盛宣怀)。"① 其实虽然书中的九尾龟应该有其原型,但肯定不是盛宣怀。在《九尾龟》中,盛宣怀是和章秋谷同乡、彼此又有世谊的"商约大臣陈荫孙"(又作陈寅孙,盛宣怀字杏荪),书中对陈荫孙基本上是正面描绘,多有陈荫孙照顾章秋谷的描写,并称"此公虽然有些富贵习气,却倒具着这样的热心"。②

又如章秋谷赴天津,是收到了"直隶候补道金云伯金观察"的电报。关于这个金观察的来历,小说中有详细的描绘。

> 这位金云伯金观察的父亲,和秋谷的祖老太爷是个联衿兄弟。金观察在十六七岁的时候家计甚是艰难,同着兄弟金霞仲两个人都在章府读书。金观察到了十九岁上,同着兄弟金霞仲捐了个北籍监生,去应顺天乡试。就在这一年上,兄弟同科都中了举人。金观察和兄弟会试了几场不中,便两个人都就了大挑。金观察得了一个知县,金霞仲得了一个教官。金观察掣出签来,掣了个山东的省分。到省不上两年,就补了沂水县。金观察做了两年沂水县,和山东巡抚张中丞甚是合式。上游器重,僚辈揄扬,几年之间就升了济南府知府。不想这个当儿张中丞一病死了,后任巡抚夏中丞却和金观察不甚合式,借了个盗案,就把金观察参了一下。部议下来,降了一个同知。这一来,只把个金观察气了一个发昏,便赌气不肯做官,告假回去。刚刚那个时候,直隶津海关道陈宣甫陈观察,和金观察有些世谊,便把金观察请到天津去,在道署里头当个总文案。这位金观察本来丰采过人,衫裳倜傥,办起笔墨上的公事来又是个惯家,那一枝笔来得十分熟溜。陈观察倒也十分敬重。在陈观察那里当了几年总文案,金观察又托陈观察把他荐到直隶总督章中堂幕府里头,也是当个文案。章中堂见了金观察丰神凝重,气慨安详,知道这个

---

① 张春帆:《九尾龟》,第 1175 页。
② 张春帆:《九尾龟》,第 902—903 页。

人将来必成大器，便也十分器重起来。金观察趁着这个时候，就在同知上加捐了个候补道，指分直隶，在章中堂手内狠当过几次要差。后来拳匪扰乱，联军进京，章中堂在两广总督任上派了议和全权大臣，便调了金观察一同进京，叫他当个随员。不料事机不巧，恰恰的章中堂一病身亡，金观察止得了一个军机处记名的保举，仍回本省候补。

这个金云伯应该是钱镠（1851—1919），原名增祺，号绍云，其生平与金观察基本一致。文中所言直隶津海关道陈宣甫仍然是盛宣怀，和他一起中举的金霞仲，即钱镠的弟弟钱增勋，字仲瑜，号藕舫，两人均是光绪八年（1887）举人。书中又说："这位金观察，本来原是个举人出身，笔底下狠来得，而且洞明时务，博览群书。这个时候正是皇上家开经济特科的时候。吏部尚书王凤山王冢宰，素来极佩服金观察的学问，就专折奏保了金观察的经济特科。"①之后又被委任"北洋大学堂总办"，这个也和钱镠的生平一致。而金观察在京城任部郎的侄子，章秋谷的好友金星精当是晚清常州著名的文人钱振煌，钱振煌（1875—1944）是钱镠的侄子，字梦鲸，一字谪星，金星精这个名字应该从他字号中化来，钱振煌中光绪二十九年（1903）进士，官刑部主事。

又如书中有个怕老婆的贝太史。小说中称："这中年妇人的母家姓余，他父亲名叫余颂南，翰苑出身，历任京秩，后来熬炼得资格深了，辈数老了，就荐升了刑部尚书，并在军机处赞画枢务，居然就是一位中堂。这余中堂生平只有一个女儿，十分溺爱。嫁与苏州贝太史为室，丰姿虽是娇娆，情性却甚为悍戾。偏偏这位贝太史又是个惧内庸夫，到了外边天不怕地不怕的人儿，一到进了自己的房门，看见了床头的这尊菩萨，便由不得神魂飞越，毛骨悚然。"②又言："贝太史自从点了庶常，也放了一任主考，不知怎的，外间物议沸腾，声名甚是狼藉，都说他出卖

---

① 张春帆：《九尾龟》，第 966 页。
② 张春帆：《九尾龟》，第 348 页。

举人。"① 这个贝太史，应该是费念慈。费念慈（1855—1905），字屺怀，一字君直，号西蠡，晚署归牧散人、艺风老人，光绪十五年（1889）进士，官编修。据《琅琊费氏族谱》，费念慈娶的正是大学士徐郙之女，徐郙字颂阁，当即书中所谓余颂南。② 又，光绪十七年（1891）费念慈典试浙江乡试，取卷多不中绳墨，揭晓后谤议纷起。③ 光绪十九年（1893），李慈铭劾奏翰林陈鼎、费念慈等"素行诐邪，不知自爱"④，上谕着麟书、徐桐严加查看。费念慈此后遂弃官离京，定居苏州，这也与贝太史经历一致。

限于篇幅，本书仅举出书中部分人物的原型，此外还有多人在现实中亦均有原型。书中所描绘事实，如前述恽祖祁与钱烈妇事，如赛金花事，如赈灾赛珍会事，均与事实基本一致。而且，由于张春帆是常州人，平时接触也大多是常州同乡，他书中很多故事都与常州人有关。鉴于本书这样的特点，因此以《九尾龟》来分析常州人在上海的青楼生活应该是比较可靠的。

二、《九尾龟》与上海都市生活

1. 青楼与近代都市人的产生

1853年，上海县城爆发小刀会起义，原集中在旧上海县城内的妓院纷纷迁至租界。1861年，太平军占领江南后又实行禁娼，江南一带的妓女纷纷避居上海租界，由此而形成"女闾三百，悉在租界"⑤的现象。据当时的记载，书寓、长三这样的高级妓院"则四马路东西荟芳里、合和

---

① 张春帆：《九尾龟》，第349页。
②《琅琊费氏族谱》。
③《晚晴簃诗汇》卷176，中国书店1988年版。
④《德宗实录》卷331。
⑤ 哀梨老人：《同治梨园纪略》，转引自胡忌、刘致中：《昆曲发展史》，中国戏剧出版社1989年版，第610页。

里、合兴里、合信里、小桃源、毓秀里、百花里、尚仁里、公阳里、公顺里、桂馨里、兆荣里、兆贵里、兆富里皆其房笼也。"① 上海的青楼成为这个花花都市的一个标志，吸引着各地文人聚集在此。《九尾龟》中对青楼在上海的地位有这样一番言论：

> 上海地方，虽然是个中外通商的总码头，那些市面上的生意却一半都靠着堂子里头的倌人。那班路过上海的人，不论是什么一钱如命、半文不舍的宝贝，到了上海他也要好好的顽耍一下，用几个钱，见识见识这个上海的繁华世界。凭你在别处地方啬刻得一个大钱都不肯用，到了堂子里头就忽然舍得挥霍起来，吃起花酒来一台不休，两台不歇，好象和银钱有什么冤家的一般。所以上海市面的总机关，差不多大半都在堂子里头倌人的身上。堂子里头的生意狠好，花钱的客人狠多，市面上的资本家也狠多。若是堂子里头的生意不好，花钱的客人也不狠多，那市面上的经济就有些不妙了。这是个什么缘故呢？堂子里头是嫖客最肯花钱的地方，要是堂子里头的生意都不济起来，那市面上的恐慌自然是可想而知的了。②

在传统社会中，读书应试与流连青楼其实是士人们生活的两端，一是为了竞逐功名，实现人生理想，一是为了逃避现实，流连生活情趣，联络群体情谊。在江南传统文人的日常生活中，"三楼"已经是不可或缺的一部分。当外来移民进入上海后，走进熟悉的青楼、酒楼、茶楼，可以让他们继续聚集在熟悉的空间中，维系原有的文化记忆和生活习惯，在陌生的都市中构建出新的社会网络。但另一方面，上海的青楼与以往的江南青楼不同，和京城的烟花流巷也不同。

首先，上海浓郁的商业氛围打破了传统的青楼仍然笼罩着的或有或无的温情脉脉的面纱，物质与金钱成为这里唯一的准则。"那杜十娘、霍

---

① 池志澄：《沪游梦影》，上海古籍出版社1989年版，第163页。
② 张春帆：《九尾龟》，第1001页。

书寓

小玉一般的事,非但眼中不曾看见,并连耳中也不曾听见过来。"① 这也是为什么在很多文章和小说中,对上海的青楼们都或明或暗地表示出一种愤怒和谴责。《九尾龟》称:"上海滩上的倌人,覆雨翻云,朝张暮李,心术既坏,伎俩更多,将就些儿的人,入了她的迷魂阵,哪里跳得出来,没有一个不是荡产倾家,身败名裂。"②

常州人流连于上海青楼的人很多。同治十一年(1872),周腾虎的儿子周世澄在"上海沉酣声色中,中途穷不返,将丧其身",是张春帆的外祖父陈钟英使其"绝所爱者,以三十金助其行",让他去易州赵烈文处,甚至为防止他中途逃脱,还"挟与同渡海"。③ 周世澄是张春帆的姨丈,这个故事张春帆肯定听说过。小说中,章秋谷多次劝说沉迷于声色中逃脱苦海,这个应该就是最早的故事原型。

---

① 张春帆:《九尾龟》,第 66 页。
② 张春帆:《九尾龟》,第 549 页。
③ 陈鼎等:《怀庭府君年状》。

小说开始是方幼恽的故事。书中如此描述这个方幼恽的来历:

> 且说常州东门内有一家著名乡宦,姓方名恽,是个翰林出身。散馆得了知县,论俸推升,做了几年贵州知府,便告了病回来。止生一子,名叫宝椿,别字幼恽。这方知府把他钟爱非常。到得渐渐长成,方知府替他娶了贝季瑰太史之妹为媳,便把家事交他掌管。方幼恽出身纨袴,菽麦不辨,甘苦不知,却只爱奢华放荡;又是生性吝啬,等闲不肯破费一文。一向听亲友在上海回来,夸说上海如何热闹,马路如何平坦,倌人如何标致,心中便跃跃欲动。此番趁方知府将家事叫他独掌,便与方知府说明,要到上海去见见世面。方知府心中虽觉不甚喜欢,因是向来溺爱惯的,不忍拂他,只得允许,只再三叮嘱早早回来。这方幼恽便欢天喜地的择了行期,雇好了船,辞别了方知府竟往上海去了。①

这个方幼恽其实是一个真实人物。方恽即恽鸿仪(1817—1898),字伯方,号曼云,官至贵阳知府。方幼恽即恽宝椿(1874—1904),字幼方,娶的是费念慈的女儿。②书中的贝季瑰当是费(念慈)屺怀。恽鸿仪和张春帆家是世交,也是姻亲,如前所述,张春帆的妹妹就嫁给了恽宝椿侄子,张春帆的堂兄张宗元则娶了恽宝椿侄女。书中方幼恽的戒指,是母舅徐观察出使美国带来送给他的。而这个徐观察是曾出使多国,任旧金山总领事的余思怡。③

要看看"上海如何热闹,马路如何平坦,倌人如何标致",要去见见世面,其实是当时很多外地人赴上海的动机写照。方幼恽初到上海后,见了名妓陆兰芬后,失张失智,一幅呆相。陆兰芬心理打开了小算盘:"起先我看他是个寿头码子,所以对他一笑,并不是有心吊他的膀子。但他既是个有名的富户,料想总肯花几个钱,做妓女的钱财为重,不免折

---

① 张春帆:《九尾龟》,第32—33页。
② 《恽氏家乘》正编卷33。
③ 张春帆:《九尾龟》,第46页。

些志气,将计就计地去拉拢他。"于是放出手段来,那一双勾魂摄魄的媚眼连飞了方幼恽几眼,又向他略略点头。只这几下,已使方幼恽入其机关。①但方幼恽虽出身富家,却爱财如命,一毛不拔。陆兰芬眼见方幼恽不肯主动挥霍,连骗带抢,逼方幼恽为她买了一对价值七百两银子的戒指,又抢走了方幼恽两千两银子的汇票。这还不算,当方幼恽要离开时,又从方幼恽手上勒下一个约值一千多块洋钱的戒指。直到章秋谷出面帮忙,方才拿到戒指,收拾行装,回常州去了。

《九尾龟》中还提到了一个王太史的故事。书中写道:"这位太史公姓王,号叫伯深,却是常熟人氏,同章秋谷总算是个同乡,还是他的父执。""王太史本来是寒士出身,家中一无所有,直考到五十多岁才点了翰林。留馆之后,他想着在京城里头当这个穷翰林,也没有什么趣味,况且当翰林的就同那外省的候补人员一样,是要倒赔浇裹的。京城里米珠薪桂,他那里当得起这个翰林?想来想去,想着了一条道路,托了一个同乡的京官,把他荐到上海道幕中,差不多就算是这上海道的顾问官一样。那时维新的风气未开,八股还没有废掉,这位观察公也是个守旧家,同王太史谈论起来倒也意见相合,水乳交融,宾主之间甚是相得。那江海关道是关道中著名的好缺,所以王太史的束脩每年竟有二千余金。玉太史喜出望出,索性把家眷搬到上海,住在一起。手内有了束脩银子,登时就花天酒地阔绰起来。"②

后来《九尾龟》又提及:"王子渊、王子深弟兄两个,一般都是同榜的太史公。这位王子渊王太史,却是个海内的书家,真、草、隶、篆无一不会,无一不精。南北十余省,没有一个人不知道这位王太史的书法。和秋谷的老太爷是拜兄弟,为人却十分诚实,古道非常。"③《九尾龟》最初是由点石斋于光绪三十二年出第一至第二集,此后分四年十二集全部出齐,因此书中多有前后有矛盾之处。后面提及的王子深是前面的王伯

---

① 张春帆:《九尾龟》,第 36 页。
② 张春帆:《九尾龟》,第 448 页。
③ 张春帆:《九尾龟》,第 1180 页。

深,只不过在写作或者出版过程中发生了笔误。

根据以上的情况,这个王子深或者叫王伯深,其实是汪洵。汪洵(1846—1917),原名学溥,又名学瀚,字子渊,又字渊若,光绪十八年(1892)进士,官至翰林院编修。汪洵中进士时已经是四十七岁,入翰林之后不久便来到上海,入盛宣怀幕。他是著名的书法家,有"海上四大家"之称。所以"王子渊王太史"无疑是汪洵。汪洵没有同榜中进士的兄弟,他有个兄长叫汪学浚,字子深,但并非进士,只是个五品衔议叙盐大使,所谓王子渊、王子深弟兄当出于作者的虚构,两人实际应该是同一个人。书中首次提及王伯深是在第四至第五集的第六十四回至第六十九回,最后提及王子深、王子渊兄弟是在最末的一百九十一回和一百九十二回。如前所述,第四、第五集刊于光绪三十三年,而最后一集刊于宣统二年,四年的时光变迁导致作者对人对事的态度发生了改变。到《九尾龟》创作的最后阶段,他已经改变了对王子深或者王伯深的看法,借书中章秋谷的好友贡春树的说法:"我们平日还说他是书迂,如今看起来,却是个不可多得的好人。"① 因此,个人推断,他除了不断在书中为汪洵说好话之外,将汪洵一个人说成王子深、王子渊兄弟两个人,都是为了对之前的略嫌过份的描写作些挽回。

在最初对王太史的描写中,张春帆并没有留什么情面,直接评价其为"著名蜡烛,第一瘟生"。② 作者说道:

> 原来这班专读死书、专做八股的书呆子,往往少年时节不敢荒唐,一到中年以后,中了进士,点了翰林,自以为是功成名就的了,免不得就要嫖赌起来。却是不嫖则已,一经涉足花丛,定是那天字号的曲辫子;不赌则已,一经走到赌场,便是那专输钱的冤大头。这位王太史少年寒素,没有中举人的时候,抱着一部直省闱墨,拚命揣摩;买了一部《策府统宗》,尽心摹仿,一天到晚只想着怎么好中进士,如何能点翰林,把

---

① 张春帆:《九尾龟》,第 1181 页。
② 张春帆:《九尾龟》,第 479 页。

那心地中间本来所有的一点平旦之气,早已磨灭得干干净净,那里还有工夫来想这样的事情!现在点了翰林,处着这般优馆,又住在上海这花营柳阵的地方,自然也要不安本分起来,天天在四马路堂子里头碰和吃酒,闹得一塌糊涂。却又实在是个外行,弄出许多笑话,他自己还扬扬得意的不以为奇。①

结果,王太史为了金寓、花彩云两个倌人,负了一身亏累,惹了无数牢骚。②

张春帆在《九尾龟》中描述了类似方幼恽和王太史这样很多初到上海流连花丛,却又吃大亏的同乡。小说中经常有各种对常州人落伍、不了解行情的嘲讽,所谓"常州来的客人都是一班土地码子,这班人却也实在瘟得利害,竟是一些不懂的东西"。③而与之相对照,章秋谷却在上海滩上游刃有余,潇洒自如。章秋谷曾经解释自己为什么会成为"花柳惯家,温乡名家":"近来上海倌人,第一是喜欢功架,第二才算着银钱,那相貌倒要算在第三。至于'才情'两字,不消说起是挂在瓢底的了。"那什么叫做功架呢?章秋谷继续解释道:"功架出于阅历,也不是一朝一夕的工夫。"④简而言之,功架是在上海滩这个繁华地历练获得的经验、学到的时尚派头。现代都会已经不完全以权力来划分等级,而是逐渐成为一个以时尚分等级的场所。所以即使方幼恽是常州首富之子,代表了金钱,王太史是传统社会中最受尊敬的翰林,代表了文化,但是他们在现代都市中仍然是时尚的落伍者,成为被嘲讽的对象。书中的章秋谷之所以自视甚高,瞧不起那些土气的同乡,其实是因为他已经把自己和方幼恽这样初出茅庐的小城人物及王太史这样受四书五经熏陶的传统人物划清了界限,把自己视为一个近代都市人了。

更耐人寻味的是,恽宝椿是张春帆的姻亲,汪洵是张春帆的父执辈,

---

① 张春帆:《九尾龟》,第448页。
② 张春帆:《九尾龟》,第474页。
③ 张春帆:《九尾龟》,第297页。
④ 张春帆:《九尾龟》,第67—68页。

且都是他的同乡，可张春帆却抛开了传统的血缘、地缘这样最基本人与人之间纽带的束缚，完全不顾为亲者讳、为尊者讳的惯常的行事准则，毫不留情地把自己亲属、前辈、同乡的阴暗面暴露在世人面前。即便在王太史这个人物的描写中还存在着某种顾忌和修正，但是基本上整个小说的基调并没有因此而发生根本的改变，我觉得这可以说是整个《九尾龟》小说中最值得人思考的一个问题。众所周知，正如费孝通先生所说，传统中国社会的人际关系是一个"差序格局"，在这个差序格局中，"社会关系是逐渐从一个一个人推出去的，是私人联系的增加，社会范围是一根根私人联系所构成的网络"。这一社会关系的网络是以亲属关系为基础而形成的，亲属关系是"根据生育和婚姻事实所发生的社会关系，从生育与婚姻所结成的网络，可以一直推出去包括无穷的人，过去的、现在的和未来的人物"，这样的"从自己推出去的和自己发生社会关系的那一群人里所发生的一轮轮波纹的差序，就是'伦'（人伦）"。① 而在张春帆或者章秋谷的心目中，至少这种差序格局已经发生了断裂甚至崩塌。他所秉承的判断人与人关系之间的分类标准已经不再是关系的远近和亲疏。相反，都市与乡土，时髦和落后，先进与保守，已经成为他心目中相当重要的判断标准，并由此来决定对周围人的褒贬。张春帆这种态度的基础实际上是建立在现代都市人的自我认同和自豪感之上的，这恰恰是都市发展到一定阶段之后的产物。在这时，章秋谷或者说张春帆已经不再是传统的那种自然、草根、本土的文人，他已经不再执着于过去和本土，随之拉大了他和代表落后、保守的家乡、宗族的距离。

也正是由于这个原因，虽然如章秋谷或者张春帆心里对上海的繁华背后的黑暗有着多么透彻的认识，但事实上这种包含着黑暗的繁华都市已经成为他们生活的一部分，无法彻底抛开。上海的青楼由于妓女大量来自江南地区，质素较高，加上由于城市的发达，西方文化的引入，使得她们的生活有着一种浮华和奢侈。这个由霓虹灯光，衣香鬓影所构成的这种现代都市特有的物化的世界，满足了大多数人对物质和欲望的迷

---

① 费孝通：《乡土中国》，三联书店1985年版，第32页。

恋与追求，再无论怎么对这个城市不满，却也始终无法彻底划清界限。因此，虽然张春帆自称其小说的宗旨是批判，但那些讽刺、谴责上海的青楼黑暗、丑恶的文字让人读来始终还会时常夹杂着一种怀念和向往的味道。所以在《九尾龟》中，当主角到与上海近在咫尺的苏州已经觉得"马路的风景不过如此，与上海大不相同"。① 而到了远离的上海的天津和广东时，更会感叹："讲论起天津地方的那些倌人来，毕竟比不上上海的那班人物"②，"虽然有一两个略略生得好些，却没有一些儿身段架子，比起上海的倌人，大不相同"。③ 当书中感叹远离上海之后，"你道这样风流人物，怎生消受得来"④ 时，已经很明确地感觉到一个现代都市人对城市又爱又恨的矛盾心态。

2. 青楼与近代都市文人的产生

在传统社会中，青楼只是文人生活的补充，只是在理想抱负一时无法实现的时候，借青楼来麻醉自己，填补精神世界的空虚，很少有文人可以把青楼生活当成自己生活的全部。而在近代的上海，一方面很多文人开始向现代知识分子转型，如李宝嘉、张春帆都不再把"入仕"当作实现人生理想和个体价值的唯一途径，他们通过诸多现代都市所特有的新的媒介形式来实现自己的人生抱负。小说中和章秋谷走得很近的朋友也有开书局的辛修甫和精通西文的报馆主笔王小屏。章秋谷本人也曾在辛修甫的书局中做总经理，还当过天津洋务局的总文案和广州政法学堂的总教习。在这种情况下，传统的评价标准已经不再适用于这些现代都市的知识分子。小说中王太史和章秋谷有段耐人寻味的对话。王太史劝章秋谷道："我虽然老朽无能，却也挣了一名进士，点了一个翰林，读书一层总算交代过了。你现在年纪方交二十，又没有成就功名，这个当

---

① 张春帆：《九尾龟》，第 2 页。
② 张春帆：《九尾龟》，第 949 页。
③ 张春帆：《九尾龟》，第 1200 页。
④ 张春帆：《九尾龟》，第 2 页

儿正是在窗下用功的时候,将来或者博得一个科名,不枉了你是个世代书香、宦家子弟,何苦尽着在堂子里头寻花问柳,弃掷了这些有用的光阴,我倒有些替你可惜。"而章秋谷毫不客气地回答:"如今的这班大人先生,年轻时候读了几句死书,一概的世故人情全然不懂,那里还有工夫来考察这嫖界中间的学问?到得上了年纪,自以为是功成名遂的了,免不得倒过头去重新顽耍起来,却不想自家事事外行,那里有嫖界的资格?……不如还是趁着少年时节及时行乐,春花秋月尽是可怜,檀板金尊居然无赖,也未尝不是一个消遣的法儿。"① 这里王太史仍然秉持着传统的价值观念,以功名学问为标准,而章秋谷已经是现代的都市人,及时行乐、消遣是他们的生活准则。这两人的对话其实暗示着传统文人和现代文人思想和行为的不同之处。

由于近代都市中新的媒介形式,如书局、报刊等已经不再以道德传播为己任,而是更多地以纯粹的销量等商业化形式为成功标准。这也使得这些文人涉足青楼不仅仅是为了满足身体的欲望、发泄精神的抑郁,还因为他们也发现这里有利润可图,有生意可做。青楼不仅是他们用来逃避现实生活的借口,更是他们融入现实生活的渠道。这也正是李伯元会在上海办花榜,也是晚清民国期间会有大量的以青楼为背景的所谓"狭邪小说"的产生的重要原因。在《九尾龟》中,对这种借青楼来谋利的文人有非常详尽的描绘:

> 那一班没有廉耻的小报主笔,本来是穷得淌屎,囊无一钱的。当了个小报主笔,薪水不过一二十块钱,至多的也不过三十块钱,那里够他们的挥霍?到了那穷到无可如何之际,便异想天开的开起花榜来,拣那有了几个钱的倌人,叫个旁人去和他打话,情愿把他拔作状元,只要他三百块钱或者二百块钱。那状元以下的探花、榜眼、传胪等,名次来得低些,价目也来得贱些。渐渐的递减下去,甚而至于十块五块钱的贿赂都收下来,胡乱给他取个二甲的进士,或者三甲的进士。……到了发榜

---

① 张春帆:《九尾龟》,第480—481页。

以后，那些报馆里头的人又格外想出个生财的法子。略略的花几个本钱，去漆匠铺子里头做了几块状元、榜眼、探花、传胪的匾额，上面插着金花，雇几个人抬了匾额，带着红缨大帽，雇了一班吹手，携带着许多鞭炮，一窝蜂的都赶到那新贵人院中去报喜讨赏，多的一百块钱、五十块钱的都有，至少的也要二三十块钱。就是那班三甲里头的进士公，也要叫一个人带着那一张花榜沿门分送，放上一串短短的鞭炮，讨起赏来也要一两块钱，也有三块五块的。又有什么赏元贺魁的筵宴，那前十名的新贵人，每家都要整治一桌盛席，延请这位主笔先生、花榜总裁赴宴，好象那京城里头的黄榜团拜、白榜团拜一般。这位主笔先生免不得也要呼朋引类的大嚼一番，吃完了抹抹嘴就走，连下脚的都是倌人自己出的。①

这虽然只是其中最为无耻的小文人的嘴脸，却也反映当时文人以青楼为谋利渊薮的写照。而章秋谷自己在天津办了花榜之后，也未能免俗地送给报馆。日后，曾有人回忆，张春帆曾以所创办漱六山房经营困难为名，向书中的"沈仲思"、"沈幼吾"的原型要求赞助，并称盛宣怀已慷慨赞助两万大洋，结果被遭拒绝，因此《九尾龟》后几册中，盛宣怀变成慈善家，而"沈仲思"则染梅毒不治身亡。②可见，其实张春帆和那些无耻小文人也没有太多高下之别，他写《九尾龟》的用意究竟是揭露社会黑幕，还是借此敛财，恐怕只有他自己本人知道了。

3. 青楼与近代都市物质生活

方幼恽（恽宝椿）初到上海，"拣了石路（今福建中路）上的一处客栈，是他的本家一位方运判开的，名叫吉升栈"。方幼恽在吉升栈碰到表亲同乡刘厚卿，随即进入雅叙园，拣了一个雅座坐下。吃完饭后，"同到四马路来，在升平楼吃了一碗茶"。回到栈房后，方幼恽要坐马车到张园

---

① 张春帆：《九尾龟》，第1134—1135页。
② 孙树棻：《豪门旧梦》，作家出版社2002年版，第50—52页。

去，叫茶房去叫了一部橡皮马车来。"二人上车坐下，马夫摇动鞭子，那马四蹄跑动，如飞而去。刘厚卿是司空见惯，不以为奇。方幼恽却从未坐过，觉得双轮一瞬，电闪星流，异常爽快。那马车望张园一路而来。这日却好是礼拜六，倌人来往的马车甚是热闹，方幼恽坐在车中，那头就如泼浪鼓一般，不住的东西摇晃，真是目迷五色，银海生花。"到了张园，在安垲第泡了一碗茶。"不多时，粉白黛绿一群群联队而来，一个个都是飞燕新妆，惊鸿态度，身上的衣服不是绣花，就是外国缎，更有浑身镶嵌水钻，晶光晃耀的。"① 小说在这里通过方幼恽的眼睛，描绘了一个初到上海的江南小城人的感受。文中提到的吉升栈是恽宝椿的族兄恽毓昌开的，晚清的常州人赴上海大都投宿于此。而雅叙园、升平楼、张园都是第一次来沪的江南人吃饭、喝茶、游玩的必经之所。从这一角度来看，《九尾龟》是个传递当时城市日常生活信息的极好文本。

小说的四大金刚林黛玉结婚后逃出，不敢做生意，只是"时常坐着马车到张园兜个圈子，回来的时候在大马路、四马路一带出出风头"。②《九尾龟》的活动区域其实也在这些地方。其空间的核心是从石路到四马路这一带，这是晚清上海最繁华的街区，也是书中的红倌人集中的地方，方幼恽第一次涉足这里是在四马路的陆兰芬处，此外还有住在"荣华富贵"四里中的兆贵里的陈文仙、兆富里的洪月娥，住在公阳里的林桂芬，东合兴的花筱舫、迎春坊的金小宝、花琴舫，东荟芳里的范彩霞，尚仁里的洪笑梅，清和坊的张书玉等。这些热闹繁华的花街柳巷，在向各地来到上海的人们打开一扇扇眺望城市欲望的窗口的同时，也象征着诸人被城市融入或抛弃的命运。

生活空间可以区分时尚与落伍、中心和边缘，而物质与消费更是都市时尚的重要标识。坐马车是当时最时髦的交通工具，当时已有文章记云："挟妓同车者，必于四马路来回一二次，以耀人目。"③ 极时髦的章秋

---

① 张春帆:《九尾龟》，第34—35页。
② 张春帆:《九尾龟》，第186页。
③ 藜床卧读生:《绘图上海杂记》卷6，文宝书局1905年石印本。

电气灯钢丝马车

谷经常乘坐马车四处巡游。方幼悝第一次看见章秋谷，是"一部亨斯美自拉缰马车，风一般的跑来，也到安垲第停下。眼光一瞥，早跳下一个美少年，携着一个绝色佾人"。[①] 小说中多处都不断地在强调这个"亨斯美自拉缰马车"，显然带着几分炫耀。

除了行之外，还有衣食玩物，章秋谷"夏间最爱吃那大菜馆里头的冰忌濂"[②]，一家春、一品香、上林春的番菜馆，亨达利洋行的表链、香水和戒指，加上电气灯、外国纱衣服、青楼书寓中的装着精彩东洋门帘的外国房间，这些东西不仅是一座中西合璧的近代国际都市的组成单元，也成为像章秋谷这样都市人日常生活中的不可或缺的一部分。在传统社会中，文化代表着时尚，所以在民间经常有精英文人化身为神的传说故事。而在近代都市中，物质代表着时尚，大众追求的是各种欲望的消费和投射，对物质的追求占据都市人大部分的日常生活，因此物质生活成

---

① 张春帆：《九尾龟》，第 1038—1039 页。
② 张春帆：《九尾龟》，第 1057 页。

为都市人向往的传说，成为他们崇拜的对象。小说中有个很有意思的细节，章秋谷爱用电气灯来形容时髦人物："跑进来赛过一只电气灯"，"阿唷，电气灯来哉"，"我说这里天津地方那里有你这样电气灯一般的人！原来果然是上海来的"。此外他还有一套别具一格的电气理论分析男女关系，所谓男女身体之中各人天生的一股电气，"电气相同，便一颦一笑俱觉生妍；电气不同，便一举一动也觉生厌"。① 章秋谷不会真正理解电气灯的科学内涵，在他的心目中，现代的总是等同于好的、富裕的、先进的，而电气灯代表着现代和西方，代表着时尚，是这种好的、富裕、先进的生活方式的代名词。他把电气灯作为口头禅，其实暗示着他是都市中的时髦人物，掌握着现代都市的时髦话语，以此来将自己与落伍、陈旧区分开，但骨子里其实是一个现代都市拜物教的典型个案。

三、结　语

虽然天天流连在四马路，将四马路作为时尚的标志，但是章秋谷、辛修甫并没有将这里作为其居住的选择，他们自己的寓所都选在新马路如昌寿里、眉寿里等地。这些地方也是晚清诸多传媒云集之所。如昌寿里集中了林白水的《中国白话报》、陈独秀的《国民日日报》、蔡元培的《俄事警闻报》等，张春帆舅舅陈范办的《苏报》在新马路的华安里，而在报馆中工作的章太炎和邹容则居住于新马路的梅福里。这里成为近代都市文人集中的活动场所。将自己的工作空间与娱乐空间区分开来，恰恰反映了章秋谷这种近代都市文人背后的矛盾。他爱青楼，但又与青楼刻意保持着一定距离。他爱现代都市以及随之而来一切物质好处，但仍然不能摆脱骨子里的传统文人习气和家国天下的抱负。他一边流连花街柳乡温柔乡，一边又忧国忧民，痛斥中国人的"奴隶性质"。② 他一边指责王太史迂腐，一边指责花旦与小生表演打情骂俏"该死该死，怎么做

---

① 张春帆：《九尾龟》，第118页。
② 张春帆：《九尾龟》，第306页。

出这个样儿来,真是些儿廉耻都不顾了"。①他貌似抛弃了传统的人际关系,但是对待自己母亲又不折不扣地遵循着传统宗族体系所规定的一切制度。他自称时髦人物,但类似色情狂的所作所为,又让人明白他骨子里仍然是男性中心主义这样的传统心态在作怪。他是个都市人,但实际上还没有真正理解都市和时尚的意义,却已经得了都市拜物病,成了物质和欲望的奴仆。所以,章秋谷貌似潇洒,但其实他只是个在传统和近代中徘徊,找不到方向的流浪者。《九尾龟》塑造了章秋谷这样一个表面上是个才子加流氓,实际上是近代都市游魂的典型形象,个人以为,其实才是这部小说最为重要的价值所在。

第二节 "过渡时代"江南知识分子在上海的日常生活:以蒋维乔为个案

光绪二十二年(1896)九月,时年23岁的蒋维乔开始记日记,每年除夕他还会在日记中对过去的一年进行总结和反思,这种习惯直至他去世从未间断。六年后,也就是光绪二十八年(1902)的七月,蒋维乔第一次来到上海。自次年年初起,他开始长居上海,直至1912年由蔡元培邀请至民国新成立的教育部任职而赴南京,他在上海的生活方才告一段落。1915年由于与新任教育部长汪大燮不合,蒋维乔一度回沪。1917年范源濂任教育部长后,他重新赴京,在教育部任职,此后他又任江苏省教育厅厅长、东南大学校长等职,重新回到上海,已经是十年后的1927年。从此他在上海生活直至解放。从1903年起,他断断续续在上海生活了三十余年,上海已经取代了故乡常州,成为他生活最久的地方。

蒋维乔的日记中常用"过渡时代"这个名词。确实,和之前的传统文人不同,和上一节的张春帆或者章秋谷也不同,蒋维乔可以说中国第一代真正意义上的新式知识分子,他所处的时代,就是一个"过渡时

---

① 张春帆:《九尾龟》,第938页。

代",一个痛苦转型的时代。正如许纪霖所言:"他们面临着从古代士大夫到现代知识分子的转型。这一大转型,既是一次思想史意义上的价值转型,也是一个社会史层面上的身份、地位和角色的转换。"① 更重要的是,上海这个正在走向现代化的大城市成为他们的生存空间,这个生存空间也同样处在一个过渡时代。在这过渡的时代,随着身份的转型,生存空间的改变,他们的日常生活究竟发生了一种怎么样的变化,和前人有如何的不同,这将是本文在此着重进行思考和分析的问题。蒋维乔的日记忠实记录了他在上海的生活起居,成为研究蒋维乔这样的新式知识分子在上海生活的最佳史料。限于篇幅,本文仅据其1903—1911年这八年间的日记进行分析和讨论。

一、衣食住行

近代上海作为中西交汇之地,文化与思想的碰撞也导致了生活方式的变迁,日常生活中最简单而又最重要的衣食住行最能反映这种嬗变的过程。

1. 住

作为一外地人,赴沪谋生,居住问题是首要必须解决的,在上海,没有什么能比住房状况更能反映一个人的收入和社会地位了。蒋维乔居住状况的变迁是极好的样本。光绪二十八年(1902)七月,蒋维乔赴无锡,与他在无锡的朋友顾倬、蔡文森等会合,一同前往上海。七月初六日,他第一次来到上海,和《九尾龟》中的方幼恽一样住在常州人恽毓昌开的吉升栈。如前所述,这也是常州人赴上海常住的一个客栈。这是蒋维乔第一次到上海。此后,他于本年的九月、十月两次赴沪,但都是匆匆过客,前后只有三四天,住的地方仍然是吉升栈。

次年正月,他应蔡元培的邀请再次赴沪,入爱国学社工作。这次他

---

① 许纪霖:《20世纪中国知识分子史论》,新星出版社2005年版,第1页。

还带了妻子,将妻子送往务本女塾读书。由于这次在上海待得时间较长,住在客栈耗费太大,因此这一次他住在爱国学社。这是他在上海生活比较艰难的一段日子。他后来回忆道:"余率家族赴沪时,悉索敝赋,不满百元,冒险前进,绝不反顾。到沪时,除用去旅费及余妻学膳费外,囊中所余无几。乃以所译《法国革命史稿》售得五十元,暂以支持。"① 此后由于他和吴稚晖、沈步洲发生矛盾,沈步洲借故将其儿子从爱国学校附属小学中开除,因此他将爱国学社工作辞去,住到了苏报馆。《苏报》案爆发后,蒋维乔提前结束爱国女校的课程,和妻儿放假回里。在常州,他得到钟观光的信,要求他帮忙接办爱国女校。闰五月二十日,蒋维乔赴沪,先借住在人演社中。钟观光"因母病危","急突然返里",蒋维乔遂往见张元济,并正式应聘为商务印书馆编译所常任编译员,二十三日,他移居商务印书馆。②

这年七月,他又将妻儿接到上海,并在新马路登贤里租了一间房子,这是他第一次在上海租房。十一月,他发现妻子年纪大,读书未必能成,再加上"在沪经济不赀",为了节约开支,把妻子送回常州。当时他的月薪只有四十元,很显然,房租占了他开支重要的一部分,是他在上海"经济不赀"的主要原因。所以他在妻子回家后,退掉房子。由于当时他早上要到爱国女校上课,晚上要上英文课,又须至四马路仪器馆研究理化,因此最初住在爱国女校。半个月之后,因为英文课暂停,又回到商务印书馆编译所居住。

光绪三十年(1904)三月,爱国女校添设妇女速成科,拟请他的妻子担任缝纫科教师,所以他又将妻子和侄女振陆接到学校。妻子住在爱国女校,他继续住在编译所中。但到了四月,他还是决定再次在福安里租房,和妻子搬入居住。到了暑假,估计还是因为经济上的原因,他再次决定不带家眷回沪,也退掉了福安里的房子。③

---

① 蒋维乔:《竹翁自订年谱》。
② 蒋维乔:《因是子日记》。
③ 蒋维乔:《竹翁自订年谱》。

到了光绪三十一年（1905）三月，因商务印书馆新编《法规大全》，增加人手十余人，使得房屋不敷。所以他在福安里另租了一间房子。不过仍是由于经济上的原因，他租的房子人多屋小，"于卫生不宜"。不久之后，他找了一个合租伙伴——商务印书馆的同事奚若（伯绶），他们在新衙之西租了一套新居。①合租显然分担了双方的经济压力，而对双方的学术研究也有促进作用。奚若当时为《小说林》翻译小说，其翻译稿根据《日记》所言，大都经蒋维乔的润色。

蒋维乔和奚若的室友生活持续时间不长。这年下半年起，他在商务印书馆的工资已经从六十元涨到一百元，因此他又着手计划将家眷接到上海。他先是和杨瑜统在祥安坊合租了一套房子，看定房子后，他开始置办家具，曾和奚若到虹口买藤椅、桌子，和唐驼到四马路瑞昌号买铁床和木器。等到六月二十五日，他将妻儿从常州接来，一同迁居新租的房子，这一次他还带了很多行李，开始做在上海定居的准备。不久杨瑜统离开商务印书馆赴天津，将妻儿托付给蒋维乔照料。蒋维乔一家住在房子的楼上，杨瑜统的夫人及子女则住在楼下。十月份，杨瑜统来沪接走了妻儿，蒋维乔一家搬到了海宁路福寿里。

蒋维乔当时的经济情况已明显好转，手头宽松了很多。1905年夏天，他第一次在商务印书馆入股五百元，所以海宁路的这套房子也应该比较大。②在光绪三十三年（1907）的五月，他接父母到上海来玩了半个月。此后他的妻弟一家到上海来游玩，也在他家住了一个半月。他们家原来就有蒋维乔一家三口和侄子四人，再加上此后他曾经转租一个房间给金石，那么这所房子应该可以容纳七到八人居住。从此，蒋维乔的住房问题得到了初步的解决，开始在上海过起了安定的生活。蒋维乔与妻儿乔迁新家的第一年也就是光绪三十二年（1906）的春节，他携妻儿回家过年，然而这也是他最后一次回家过年。此后，他即使回常州，均是来去匆匆，除了母亲去世的那一次之外，时间均不超过一周。很显然，上海

---

① 蒋维乔：《因是子日记》光绪三十一年三月十三日。
② 蒋维乔：《竹翁自订年谱》。

已经是他的家了。

光绪三十四年（1908）年初，他因为上年开销太大，因此将住房转租一间给了金石（夔翁）。但很明显，蒋维乔在上海的生活随着商务印书馆的发展而日趋改善，所以马上他又感觉房子太小了。所以在五月二十七日，他又偕妻子到宝兴看房子，原因就是"住宅太狭小，拟迁居也"。七月初一，他在华安坊租定新寓两幢，二十九日，乔迁新居。原来的房子也没有退租，除了一间仍然转租金石外，另外的房间则转租给了沈乙生，做起二房东来。新居好处很多。一是方便。他迁居华安坊之后，离编译所较近，步行不过二十分钟，较之原来的住所相比要方便很多。二是设施齐备。虽然蒋维乔在日记中没有对新居作详细的描绘，但至少这所新居和原来的住处相比多了浴室。从迁居之后，蒋维乔就很少到瀛园浴室去，每次都是在家中洗澡。只是这一年十月的一天，他在家中浴室洗澡，差点煤气中毒昏倒，好不容易奔出浴室，又着凉感冒，令他虚惊一场。①

2. 食

蒋维乔赴沪之始，除了聚会之外，一般是在商务印书馆和爱国女校等工作单位就餐。这段食堂生活如何，蒋维乔并没有详细记录。但日记中曾述一事，爱国女校中的学生宁波、常州各居其半。"宁波人所嗜者腥气与生鱼肉而忌油，江苏人最忌腥气而不嫌油，故两者口味几达于极端而不能合"。而爱国女校的厨师是宁波人，因此江苏学生均不能下咽，蒋维乔遂和相关人士协商，将常州学生及办事者共十六人的饭食包与商务编译所。②从1925年常州旅沪同乡会会员名录中，我发现了有三名是商务印书馆的厨工。③结合上述日记的内容，可知商务的厨工可能当初就已经是常州人，做的菜较适合常州人的口味，因此，蒋维乔的食堂生活还算差强人意。

---

① 蒋维乔：《因是子日记》光绪三十四年十月十六日。
② 蒋维乔：《因是子日记》光绪三十年二月十六日条。
③ 《常州旅沪同乡会第二届会员名录》。

等到1905年，购置新房，接妻儿来沪后，他的生活大有改善。蒋维乔爱吃蟹，之前他要大快朵颐，必须和庄俞一起去食肆吃蟹。等到妻子来了之后，可以在家中一饱口腹。"今日鲁兰购肥蟹十个，晚间饮酒持螯，乐甚。"① 到了1908年，迁居新居之后，他的生活条件更是明显改善。由于房间宽敞，他经常在家中宴客，有时宴请的客人达十余人。这时，妻子已经不再动手，而是有厨师做菜。有时遇到节日，他也让厨师做菜。儿子生日，他"命厨司治菜数事，在家吃面"。② 中秋节，"命庖丁做菜数事，与妻子侄等家宴"。③ 曾经有一次，他还让厨师做鲨鱼唇，觉得"颇佳"。④

茶楼是中国文人常去的地方，常州饮茶之风极其兴盛，蒋维乔在常州宣传新思想，经常在玉壶春、步瀛楼、迎凤楼、鸿运楼等著名茶楼发传单，以便扩大影响。在上海，茶楼也是其会友休闲的重要场所。著名的四马路茶楼青莲阁曾被列为"洋场第一景"，始建于19世纪30年代，杰阁三层，楼宇轩敞，除设茶座外，还有书场、戏院、弹子房等。青莲阁是蒋维乔常去饮茶的地方，他和常州同乡曾约好在此进行每周六一次的同乡例会。⑤ 他还在此结识了民立中学的苏本铫和孙延庚，和孙延庚成为知已，并将自己的侄子送到民立中学读书。除了相约"啜茗"外，蒋维乔一人闲来无事，也常去茶楼坐坐。等到儿子长大后，他还常带儿子去永安茶居、汇芳茶居等地喝茶聊天。

吃饭是中国人最常用的交际手段，蒋维乔外出交际，也大都是在餐馆进行。中餐馆中，著名的鸿运楼、雅叙园等也是他们常常光顾的地方。等到他经济条件宽裕后，在节假日，也经常带着妻儿到餐馆用餐。自19世纪70年代开始，西餐馆开始在上海出现，当时称之为番菜馆，外面仍然是中国传统的砖木楼阁样式，馆内则是琉璃吊灯、西式壁炉、古瓷盆

---

① 蒋维乔：《因是子日记》光绪三十四年九月十五日。
② 蒋维乔：《因是子日记》宣统二年十二月十二日。
③ 蒋维乔：《因是子日记》宣统二年八月十五日。
④ 蒋维乔：《因是子日记》宣统元年八月十五日。
⑤ 蒋维乔：《因是子日记》宣统元年三月十四日

景等亦中亦西的富丽陈设,"上海番菜馆林立,福州路一带,如海天春、富贵春、三台阁、普天香、海国春、一家春、岭南楼、一枝香、金谷香、四海村、玉楼春、湖南春、旅泰等,计十四五家。……独一品香开设最早"。①而这些西餐馆,大多是蒋维乔与朋友饮宴常去的地方。

华洋并存是上海洋场的特色,所以蒋维乔经常在用餐时有一些新奇的体验。如孟森第一次带他去吃日本菜,他感觉"甚为清洁,绝无半点油腻"。②

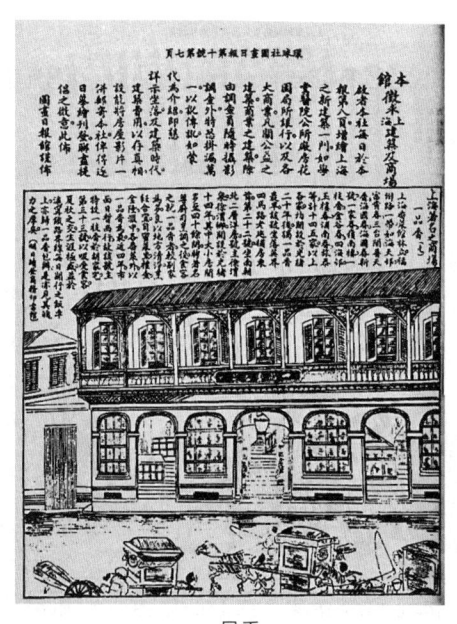

一品香

奚若从日本留学回沪,邀请他到家坐客。房间纯是西式装潢,主人也是一副西洋派头,请他吃西点和可可茶(咖啡)。③咖啡馆是此后中国知识分子经常出入的场所,而这却是蒋维乔第一次接触到这种日后时髦的玩意。但是时髦并不只是如奚若这类出过洋的人的专利,蒋维乔在家请商务印书馆的日本同事加藤和长尾吃饭,也开始进行创新,"中菜用西式各器,吃法耳目一新"。④徐仁记牛奶棚开张,他也专门跑去"试真牛奶"。⑤到大马路买新鲜乳油也是他在日记中多次提及的。

---

① 《上海著名之商场:一品香》,《图画日报》第十号第七页,上海古籍出版社1999年影印本。
② 蒋维乔:《因是子日记》光绪三十四年十一初五日。
③ 蒋维乔:《因是子日记》宣统元年二月二十七日。
④ 蒋维乔:《因是子日记》宣统二年二月十四日。
⑤ 蒋维乔:《因是子日记》光绪三十四年七月十六日。

3. 行

上海自开埠以来，伴随着城市化，大众交通工具也几经变化。在1900年代之前，普通人出行多乘人力车。蒋维乔少年时体弱多病，二十八岁时得肺炎，差点病死，此后他注重静坐和散步，因此，他出门经常步行。有一天正逢下雨，宝山路正在修筑，编译所旁泥泞不可行，蒋维乔称"余车"改道四川路，从小径抄过宝兴里。① 这个"余车"当是人力车，可能是因为下雨，偶尔为之。他也不像章秋谷，爱炫耀所谓的"亨斯美自拉疆马车"，马车在他的日记只是偶尔出现，比如带妻儿出游，或者携父母观赏街景之时。不过他爱步行的习惯并不妨碍他接受新的交通工具。他曾经三次在日记中记录习练自由车（自行车），第一次和许指严在一起练习，未能成功。此后，他又偕子侄在火车站旁草地练习②，这次好像进展颇大，但究竟学会与否，已再无下文。

1908年1月31日，英商电车开始在爱文义路（今北京西路）上试车。3月2日《字林西报》报道："两天前有19辆电车在南京路上行驶，车上的外国人沿途招揽路上行人登车，免费乘坐。"到3月5日上海第一条有轨电车线路正式通车营业。这条线路是贯通公共租界的东西干道，从起静安寺出发，沿愚园路、赫德路（今常德路）、爱文义路、卡德路（今石门二路）、静安寺路（今南京西路）向东行驶，穿过南京路（今南京东路），并沿着外滩，抵达上海总会（今广东路外滩），全长3.75英里。5月6日，法商第一条有轨电车2路

电车拥挤情形

---

① 蒋维乔：《竹翁自订年谱》。
② 蒋维乔：《因是子日记》宣统元年闰二月十四日。

也正式通车。该线路东起十六铺西至善钟路,途经新开河、外滩、公馆马路(今金陵东路)、浙江路、八仙桥(今西藏南路)、葛罗路(今嵩山路)、吕班路(今重庆南路)、金神父路(今瑞金二路)、亚尔培路(今陕西南路)至善钟路(今常熟路)。7月31日向西南延伸到徐家汇,全长8.5公里。

　　电车通车之后的第五天,即1908年的3月10日,蒋维乔和许指严一同乘车出游,"自泥城桥至黄浦滩,复回至泥城桥",① 黄浦滩如上所述是电车的终点,可见这次乘车应该是一趟纯粹的试行游玩。此后他经常乘电车出行,电车为他拉近了出行的距离,比如有电车之后,他第一次到徐家汇李公祠游玩,但依然感到"惜其太远,每日一至,电车来往,亦须一小时有余"。② 蒋维乔的好友和同事也经常乘电车,电车偶遇,然后在车中畅谈是他日记中经常叙述的故事。

　　1901年,匈牙利人李时恩出售了上海滩最早的两部汽车,一部卖给宁波商人周湘云,一部则归著名犹太商人哈同。此后,汽车渐渐流行。马相伯的女儿马宗文是蒋维乔爱国女校的学生,辛亥革命时曾与他一起加入江亢虎领导的社会党,马宗文多次邀请蒋维乔至徐家汇马宅游玩,第一次马宗文开着汽车来接蒋维乔一家前往,蒋维乔的妻子还和马宗文、马纬文乘了一段摩托车。这也是蒋维乔在日记中第一次提到汽车和摩托车。③

4. 衣

　　晚清的时候,人们服装比较单一,男性在正式场合都穿长袍马褂。蒋维乔是个非常朴素的人,他的衣着也相对随意,不过身在大上海这一时髦之地,他也多多少少会入乡随俗,修饰一番。初来上海时,他曾和严保诚、杨瑜统到大马路荣昌祥定制呢马褂,④ 荣昌祥是他经常购买衣服

---

① 蒋维乔:《因是子日记》。
② 蒋维乔:《因是子日记》光绪三十四年八月十三日。
③ 蒋维乔:《因是子日记》宣统三年闰六月十一日。
④ 蒋维乔:《因是子日记》光绪三十年二月十一日。

的地方，此后他订马褂少了，开始购大衣、呢衫和雨衣这些西式衣服，并为儿子购过洋衫背心。1911年，他曾打算到日本游历，于是专门到大马路何瑞丰定制了一套洋服①，后来去日本游历的计划因故作罢，但洋服倒是置上了。他的眼镜都在高德洋行配过眼镜，曾因为母丧，服中不能戴金丝眼镜，又专门另配了一副黑框眼镜。②此外他还到何元通买过皮包，在益生及大马路其他的店铺买过鞋。相对来说，女人爱美更是天性，所以蒋维乔的妻子张鲁兰（一度曾改名罗兰）要更加时髦一些。蒋维乔曾专门到大马路为妻子买流行的纱裙。③1908年，他还陪着妻子在大马路买假钻石。④1910年，他又陪妻子到杨庆和购金饰。⑤这时他收入情况显然好了很多，不大可能再买假钻石了。

值得注意的是，他买东西大都在大马路，大马路（南京路）在最初繁盛不及四马路，但是1892年，中国第一家"环球百货商店"福利公司在南京路成立，至1907年，南京路已经有福利、汇司、泰兴、惠罗四家外资开设的百货公司，服务对象是在沪西侨和高等华人，虽然南京路真正的繁荣要到1920年代之后，但此时的南京路已俨然初具购物中心的雏形，蒋维乔的购物集中在大马路，其实也是大马路发展变迁的一个写照。

二、休闲娱乐

传统文人休闲方式具有深厚的文化意涵，是中国传统文化的重要组成部分，如诗会、雅集、书画等，都是其重要的表现形式。明清以来，由于城市化和商业化的发展，消费文化的兴趣，使得传统文化的休闲方

---

① 蒋维乔：《因是子日记》宣统三年二月十五日。
② 蒋维乔：《因是子日记》宣统二年九月初四日。
③ 蒋维乔：《因是子日记》宣统元年五月初五日。
④ 蒋维乔：《因是子日记》光绪三十四年五月二十二日。
⑤ 蒋维乔：《因是子日记》宣统二年六月十八日。

式也产生了某种变化,在休闲活动中对个人感官欲望的追求逐渐开始压倒了审美化的需求。近代以来,西方影响的加深和工业化进程的加速,使休闲方式也受到了现代文明的影响,人们为适应休闲方式的现代转型也进行了多方面的调整,在身份等级观念、审美观念等方面发生了深刻的变化。

1. 旅游

传统中国文人爱旅游,游览山川,了解世情,且还可以让诗文笔墨借山川之助获得新的突破,所谓"壮游足以知今,读史足以知古"。① 这种对旅游的爱好也被蒋维乔等新式文化所继承。蒋维乔和他的同事好友庄俞均爱旅游,两个人都有游记传世,而且游记也基本在同时出版,并都是民国期间影响较大的游记作品之一。蒋维乔称其"一生好游","每以春秋佳日,涉猎各省名山水"。② 到三十年代,他已经跑遍了大半个中国,只有四川、云南、贵州、广西、福建诸省足迹未至。庄俞也说:"春秋必呼朋邀侣,一至山水胜地,登山必达岭,遇水必买渡,所至流连久。"③

蒋维乔和庄俞等人开始大规模的出游和交通工具的变化有着密切的关系,他们和传统文人不同,不可能花大量的时间用在远游上。对他们这样在上海都有繁忙的工作事务的人来说,如果还像同治初年那样从常州到上海都必须经过五天艰苦的旅程的话,显然旅游是件奢侈的事情。所以庄俞曾说自己是个"终年闭户工作之人","久客沪,故星期常作近地游,朝出而夕返。京沪、沪杭甬两路,稍有风景可言之站,皆有予之足迹"。蒋维乔他们大规模的出游,是随着京沪铁路开通之后才进行的。铁路开通之后,他们每年春天都会到上海周边地区游玩。光绪三十四年

---

① [清]李锐:《白云草堂诗钞序》,吕星垣:《白云草堂诗钞》卷首,嘉庆六年刻本。
② 蒋维乔:《自序》,《因是子游记》,商务印书馆1936年版,第1页。
③ 庄俞:《弁言》,《我一游记》,商务印书馆1936年版,第1页。

（1908）五月，蒋维乔和高梦旦、严保诚、徐念慈、庄俞等人乘火车到无锡游惠山。宣统元年（1909）三月，蒋维乔又和严保诚、庄俞等到苏州游天平山。这一年的四月，常州的钱以振、于定一、徐果人和翁新铭来上海邀请，又邀请蒋维乔他们游西湖。蒋维乔、庄俞当然欣然答应，而严保诚开始有些犹豫，后来看人多，不愿扫兴，也随之前往。这时沪嘉铁路还要到半个月之后通车，他们先乘一个晚上的汽船到嘉兴，然后再乘火车到杭州闸口站，用时五个小时。①西湖之行是蒋维乔他们当时玩得最为尽兴的一次旅游，从四月初二到四月初八历时一周，住在刘果毅敏公祠堂，游览了保椒塔、六和塔、苏堤、越王庙、灵隐寺、飞来峰等多个景点。蒋维乔和庄俞最爱爬山，庄俞的姐夫翁新铭也爱旅游，但"脚力弱，不善跋涉"，登飞来峰时因宿雨路滑，大恐，只能令"两舆人挟之下"，此后一到爬山便在山脚"株守以待"，这个情景二十年之后庄俞依然记得非常清晰。②宣统二年（1910）三月，他们又到常熟游尚湖，常熟不通火车，他们先坐六个小时的汽车到昆山，再坐四个小时的轮船到常熟。③蒋维乔他们旅游，除赴杭州以外，其他三次都是来回只有三天，可见他们工作繁忙。而且这三次旅游都由当地好友邀请，吃住基本免费，如赴无锡是蔡文森邀请，赴苏州是杨廷栋邀请，赴常熟是宋仲敏和王湘帆，而杭州旅游则是大富商钱以振买单。可见当时蒋维乔、庄俞的经济收入和工作环境仍然不允许他们进行长时间的旅游活动。到了民国以后，蒋维乔和庄俞的地位明显提高，他们有足够的时间和精力从事旅游活动，所以蒋维乔才跑遍了大半个中国，庄俞也是七入正阳门，三上泰山，三谒孔子林庙，品泉于玉泉、晋祠、虎跑、中冷、惠泉，入温泉浴于汤山、东葛、厢根，观瀑于三叠、马尾、黑龙潭和日本，食鲜于富春江，仅西湖就去了三十余次。④

---

① 蒋维乔：《竹翁自订年谱》。
② 庄俞：《我心目中之佩孚》，《翁佩孚先生哀挽录》，1927年铅印本。
③ 蒋维乔：《竹翁自订年谱》。
④ 庄俞：《弁言》，《我一游记》。

2. 逛公园

中国传统文人对私家园林情有独钟，园林成为文人雅集的重要场所，但传统社会中的私家园林仅属于文人群体内部，并不对公众开放。从18世纪开始，随着城市化的进程，公园的概念开始在西方产生，先是部分皇家贵族的园林逐渐向公众开放，此后，欧、美出现了专门供公共游玩、观赏、娱乐的公共园林，这就是近代公园的产生。上海近代意义上的公园始于租界，第一座正式的外侨公园为公共租界工部局在外滩英国领事馆前面建造的公家花园（Public Park），即今天的黄浦公园，这也是中国最早的一座正式公园。西式公园对外侨免费开放，但绝大多数不允许中国人进入。直到1890年，经上海道台交涉后，才将在四川路和博物院路之间的涨滩建立的新公园向中外居民开放，即华人公园，或称中国公园。公家花园和中国公园，蒋维乔都曾去过。① 这些公园有着鲜明的西式园林风格，迥异于传统中国的园林，无疑向以往只知有私家园林而甚少公共娱乐意识的上海大众提供了公共娱乐的形象而具体的示范。此后上海建立的一系列公园都有对西式园林进行模仿的成分。光绪年间，受外侨设公共花园供大众游览启示，由私人兴筑和拥有的若干园林如徐园（双清别墅）、申园、西园、愚园、徐氏未园、张园（味莼园）等，相继对沪上公众开放，丰富了市民的业余生活，成为外侨移植的西式公园向华人公园发展的一种过渡。不仅市人往游者极其踊跃，而且外地人赴游必到，1907年，蒋维乔父母第一次到上海游玩，蒋维乔除了陪他们逛春仙、丹桂看戏，就是去上海当时最大的两个园林张园和愚园游玩。他在日记本所提及的园林还有辛园、徐园、颐园、徐家汇留园、哈同花园等。

这类园林中最知名者为张园，园在静安寺路南（约当今茂名北路、泰兴路、南京西路之间），创自英商和记洋行经理格龙（Groomme）。1882年无锡张鸿禄（字叔和）购入，改名味莼园，又称张园，1885年正式开放。经历年修建，由原先的二十余亩拓展到七十余亩。整座园池为西式

---

① 公家花园不准华人入内，蒋维乔曾赴公家花园玩过多次，说明公家花园也可接待华人，个中情况如何，不得而知。

张园

风格,入门为一片广场,左右均种植树木,"园中占胜之处则有旧洋房一区,新洋房两区,皆极华丽"。①高楼之一为"碧云深处",中间广厦曰"安垲第"(Arcadia),是当时上海最高的建筑,可容数百人进餐品茗之地,其中一桌一椅均仿西式,楼前为草坪。另一为"海天胜处"楼,设有弹子房、旅馆、曲沼、小屿。

愚园是另一座当时有名的园林,1890年宁波人张氏创于静安寺东②,该园以画栋雕梁、楼宇宏敞、陈设精良而使海上同时诸园黯然失色。愚园在清末五易其主,其中最有名的主人是常州人刘树森,据其弟刘垣称,刘树森购置愚园是为母亲祝寿,送给母亲作颐养之所③,时间约在1904—1905年间。

---

① 藜床卧读生:《游历上海杂记》。
② 一说张氏购下西园产权,改名愚园,然此说当不确,蒋维乔在日记中曾同时去愚园与西园。
③ 刘垣:《刘柏生先生墓志铭》。

愚园

张园和愚园两座园林既是最有名的两座园林,同时园主人都是常州府同乡,因此都是常州人经常游玩之所。尤其是愚园,晚清很多时候常州府及武进、阳湖两县旅沪同乡会议都在此进行,从常州来沪的人士也常在此会友。另外,由于刘树森的弟弟刘垣在江苏教育会任职,故江苏教育会多次会议也常在愚园举行。张园则由于是当时上海唯一一家向全体市民免费开放的大型公园(园内项目有收费),因此成为全上海广纳程度最高的公共空间,几乎官、绅、商都在此聚集,在此猎艳者有之,在此雅集者有之,在此议政者亦有之。张园最突出的一点是其是清末上海最重要的集会和演说场所。正如熊月之先生所言:"每遇大事,诸如边疆危机、学界风潮、地方自治、庆祝大典,不用说,张园准有集会。……从发起人与参加人看,有学界,有商界,有政府官员,有民间人士,不分男女老少,不分士农工商,有时还有些外国人,从思想、主张看,不分革命、改良,不问激进、保守。"① 蒋维乔于1902年初到上海,第一次

---

① 熊月之:《张园与晚清上海社会》,《南方周末》2004年4月4日。

参加公共活动是在张园的海天深处迎接从日本回国的吴稚晖，当时吴稚晖在日本与公使蔡钧发生冲突，被遣送回国，在码头愤而投水，被日本警察救出，遂被蔡元培护送回国。当时蒋维乔与老师钟观光、同学黄芝年、同乡谢荫昌等人在场。他在日记中称，到会有百余人，并设有茶点蔬酒。集会开始后，吴稚晖登台演说，"备述在日本事件始末，慷慨激昂，淋漓尽致，述及中央政府腐败、国权损失与学生反对之故，则令人怒发冲冠，有为之泪下者。述及公使语语荒谬，又令人转怒为笑"。①演讲结束，众人鼓掌声如雷震耳。当时张园主人张叔和专门代众人敬酒，吴稚晖举杯对众致谢，一饮而尽，众人又鼓掌不绝。此后台上开演昆曲。这一经历，对蒋维乔影响至深。此后，张园每有演讲，他也经常去听。有次，张园有美国人演讲，他专门拉了谢仁冰跑去观摩。1903年，他加入中国教育会和爱国学社，也经常在此参与政治活动，并常常登台演讲，他还常常鼓励妻子参加演讲。

愚园、张园这些公园都有很多娱乐设施，如演戏、马戏等，等到电影出现后，各个公园也都有放电影的场所。蒋维乔赴公园，有时是为了观看这些表演。如张园文艺新剧场是他经常观剧的地方。科学研究会曾常在张园演剧及试验。而愚园中的林步青表演改良滩簧，也是蒋维乔非常感兴趣的演出。

蒋维乔经常去公园，还有两个与众不同的原因。一是静坐养生。蒋维乔二十八岁时得了肺炎，咳嗽咯血，百药罔效。他的父亲告诉他，此病非药可愈，唯有静养。于是他谢绝世事，隐居乡章，"每日子、午、卯、酉，四次静坐，余暇则读老庄及佛经，习七弦琴"，三月之后，"生理大起变化，病霍然而愈"，②此后至老，他静坐从未间断。他曾著《因是子静坐法》，流传很广，至今不衰。他到公园，经常找一僻静场所静坐。所以他很喜欢辛园，称"斯园殊幽静，颇不类他处之尘俗"，③比较适合他

---

① 蒋维乔：《因是子日记》光绪二十八年七月初十日。
② 蒋维乔：《因是子先生自传》。
③ 蒋维乔：《因是子日记》光绪三十年九月十九日。

静坐。二是研究科学。蒋维乔受其南菁书院老师钟观光的熏陶,对理化科目尤有兴趣。钟观光曾和同乡好友虞辉祖、虞和钦等人共同在上海创办了科学仪器馆。1903年科学仪器馆还创办了《科学世界》杂志,推动科学知识的传播。1904年,在科学仪器馆设立标本制作所,专门制造动植物标本模型。同时还创办了理科讲习所,这是中国人自办理科专修教育之始。蒋维乔到上海之后,常去科学仪器馆参观,与虞辉祖、虞和钦等人交往颇密。1904年成立理科讲习所之后,他和严保诚、许指严、程璋等同乡好友去听讲[1]。1906年起,他和严保诚、许指严、程璋、徐念慈专门每天早晨抽两个小时的时间到科学仪器馆学习动植物、矿物、生理学,从二月初四开始至十一月二十日毕业,历时九个月。这一年他读过的书有杜译《植物学》一册、《生理学粹》两册、《动物学教科书》一册、《简明矿物这教科书》一册。[2] 在研究植物的时候他结识了如凌昌焕、林三森、孙勉斋等人,互相讨论观察植物的心得。他自己也常和许指严等人一同采集植物。各个公园都种有各样植物,因此蒋维乔工作日的早晨和星期天常到公园观察植物的变化,并采集植物标本。他在自编年谱中曾记录了观察植物的情形:"(辛园)是时紫荆、辛夷、梨皆盛开,樱花已谢而结果,七叶树嫩叶作深红色,月季、牡丹方蓓蕾。又往田野观油菜花、蚕豆花,皆采集研究,一一解剖之。"回来之后,他还用放大镜研究,"细察叶之表皮与里皮,里皮气孔甚分明,又视双子叶之骈列组织与海绵组织,单子之叶之两面骈列组织"。当时他对植物极为热衷,"晨夕苟有余暇,亦丝毫不放过也"。他还尝试解剖动物,先用虾、蟹入手,还解剖过鸽子、鸡、蛙等动物。[3] 他听说张园中设有马戏,有各种动物,也

---

[1] 程璋,字瑶笙,祖籍徽州,生于泰兴,长于常州,著名画家。程璋是著名国画家,其国画吸收了大量西洋技法。他和蒋维乔等人参加动植物讲习班,专门观察植物,当对其画艺有很多推动,蒋维乔称其"喜研究动植物,善画翎毛,后成大名",此事为历来研究程璋者所忽视。
[2] 蒋维乔:《因是子日记》光绪三十二年十二月三十日。
[3] 蒋维乔:《竹翁自订年谱》。

专门跑去观察研究。有天他遇到著名博物学家吴家煦（和士），大谈研究植物心得，寝食俱忘。正由于蒋维乔对生物学有研究，因此陆尔奎在编《辞源》时将其中有关动植物的条目交由他来修改。①

3. 戏剧与电影

蒋维乔的父亲爱看戏，也会唱戏，他的几个儿子都遗传了父亲的这一爱好，他的大哥蒋维瀚更是著名的昆曲票友。宣统元年（1909）正月十七日，蒋维瀚陪儿子到上海考民立中学，正值陆尔奎在家设宴请客，在座的有孟昭常、谈珵熙（小莲）、李正华（静之）、唐陀、屠寄等人。谈珵熙是著名的曲家②，孟昭常也精于昆曲，因此蒋维乔让人回家取笛，请三人表演。先是谈珵熙按笛，蒋维瀚唱《思凡》；此后蒋维瀚按笛，孟昭常唱《小晏》，最后谈珵熙按笛，蒋维瀚唱《惨睹》，尽欢而散，成为一时佳话。③ 蒋维乔虽然在昆曲方面精专不如大哥，但对戏曲的爱好也不亚于大哥。他初到上海，经常赴春仙、天仙、丹桂、丹凤等剧场观剧。有一天，他想看戏，至但天仙、春仙坐客已满，只能跑到群芳楼听书。④可以说，看戏是他初到上海时最主要的娱乐活动。这一爱好始终没变。名伶谭小叫天来上海，他特别和妻子跑去捧场。⑤ 有一次，他还和严保诚合租了一个包厢看戏，双方都是全家出动，多余的位子还邀请了李正华的妻子和儿媳来看。⑥

当然，蒋维乔看戏与普通人不同，他一贯对教育大众颇为重视，这

---

① 蒋维乔:《因是子日记》宣统三年七月初八。
② 谈珵熙娴于词曲，通音律，是著名的曲家，曾著有传奇《孝娥记》，在上海办《求我报》和《小说七日报》，其事迹参见王学钧:《李伯元和白云词人谈小莲》，《明清小说研究》2003年第2期；胡瑜:《近代戏曲家谈小莲事迹考》，文教资料，2009年第18期。
③ 蒋维乔:《因是子日记》宣统元年正月十七日。
④ 蒋维乔:《因是子日记》光绪二十九年七月初三日。
⑤ 蒋维乔:《因是子日记》宣统二年十一月初二日。
⑥ 蒋维乔:《因是子日记》宣统二年正月十七日。

使得他对那些改良新戏特别关注。如汪笑侬的改良新戏《瓜种兰因》曾引起过他的特别兴趣。①光绪三十四年（1908）的一段时间，他常去豫园看林步青的改良滩簧，并大加赞赏："其所唱者皆系自己新编者，穿插时事，随口说来，妇孺都解，诚奇才也"②，"林步青改良滩簧所唱缠足、鸦片之害，浅俚痛切，妇孺都解，大有郑元和唤醒世人之概"。③上海新舞台是我国第一个具有先进舞台设备的新式剧场，它的建立和演出活动标志着上海戏曲改良运动的高潮。新舞台一成立，他专门跑去观看，称"其台中布景参用西法，大有可观"。④

蒋维乔看戏还有一个原因，即他的友人经常参与到戏剧中。比如好友谈㻚熙是戏曲改良运动的重要参与者，所编《小说七日报》是第一个发表《潘烈士蹈海》剧本的媒体，他专门跑去丹桂看《潘烈士蹈海》当然是对题材感兴趣，但好友的参与应该也是原因之一。⑤陆尔奎的儿子陆镜若在日本与李叔同、唐肯等组织春柳社，成为中国话剧的创始人之一。

潘烈士蹈海

---

① 蒋维乔：《因是子日记》光绪三十年七月二十五日。
② 蒋维乔：《因是子日记》光绪三十四年七月十三日。
③ 蒋维乔：《因是子日记》光绪三十年九月二十四日。
④ 蒋维乔：《因是子日记》光绪三十四年十一月二十二日。
⑤ 胡瑜：《近代戏曲家谈小莲事迹考》，《文教资料》，2009年第18期。

陆尔奎是蒋维乔的同事,而陆镜若也是其好友,曾为他和庄俞、严保诚等人上过日语课。因此,对于陆镜若在春柳社和春阳社演的话剧他都极有兴趣,他看陆镜若导演主演的《黑奴吁天录》及《双烈殉路》,觉得"神情栩栩,能令人忽笑忽泣,真妙技也"。①

1903年,西班牙人雷玛斯(A.Ramos)携一架半旧放映机和一些欧洲短片,在青莲阁下租了一个小房子放映电影,这是上海第一个固定商业放映点。光绪三十三年(1907)二月十一日,商务印书馆在颐园宴请编译所同人看"电光影戏","三时半开演,中间休息二次,至六时半方毕",这是蒋维乔第一次看电影,感觉"颇极生动"。三月初二日,他就带着妻儿又到颐园看"电光影戏"。此后,他们商务印书馆的朋友聚会常以往颐园看影戏为内容,如沈颐和庄俞均曾邀请他去颐园看过。不久,华园、愚园、张园、徐园、青年会等已经都有影戏,他都去看过。1908年左右,上海第一座电影院幻仙戏园开张,伍达也曾邀请蒋维乔至幻仙戏园看戏。②

4. 音乐与体育

蒋维乔的父亲如前所述,颇擅音乐,"奏弦管诸乐器"无一不精。蒋氏兄弟自幼受其熏陶,酷爱音乐。蒋维乔患肺炎居乡静坐,以习七弦琴以自遣,据他所言,曾学弹《平沙落雁》等名曲。③琴棋书画是中国传统文人修身所必须掌握的技能,众多文人都擅长音乐,操琴谱曲填词是其本色当行。但是随着蒋维乔到上海,他对音乐的意义和功能的理解也发生了转变。

1903年2月,上海人沈心工(叔逵)自日本回国,入南洋公学附小任教。沈心工在从日本的音乐教育受到启发,在留学生中发起成立音乐讲习会。沈心工在南洋公学负责教音乐,这使得南洋公学附小成为中国

---

① 蒋维乔:《因是子日记》光绪三十三年十一月二十四日。
② 蒋维乔:《因是子日记》宣统二年八月初五日。
③ 蒋维乔:《竹翁自订年谱》。

最早开设音乐的小学,也是西洋音乐在中国传播之始。不久沈心工出任附小校长,开始在更广的范围内推广"乐歌运动"。所谓"乐歌运动"是中国的一些音乐家选择一些外国乐风的音乐改填歌词,进而自己作词作曲,在课堂中教唱。沈心工由此成为开创我国近代学校音乐教育先河的启蒙音乐家,曾被李叔同称为"吾国乐界开幕第一人"。① 此后,沈心工在上海的务本女塾、南洋中学、龙门师范等地教授乐歌,举办乐歌讲习所。

光绪三十年(1904)春,蒋维乔和严保诚、谢仁冰、许指严加入了在务本女塾举办的乐歌讲习会,学习乐歌,并学习风琴演奏,此后半年他天天赴乐歌讲习所上课,并在家中勤练琴艺。② 蒋维乔加入乐歌讲习会很显然并非如传统文人一般附庸风雅,而是有了更大的目的,即为了在学校中推广音乐教育做准备,而推广音乐教育其实是为了提高民众素质,传播新式思想。这年暑假,他就和谢仁冰、许指严等人在常州举办了乐歌讲习会,并帮助常州的育志小学购买风琴,常州小学有音乐课和风琴自此开始。③ 到1905年,正则和冠英两所晚清常州最大的小学成立之时,音乐课已经成为学习的必修课程了。

宣统元年(1909)六月,蒋维乔与严保诚、庄俞、沈颐、戴克敦、高梦旦、张世鎏等商务印书馆的同事们组织了一个网球会,开始在编译所对面的一个网球场练习网球。④ 中国传统文人向来给人手无缚鸡之力的感觉,体育运动很少与他们结缘,少数文人曾经习武练剑,但均非文人主流传统。到了近代,对体育运动的观念发生了重大的转变,特别是很多现代体育活动的传入,对人们产生了重大的影响。上海现代生活中流行的体育活动形式,大多是开埠以后经由外侨输入的。由于英国侨民对于网球的和足球的深厚感情,所以这两项运动是较早传入上海,并且

---

① 《"吾国乐界开幕第一人"》,《音乐世界》1989年第2期。
② 蒋维乔:《因是子日记》光绪三十年三月初二日。
③ 蒋维乔:《因是子日记》光绪三十年六月初十日。
④ 蒋维乔:《因是子日记》宣统元年六月十七日。

在上海开展的较为成熟的比赛。早在1879年,上海就有了采用英国温布顿网球锦标赛的规则的网球比赛,网球也是上海西侨最喜欢的体育活动之一。中国人打网球始于十九世纪末的圣约翰、南洋公学、复旦等学校的学生,到了20世纪初,网球运动的影响力开始增强,商务印书馆的网球会是网球运动在中国人中传播的例证。蒋维乔最初提及网球,都是说"扑网球",此后用过"打网球"和"拍网球",不久之后,"打网球"这一名词已经在他的日记中固定起来。从这一小细节可知,他对网球运动的熟悉和理解也是逐渐形成的。他开始学打网球之后,对这一运动情有独钟。不久称:"余发球已得诀,而接球尚手不应心,然较同辈进境为速。"① 打了半年之后,他曾经和邝富灼、张世鎏(叔良)、沈侃如等同事打过一场比赛。邝富灼幼年随父亲去美国,毕业于哥伦比亚大学,他对网球肯定非常熟练,所以蒋维乔称其为名手。蒋维乔当时只不过刚刚练习了半年,但是打完比赛他感觉"虽未能取胜,犹足一战",对以"初学厕其间"的自己能打到如此水平,已经相当满意。②

商务印书馆当时除了打网球之外,还经常举办各种其他运动,如曾作"跳高之戏",蒋维乔"跳至二十六格,有四英尺有奇"。③ 此外,他还经常和同事一起放风筝。企业举办体育活动,是现代企业增强企业的凝聚力,振奋企业精神,增强企业活力的手段。商务印书馆职员的体育活动是其体现。

网球

---

① 蒋维乔:《因是子日记》宣统元年七月二十七日。
② 蒋维乔:《因是子日记》宣统元年十一月二十五日。
③ 蒋维乔:《因是子日记》宣统元年十二月十七日。

三、情感交往

1. 婚姻与家庭

光绪二十一年（1895）二月，蒋维乔与小自己两岁的张鲁兰结婚。① 当时妇女解放，婚姻自由等观念还未普及，婚姻基本上都是包办，先结婚后恋爱是一种普遍模式。这种形式的婚姻在近代多受冲击，婚后感情融洽的不多，离开家乡，到了上海另寻真爱者所在多有。刘海粟当年因爱上表妹杨守玉而逃婚，但是他到上海之后，表妹也随即抛在脑后。蒋维乔可以算是其中的特例，他和妻子的婚姻生活一直延续了半个多世纪，和他不断鼓励妻子和自己共同进步有莫大关系。

1903年，蒋维乔来到上海定居，当时就把妻子也带到了上海，并将其送到务本女塾读书。蒋维乔受当时思潮的影响，已经形成了男女平等的概念："地球生人以来，斯有男女。男女同生天地间，同有天赋之权利，同有争生存之能力。"但同时他也强调女子教育，他认为女子不读书会导致愚陋暗昧②，所以将妻子送去读书，是他身体力行贯彻这一思想的表现。妻子"习惯于旧家庭，不适学校生活，甚不愿意"，但是由于他强制执行，妻子"亦无如何"。妻子在务本女塾住校，八岁的儿子跟在他身边，每个周日到务本女塾与妻子团聚一天。儿子从未离开过母亲，与母亲分别后整日啼哭不已，搞得他心力交瘁，儿子也日见消瘦。蒋维乔于是和蔡元培商量到爱国女校任教，让妻子也转到爱国女校，可以一家团聚。蔡元培当时对他携妻带子很不以为然，告诉他："我们男人根本不宜带领小儿。"当时蒋维乔月薪不过四十元，经济窘迫，再加上他觉得妻子年纪较大，只能粗知书算，读书当是无大希望，所以他让妻子回家，儿子也转入好友办的育志小学读书。下半年由于他的工资增加了，他将妻儿从常州接来，并让儿子到文明小学堂读书。1907年上海新开了保姆传习所，蒋维乔又将妻子送入读书，不料上课不到一个月，因身体多病又

---

① 蒋维乔：《竹翁自订年谱》。
② 蒋维乔：《论中国女学不兴之害》，《女子世界》1904年第3期。

爱国女校学生

告中止。①

在蒋维乔心目中,妻子有时好像是他进行教育改革的一件试验品。蒋维乔如何判断这个试验的成败,外人很难知道。就读书求学这一方面而言,蒋维乔的各种尝试都可以说失败了。蒋维乔关心时事,爱读书,勤钻研,对知识有着强烈的渴望,在这方面,妻子确实和他颇有差距,所以他偶尔也会在日记中表达对妻子的某些妇人之见的不以为然。如1910年岁末,慎食卫生会在张园开剪发大会,蒋维乔也随之在家中自行将辫子剪去,觉得"数十年可厌之物一朝除之,快甚",但妻子看到他剪完辫子却痛哭失声,他认为妻子将他剪辫误以为出家,"妇人心理殊不可解"。②但是另一方面,张鲁兰确实在蒋维乔的指导下不断进步,不断努力缩小和蒋维乔之间的距离。她第一次到务本女塾读书之后,看到了很多和自己情形一样的女子认真读书,感触很多,觉得不应该嫌自己年纪大,自己看不起自己。1904年春节,蒋维乔、庄俞等人在常州办女子讲座,张鲁兰还上台演讲女子宜读书、不缠足、不佞佛三事,不久,张鲁兰的这篇演讲刊登在《女子世界》中。③和同时代很多的新知识分子相比,蒋维乔少了很多的绯闻,他和妻子虽然有差距,但双方都在尽量弥补。在平时日常生活中,两人也颇恩爱。每逢节假日,蒋维乔还经常带着妻子外出游玩、吃饭、欣赏风景。总的来说,他的婚姻生活还是美满的。

蒋维乔进入上海的时候,仍然是上海青楼十分繁荣的时代,但他几

---

① 蒋维乔:《竹翁自订年谱》。
② 蒋维乔:《因是子日记》宣统二年十二月十五日。
③ 常州女士张罗兰:《图书馆演说》,《女子世界》1904年第3期。

乎很少涉足那些场所,这和他一贯注重修身、静养有关,但他的性格和家庭观念也是重要的一个原因,这一点从他的婚姻关系中可以看出一二。而他对家庭的注重也贯穿了他的一生。

蒋维乔曾在《中国教育会之回忆》中称自己"比较的偏于温和派",他早年虽然参与了《苏报》等活动,但和吴稚晖、沈步洲等参与革命的同乡的关系并不佳,觉得他们"叫嚣躁突","举动幼稚",此后一意从事教育,"期获实益,不尚空谈"。这种较为理性和务实的思想也同样体现在他的家庭观念中。所以,他虽也为新式知识分子,但对家庭的观念并不激进,而是始终持一种渐进改良的观点。他一直认为要对婚姻家庭进行改革,必须"夙昔受国粹之学说,旧社会私德之陶铸",方可化"昔日之私德为公德","领略新学说而无有障碍"。因此,如果妄言自由,肆意委行,破坏传统,"处家庭则谩骂其父世",那么"处社会则互相诋排",这只是"野蛮自由"。①

他的父亲早年出身贫苦,但好读书,爱艺术,个性勤勉认真,这些都对蒋维乔有着相当的影响。而且父亲非常开通,蒋维乔曾与之讨论改良家俗,如撤去五路神等祭祀,父亲也表示同意。所以蒋维乔对其十分尊重。母亲一向爱护蒋维乔,她自己不信西医,但蒋维乔推荐西医给他诊病,她就接受,蒋维乔自己也说:"母亲非信西药,信之余言也。"②所以,他对他的父母一直相当尊重,父母来上海游玩,母亲来上海镶牙,他在日记中始终用"侍"这个词,对父亲他也始终称呼为"严亲"、"严君",和传统士大夫在日记中没有什么差别。

他对待子女的方式也是介于在传统与新潮之间。他对儿子的教育一贯重视,当初把八岁的儿子带到上海,毅然将儿子送到学校,不顾儿子天天啼哭,将他与母亲分开,自己亲自带小孩读书。儿子略微长大之后,他每天晚上都抽时间给儿子讲古文,一篇篇重点分析。但严格中也透着慈爱。平时他经常带着儿子到茶楼饮茶聊天谈心,沟通感情,他和同乡

---

① 蒋维乔:《女权说》,《女子世界》1904年第5期。
② 蒋维乔:《因是子日记》宣统二年八月十九日。

们每星期的聚会,他也经常带着儿子前去,以让儿子增长见识,开阔眼界。对于自己的子侄,他也同样关心爱护。他的二哥蒋维钟是个数学天才,可惜英年早逝,蒋维乔一直将他子女带在上海身边,让他们接受教育。大哥的儿子忠元小学毕业,他将其介绍入好友苏本铫、孙延庚创办的民立中学,后又将其送入清华。忠元等人入清华为一年级插班生后,对清华的教学不甚满意,觉得功课太浅,想回上海,蒋维乔和孙延庚等人协商,想尽办法阻止。等他们回到上海,又多次劝说,送他们回到北京。①

  蒋维乔自中年以后,开始着迷佛学,随着时局的恶化,他"出家"的思想倾向也越来越强烈。1929 年 12 月 7 日,他曾经和美国相学家巴勃女士进行过一次长谈。他说:"(吾)中年养病修道,时常有离家入山之想,继思抛弃家人,使彼等不能生活,于心不忍,故迟误至今。"可知,家人的拖累是蒋维乔一直未能出家的原因。所以当 1949 年 4 月,在一起生活了五十多年的张鲁兰去世,蒋维乔忽然有一种"得以解放"的感觉。②但是直至他去世,他依然没有放弃家庭和子女。可见他依然是一个传统的中国文人,把家庭始终放在第一位。

2. 友朋与同事

  人总是生活在不同的社会关系之中,在传统时代,血缘、地缘是最重要的社会关系,随着近代中国社会的转型,人们的社会关系、社会交往也渐渐发生了变化,但这种变化也是循序渐进的。蒋维乔在上海的交际圈主要还是以同乡为基础,但又多了同行、同事和更广泛的社会关系。

  以下将用 1907 年蒋维乔日记为基本资料,讨论他在一年内与人交往的情况,分析其交际圈的基本构成模式。为了对交往的统计更加精确,这个统计只限于他参与宴请和聚会的次数,平时的聊天、偶遇均不计。当然,由于蒋维乔日记中所记录宴请的名单不一定是全部人数,所以有缺略之处也在所难免。

---

① 蒋维乔:《因是子日记》宣统二年七月十一至十八日。
② 蒋维乔:《竹翁自订年谱》。

根据日记的统计,这一年与蒋维乔交往最多的是严保诚(23次)、庄俞(21次)、(沈颐11次)、许指严(10次)、杨廷栋(8次),其他在2次以上的还有高梦旦、虞和钦、徐镜涵、钟观光、于定一、张元济、夏瑞芳、徐念慈、胡君复、程璋、蔡文森、陆镜若、陆尔奎、丁祖荫、胡尔霖、曾朴、庄启、谢仁冰、徐果人、沈同芳、刘垣、谈珵熙、丁同曾、程炳熙、顾倬、孟森、孟昭常。以上一共有28人,其中严保诚、庄俞、沈颐和他既是同乡,又是商务印书馆的同事,他们除了经常出现在同一个饭局外,平时喝茶、聊天基本上也在一起,就连上浴室洗澡也经常会碰到。他们三人及许指严可以说是蒋维乔一生最好的朋友。杨廷栋、徐念慈、丁祖荫是他在南菁书院的同学,从此结交。蒋维乔还通过徐、丁二人结交了其常熟同乡曾朴。杨廷栋与他在本年的经常见面,是因为杨是苏路请愿的代表,要经常讨论一些苏路运动方面的事务。徐念慈、丁祖荫常往返常熟、上海两地,故见面次数不如杨廷栋多,但关系也仍然亲密。曾朴、徐念慈创办《小说林》,蒋维乔也常参与撰稿,还积极帮助修改稿件。张元济、高梦旦、夏瑞芳是他在商务印书馆的同事兼领导,他与三人见面都是工作上的应酬。钟观光是他在南菁书院的老师,也是对他一生影响最大的人,他到上海便是与钟观光有关。他到上海之后,又经常到钟观光参与创办的科学仪器馆参观研究,由此结识虞和钦。胡尔霖、蔡文森、顾倬三位无锡人是他常州府的大同乡,蔡文森还是他在商务印书馆的同事,再加上志同道合,所以他们也时常见面。此外剩下的13人都是他武进的小同乡。胡君复、程璋、陆镜若、陆尔奎、沈同芳、刘垣、丁同曾、程炳熙、孟森、孟昭常当年均在上海,胡君复、程璋是他很早的朋友,而和陆尔奎等人的不时见面,与当时参与各项社会政治活动如保路运动,如江苏教育会等有关。于定一、徐镜涵则在常州,也因从事各种社会政治活动,或处理各种问题如学务等,常常往返沪常两地。庄启、谢仁冰则是他的老朋友,谢仁冰在北京读书,庄启在比利时留学,偶尔回乡探亲,中间停留上海,老友相聚。

从1907年蒋维乔的交往名单中,可以发现他的社会交际圈基本上由同乡、同事、同学组成,而同乡在这当中占了相当大的比重,武阳人有

16 人,加上无锡 3 人的话,常州府人占了总数的近 70%。这可以看出,蒋维乔的人际关系依然没有突破血缘和地缘的限制。常州人大量的出现,当然与前章所述之商务印书馆的常州帮当然极有关系。28 人中,有严保诚、沈颐、庄俞、许指严、庄启、陆尔奎、孟森、胡君复、谢仁冰 8 人属于常州帮成员,再加上陆尔奎之子陆镜若以及无锡人蔡文森,已经超过了三分之一。这种同乡加同事的关系,使他们之间的联系日益密切。

当然,上海这样的大都会毕竟可以给人提供了一个更加多元的人际关系网络,所以蒋维乔的交往并没有局限于自己的小圈子,也在不断开拓新的社会关系,尤其是他在研究生物、哲学、教育时,结交了一大批志同道合的朋友。比如他在南菁的同学徐念慈是他一生难忘的挚友。即便在去世之后,"频年以来怀想念慈,魂梦之间,常常遇之"。① 蒋维乔还恪遵其临终嘱托,全力照顾徐念慈的家人,将徐夫人接到上海与自己家人一同居住,并介绍到爱国女校任职,维持生计。蒋维乔在青莲阁偶遇民立中学的苏本铫和孙延庚,一见如故,蒋维乔大赞孙延庚"经验甚富,人品极高",称与其"有倾盖如故之情","在沪多年,如此良友无几人也"。② 他之后还专门将侄儿忠元送到民立中学读书。此外,他在研究动植物时,结识了凌昌焕、林三森、吴家煦,在研究哲学、佛学时,结识了韩澄、孙少侯、黄子彦,都成为好友,倾谈甚欢。而且随着商务印书馆网球会、运动会、联谊会等一系列活动的举行,他和同事如戴克恭、张世鎏、邝富灼的关系也日益亲密。

四、结　语

冯友兰曾经说过:近代所经之时代,"是生产家庭化底文化,转入生产社会化底文化节之时代,是一个转变时代,是一个过渡时代"。③ 如上

---

① 蒋维乔:《徐念慈传》,《教育杂志》1912 年第 1 期。
② 蒋维乔:《因是子日记》宣统三年六月初七日。
③ 冯友兰:《新世论》,《冯友兰选集》,吉林人民出版社 2005 年版,第 79 页。

所言，蒋维乔也认为他处在一个过渡时代。他曾认为："成材之士，其夙昔受国粹之学说，旧社会私德之陶铸，故可化昔日之私德为公德，领略新学说而无有障碍。"也就是说，只有受过传统熏陶的人，才能领略新道德。徘徊在传统与现代之间，可以看成是蒋维乔自身的写照。他写信要求父亲进行家政改良，但每年过年都要在上海家中祀祖先；他追求新思想和新观念，但和妻子鲁兰的婚姻关系却保持了半个多世纪的稳定，他和上海的很多新知识分子交往、联系，但交往最密切的仍然是几个从青年时代认识的同乡好友。他从乡土世界中走来，依然对中国传统文化和乡土生活心存眷恋，但上海那些新的思想、新的潮流乃至新的食品和新的衣服又让他神往、欣赏，他在行为方式、知识结构、思想观念中都是中西交融，传统与现代汇为一体，这就是一个典型过渡时代知识分子的生活世界。

第三节　一个江南传教士在上海的一生

吴虹玉原名吴琬南，字洪玉，后改名为吴虹玉，英文名字为Hong neok Woo。早期的研究者对他了解不多，再加上关于他的大部分资料都是英文，所以经常会将他的名字译成"吴恒毅"。1970年代，本业为经济学的台湾学者高宗鲁对早年在美的华人故事产生了浓厚的兴趣，开始在美国收集相关资料。一个偶然的机会，他发现在宾夕法尼亚兰开斯特历史学会出版的一份刊物中有一篇由沃纳（William F. Worner）撰写的关于一位在美国内战中的中国兵的故事，非常感兴趣，就将其译成中文，发表在1975年《传记文学》第27卷第三期中，题目即为《美国内战中的一位中国兵》，这是吴虹玉的故事第一次被中国学术界所关注，但是此时人们还是以为他是"吴恒毅"。20世纪90年代，复旦大学的徐以骅教授在美国访学时，在得克萨斯州奥斯汀市美国圣公会档案总馆查阅资料时，发现了一份撰于1915年，由吴虹玉口述，朱友渔笔录整理的《吴虹玉牧师自传》。这份自传是其中一份副本，夹在一封信中，而这封信是1920

年代由当时任上海圣约翰大学校长的卜舫济（F. L. Hawks Pott）寄给美国圣公会差会部干事伍德（John Wood）的。在圣公会档案总馆，除了藏有《自传》副本外，还藏有吴虹玉与圣公会差会部的通信和吴虹玉撰写的年度报告等文件资料，其中一些曾在美国圣公会差会部的机关报《宣道精神》（The Spirit of Missions）等教会刊物刊载。最近出版的台湾学者林美玫著《追寻差传足迹：美国圣公会在华差传探析（1835—1920）》（广西师范大学出版社 2011 年版）一书中，又公布了几封相关书信。另外，吴虹玉本人临终之前还曾用英文撰写了一个简单的自传，后以《上海大美圣公会简史及吴虹玉》为名载于 1933 年 11 月圣公会《上海教区简报》（Shanghai District Newsletter）中。此外，徐以骅也注意到，关于吴虹玉的生平事迹，之前一些教会史籍和刊物亦有所涉及。如俞恩嗣、林步基、曾广燮编的《中华圣公会江苏教区 90 年历史》（1935 年）、穆里尔·布恩的《美国圣公会在中国的开端》（The Seed of the Church in China，费城联合教会出版社 1973 年版）、阿瑟·R·格雷、阿瑟·M·休门《美国圣公会在华传教史》（The Story of the Church in China，纽约 1913 年版）、卜舫济的《悼念吴虹玉牧师》（The Late Reverend H. N. Woo，《宣道精神》1920 年）；朱友渔《中国的一家寡妇习艺所》（An Industrial Home for Widows in China，《宣道精神》1922 年）等等。徐以骅此后将这篇自传译成中文，发表在 1997 年的《近代中国》杂志中①，从此吴虹玉的名字才开始真正被学术界更多的人所了解，他的故事也逐渐从历史的尘埃中慢慢浮现清晰起来。不过，此后除了教会史偶然会提及他之外，学术界对他的研究寥寥无几，逐渐被湮没在故纸堆里面，仿佛只是一个普

吴洪玉（1899 年 6 月）

---

① 《吴虹玉牧师自传（1915 年口述）》，朱友渔整理，徐以骅译，《近代中国》1997 年 8 月 31 日。

通的牧师而已。本文仅在徐以骅先生研究的基础上,根据一些资料,对吴虹玉的一生做一补充。

一、生平与家世

吴虹玉于1834年8月10日出生在江苏常州阳湖县庵头村。庵头村,根据2013年修的《庵头吴氏宗谱》,就在今天的武进湖塘镇,位于长沟河社桥附近。吴虹玉的父亲小名五郎,本姓徐,因舅舅吴荣慎的几个儿子均早早去世,没有子嗣,他从小便过继给了舅舅,改姓吴,名叫吴正慧。过继后不久,吴荣慎就去世了。吴正慧成年后,先娶了王氏,但是王氏生了一个女孩就去世了;之后又续弦杨氏,此后陆续生了三男一女,吴虹玉是长子,他的两个弟弟一个七岁便早殇,一个也没有活过三十岁,①可以说吴虹玉承担了两代人延续子嗣的希望,一直是家中的掌上明珠,得到了家中最多的关爱。只不过这种好日子到道光二十二年(1842),他的祖母去世后发生了改变。毕竟吴正慧是异姓人,族人趁机夺走了他家的一部分田产,日子开始变得艰难起来,好在这时母亲杨氏的家人给予了他们很多的帮助。吴虹玉十岁入乡塾念书。家谱中称他"秉性颖悟,读书过目成诵,幼怀壮志,尝语人曰:'大丈夫不甘雌伏,要雄飞。'古人为斯言,岂欺我哉!故乡党名宿先生咸以大器期之。"② 不过这只是后人对他的溢美之词,他自己曾经承认少年时代记性不好,前读后忘记,不算是个好学生。当时的吴虹玉就只是一个普通而又倔强的苏南乡村少年而已。

就在吴虹玉祖母去世的1842年,发生了一件影响中国命运的大事,《南京条约》签订,在这个条约中,规定上海成为五口通商城市之一。1843年11月17日,第一任英国驻沪总领事巴富尔(George Balfour)宣布上海开埠。之前学术界研究开埠后的上海和江南之间的关系,往往认

---

① 《庵头吴氏宗谱》卷6《庵头西分世表》,2013年。
② 许树勋:《虹玉翁序》,《庵头吴氏宗谱》卷2。

为，直到太平天国战争和小刀会起义之前，上海对江南的影响还没有那么大。但是吴虹玉的例子却提供了一个重要的反证。吴虹玉所在的湖塘桥镇是常州当时的土布生产基地，商品经济一直都比较发达，据吴虹玉回忆，父亲几乎每个月都要去上海出售土布和其他农产品，当时常州和上海之间交通只能通过水运，时间要三五天，一个普通的农人居然每月都要去上海贩卖东西，由此可见，开埠后的上海和江南腹地之间联系远远比我们想象得要早，要密切，影响远比我们想象得要深远。正是这种密切的联系和深远的影响，改变了吴虹玉的命运。

吴虹玉十五岁那年，即 1848 年，吴正慧像往常一样来上海贩卖东西，他偶然得知一个消息，就在自己经常活动的王家码头一带开办了一所教会学校，不要学费，可以学习英文。这几年来，在上海的所见所闻已经让他的内心受到了极大的冲击，他不再奢求儿子通过科举改变命运，而是期盼着他能够成为一个洋行的买办，发财赚钱，去教会学校读书则是一条捷径。这所教会学校名为大美圣公会学堂，由美国圣公会中国布道区第一任主教文惠廉（William Jones Booni，1811—1864）创办于上海王家码头（今王家码头路黄浦江口）。圣公会（Episcopal Church），又称安立甘宗（Anglicanism），是基督新教三个原始宗派之一。清代时便已传入中国，当时的传教士译成圣公会，顾名思义即所谓"神圣的教会"。美国圣公会源自英国圣公会，1835 年决定到中国传教，但是最初的几个传教士碍于当时中国的闭关锁国政策都逗留未果。1841 年，文惠廉抵达澳门，次年 7 月 17 日借着《南京条约》签订的机会到达上海，开始在此传教。1846 年创办了这所圣会公会学堂，此时已有学生三十余人，多为贫家子弟，不收学费。由于当时很多人都是想着在这里学点英文，

文惠廉

早日去商界谋职,当买办,所以教会专门让学生入校时,须与教会订约,读满十年方可离校。

虽然母亲杨氏反对,但在吴正慧的坚持下,吴虹玉不久即到学校上学。学校不久就迁到虹口,校址南接百老汇路(即今大名路),东濒虹口河,西靠文监师路(即今塘沽路),北邻熙华德路(即今长治路)。这个学校和他以前呆的私塾完全不同,校舍二层,呈U型,两边厢房朝北,正房向南,面对黄浦江。正房住着文惠廉主教夫妇和他们的孩子、主持学校的两位修女左小姐(Miss Emma G. Jones)和莫小姐(Miss Mary Morse),还有赛尔牧师(Rev. R.W. Syle)一家。两边厢房为学校小礼拜堂、膳堂和课堂,楼上是学生的宿舍。后面还有几间外屋用作厨房、浴室和洗衣房等。前面有花园,后有一个很大的运动场。学校的课程是上午7至8时国文课1小时,8至9时早餐,通常是饼或饭团,9至12时礼拜堂早祷,然后是英文课,中午12时午餐,下午1至2时休息,2至5时国文课,6时晚祷,然后晚餐,7时夜读1小时。学生在校主修国、英文,兼修天文学、自然哲学、几何学等。任教的除了两位小姐外,还有一位教授国文的先生。学生所需的一切均由学校供给,当时上海的物价十分低廉,吴虹玉记得每人每天的伙食只要56个铜钱,但已经吃得很好了。吴虹玉在学校里结识了很多同学,其中就有日后成为他最好朋友的颜永京。

这个学校本来是为宣教所设,故宗教气氛极其浓厚。和颜永京一样,吴虹玉入校后就对基督教教义非常感兴趣,到校一年后,他们就立志信教。1849年10月22日,包括吴虹玉、颜永京在内的12位同学在学校礼拜堂由文惠廉施洗入教。后又受坚振礼,成为一名教徒。1850年,一场伤寒袭击了上海,吴虹玉得益于左小姐的亲自照料,卧床三个月之后痊愈,但是吴正慧却没那么幸运,他在上海因伤寒而病逝。吴虹玉伤心地看着他入棺,但是当父亲的灵柩被送回常州下葬时,左小姐却想阻挠他回乡参加丧礼,她借口是会传染,其实是担心吴虹玉回去参加中国传统的葬礼,有违教会的教义。当时教会对中国的习俗极不通融,也由此可见一斑。不过后来吴虹玉的行为也多次证明,他虽然是个虔诚的教徒,但是对于中国人的传统从来没有忘记过。

二、美国经历

吴虹玉在学校的平静生活延续了七年后被一个大事件所改变。1852年3月，美国海军准将佩里（Matthew Calbraith Perry）就任东印度舰队的司令官，被当时美国总统菲尔莫尔（Fillmore）授予让"日本开国"的指令。1853年7月8日，佩里的旗舰萨斯奎哈纳号（Susquehanna）在浦贺入港，将总统的亲笔信交给幕府的代表，这就是日本历史上著名的黑船事件。幕府希望给予考虑时间，到来年再予以答复。1854年佩里遵守前约再访日本，于3月31日强迫幕府签订《神奈川条约》（日本称《日米和亲条约》），日本正式对外开放。条约签订后，佩里所率舰队中的几艘军舰，包括萨斯奎哈纳号和波氏坦号（Powhatten）顺访上海。当时圣公会是沪上唯一的美国差会，所以舰上的军官常来圣公会教堂做礼拜，吴虹玉便与之相熟。当他听说美舰不久将返国，遂萌生了随舰游美的强烈愿望。因为苦无经费，他打算在舰上以工代酬，靠打工远渡重洋，这个想法竟得到了当时在上海的传教士波因茨（Mr.Points）先生的允许。同时获准随舰赴美的还有两名中国人，可惜此二人生平事迹已不可考。临行前，吴虹玉回常州一趟，和母亲进行了一次长谈，并宽慰她说三年后一定回家。临启程前，他还给母亲写了一封信，留了一些银圆给她。母亲接到信后马上乘船来上海，准备阻拦，可是当时的旅程怎么能像现在这般方便，从常州坐船到上海至少要三五天，等到母亲来到上海后，吴虹玉已在海上，这一别也是永诀。

沉浸在闯荡异国他乡激动心情之中的吴虹玉告别了上海，随着军舰驶出了吴淞口。在萨斯奎哈纳号舰上，吴虹玉被派给随舰医马塞史密斯（Dr J.S. Messersmith）当侍应生。这支舰队在海上航行了八个月。在舰上，三位中国人均着水兵服，而且和全体官兵一样需服从舰规，所幸吴虹玉他们行为规矩，并未因过失而受当时美国海军中盛行的体罚。所以有人便认为，其实早在此时，吴虹玉便已在美国海军中服过役了。

1855年3月，舰队抵达费城军港。尔后，马塞史密斯医生便把吴虹玉带到老家宾夕法尼亚州的兰开斯特镇Lancaster。兰镇当时约有2万居民，镇上教堂众多。作为圣公会的教友，吴虹玉常去圣雅各堂做礼拜。有研究者曾说吴虹玉是上海第一个留美学生，其实他在美国从来没有真正读过一天书。教堂的堂牧曾劝他入城中教会学校读书，但吴虹玉更有兴趣的是学习技术。他曾想当一个技工，还去过兰开斯特火车机车厂谋职，但因工厂萧条而未果。后吴虹玉受邻人启发，进入《兰开斯特调查者先驱报》（Lancaster Examiner and Herald）报馆学印刷业，前后在该报馆任职七年。他在印刷所的工作颇为繁重，要从早上七时工作至下午六时，出报头天晚上的八至十一时还要加班。双手常因用苏打水清洗铅字而皮开肉裂，令其痛苦不堪。后来，他又在另一家《每日快报》做工，右手中指被机器严重轧伤，幸得医治而未致残。后来吴回沪创办医院，积极从事教会的医疗事工，当年的工伤事故想必也是一种驱动力。

吴虹玉居美九年，在兰镇所交的朋友均为教会中人，与家人的消息也时有无，1856年7月母亲去世的消息他也是过了好一阵子才知道的。1860年6月22日，吴虹玉在兰镇地方法院宣誓为美国公民，成为美国内战前少有的几位归化的华裔公民之一。

吴虹玉加入美籍的第二年，美国内战爆发。1863年，南部邦联军队进犯宾夕法尼亚。宾州州长紧急招募50 000名志愿兵保卫本州并增援联邦军队。吴虹玉响应州长号召，应征入伍。由于北军在宾夕法尼亚葛底斯堡一役中击溃南军，迫使李将军撤回波托马克河，宾州遭南军进袭的警报解除，所以吴虹玉所在的连队并未经历过任何战役。不过当兵的经历仍给吴虹玉留下了深刻的

吴虹玉在美国时

印象。据他回忆，军中除供给食物和军服外，还发给每位士兵 13 美元津贴。士兵配给的食物有新鲜牛肉、咸猪肉、豆类、土豆和面包。8 月连队又回到宾州哈里斯堡，吴虹玉在 8 月 15 日因服役期满而退役，前后算起来一共在军中服役 48 天。

他曾在《自传》中写道："1863 年 6 月 29 日，我不顾兰镇友人们的反对，自愿报名参军。因为我认为北方反对奴隶制是正义的。但友人们却以为我不该参军，在战争中冒生命危险，因为我的同胞和家人全在中国，而在美国我既无财产又无亲人需要保卫，大可不必自愿参军。"尽管他并未经历过战斗，但从这句话中也可以体现出他的高度正义感和使命感，足以让每一个中国人为他而感到骄傲。

曾经有人说吴虹玉是唯一一位参加过美国内战的华裔，其实参加美国内战的华人还有好几位，比如 Edward Day Cohota，他是个中国孤儿，1845 年混入一艘从上海驶往美国马萨诸塞州的货轮，后来被美国船长收养，美国内战爆发后，他在马萨诸塞州步兵第 23 团参军入伍，参加了著名的"德瑞布拉弗战役"和"冷港战役"，战后又加入陆军，服役 30 年，但是因为未在 1882 年排华法案通过之前提交移民归化文件，终身未能加入美国籍，1935 年去世于南达科他州热泉的战斗山复员军人疗养院。还有 Joseph Pierce，出生于广州，1862 年 8 月 21 日参加了康涅狄格州第 14 步兵团，在葛底斯堡战斗中有出色的表现，据说当时他还留着辫子。John Tommy，1863 年 7 月 12 日纽约时报刊登了一篇文章《亚洲人的美国内战历史：中国战士死于葛底斯堡》，称赞这位英勇牺牲的战士是伟大的狮子（Great Lion）。2006 年 9 月 28 日，美国国会通过了由加州众议员 Mike Honda 会同 54 位国会议员提出的"向艾德华和约瑟夫等在美国内战中战斗过的亚洲及太平洋岛民后裔的退伍军人致敬"的 1069 号议案。其中艾德华和约瑟夫就是上述的前面两位。美籍工程师张书华曾经根据这些情节写过一部小说式的故事《狮之魂：美国内战中的中国战士》，2013 年由清华大学出版社出版。但是可惜的是，张书华并不知道这几个人中最有名的 Hong neok Woo 是谁，书评家同样也不知道他是谁，还以为他是广东台山人，而这个英文名应该是台山话的英译。

三、传教生涯

内战结束前,思乡心切的吴虹玉已决心返华。1864年2月,吴虹玉离开兰镇前往纽约,搭乘同孚洋行(Olyphant Co.)为上海与汉口间航运而造的"九江号"轮船回到中国。在此后的半个多世纪中,兰镇居民始终关注着这位华裔"同镇人"的命运,这也是一百多年之后高宗鲁会找到沃纳那篇文章的原因。与九年前来美时一样,吴虹玉在船上做工以充船费。这一年5月17日船抵上海,吴虹玉终于回到阔别已久的祖国。到沪后,他先至美国驻沪领事馆注册,当天下午便去探访当时美国圣公会在上海唯一的两名牧师汤蔼礼(E.H. Thomson)和黄光彩,黄光彩是美国圣公会在华第一位受洗者和华籍牧师,曾长期担任该会在华最老的教堂——上海虹口救主堂的牧师。这时老同学颜永京也刚刚从美国回来,他被邀请在颜家住了8个月,直到他找到自己的房子。吴虹玉离开上海不久,颜永京便赴美国建阳学院留学,他是最早在美获得硕士学位的中国人。建阳学院(Kenyon College)成立于1824年,是俄亥俄州最早的私立大学,最初只是培养神职人员的男校,后成为当地著名的文理学院,美国第19任总统海斯即毕业于该校。黄光彩、吴虹玉、颜永京均是圣公会在华传教史上的传奇人物,常被并称为圣公会的三位华人先驱,这是他们三人第一次的会聚。

回到上海不久,吴虹玉便去常州老家探亲,可在老家只找到几个认识的老人。当时常州刚刚由清军从太平军手中夺回,疮痍满目,他的大部分同乡包括妹妹与二弟都逃难到了上海,境况凄惨,吴虹玉用他在美国积累的钱财倾囊相助,当时不仅是亲友,就算是素不相识的人,只要说着常州话,有求而来,他一定全力帮助,男的就推到荐洋行做佣工,女的则介绍到大户人家做女佣,使这些常州难民得免饥寒。他又资助他的几个侄儿相继到英国和美国读书,这些侄儿日后均陆续成才。

不过在美国九年的生活已在吴虹玉的身上留下明显的烙印,他不仅西装革履,除了常州话之外,他已经没办法用中文写作和交谈了。当美籍牧师汤蔼礼邀他在教会办事时,吴虹玉不得不要求推迟就职,以便重习中文。在此后的八个月中，吴虹玉"就像一个外国人一样学讲道地的本地话"。数年后他大概仍洋气未脱，以致文惠廉主教的后任韦廉臣主教（C.M. Williams）在1866年4月23日给他的信中对他作如此告诫："更有一事，我敢提出者。即君当多用功国文，尤须注重作文，则可助君讲道。更望君改衣中服，则易使人亲近也。"

吴虹玉参与教务，最初是在北唐家弄的圣公会老闸分堂，除在该处担任讲道并管理男、女小学各一所外，他还跟随汤蔼礼出外传道。1868年，韦廉臣派吴虹玉为汤蔼礼的正式助士（Lay Reader，领读经文的读经员）。1873年，吴虹玉升任会吏（Deacon，最低一级的神职人员），1880年5月25日又升任会长。

升任会吏后，吴虹玉就被韦廉臣派驻江湾，主持江湾教堂总共十二年。在江湾传教的同时，吴虹玉还把布道区域扩展到吴淞和三汀沟（今在宝山杨行镇）一带。他曾与助士蒋某在吴淞设立教堂，但该处三年之中只有一人受洗入教。江湾以北五里三汀沟来吴淞做买卖的乡民，听说了吴虹玉的宣教和医术后，即请他前去设堂布道看病，于是吴虹玉便于1874年至三汀沟设讲堂。该处教务一开始便颇兴旺，虽然其时只有35户人家，但1875年11月25日一天就有33人受洗，令在场的小文惠廉会长（William Boone Jr，后升任主教）更加确信教会的主要使命就是培养像吴虹玉这样优秀的本地教牧人员。吴虹玉的医道也闻名乡里，他在1874年一年中就收治了百余名病人。

1879年10月，吴虹玉经多年策划终于建成三汀沟圣士提反堂。圣士提反堂的建成还得益于外商在中国修筑的第一条铁路。1874年英商怡和洋行兴建吴淞铁路，1876年7月该铁路上海至江湾段建成通车，获利甚巨。但8月3日，火车压死士兵一人，引起沿途士民反对，迫使怡和洋行将路权售于清政府。翌年铁路被拆毁，铁轨被送往台湾。吴虹玉则通过协商，廉价购下了吴淞车站，并通过运河将车站拆下来的建材运至三汀沟，结果仅费银1 050元便建成圣士提反堂。当地居民为建堂不仅出工87天，另捐银167元，该堂的建立实为中国圣公会自主传教的发轫。

利用乡塾传教是吴虹玉的另一项"发明"。在三汀沟时，他发现乡间塾师如给津贴，就愿意在他们的蒙塾中教授基督课本，并允许教会入塾讲道。于是他便通过此种方式使许多乡间蒙学"实际上成为遍布乡里的讲堂"。1879年教会在三汀沟乡里共津贴了12所蒙塾，每月费用为28元，这比教会自办学校"远为经济"。

不过吴虹玉的传教生涯也并非一帆风顺，1882年，教会派吴虹玉到江苏太仓筹设教堂。吴虹玉得一米商介绍，从城中居民中购得一宅欲作宣道所，准备迁入。但当地士绅闻之，群起反对。当时进士王祖畲（1842—1918）在太仓书院任山长，他闻讯后，就派学生到处发动阻止，这些学生中，领头的就是日后著名的学者、曾任交通大学校长、无锡国专的创办者唐文治。唐文治和这些学生联络邑绅数十人，前往县署要求予以阻止，认为不可开外侮之先例。吴虹玉便在来到太仓第二日深夜被传入县署。知县双方谁也得罪不起，只能企望达成一种微妙平衡，他判决资送吴虹玉出境，但同意并偿还其费用三百金。吴虹玉被这一幕吓坏了，他后来回忆，说在公堂之上，曾经"浮现耶稣在彼拉多前受审的景象"，所以他次日一早便匆匆打道回沪，再也没有回来。王祖畲带领唐文治和学生们四处捐款，将这座宅子改建为四先生祠，纪念著名的太仓四先生——陆世仪（桴亭）、陈瑚（确庵）、江士韶（药园）、盛敬（寒溪）。日后唐文治曾经写过《崇正录序》和《重修陆陈江盛四先生祠记》等多篇文字，详细地记录了这一事件。①

同年，不甘心的吴虹玉又携眷至嘉定赁屋设堂，在城中县署前和西门外设讲堂和学校若干，并以嘉定为基地到外冈、南翔、浏河等处传道。嘉定传道开始时甚为不易，当地人对教会敬而远之。不过吴虹玉对此早有准备，早在1877年，他就在南翔设立种痘的药局，作为在该地设教的铺垫，许多年来南翔分堂一直是"以药局而非宣教所而闻名的"。1884年，吴虹玉又在嘉定创设药局，逐渐开始有来就医之人，甚至包括县令和当地其他文武官员，影响日众。他在当地还发动过节日布道、街口布

---

① 陆阳：《唐文治年谱》，上海三联书店2013年版，第8页。

道、茶馆布道等宣教活动。吴虹玉在嘉定前后七载,奠定了圣公会在该地的基础。

1885年底,美国圣公会中国布道区第五任主教小文惠廉命吴虹玉回沪协助黄光彩管理虹口救主堂,并兼任同仁医院牧师。数月后黄光彩去世,颜永京继任救主堂牧师,吴虹玉则仍居沪上,照顾同仁医院和嘉定的教务。此后,吴虹玉一直在圣公会江苏辖境往来奔走开设分堂,颇受教会器重,被视为开辟新堂区的最得力人选。1889年上半年吴积劳成疾,教会曾两次安封随去日本休养。吴虹玉在日参观各地教会,并以华语演讲。吴虹玉第一次从日本回国后,开始重掌江湾圣保罗堂教务,该堂时已有分堂六处、学校十一所。当时各堂、校之间相距甚远,他不顾年老体衰,仍穿梭其间,有时还乘火车去三汀沟圣士提反堂主持圣餐礼。在1904至1906年三年内,年逾七十的吴虹玉只有一次因生病而未能主持主日礼拜,这时他的教友中已有一家连续五代人了。1910年7月14日,在给其老友、圣公会差会部干事金伯(J. Kimber)的信中,吴虹玉明确表示他渐已力不从心,要从教会告退了。

四、勤于赞事

吴虹玉在初任牧师时曾研修过神学,但是他的理想并不在此。1875年,他在给圣公会差会部干事度恩(Richard.B. Duane)的信中写道,人一到不惑之年,便"须勤赞事而非专赞学"。"勤赞事"便是吴虹玉生涯的一个真实写照。如果用传统的中文术语来形容的话,吴虹玉一生都注重恭行实践,经世致用,而且他从来不是一个简单的实用主义者,对实用和实践的重视都是为了实现自己崇高的理想所服务,在美国参加内战如此,回到中国也是如此。

吴虹玉的教会生涯从一开始便与医院事业结下了不解之缘。1866年秋,美国圣公会在上海创办医院,当时美国费城希尔夫人(Miss Shield)赠款一百美元给汤蔼礼,嘱其用于救济穷人。汤氏与吴虹玉商议,决定用此款租赁虹口百老汇路和文监师路转角处两间小屋,开设医局。当时美国圣公会在沪尚无传教医师,幸有美国浸礼会传教医师玛高温(Daniel. MacGowan)义务前来诊病立药方,由吴虹玉照方合药。未及半年,医局便门庭若市,来就诊者每周不下数百人。于是教会复筹款扩建病房11间,共设24张病床。扩建后医局取名同仁(Amerian Episcopal Mission Hospital),玛氏为主任,吴任助理。1877年,美国圣公会中国传道区第四任主教施约瑟(Samuell Joseph Schereschewsky)上任后,欲出租教会土地,遂令拆去同仁医局房屋,逐年延聘的西籍医生纷纷离去,这一事业几近放弃。但吴虹玉力主维持,一个人苦苦支撑,此后一年内,医局在一简易租屋内开诊,由吴虹玉独任疗病、给药、账房、经营等事。稍后教会才费银3 000两购得熙华德路唐氏住宅作为医局的新址。1880年同仁医院(St Luke's Hospital)正式开张,由文惠廉主教的长子文恒理(H.W. Boone)医生主持。同仁医院的正式重新开张,吴虹玉居功至伟。这年的严冬,天降大雪,吴虹玉为收取著名粤商李秋坪对同仁医院所允诺的五元捐款,从江湾徒步至城中李家,李秋坪提到他刚刚捐赠给了静

同仁医院

安寺三千两，吴虹玉便力劝李氏继续捐款，造福社会，李秋坪深受感动，又拿出一笔万元巨款捐给同仁医院，建造新楼，这就是著名的李秋坪楼，又称同仁楼。1896年起，同仁医院成了著名的圣约翰大学医学院的附属医院，同仁楼至今仍保存在华东政法大学校园内。吴虹玉前后与同仁医院保持了三十多年的关系，其中前八年完全办理院务，后来则为兼职。今天位于上海仙霞路、愚园路上的同仁医院是近代上海最早的三所医院之一，其他二所医院为1844年创办的仁济医院和1884年创办的西门妇孺医院（现为上海市妇产科医院）。

晚年吴虹玉则把精力主要放在开办专事收养贫穷孤寡的仁德所上。他后来回忆自己创设仁德所的原因有二：一是他先前在各处传道，每见许多寡妇受族人欺侮，穷困无告；二是教会内外个人施善虽由来已久，但无持久效果，缘因受惠之人只能盲目依赖他人施与而不能自立。若教之以各种工艺，更以基督教开导之，不仅能扶助这些无依无靠之人，亦有助于巩固教会的基础。从20世纪初开始，吴虹玉一再呼吁江苏教区主教郭斐蔚（F.R. Graves）在江湾为本教会贫苦教友设立仁德所，并声称，切盼在其有生之年协助教会建成此所。但是这个呼吁一时并未得到教会的积极响应。直到1906年某热诚之女教友捐银一千元、吴虹玉又捐田四亩作为基地，才推动了各界的赞助，他终于依靠自己的努力，在1907年5月费银二万建成仁德所。仁德所位于江湾东镇周家宅，开始时有地八亩，建二层楼房一幢和若干平房，内设礼拜堂、客堂、教室、工房、宿舍、餐室、育幼堂、厨房等。无依无靠之寡妇及所携幼小子女，不论教中教外，只需遵守堂章，皆可入所。入所者食宿免费，但除无能力者外，均需在工房学习女红或下田耕稼，粗细则悉听其便。所内还开课教授所友读书写字，子女则被送至附近学校念书。所内每日还有早晚两次礼拜。礼拜天所友或去圣保罗堂做礼拜，或请该堂牧师前来领祷。在管理上所内设女管事一人，另设一巡查委办加以监督。1919年，在吴虹玉垂暮之年，还为仁德所募集建造了新屋。① 到1935年，仁德所已有楼房三幢，

---

① 《江湾仁德所新屋落成记》，《申报》1919年7月30日第3版。

占地7亩余，另有耕地40多亩，常年开支约三千余元，前后所收孤寡共300余人，最多时达92人。

仁德所开始时几乎是吴虹玉个人的事业，1918年时，他已84岁高龄，无力独自支撑所务，遂与江苏教区达成协议，由教会接管仁德所。根据协议，仁德所的所有财产将移交江苏教区常务委办，由该委办指派一个由中国人组成的董事会监管，从此仁德所结束其独立地位而成为教区所属机构。仁德所是吴虹玉人生中的另一个里程碑，也是当时中国教徒在慈善领域中自立和自治的一次成功的尝试。

吴虹玉参与的慈善事业并不止仁德所一个。1896年，美国女传教士包慈贞（Cornelia Bonnel）来华传道，因见娼妓卖淫可怜，即与同道的女传教士五人集会祷告，希望拯救这些命运多舛的受害者。这一年圣诞时，她又经过虹口，见美国兵在光天化日就在路边草棚中玩弄妓女，更加坚定了她救助娼妓的决心。经过她们的募捐，1897年11月正式成立上海娼妓救济所（后于1901年改名为济良所），而吴虹玉则毅然将自己在熙华德路（今长阳路）的房子借给她，专门收养迷路落魄及不愿意为娼之女子。

1896年，当时的圣约翰大学校长卜舫济为扩建校舍而发愁，他需要建一幢楼作为科学试验及正馆生宿舍之用，他便请求吴虹玉出力协助，吴虹玉不仅自己捐款，还为卜舫济介绍了不少商人，筹到了一大笔巨款。1898年新楼奠基，命名为格致楼，1899年新楼落成。这所大楼和同仁楼一样至今仍然保存在华东政法大学内，2018年1月，华东政法大学对外宣布，"格致楼"修缮工程如期完成。

其实虽然吴虹玉早就加入美国籍，但从来没有忘记过自己是中国人。切身的经历，使他清楚地意识此时的中国有多么落后，所以他传教并不只是传播教义，创办医院和学校也并不只是简单地为教会服务，他更加希望通过这些来改善同胞的生活，提高他们的素质，改变他们的思想。吴虹玉从来不只是个单纯的牧师，他的"勤赞事"也不只限于教会事务，他和好朋友颜永京一样都用了大量的精力投身到社会活动中去，而这些社会活动远不止于教徒通常涉足的慈善事业，其中最著名的便是外滩公园事件。

1863年，租界工部局准备整治外滩和苏州河，便顺便利用一部分滩地辟建一个公园，1868年，这个公园正式开放。这座公园的名字就叫Public Park，正式名称叫公花园，而中国人习惯将其称为外国花园、外摆渡花园或者外滩公园，今天则名为黄浦公园。外滩公园落成之后，最初并未公开禁止华人入内，但工部局曾经授令巡捕禁止衣冠不整的下等华人入园。1881年，颜永京等以入园被阻，致函工部局质问。工部局先是复信表示，花园面积有限，势不能尽容华人入内，故禁止下等华人，但衣冠整洁的华人可以入内，但5天后，工部局又公开称"工部局不欲承认华人有享用公园之任何权利"，1885年，工部局公布了园规《游览须知》，这个园规的第一条是规定脚踏车及犬不准入内，第五条则规定除西人用仆外，华人不得入内。此后这个规定就被人们简称为著名的"华人与狗不得入内"。

　　这一侮辱性的规定惹怒了当时的国人，尤其是经常和洋人打交道的那些国人，他们深深感到了屈辱，要站出来维护自己的权益，领头的便是这位牧师吴虹玉。其实吴虹玉是美国籍，并不在限制之列，他也经常出入于外滩公园。但是和当年他作为一个华人参加美国内战一样，吴虹

外滩公园（较早时期）

玉从来不觉得这件事和自己无关，而且他更想要通过这件事让自己的同胞意识到什么是公民，什么是权利，让他们提高政治意识，为日后改变国家的命运打下坚实的基础。吴虹玉一直和上海的买办绅商有着密切的联系，此刻便联络当时的知名买办陈咏南等8人联名写信给工部局，要求拆除这一须知，并提出有条件开放公园的建议。① 工部局12月2日复信拒绝：由于没有外国人社团一致同意，所以不准备给予这项权利。此后，1889年吴虹玉等人一再抗议，并致信给当时的上海道台，称公园为中国土地，经费亦多出自中国人民，而中国人民不得入园一步，实为不平之事，对吾个人固为侮辱，于国家尊严尤为大损。上海道台接信后又与工部局交涉，工部局便稍作让步，宣布由公花园委员会或工部局秘书长，根据华人的要求，酌表发放华人游园证，但是签发手续甚烦琐，每证限用一星期，领证的人并不多。② 外滩公园真正向华人开放在得到整整四十年之后，1927年，北伐节节胜利之时，才于1月通过开放公园方案，至1928年7月1日起，中国人可购买门票入内。

外滩公园事件看起来似乎改变任何事，但其实已经改变了几个参与者的命运，由此也间接地改变了中国的命运。年轻的宋耀如一气之下放弃了传教事业，开始寻求革命的道路；路边用法语为他加油，向巡捕抗议的少女——倪韫山的女儿倪桂珍从此对他一见钟情，这场抗争也成就了一段日后影响中国的婚姻。吴虹玉一直在背后默默支持着宋耀如，宋家的好几个子女包括宋子文都出生在同仁医院，宋庆龄不满周岁时突发重病，被来探望倪桂珍的吴虹玉的女儿吴美利得悉，吴虹玉闻讯后，便冒着风雪到同仁医院请来一位医生，才使宋庆龄转危为安。吴虹玉还通过宋耀如认识了孙中山，并多次捐助宋耀如和孙中山的事业。二次革命后，宋耀如家里在夜间受到枪击，他第一个想到的就是去吴虹玉家中避

---

① 《论华商函致工部局请准华人得共游公家花园事》，《申报》1885年12月8日第1版。

② 《议事定期》，《申报》1886年2月11日第3版。另参见程绪琦等主编《上海园林志》，上海社会科学院出版社2000年版，第709—711页。

难,此后又在吴虹玉的资助下,登上赴日本的轮船,与孙中山会合。

五、未完的故事

1867年1月20日,吴虹玉娶上海西门李旦英小姐为妻,婚礼在虹口救主堂举行,由汤蔼礼会长主婚。有意思的是吴虹玉的婚礼并不完全是西式的,当时有个日本人岸田吟香(1833—1905)正在上海考察当时中国最大、最先进的印刷机构,由长老会办的美华书馆的印刷技术。他留下了一本《吴淞日记》,这是研究早期日本人与上海关系的最重要的文献之一。根据这本日记的记载,他正好碰上了吴虹玉的婚礼,由此也留下了珍贵的记录:"早上来了十四五个乐人演奏音乐,既显得有些好玩,又有些滑稽,还相当吵闹,让人不知所以。乐曲和唱曲都相当冗长,新娘子乘坐的轿子相当漂亮,新娘子头上戴的凤冠,也是既漂亮又滑稽,妙物也。新娘子的装扮也是既漂亮又滑稽。此外,结婚的礼仪和酒宴,也是既美味,又好笑,奇妙的,怪怪的,很好玩。中间有一张台子,上面放有各种乐器,台子两边各坐四个人,演奏着声响吵闹的音乐,一开始由一个吹奏长约四尺的东西,发出海螺般的声音,是用黄铜制作的。然后是猛敲铜锣,发出咣咣的响声,接着是咚咚的鼓声,还有吹笛、吹笙、吹喇叭、打竹板的声响。这样的场面持续了两天。"[①] 其实当时很多外国人,包括日本人,他们在上海的第一个落脚点往往就是吴虹玉在虹口的家。两年后的1869年,日本学者田结庄邦光(1815—1896)来上海后,最先去的就是吴虹玉家。在他的日记《游屐痕》中记载,吴虹玉不仅陪同他虹口的租界和外滩花园,还让一位同乡程泌专门料理田结庄在上海的生活,田结庄想请教中国的书法,吴虹玉又介绍他去找另一位常州同乡,当时任海关总税务司赫德助手的谢鹏飞(隐庄)。[②]

---

① 岸田吟香:《吴淞日记》第2册,东京《社会及国家》1931年第158期。
② 陈正宏:《十九世纪中叶日本画家田结庄邦光的上海游记》,《江南文化与日本:资料、人的交流的再发掘》,复旦大学,2011年。

吴虹玉和李旦英育有一子一女，长子吴竹卿（Robert）生于1867年12月24日，次女吴美利（Mary）生于1869年11月25日。

1875年，颜如京的弟弟颜如松也从建阳学院毕业回国，两个好朋友便趁机商量起婚姻大事起来，吴虹玉决定将妹妹嫁给颜如松为妻。此后吴家与颜家又有两次重要的联姻，一是养女吴蔼云嫁给了颜永京长子颜锡庆为妻，曾孙女吴惠芳嫁给了颜如松的外孙顾庆禄为妻。颜如松和吴虹玉的妹妹育有三子二女，其中第二个儿子名叫颜福庆。1880年，颜如松升任助祭，1884年，又成为圣公会牧师，随之便接替吴虹玉负责江湾地区的教务。1889年2月，正值壮年的颜如松得了伤寒，住在吴虹玉虹口的住所养病。当时吴虹玉正在嘉定有急事，两天后接到妻子派人传话，说颜如松病危，让他即刻返沪。等到他回到家中时，颜如松已经去世，江湾教区也由他暂时接管。颜如松去世时，颜福庆方才六岁，他由伯父颜永京收养，其他的子女，则由吴氏依靠教堂女布道和江湾小学教员的薪水抚养成人，吴虹玉经常予以资助。在伯父和舅舅的悉心抚养下，颜福庆日后成为中国杰出的医学教育家。

吴竹卿（1867—1894），名兆祥，字祝庆，号竹卿。他15岁时受到汤主教的资助，留学美国，毕业于建阳学院。他精通英法俄德拉丁诸文字，回国后，他一度担任颜永京的家庭教师，负责指导颜福庆。报捐五品衔，不久应两江总督曾国荃之聘，至南京担任金陵同文馆的教习，并兼南京洋务局的译员，当时人称"各国洋务往来文牒悉出其手"。据《庵头吴氏宗谱》刊载的传记说，1891年，还是皇太子的俄国末代沙皇尼古拉二世（1868—1918）在弟弟格奥尔基亲王和希腊王子的陪同下于1890—1891年间奉命东游，中途于1891年4月4日至22日访华，其中最后一站是南京，而吴竹卿则是这次会面的翻译。据说尼古拉二世和吴竹卿"握手交欢，敬爱特甚"，还击节钦赏，称赞说："东土人才有吴竹卿者，贤于欧西人物远矣。"此后吴竹卿名噪中外。此后他迁居北上，担任大北电报公司译员，负责中俄电线通行事宜。然而不幸的是，除了吴虹玉外，吴家的男丁似乎很难长寿，吴竹卿在1894年去世，时年仅二十八岁，当时他的儿子吴文元出生才六个月。①吴竹卿的去世对吴家打击甚大，吴虹玉晚年还感叹，儿子是一个热心教会之无私青年，倘天假以年，当大有助于我。吴虹玉的妻子李氏因为这个悲剧精神崩溃，日后经常性地处于神经错乱状态，曾经几次离家出走，吴虹玉还多次在《申报》上登载寻人启事。②而吴美利此后终身不嫁，代替自己的哥哥帮助吴洪玉从事传道工作，吴虹玉去世，吴美利继续主持江湾仁德所。吴美利曾任文华大学图书馆馆长，1900年间，因避义和团之乱，寓居圣约翰大学，自行提议，欲为圣约翰大学罗氏图书馆工作，由于第一次完成了图书馆图书目录，并于1901年出版。③

除了吴竹卿和吴美利之外，吴虹玉还有个养女叫吴霭云，如前所述，吴霭云嫁给了颜永京长子颜锡庆。关于吴霭云，有很多传说，据说她是中英混血。当年英国人伶俐曾投效太平军将领李秀成，帮太平军训练士兵和作战，李鸿章将这些帮助太平军的外国人称之为"洋匪"。当时和伶俐一起为太平军工作的洋人中还有一位英国女子，这位女子爱上了某位太平军将领，并生下一女。1864年，伶俐因病回国，在沪上逗留期间遇上到刚刚从美国回来的吴虹玉，便将这个婴儿还有一把太平军将领的大宝剑交给了吴虹玉，吴虹玉在包裹婴儿的褓褓中发现"霭云"两字，便将这个婴儿命名为吴霭云，并收养了她。据说当年吴霭云并不喜欢和自己定亲的颜锡庆，觉得这个男孩子太老实。这位混血女孩天生就喜欢浪漫，所以一眼就相中了当时热情而又有点鲁莽的宋耀如，但是宋耀如喜欢的却是她的好朋友倪桂珍，得知这一情况后，大方爽朗的吴霭云将宝剑赠给了宋耀如，然后毅然帮助撮合两人的婚事，她们三个人此后一直是最好的朋友。吴霭云和颜锡庆生了八子一女，儿子的名字以"吉祥如意福昭明荣"排序，其中祥、如、意、昭四子早殇，长子颜吉生从事银

---

① 许树勋：《竹卿公传》，《庵头吴氏宗谱》卷二。
② 《寻人告白》，《新闻报》1896年4月5日第1版。
③ 黄维廉：《圣约翰大学图书馆概况》，《圣约翰大学五十年史略》，1932年，第521页。

行业，最小的儿子颜荣生是个外交官，独女颜斐雯独身一生。颜锡庆毕业于圣约翰书院，遂至父亲所在的建阳书院获得硕士学位，吴竹卿当时是他的同班同学。他是圣约翰大学第一位出国留学生，回国后他一直在海关任职，1921年在汉口去世，吴霭云则活到了1948年8月，这时和她同辈的人大部分早就离开了这个世界。

吴竹卿的儿子吴文元早年留过学，在中国银行工作，新中国成立前去世。吴文元育有两子一女，一子十八岁早夭，另一子吴石适在银行工作，至1995年去世。吴石适跟妻子马湘雯育有二子三女，长子早逝，一女在香港，二女一子在上海。其中吴惠芳（1916—？），至2011年九十五岁时尚在世，她嫁给了执业会计师顾庆禄，顾庆禄的母亲颜俪英是颜如松的幼女，父亲顾书勋毕业于圣约翰大学。顾庆禄于52岁那年去世，两人育有三女。三女顾意薇新中国成立后在华山医院工作，至今仍然健在。①

吴虹玉其实从来没有和常州家乡以及家族断过联系。1901年吴氏家族修谱时，吴虹玉还主动参与过，家谱中除了有他和吴竹卿、吴美利、吴文元的记录外，还留下了吴竹卿的唯一一篇传记《竹卿公传》以及专门为吴虹玉撰写的《虹玉翁序》，虽然其中多有讹误，但仍是非常珍贵的文献资料。

1918年8月，吴虹玉从一场大病中恢复过来，他在救主堂召开感恩会，救主堂牧师朱友渔为他主持会议。当年他在教会中收养的儿童以及他的亲人们，大都从世界各地赶回到上海，专程为他庆祝。自幼跟随他读书，刚刚从巴拿马领事任上返回的徐庆善专门送了一根用巴拿马的树木制成的拐杖，吴虹玉则向大家每人赠送一本圣经。② 这时他已经自觉时日无多，这场感恩会其实相当于一次告别。一年后，1919年12月18日，吴虹玉在上海去世，享年85岁。当时报纸上评论他是"中国牧师老前

---

① 罗元旭：《东成西就：七个华人基督教家族与中西交流百年》，三联书店2014年，第86—97页。
② 《教会耆老之感谢及赠经特会记》，《申报》1918年8月24日第3版。

辈,生平笃信宗教,热心社会事业,江湾教堂及仁德所均其手创,上海同仁医院,君亦为发起人。平日劝人谆谆不倦,老而弥笃,诚中国人不可多得之德行家也。忽归道山,闻者惜之。"①他的丧礼于12月22日在救主堂举行,吊唁者千余人之多,他所创建的江湾圣保罗堂和三汀沟圣士提反堂都为他立碑以志纪念。

  张书华曾借当年美国人的评价Great Lion,用"狮之魂"来形容参加过美国内战的中国人,这个词用来形容吴虹玉的一生同样当之无愧。当年拿破仑说中国是个睡狮,而这个睡狮有着不凡的强大的灵魂,有着一日醒来,将会震惊世界。吴虹玉生在中国最积弱积困的岁月,他不平凡的一生正好反映了中国人具有坚强、善良和勇敢的优秀品格,也预示着中国未来崛起的命运。吴虹玉在美国当过9年印刷工人,作为一名士兵参加过美国南北战争,回国后创办了同仁医院,并间接地资助了中国革命。他不仅是早期中国教会史、早期中国关系史上的一位重要见证人,他的很多行为都不断地对中国人、中国社会产生了各种各样的影响,哪怕是他偶尔做的一件小事。1885年11月的《申报》曾报道:"颜永京、吴虹玉二大善士显现影戏,集资助赈举行三次,观者如云。"②《申报》对这一事件在这个月里有着持续性的报道,《点石斋画报》的吴友如也将之绘成图画。这场影戏放映的是世界各国风景图片,放映员是吴虹玉,解说员是颜永京。这一事件日后载入中国电影史册,被认为是西方电影在19世纪80年代前后传入中国的重要例证。这只是他不经意做的一件小事,却产生了如此的影响。然而多少年来,他这不平凡的一生经历却鲜为人知,直至今天仍然埋没在故纸堆中或者学者们的论文中,甚至他的家族也早已将他遗忘。但是换个角度来看,他当年这些所作所为并非只是为了让后人记得。历史终究是公平的,他在一百多年前的努力不断点点滴滴地改变着他的国家和人民,一百多年前外滩公园的故事再也不会在今天重演,而这是对他最好的纪念。

---

① 《吴老牧师作古》,《申报》1919年12月19日第3版。
② 《影戏翻新》,《申报》1885年12月3日第2版。

第四节　一个江南打工青年的日常生活史

关于旅居上海江南人的日常生活，由于资料和视角的原因，之前所有的研究者都将目光集中于商人和文人等精英群体中，普通人的日常生活一直被忽视，他们成为历史研究中的"失语者"。2005年，笔者在常州的旧货市场中偶然发现了一本不起眼的日记本，这是一位在上海打工的常州人于1947年至1948年写下的生活记录。日记始于1947年1月1日，终于1948年6月21日。日记的作者姓氏不详，文中有多处提到别人呼唤他为"炳德"，日记中有个姓名印章，文字便是"炳德"，可见这是他的名字，这也是南方很常见的名字。日记本因曾浸水而已经发霉，文字也较鄙俚粗浅，夹杂了大量非本地人难以看懂的方言，遣词造句颇多扞格之处，字迹更是稚拙，显示日记的主人并没有受过多少教育。日记的内容基本上是日常琐细，时代、社会、国家的宏大命题虽也有表述，但更多的是个人的理想和现实冲突的表达，而且这种表达在很多人眼中似显幼稚。但是唯其如此，这本日记却恰恰地反映了当时在上海这一大都会外来打工青年的日常生活情态。本文并非想通过这份私人记录中来反映当时整个旅沪上海平民日常生活的全貌，而仅是希望通过对一个打工者的生活世界和心路历程的重建，来为当时迁居上海的江南普通人生活的研究提供一个具体而又鲜活的事例。

一、空间与活动：异乡人在大都市的日常生活

1. 个人与家庭

炳德的家世背景不详，只可从日记中推测一二。1947年春节前，他从上海回常州，放下行李就到复兴浴室洗澡[①]，复兴浴室在常州城中心地

---

① 1947年1月20日日记。

带,可知他是常州城中人。他家境贫寒,父亲得了伤寒,请不起医生,只能吃些"不化钱的土方药",最后吐血而亡。当时的炳德只有十四五岁,和弟弟书德都在一家从无锡迁到常州的纱厂做工。他曾经在日记中写过一篇令人感动的父亲节征文,来回忆他父亲去世时的悲惨情景①。父亲去世后,炳德辗转到上海打工,而弟弟则在常州著名的大成厂工作。由于很早就出来工作,炳德的文化水平不高。炳德的母亲在一封信中,曾经告诫他:"女子如是初小毕业,他必定择男子初中毕业,所以你要三思而行。"②由此推测他没有初中毕业,但应该念过小学,日记中稚拙的笔迹和众多错别字反映了这一点。他的日记中夹杂着很多方言音,比如说常州方言中"才"与"在","这"与"只"同音,这几个字他基本混用,如果不是常州本地人,很难读懂日记,这也从一个侧面反映了他的文化水平。

炳德的年纪不详,也只能作大致的推测。他的母亲曾经在1947年帮他联络一门亲事,并经历了一次有趣的相亲过程。从相亲情况来看,应该是他的第一次谈婚论嫁,以旧时江南的习俗而言,男子大概在二十岁之前就要结婚的。另外他在日记中曾说:"我在外六年多,没有一年像今年那样,没有一个钱带回给母亲用。"③从他大概十四岁左右开始打工来推测,1947—1948年间的炳德大概在十八到二十岁左右。

2. 从常州到上海

近代,上海取代了北京,成为江南人在外地聚集的中心。到1949年,江苏(包括南京)为2 393 738人,占了上海全市人口合计4 980 992的48%,可见江苏人在上海所占比重之多④。炳德作为200万在上海工作

---

① 1947年8月8日日记。
② 1947年6月6日日记。
③ 1947年1月24日日记。
④ 《1949年上海市统计资料》,转引自邹依仁:《旧上海人口变迁的研究》,上海人民出版社1980年版,第116—117页。

和生活的江苏人中的一分子,他是如何前往上海的,他在上海从事何种行业,对研究在上海的江南人生活史有着一定的参考价值。

炳德在上海是为一个叫福培的同乡打工,福培主要经营的是纺织业,他是常州湖塘桥周家巷人,炳德曾经造访过他的家①。如前章所述,湖塘桥周边地区纺织业历史悠久,很早妇女就能手摇纺纱、土法织布,在民国时,湖塘桥已经成为常州农村织布工业的中心地,也是江南农村织布工业的中心地②,而周家巷更是湖塘的纺织业中心。据统计,民国初年湖塘周边方圆十里,机户拥有的布机已经达到一万台③,据20世纪50年代的调查,湖塘和另一个常州家庭手工纺织业中心马杭镇共有机户18 000户④。直到今天,湖塘仍然是全国有名的私营纺织企业聚集区,并成为整个武进的政治、经济、文化中心。

以湖塘土布业为基础发展起来的棉纺织业一直是常州最重要的工业部门,并由此带动了整个常州城市的近代化进程,也改变这座江南小城居民的谋生方式和生活节奏。在抗战前夕,"全市工人已达数万,每期发工资后,南北大街的门市商号,顿起生意"⑤。到了1949年,全市市区在业人口5.6万人,占市区总人口的22.7%,其中有职工2.93万人,占在业人口的52.32%⑥。纺织业的迅猛发展改变了常州居民的生活,风气所及,对炳德的家庭也产生了重要的影响。如前所述,炳德和弟弟当年都在一家无锡迁至常州的纱厂中做工,到了这一时期,炳德为上海的湖塘纺织

---

① 1947年5月20日日记。
② 张千里:《湖塘桥农村织布工业》:《纺织建设月刊》第二卷第四期,1948年。
③ 湖塘镇编史修志领导小组:《湖塘镇志》,1983年内部出版物,第85页。
④ 参见《常州手工业1954年行业普查资料》,转引自常州轻工业局编史修志办公室:《常州市轻工史料》第一辑,1983年内部出版物。
⑤ 查秉初:《清末到解放常州工商业略述》,常州市地方志编纂委员会、常州市档案局:《常州地方史料选编》第1期,1981年内部出版物。
⑥ 常州市地方志编纂委员会:《常州市志》第一册,中国社会科学出版社1995年版,第436页。

商人打工,他的弟弟书德则在常州最大的纺织企业大成厂工作①。大成纺织染股份有限公司是由著名工业家刘国钧创办的纺织印染一条龙联合企业,为常州轻纺工业企业之冠,曾被著名经济学家马寅初誉为"工业中罕见的奇迹"②。

常州的纺织业与上海有着非常密切的关系。常州最早发展起来的几家近代化纺织工厂,其机器设备都是购于上海,由上海的技术人员协助安装调试以至生产,常州工商人士往往把上海市作为创办现代工业的参观学习之地。同时,常州的纺织工业家也把上海作为他们企业发展的重要基地,常州和无锡的纺织巨头甚至一度操控了上海的棉纺织业,湖塘镇的棉纺商人更是主力,前述江上达是其中的代表。无论是福培在上海的经商活动,还是炳德在上海的打工生涯都离不开这一背景,都是常州人在上海纺织业界活动的一个缩影。

3. 工作与休闲

炳德日记中有这样一段话:"本来我的计划是明天一定要到上海去的。因上海在去年的年底接下了大批的定货,要我到外面去收发一切的制成品。在回来的计划给另一个环境打散了。"③由这一段话可以推测福培的工作应该是在上海接收订单,然后在常州本地收购制成品发往上海销售。

炳德主要从事的是类似现代的公司业务员的工作,在上海的工作也基本上是跑银行,跑商号。"就是什么解银行等、收款等各种杂事。"④"每天非出去三二次不可,总是同行、银行和一切杂事,可总是一天到晚的像走狗一样的在外面奔走。"⑤他收入不高,曾在日记中抱怨:"说起来一

---

① 1947 年 7 月 1 日日记。
② 万灵:《常州的近代化道路:江南非条约口岸城市近代化的个案研究》,安徽教育出版社 2002 年版,第 124 页。
③ 1947 年 1 月 25 日日记。
④ 1947 年 7 月 12 日日记。
⑤ 1947 年 1 月 25 日日记。

个男子不及一个小小的女子,每月的收入到有二十或三十万不等,在对人谈论起来是何种的惭愧。"日记本末尾有他的收支账本,虽不完整,也可以让对他当时的收入情况有个基本的了解。1947年,1—9月他从老板福培那儿获得的总收入是164万多,平均每个月只有18万左右,虽然他吃住都在老板福培家,不用花钱,但也确实如他所说,不及一个收入20—30万的女子。每个月底他基本上都所剩无几,最多在1万元上下,其中有三个月还是所谓的"平",即已是身无分文。炳德不是"月光族",他经常把有限的工资带回常州交给母亲,只不过比较当时一张电影票一万元,一次理发六千元,而且还在不断飞涨的物价而言,他的收入的确少得可怜。

福培的门店在重庆路上,炳德平时吃住都在门店内,活动空间也以重庆路为中心。日记中一共提及了他曾经走过的大概30条马路,基本上都以当年的黄浦、卢家湾、邑庙、南市等为大致范围,最远的曾经到过江湾。平时业务所及的诸多部门,如银行、门市、客户等是他经常前往的场所,如新华银行、和成银行、兴文银行、上海工矿银行、聚兴城银行等是他常提及的名字,日记背后附的通讯录中还记有南京西路茂名路口中纺第一门市部、南市长生街庆德里堂周勋记工业社等,这些应该也都是他日常联络的业务单位。

工作和休闲是炳德活动空间形成的两个基本要素。由于不是工厂的工人,炳德的工作时间相对自由,工作之余,休闲活动也相对丰富。仅日记明确记载的,1947年他去过大光明、黄金、巴黎、兰心、皇后、金国、光华、九星、南京、金都九个戏院,看了大概13部电影,4部话剧,还在天蟾舞台看过一次京戏,内容是征募上海青年会劳工教育基金义演。在爱多亚路(延安东路)的光华大戏院是他去的最多的一座戏院,一共去过四次。而实际上他去戏院的频率远远不止如此:"在这一月来的戏到是多看了许多,总计一下到有十次之多。"① 以这种频率来看,去戏院应该是他非常喜欢的休闲活动。他所记录的电影中有12部有名字,其

---

① 1947年7月31日日记。

光华大戏院

中有《南海美人鱼》、《大侠翻山虎》及续集、《续荡寇志》这样的美国电影,但更多的是《迎春曲》(吴永刚导演,胡枫、金焰主演)、《天字第一号》(欧阳莎菲主演)、《春之梦》(胡蝶主演)、《大破黑龙会》、《龙凤花烛》(陈燕燕主演)这样的国产电影,由此可见当时上海电影业的繁荣。炳德还经常对电影作出评论,比如说:"今日下午往光华大戏院观《天字第一号》,主演的是欧阳莎菲。这位女士的表情很好,因此得观众的欢迎。"① "连日听得人们在谈论说金都大戏院《龙凤花烛》一剧。剧情非常的好,最(再)加上报上的宣传,说得是天花乱(坠)②。总说是看过的人都要为之一哭的。至此我也寄着要一观为快的心情。""观后的感觉到也并不怎样的坏,因剧情是不错的,陈燕燕的表情和演技也很好。最使我不感兴趣的到是中国现在还没有五彩片,假定此片五彩的话,真可说是金(锦)上添花,两全其美了。真要为中国的影业说一声落伍了。"③

---

① 1947年7月7日日记。
② 括号中的文字均为笔者根据上下文意思修改或者添加,下同。
③ 1947年8月14日日记。

复兴公园

除了看电影,炳德的另一个重要休闲生活就是去复兴公园。复兴公园离重庆路不远,但这不是炳德喜欢去那里的唯一原因。他去的目的是听义讲:"上午六时赴复兴公园听讲诗。我去的次数连天一共已有四天,可是所得的兴趣是无法形容,以后我将每日的去听讲一小时的义讲呢。"① 义讲的内容,根据日记,基本上是知识分子向民众传播思想。"今天这位老先生他发起了一种捐款运动。因最近广东水灾严重,他的言论是说要救人民在水深火热之中。这是中山先生的格言。他今天讲得非常的生动,讲得很多的听众都是很表同情的康开(慷慨)捐助。……在这情境中,我的衷心是表非常的同情,因我没有经济力量,而无能为力的捐助一二,所以这(只)可望之兴叹啊。"② "今天是讲的格言,讲毕,就一位拆字学家来拆字两个字。他将两个字的意义讲解得非常清晰有理。我写了半天,还有将所拆的字讲明。现特这两个字写在下面:'国家'。国家这两个字,他讲得有理非常,听众也很欢迎。"③ 炳德对这种讲演充满了兴趣,甚至到了入迷的程度。"觉得腰中非常的痛。本来就要起来往复兴公园,因此而未往。今天又不知掉了什么的好题才(材)呢。"④ 公园的开辟和发展,是近代城市公共空间成长的历程,它不仅是一个放松身心的休闲场所,更是集娱乐、教育、商业、文化和政治等多种内容于一身的社会公共空间,当时很多知识分子把公园视为

---

① 1947年6月21日日记。
② 1947年6月28日日记。
③ 1947年6月30日日记。
④ 1947年7月3日日记。

传播思想的社会教育场所。而从炳德的个人感受来看，这种思想的传播确实起到了一定的效果。

除了电影和公园听讲演，在炳德日常生活中的另外一种重要的休闲活动是看报纸杂志。"这几日为了在看《生活》杂志，看出了兴趣，不肯放手"[1]，"一天到晚总是在家里坐着看看书报"[2]。他经常在日记中抄录他感兴趣的报纸内容，其中有娱乐，也有时事，比如说美国哈伦铁路的狗站长[3]，《华美晚报》登载的日本赔偿军舰接收仪式[4]及《常州快报》关于"拍花党"[5]的故事等。报纸和讲诗一样吸引着他，看不到会令他失望。"想看报去，但是走到阅报室门口看见有字条一张贴着，上写着暂定（停）阅报，才知道今天是白走了一趟。早知这样还走来做甚？到公园去看报吧，那（哪）里知道还是大大失望呢？真是不幸得很。没有报看，这（只）无精打采的走着回来。"[6]

如前所述，炳德的文化水平不高，大概只有小学毕业的程度，但是相对当时整个全国的教育水平而言，尚处于一般水平线之上。民国时常州的初等教育水平在全国尚属领先，城中在四十年代中后期有学校108所，其中小学81所，在校学生18 251人[7]，城区识字者占总人口的57.94%[8]，不仅高于当时中国的水平[9]，也高于上海的水平[10]。现代经济学理

---

[1] 1947年8月6日日记。
[2] 1947年6月1日日记。
[3] 1947年1月16日日记。
[4] 1947年7月6日日记。
[5] 1947年5月23日日记。
[6] 1947年9月15日日记。
[7] 常州市地方志编纂委员会：《常州市志》第三册，第314页。
[8] 常州市地方志编纂委员会：《常州市志》第一册，第434页。
[9] 关于旧中国的识字率，历来多有争议，1944年教育部统计为48.94%（教育部：《历年全国识字与不识字人数比较表》，载《中华民国史档案资料汇编》第五辑第三编《教育》，江苏古籍出版社2000年版，第85页）。
[10] 1947年上海人口统计文盲率为49.28%，参见上海通志编纂委员会：《上海通志》第一册，上海人民出版社、上海社会科学院出版社2005年版，第719页。

论认为,移民其实也是一种人力资本的投资行为[1]。对当代上海打工者的调查证明,受教育年限高的劳动力移民移居城市的倾向相对强烈。当时大量江浙人来到上海工作,除了和当时江浙人在上海经济中处于执牛耳的地位,有完善的人际网络,方便他们获取工作有关之外,也和江浙人普遍教育程度比较高,更愿意到新环境中冒险有关。同时,对于外来打工者而言,提高本人综合素质和发展潜能,也是其在大都市稳定立足的重要的基础。炳德对电影、话剧、公园讲演和阅读报纸杂志的爱好,体现了他热衷于追求新鲜事物,不断学习,以融入现代都市的努力过程。

但是有限的收入却也限制了炳德对更丰富的现代都市生活方式的追求。他每次购买的电影票都是底价票,"本想到沪光去看《铁路敢死队》,因底价的票已售完而未能如愿。在戏院门口徘徊彷徨了好一回,好像从此就没有了去处。"[2]他常去阅报室看报,也是因为可以"省一千元不要买报"[3]。咖啡馆、酒吧、舞厅等上海当时时髦的东西更是基本与他无缘。整个日记中他只提到过一次咖啡馆,和福培的弟弟福殿到中山公园游完,之后去了一家西式的咖啡馆点心,吃的是牛奶和吐司,共计吃去了二万另一千元[4],而当时他所有财产一共也只有十二万元。

4. 人际交往与感情生活

一个外来打工者通过人际交往所构建的社会网络是他在一个异乡都市中生活和工作的基础,正是这种社会网络让他获得了就业机会,并让他有可能收到更充分的信息来获得更多的报酬和更好的环境。如前所述,炳德来上海是为他从事棉纺织业的同乡福培打工的,确保了他在这个陌生的大都市中获得一个基本可以糊口的工作,福培在上海经营棉纺织业

---

[1] 参见文军:《制度、资本与网络:上海城市劳动力新移民的系统分析》,原载学术中国网 http://www.xschina.org/show.php?id=7757。
[2] 1948 年 6 月 16 日日记。
[3] 1947 年 9 月 15 日日记。
[4] 1947 年 9 月 19 日日记。

同样以常州人在本行业的影响力为基础的，由此可见同乡关系在都市外来移民工作和生活的重要性。炳德曾经想换个东家，到另外一家打工，这家主人同样是在上海的常州人蒋某，介绍人是他母亲的朋友坤良嫂①。直到今天，打工者的社会网络仍是基于血缘、地缘等纽带所构成的。据一份对上海的劳动力移民的调查显示，通过老乡或亲友直接找到第一份工作的最多，占45.1%②。由同乡、亲戚所构成的社会网络帮助了炳德获得了就业机会和安全的工作环境，可以更准确、更广泛地获取信息，降低生活成本，让他更快地融入大都市，减少异乡生活带给他的冲击。

值得注意的是，尽管同乡圈和亲属圈为他在异乡生活打造了一个相当安全的避风港湾，但事实上现代都市和炳德出生的江南小城不同，和传统的乡土社会更是不同。诚然，雇员和雇主之间，雇员和雇员之间仍有乡情的维系，炳德每次想要离开福培，另寻出路时，他都会犹豫："虽说我在他这里没有得到大好处，但是话归根说，总是有了一点的亲，不肯说走就走，是也太狠心吧。"③但毕竟建立在利益基础上的雇佣关系已经渐渐地开始取代建立在感情基础上的地缘关系，人与人之间变得冷漠而又复杂，同事与同事、雇员和雇主只是为了有限的和特定的目的才联系在一起，他们一起出游，表面关系友好，却不能建立起一种深厚而又亲密的联系，因此身在异乡的炳德找不到人来倾诉心中的苦闷，只能对日记吐露心声，"日记呀，近日来的心头苦闷实在无从发（作）和无从告人的内心熬（煎）。这（只）可在没法可想的晚上诉告我可爱的日记了。"④"日记呀，我实在无从可告，这（只）可告诉我这可爱的日记了。日记呀，你是还比我多心平气和，在任何的处境，你是不会生气的，所以我特地告诉你。日记呀，你是不会怕讨厌的吧，这是可想而知的。"⑤另

---

① 1947年5月30日日记。
② 参见文军：《制度、资本与网络：上海城市劳动力新移民的系统分析》。
③ 1947年8月14日日记。
④ 1947年7月1日日记。
⑤ 1947年7月4日日记。

一个方面,炳德在日记中提及的平时交往的朋友基本上都是同乡,可见,由于炳德的学历和见识的制约,他的人际交往圈没有办法从同乡、同事扩展到更广泛的范畴内。外来移民在异地生活一段时间以后,其社会网络关系会逐步从自己的"同乡圈"、"亲属圈"扩展到与本地人的交往上,这种扩展新的社会网络的行为,是在为自己创造更为稳定、可靠的定居条件的一个重要基础。炳德无法扩展自己的交际圈,导致了他并没有真正融入这个陌生的城市中,仍是都市的边缘人物,这也更加重了他在异乡都市生活中的不安全感。

  前文曾经提及,炳德应该已经二十岁左右,对于一个二十岁左右的青年而言,感情应该开始在他的生活中占据一个重要的位置。事实上,按照旧时的风俗,他应该成婚了,母亲也为他联系一门亲事。女方是乡下的,炳德在常州过年的时候,母亲准备了一次相亲,女孩子及其亲友上城到媒人家吃饭,顺便见面。为了怕炳德不好意思,女方假装到炳德的家四周走了一会,炳德则被家人推到了门外,看看女孩的长相,炳德将就扫了几眼,觉得"大约还可过去",只不过"最可惜的大约他是一字不识的吧"。对方的母亲却把另外一个人当作炳德,没有看清楚,结果炳德又硬着头皮到媒人家里,大家"一次看一个够"①。双方的家长貌似对这次相亲都比较满意,等到炳德回到上海之后,母亲给他写了封信,称已"答允礼金只十二万元,金戒一只",让炳德在上海"设法带转以便应用"。炳德不愿意接受这门亲事,认为"对方没有受过教育,在现(在)的社会中识字是第一个条件"。母亲劝导他,说"像我虽女子,也不是糊涂虫,更不是顽固派","你如一定要娶识字女子,我意为人家一定要择我们家产。因为一个女子性情最舒(虚)荣。女子如是初小毕业,他必定择男子初中毕业",让炳德三思而行。在母亲强烈的要求下,炳德回了一封信给母亲,称"本来是非常的同意",但后来"在再三的思想下"得到了下面的结论,即"没有估(固)定的收入,在现在的环境下还不允

---

① 1947年5月20日日记。

许结婚"①。可能母亲认可炳德提出的理由,这门亲事从此便没有了下文。

炳德是一个朴实的人,他和福培等人到台北做生意,途中去北投温泉,"他们一到旅社即选漂亮的女人说笑解闷,他们也叫我叫一个来,可是我就将很动人的语气回绝他们,他们因我的意志不动,也不多说了。"②他在电车上偶遇过去的女性同事,也相当害羞,"大家将一笑了事,他下车时也是将笑作打招呼而表示认识,所以大家都没有开口说话。回来后我到想想有些好笑,为什么不说话呢,可笑之极"。③但是这并不等于炳德对感情生活没有自己的企盼。来到上海,读的书越多,见的人越多,他的见识和眼界自然会有相应提高,会有理想女子的形象,对爱情亦有自己的想象,比如他为自己的心上人设定一个标准,即有文化。但正如母亲和炳德都明白的,他的文化水准、经济地位和他所想象的理想爱情之间其实是一对矛盾:他教育水平不高,很难要求对方也有文化;他经济条件有限,工作尚不稳定,还没达到可以成家立业的地步。母亲最后被炳德说服,其实也是面对现实的无奈选择。也许正是这种现实的冷酷无情,使得日记中除了那次有趣的相亲之外,再也没有提及感情生活的任何文字。

二、理想与现实之间:个人与时代冲突的心路历程

1. 理想与现实

1947年的1月12日是炳德的生日,这一天,炳德回顾了自己一年来的生活:"我往往很伤感,因为自我检讨,整整的一年过去了,却一无成就。我还是一个我,我做了些什么呢?我又学习了多少?我惭愧,我在我生命史上留下了一块空白。我不但浪费了宝贵的光云(阴),也辜负了我母亲的期望。"然而年轻人总是容易忘记不快乐,总是对未来充满了希

---

① 1947年6月6日日记。
② 1947年12月15日日记。
③ 1947年8月6日日记。

望,所以他接着又写道:"但是我并不灰心,我却因此更具坚毅的心,要在这世界上留下我底脚痕。现在我已找到了一条大道,不再做迷途的羔羊,在十字路口徘徊、彷徨了。因为我已有了寄托和良好的归宿,所以今年的生日在我的心灵上所感到的与往年的灰色不同了。我开始踏上了新生的道路,以后的我是新生的我,以后我的生活也是新生的生活。现在的我正像黑夜里海上的小船,找到光明的灯塔,它将引我到新生的彼岸。"然而随即,他又在下面写了这样的一段话:"啊呀,写得太理想了。何来这样的寄托和良好的所在?以上,以上,全是我在理想中所想象的,你不要相信我。"①

上面的这段话其实奠定了整篇日记的情绪基调,就是理想与现实之间的矛盾和冲突。上海这座灯红酒绿的繁华都市会让所有和炳德一样的年轻人充满了幻想和期望,热血和理想,他在日记中经常想象未来"自由快乐"的生活,但另一方面,他的知识水平不高,工作也是寄人篱下,冷酷无情的现实又往往会成为熄灭希望之火的一盆冷水,这种冲突和矛盾让他平日心情抑郁:"我一天到晚无时不是苦闷和难过。"而最大的苦闷在于经济。"在这苦闷所分出来的有几点。第一点当然要推经济了。这几天的身上就可说招(找)不出一个小钱,即一张钞票也没有,是苦的非常的。心要到什么地方去,近的地方是不必谈的,较远的地方就非要车钱不可。可是身上车钱是没有的,就此去不成,因此而不出去。"②

除了经济的苦闷之外,更让炳德焦虑的是前途的不确定性。无论是自身向上的追求,还是周围环境的刺激都迫使他不停地考虑前途和未来的问题。大城市复杂多变的社会环境,会使居住在城市的人们接受过量的神经和心理刺激,这种刺激有时候其实只是周边人和事的微小变化。有天,炳德在路上遇到以前的工友,在地球牌热水瓶厂工作的沈良勋,对方得意扬扬地大谈目前的境遇,"说厂方生意怎样的好,出品又怎

---

① 1947年1月12日日记。
② 1947年7月1日日记。

样的精良，又说在厂中他有何等的地位，何等的自由，要进就进，要出就出"，这种谈话极大地刺激了他："别人为什么在几月不见有这样的变化，我呢？我原是一个我，回头看以前的几月，到不如往日了。在这里我又招来了不少的烦闷，我气恨。"① 这种对比既是刺激，也是诱惑，让他能对未来充满期望："今后我将另换思想，一想着对于自身有切身的利益和光明的途程，我将要放着以前所未有的勇气去实行。"② 同时又增加了焦虑，不安和紧张："所想的问题范围实在太大了，想到后（来）有些想不下去的现象。如最（再）想下去好象更为（会）有可怕的样子和情境发生在我眼前，所以我又不敢最（再往）下面的一直想去。不管一切似的将所想的完全放掉，最（再）找另一个有出路的思想，可是满头脑中也想不出一个安然的方法来。"③ 他的心情始终就在这种期望和焦虑之中摇摆徘徊。有时候他会看到一丝的希望："上月正和从南通来申，说他的乡下有一间空屋可以出租，每月的租不过五斗米。他准备去租下来，经营杂货生意，问我要不要参加。……这事在我的心中是好机会，我将要抓住这宝贵的机会，不要放他轻轻地过去了。"④ 但是这种希望往往就像是绚烂的肥皂泡一样，转瞬就化为乌有。而且有时希望的破灭还是因为不走运，比如他去台湾做生意，在台中一天销售了七成货物，却将所有六万元台币的销售收入全部遗失，"如此的不幸真使我的前途和身心有很重要的关系"⑤。这种不走运仿佛给他的命运添上了一种悲剧的色彩。

更重要的是有限的收入也制约了他改变自己命运的可能性。炳德并不是不努力，他去听义讲，他买《最新棉纺学》，坚持记日记，在日记中练习作文，去中华职业补习学校听叶圣陶的讲演，听经济学家的课，他在日记中不停地说"因我无经济的力量和学力，因此而受了很大的不

---

① 1947年1月9日日记。
② 1947年2月13日日记。
③ 1947年5月13日日记。
④ 1947年7月4日日记。
⑤ 1948年1月25日日记。

幸和苦衷,可是我并不因此而后退"①,他的父亲节征文感人肺腑,中秋节征文文字相当漂亮,这些都能让阅读日记的人深刻感受到他追求新知识的热忱和在文化水平方面的点滴进步,只不过他的选择空间实在有限。

2. 个人与时代

炳德日记的第一篇如此平静地描述1947年的元旦:"想起来今天的元旦好象与平日无奇,除了学校、机关、大工厂等一律放假二天、三天不等外,其余的商店好象不大在意似的。原像平日一样的'大特价'、'大牺牲'的照常营业外,马路上的形色就根本没有改变。其实今天的马路上多了些什么呢?就是各大学学生大游行抗议北平美兵的污辱女生一事。"②炳德把国家大事一笔带过,但是这样的文字却仿佛是一个象征,一个普通平常的日子其实暗含着改变人们命运的重大事件即将发生的信号。

如果是在一个和平安定的年代,炳德的命运也许会略显坎坷,但毕竟他在努力,而且还年轻,只要一步步走下去,还有可能接近他所想象的那种"自由快乐"的生活。但事实上,他所处的时代却是一个大多数人都无法掌握命运的年代。1948年,冯至在《大公报》"星期文艺"副刊的新年致辞中如此描绘这样一个年代:"现在什么不是挣扎呢?从一日的温饱,到最崇高的理想,凡是在这一条线索上能够连串起来的事物,它们都在挣扎……并且现在是没有余裕来修饰自己的时代。人类的痛苦正如冬日的树木,直挺挺地在风中雪中摇摆,没有一点遮蔽。"③因此,炳德的痛苦和迷茫并不仅仅属于他自己,而是全社会共同的感受。由于内战的破坏和通货膨胀剥夺了人民的购买力,上海的工商业已是一片惨淡的场景,所以小老板福培也同样逃不过这样困

---

① 1947年5月30日日记。
② 1947年1月1日日记。
③ 转引自钱理群:《1948:天地玄黄》,第1页。

苦的命运，"说到福培也是可怜得很，今年的他已是亏了一千多万过年的。等到年底，他还在借着三百万过了一个很苦的年，还带着我也在过着这种年头。"① 甚至和当时上海"成千成万人露宿风餐，随时随地有饥饿死亡的危险"相比，有个正常的工作，能够经常看看电影的炳德多少还算是幸运。

炳德对时局的变化并没有真正的了解，毕竟那些离他太远，他大部分对时事的看法都来自报纸，他对国共两党政策的了解也只停留在纸面上，有天晚上在常州乡下迷路的时候，他一直担心可能被新四军抓走②。但是1947年到1948年是中国经济急剧恶化，人民生活愈益艰苦的时期，社会、经济危机造成的影响，每个人都会有切身的体会，炳德很明显有一年不如一年的不安感觉，"回忆是于去年相较，真有些天源之别哩。虽说情形不好，但在相较下，比今年要好些哩。真所谓一年不如一年了。"③

物价，尤其是生活用品价格的涨跌给普通人的感受最为直接。1947年到1948年正是上海物价飞涨的阶段，只要从日记最后附的收支表上便会对当时百物腾贵有着非常直观的认识。1947年1月20号炳德买了一双皮鞋，价格是37 000元，而到了1948年6月，他在东门金球皮鞋店买了的最贱的一双黄色皮鞋价格是160万。他的理发费用在1947年初是4 000元，6月份涨到6 000元，到了7月份，"价钱又涨了，每位七千元，还是三等"④，9月份则涨到1万元，到了1948年2月已经变成了8万元。无论是作为一个生意人，还是作为一个普通市民，物价涨跌都是炳德最为关心的时事，他的日记对当时上海的物价及其相关政策都有相关的记载，这些记载或是抄录新闻，或是自己写些评述，虽然简单，但也颇有意思，下面抄录一二。

---

① 1947年1月25日日记。
② 1947年9月6日日记。
③ 1948年6月18日日记。
④ 1947年7月16日日记。

1947年2月，宋子文的黄金外汇政策失败，著名的二月金潮爆发[1]。这个月炳德在日记中记录一个经济专家张君在中华职业补习学校讲课时的说法，称"政府如不停内战，黄金是没有办法可以来抑止的"[2]。第二天，他又抄报纸说："今天政府对黄金风潮已宣布的抑止的办法，停止黄金自由买卖，美金票也是同样的办法。又宣布了官价黄金每两四十八万元，收进金票提高至壹万贰仟元，本来的美票官价是有三千三百五十元。这几天日用品、米、柴、华洋百货，总而言之什么都随着金价的上涨而也增加了二倍、三倍不等。这可说是完全起源于黄金、美钞的涨风所至"[3]。到了1947年的4月底、5月初，从粮价上涨开始，带动了整个物价向脱缰的野马那样向前飞奔。炳德在5月12号的日记中写道："所看到的是满报的涨价。不论什么，只几天总要涨上他一倍之三二之多。看到后就些头疼起来，只听涨价一路。到马路上去想买一件好一点的实用品，总是花几万元之不可，好一点总要几拾万元多。像我的收入每月不（过）几拾万元，还不够买上一件好一点的衣服呢。你想这种的日子和生活可以过下去吗？"5月29号，炳德这样写道："这几天的米价又在不停上涨，在上半个月中米价从十万元涨到了念万元左右，这几天又在疯狂的上涨不停，从念多万元一直直线的上涨，突破了四十万元的大关。在这情境下的升斗小民和半失业的青年是多么的不幸呀。本来每月的收入可以苦苦的过下去，可是在今日的物价涨下，真是无法可以生活下去。所以这几天的新闻纸都登载着为生活的压迫而自杀的日有数起。在这种的社会情形下又是多么的危险呀。当我看到这种的新闻后，我的衷心是表非常的同情，好象似身入其境。"其实当时上海已经发生了多起抢米事件[4]。到了6月份，物价上涨的势头没有根本的好转，"这几天的上海物价在疯狂的上涨着，真是要命。在只（这）物价的狂涨声中，又谣言币

---

[1] 参见马军：《国民党政权在沪粮政的演变及后果》，第151页。
[2] 1947年2月16日日记。
[3] 1947年2月17日日记。
[4] 马军：《国民党政权在沪粮政的演变及后果》，第177—190页。

制要改,最(再)加上说就要出五万元的大票面法币,因此就在只(这)两种原因下就不段(断)的刺激物价的上涨。……因各地的战争不停,游资都集合到上海来,游资一到上海,就不停的争购进大量的物资和股票等等,因此就造成了沪市物价上涨的最大原因。"①7月份,粮价开始回跌,炳德也对原因做了自己的分析:"最近的市上因魏德迈将军的来华而物价在下跌中……这到不是吴市长的功劳,其实在这七月中是无生意的,你不防止,物价也不会涨的呢。"但他并未对这种物价下跌持乐观的态度:"米价到跌了下来,从五十万元跌至卅多万元,但是好的乃在五十万元以上,好在像我们工厂里是这(只)要吃这样便宜的就够了。你如不信,可在米店的门口多等一会儿,看统计一下,来购米的顾客是买的好的多,还是买这种普通的多。当然不用说得,是买那卅多万元的多了。为的什么会如此样呢?总括的说,这就是社会不安,经济无着的恶现象也。"②同时,他还抄录了晚报上一个统计家的报告:"今日看见晚报上载了一段新闻,是一个统计家的报告。他将现在的米价照五十万元计,每粒的代价是一角五分强。据他说这个统计非常正确,照战前的一角五分可买米一升多了,可是现在一粒的米已是如此的贵了。好在现在的人们已是听惯了大数目的,听了这一角五分的小数目并不惊奇。假如你是想一想的话,这个数字是非常的惊奇,值得可怕的!"③到了转年的1948年,国统区的经济恶化程度已经到了举世罕见的程度,物价几乎每天都在飞速的上涨④。炳德在日记中写道,"前三月里从乡下带来的五百万元法币,那时的市价可买白米五石哩",而到了5月份,"以五石米的市价,现在要值到三千多万元多哩"⑤。到了六月份,一切更加不可收拾,"今日的米价已从800万涨到1 080万元哩。在这涨势蓬勃的情形里升斗小民

---

① 1947年6月25日日记。
② 1947年8月1日日记。
③ 1947年8月2日日记。
④ 马军:《国民党政权在沪粮政的演变及后果》,第212页。
⑤ 1948年5月23日日记。

真是难过到了极点。"① 在最后一条不系日月，大概记于 1948 年 6 月底的日记中，情况已经日益恶化："近来的物价在继续不停的汹涌猛涨着。在这种生活的情况下，生活一天真是不容易。今日的粮价已从一千万涨到了一千四百万哩。但就这样的高价要买整担的还买不到哩。米店这（只）买一升到二升的米。近来福培处因粮食已告吃完，但是每日要吃米一斗，所以每日的吃米还要分头去赶呢。像现在一日食米要买五六家米店才可购满。在这粮食问题这样严重下，升斗小民真是不堪设想。"但此时，金圆券改革还未进行，情况还没到最糟的时候。到了上海解放时的 1949 年 5 月，每石米已经上涨到 175 333 333 元，与 1945 年相比，实际上涨 1 412.07 亿倍！②

除了物价上涨之外，整个社会也是乱象丛生。1947 年 7 月 27 日星期日的晚上，炳德听见"近处有很清（晰）的枪声"，他没有任何的慌张和恐惧，第一个反应是令今天的听来难以置信的"想必又是警、军在冲突吧"。随后他又想："不管他冲突也好，打死也好，好在明天报上总有发表。我在朦胧的时，期望着看明天的报上登载的今晚的枪声的新闻！"炳德的预测是正确的："我昨晚的期望终于实现了。今日的报上大题登载了昨晚警宪的冲突经过情形。原形是这样的，昨晚七时有三个宪兵购了二张票要在金都大戏院进去看电影，因收票的不准三个人购二张票的缘故，就去叫了一个就近的□警前来调解。因此兄唇舌□□而至动武。后来双方各不示弱的都回局报告了在外的情形，就集结了两方有一百多人的武装部队前来开火，因此而弄成了大火灾，将整个的金都戏院完全烧，直至下午六时，此时还未有适当的解决。"这就是当时震惊上海的造成警察 7 人当场毙命，5 人受伤，无辜路人 4 人死亡，7 人受伤的金都大戏院军警冲突事件③。从炳德对金都大戏院事件的反应来看，当时上海的宪警

---

① 1948 年 6 月 14 日日记。
② 马军：《国民党政权在沪粮政的演变及后果》，第 3 页。
③ 关于金都大戏院事件，可参见肖舟：《震惊上海的金都大戏院血案》；《钟山风雨》，2005 年第四期；《静安区志》等相关文章。

金都大戏院

冲突已经演化到令普通市民司空见惯、见怪不怪的地步，这也从一个侧面反映了当时社会的混乱。

面对这行将崩溃的社会，炳德的第一个反应和很多老百姓一样，就是忍耐，毕竟他还没到活不下去的时候。他在大世界曾经偶遇"三轮车夫在给三个兵老爷在用力的打着"，"看了真有点不忍。但是尽我的力又无法去，他们正所谓敢怒而不敢言"，可是他仍然在日记里责怪三轮车夫，因为"照我的猜想，现在的兵老爷是常会演出这种不给钱的戏剧"，所以"最不好的还是三轮车夫"，他应该不做兵老爷的生意，早点交班才是①。这其实是典型的小市民阶层多一事不如少一事的心理。但是炳德的内心并不是没有愤怒，一个上海夏夜常见的人们在街上乘凉的场景触动了他内心世界的某种情绪，让他突然爆发出来："一走出弄堂到重庆路口的时候，一眼望去只看见的是满马路的睡在路（边）的人，东横一摊，西横一摊，都睡得像死狗样的。不知不觉的最（再）望一望，真有些儿独（触）目惊心，真是有些难过。回忆起抗战中，日本人的凶狠情形。日本军一到中国的时候，不是满城满市满乡的都是给日本军横杀的同胞

---

① 1947年1月17日日记。

吗？真像现在的满马路的东横西倒的透凉的情形差不多，所不同的就是面部没有（血）。提起日本，真是有些儿望之不及。日本人是壹天比一天的繁荣起来,现在的中国是根本就跟不上。"① 这段话即使让今天的人看来仍然感觉有些震撼。

1947年的双十节，炳德在常州城郊钓鱼，城内传来庆祝的声音再次刺激了他的神经："我的心忐忑的在跳动着，一刻不能安定，最后还是从河边走了回来。今年的国庆我寄着悲哀的心情，内心欢迎着我国和平的到来，但是不能如人意。国共在不停的打着战争，风（烽）火连天的弄得小百姓们一刻儿也没定。……在胜利的三年来，全国民众们叫的口号'和平建国'，到如今你看可有一些儿成就吗？肉价还是不停的上涨，失业的人数一天在加多着一天，如此的世界，所以今天的国庆我也未发出庆祝的心情和呼声。"②

炳德并不是对当时的国家完全失去希望，所以他才会自豪地全文抄写《华美报》接受日本赔偿军舰的新闻报道。1947年的圣诞节，他听说这是国民党实行宪政的第一天，在日记中激动地写道："今后的中华民国算是真正的民主国了，国家民主之后，人民能否享受真正的自由和民主国所赋予人民的权利，全视这部宪法实施后的效果如何。我总希望我们的这一部新宪法将来能实足兑现。"③ 然而这只不过是现实给他开的又一个玩笑而已。

三、结　语

以上只是在偶然发现的基础上，对1947年到1948年一个在上海的打工青年的日常生活世界和心路历程的简单勾勒，日记篇幅有限，内容不多，不可能做深入而又全面的探讨，但也提供了一个可供研究的范

---

① 1947年7月5日日记。
② 1947年10月10日日记。
③ 1947年12月25日日记。

例，揭示之前学界关注不足的某些方面。二十岁左右的青年炳德凭借家乡人在上海纺织业的优势地位和同乡网络在上海找到了一个可以糊口的工作，大都市的灯红酒绿给他带来了很多的诱惑和刺激，他在这个城市努力地工作，认真地学习，同时也开始享受都市给他带来的别样的新生活：电影、话剧、报纸、讲演等等，他在这个都市的生活有些艰难，他经常感觉到理想与现实之间的冲突，他茫然，困惑，不安，但又充满着希望，梦想着"自由而又美好的生活"。每当我翻阅炳德的日记时，我都会联想到今天在上海的那些异乡漂泊者，他们虽然不生活在同一个时空，如果抛开炳德所生存的时代因素，你会发现他们之间有着很多的共同点。

然而那个时代又如何可以抛开不谈呢？炳德的日记结束于1948年的6月，我不清楚，他的日记是怎么保存到今天，又流落到旧货市场，最后辗转到我的手中的，我也不知道他日后生活的怎么样，是留在上海，还是回到常州，是继续打工，或是有了属于自己的哪怕是小小的一点生意，但无论他怎么样的选择，未来的岁月对这个青年人来说都是无比的艰险。他曾经写过一首感世伤时的小诗："社会如恶虎，人家无立足，穷乡无法住，还是漂流去。浪子无归处，永世无人顾。"写完后，他又加了几句鼓励的话安慰自己："前途光明，勇向进前，排除现实，不怕未来。"如果在一个安定的时代，他仍然有扭转命运，走向"自由美好生活"的可能。但很遗憾，身处在那样一个动荡的岁月，每个人都会被卷入历史大潮，在与时代和社会遭遇和碰撞过程中，很多人平凡而安静的生活遭到破坏甚至毁灭。正如《大公报》在1948年1月5日的社评《一年之计》写道的："生活在同一社会中，牵一发而动全局，没有一个安分守己的人在这困苦的环境中，能够脱离现实而独荣。"炳德不是这个社会最底层的无家可归者，但他是个安分守己的人，他在这"困苦的环境"中，是不可能脱离现实而独荣的。

炳德的日记其实只是卑微者的历史，他琐碎的日常生活，简单的思想情感似乎没有什么太多记录和研究的必要，只不过是关于那个时代一个普通百姓生活支离破碎的片段，是与大历史相比微不足道的故事，我们不理解、不明白的那些人在大时代中的恍若浮萍的无助命运的故事。我们或是不屑于他们的故事，或是把他们的故事压缩成统计数据或抽象概念。但是我们有时候可能忘记了，在那些枯燥的统计数据和抽象概念背后，那些看似"无关痛痒"琐碎片段背后，往往隐藏着千百万人的悲欢离合，一生一世。

第四章
地缘与业缘之间：
旅沪江南同乡组织

在中国传统社会中，血缘和地缘是社会关系和交往网络构成的最基本的纽带，而地缘关系其实又是血缘关系的延展。诚如费孝通所言，"作为血缘关系的投影，'生于斯、死于斯'把人和地的因缘固定了。生，也就是血，决定了他的地。世代间人口的繁殖，像一个根上长出的苗，在地域上靠近在一伙。地域上的靠近可以说是血缘上亲疏的一种反映。"①可以说，同乡关系不仅是地域的靠近，更重要的也是血缘上的亲密。一旦人们迫不得已背井离乡，在外地总会依赖其血缘和地缘关系构造一个以同乡为纽带的亚社会结构。如明清两代十分盛行的会馆及近代的同乡会就是这种以乡土为纽带、由流寓客地的同籍人自发设置的一种社会组织。此外，还有一系列制度化的活动来稳固和强化这种关系。②到了近代，随着上海的发展，这里成为外来移民聚集的最主要城市。由于上海城市的特殊性和近代时代的复杂性，因此在上海生存所遇到的困难要远远超过之前的所有地方。正如蒋维乔所言：在上海的外来人"生活优裕者似若无求于人，生活艰苦者或有苦无从申诉"，但是"优裕者一旦遭逢意外，即须赖人辅助，至生活艰苦者，其有赖于人更不必说"。③因此移民必须依赖一些他们所熟悉的关系纽带，重组其社会网络，以应对各种困难。除了血缘之外，地缘关系是旅居者最为重要的在异乡构建社会安全网络的纽带。据不完全统计，自1905年同乡会问世至1949年，上海新建同乡会将近200个，加上会馆、公所，总数不少于250个。全国各大区域，在上海都有等级不同的同乡组织。因此，对在上海外来者地缘关系组织的研究，成为这一方面重要的课题。

---

① 费孝通：《乡土中国》，三联书店1985年版，第72页。
② 其制度化活动模式包括同乡官员定时团拜、宴请他省人作官本地者、京官宴请参加会试的同乡公车等。
③ 蒋维乔：《发刊词》，《常州旅沪同乡会会讯》创刊号。

对于中国同乡组织的讨论始于对会馆、公所的研究。美国人玛高温于十九世纪撰写的两篇文章《中国的行会及其行规》(1883)、《中国的行会与商业基尔特》(1886)。此后马士著有《中国行会考》，日本东亚同文会编有《中国经济全书·会馆及公所》，湖南人编有《湖南商事习惯报告书·会馆》等。① 自玛高温起，将会馆等于同于欧洲行会即基尔特(guild)。

1920年代开始，日本学者仁井田升、今崛诚二、和田清、加藤繁等对北京的会馆进行了调查，并资料汇编取名为《北京工商基尔特资料集》。此外，他们相继依据这些资料发现了一系列的文章，如和田清《会馆公所の起源に就いて》(《史学杂志》1922年第33卷第10期)、仁井田升《中国の社会とギルド》(岩波书店1951年版)、今堀诚二《中国封建社会の构成》(劲草书房1991年版)、加藤繁《论唐宋时代的商业组织"行"并及清代的会馆》(《中国经济史考证》第1卷，吴杰译，商务印书馆1959年版)、《清代的北京商人会馆》(《中国经济史考证》第3卷，吴杰译，商务印书馆1973年版)。

学界公认郑鸿笙1925年发表于《国闻周报》的《中国工商业公会及会馆、公所制度概论》是国内该研究的开山之作。此后，1928年大谷孝太郎的《上海的同乡团体及同业团体》(《中国研究》1929年第19期)、1932年、1952年根岸佶相继发表的《中国ギルドの研究》(斯文书院1932年版)、《上海のギルド》(日本评论社1951年版)、1934年全汉升《中国行会制度史》(新生命书局1934年版)，窦季良等人于1945年发表的《同乡组织之研究》(正中书局1945年版)，均对会馆史和同乡组织史的研究产生了深远的影响。

何炳棣的《中国会馆史论》(台北学生书局1966年版)是会馆研究中一部里程碑式的著作，并最早提出会馆非行业，书中英文摘要，就用强调地缘的德语 landsmannschafen 来对译"会馆"，而非 guild。国内在八十年代以前，除少数作者之外，一直把会馆视为工商业行会。直到

---

① 转引自彭泽益《中国工商行会史料集》，中华书局1995年版。

1982年，吕作燮发表《明清时期的会馆并非工商业行业》①一文，代表了大陆学界对会馆研究的反思，此后会馆研究取得了一系列的突破。《江苏省明清以来碑刻资料选集》《明清苏州工商业碑刻集》《上海碑刻资料选辑》《中国工商行会史料集》《清代工商行业碑文集粹》《明清以来苏州社会史碑刻》等所收录的工商业组织史料，更为研究会馆和同乡会提供了不少新资料，2002年出版的《中国会馆志》则是20世纪末中国会馆资料收集和研究的集大成之作。

1996年，王日根的《乡土之链：明清会馆与社会变迁》（天津人民出版社1996年版）和《中国会馆史》（上海东方出版中心2007年版）对会馆的社会整合、会馆的内在运作、会馆的文化内涵等作了全面的研究，是国内会馆研究的代表性著作。而明清江南同乡组织的综合性研究除了王日根的著作之外，以邱澎生、范金民等为重要。范金民在《明清江南商业的发展》中以专章讨论了全国各地商人商帮在江南的活动，并对明清江南会馆的数量和分布作了全面细致的考证。并对会馆和公所进行了较为科学的分类，即会馆主要是地域性的社会团体，公所主要是行业性的社会团体。会馆嘉道间极盛，公所是同治以后是高峰。②邱澎生的《商人团体与社会变迁：清代苏州的会馆公所与商会》③则以"国家—社会关系"为取径，从结社法令、经济政策、市场经济、都市社会四个方面来考察商人团体和社会变迁关系，成为研究江南城市会馆的代表性论著。此后，相关成果更是层出不穷，可参见系列成果综述可参见冯筱才《中国大陆最近之会馆史研究》（《近代中国史研究通讯》第30期，2000年9月）、朱英《近代中国的"社会与国家"：研究回顾与思考》（《江苏社会科学》2006年第4期）。

关于上海的同乡组织，郭绪印的《老上海的同乡团体》（文汇出版

---

① 《中国史研究》1982年第2期。
② 范金民，《明清江南商业的发展》，南京大学出版社1998年版，第254—255页。
③ 台湾大学历史系博士论文，1995年。

社2003年版）涉及较为全面，最有成就的则是前述宋钻友和顾德曼的研究成果。另外，前述讨论旅沪上海人的著作中均也涉及同乡组织。其他论文有代表性的还包括高洪兴《近代上海的同乡组织》、徐鼎新《旧上海工商会馆、公所、同业公会的历史考察》（上海市地方志办公室编《上海研究论丛》第5辑，上海社会科学院出版社1990年版）、虞和平《清末以后城市同乡组织形态的现代化：以宁波旅沪同乡会组织为中心》（《中国经济史研究》1998年第3期）、陶水木《绍兴商人与绍兴旅沪同乡会》（《绍兴文理学院》1999年第1期）、谢俊美《清代上海会馆公所述略》（《华东师范大学学报》（哲学社会科学版）2002年第2期）、冯筱才《乡亲、利润与网络：宁波商人与其同乡组织1911—1949》（《中国经济史研究》2003年第2期）、邱国盛《从国家让渡到民间介入——同乡组织与近代上海外来人口管理》（《华东师范大学学报（哲学社会科学版）》2005年第3期）、田凤仙《试论民国时期上海结婚——以旅沪同乡会为视角的考察》（《安徽文学》2007年7期）、于珍《近代上海同乡组织与移民教育（1843—1949）》（华东师范大学博士论文2008年）、秦祖明《社会变迁中的上海同乡组织》（《理论月刊》2010年第12期）、郑晶晶《社会转型中同乡组织的发展与民间介入——以宁波旅沪同乡会（1911—1949）为例》（华东师范大学硕士学位论文2010年）、唐力行《徽州旅沪同乡会与社会变迁（1923—1953）》（《历史研究》2011年第3期）等。此处仅在这些前人的研究成果上进行一些概括和补充。

浦东同乡会旧址

第一节　旅沪江南同乡会组织的变迁

一、从会馆公所到同乡会

康熙二十三年（1684），清政府开通海禁，翌年又在江南等地设立江、浙、闽、粤四海关，上海县城即成为江海关所在地。嘉庆十三年（1808），苏松太兵备道公开谕示，沙船"或收浏河，或收上海，均听商民自便""自此以后，浏河一口竟无一船之至矣"。① 上海口岸由此而再获鼎盛发展之契机。道光年间运河淤塞，江南漕粮不得不由河运改为海运，进一步促进了上海海运贸易的繁盛和上海口岸的发展。正是在这个时候，上海开始聚集了众多来自全国各地的商人，为同乡、同业服务的会馆、公所也逐渐在上海出现。

根据资料，上海地区最早的会馆公所是顺治年间的关山东公所。广义江南地区在上海建立的最早公所是初建于雍正九年（1731），由镇江府属镇江、丹阳、溧阳、金坛、扬中五邑旅沪商帮"筹集厘款"兴建的京江公所。光绪六年（1880）重建后称敦润堂，所址在今上海西藏南路547弄47号。随后，在乾隆初年，绍兴钱、豆、炭业商帮建立了浙绍公所永锡堂。嘉庆二年（1797）、嘉庆二十四年，宁波商帮相继成立了四明公所和浙宁会馆。不过这一时期在上海主导的商帮是福建的泉漳商帮、广东的广帮和潮帮，以及山西帮和安徽徽宁帮等，苏南商帮尚未兴起，宁绍帮的力量尚未显出。到了上海开埠后，江南商帮开始成为上海商界的主体，苏浙两省商帮建设的会馆公所成为上海会馆公所的中坚。据郭绪印统计，上海开埠后，苏浙两省商帮在沪组成的同乡性会馆公所达22所之后，占开埠后上海出现的34所会馆、公所的64.7%，其中仅江苏省各州

---

① ［清］金端表：《刘河镇纪略》卷三，《中国地方志集成·乡镇志专辑》第9册，上海书店出版社1990年版。

县旅沪商帮建立的会馆、公所即达17所，占上海开埠后出现的34所会馆公所的50%，这也是江南工商业者在上海经济实力不断增强，甚至占据主导地位的体现。①

会馆公所的管理制度基本上采取董事制，其实就是中国传统的慈善组织、同乡组织、宗族组织等一般采用的堂董、会董制度。如以旅沪浙江海宁绅商创办的海昌公所为例。该公所规定，公所分别设司年董事和司月董事，每年公举司年董事一人，"总核一年之事。凡公所事宜，均归主持，以一事权"。另外，每月另举司月董事二人，"拈阄分季轮值，每月初二日，亲至公所稽查上月收支账目，逐款核对相符，即于总册上签字，俾有稽考"。司年董事和司月董事均由上年十一月内由所有董事公同会议推举。此外，凡公所中如有"添房置产、更改章程"等重大变动事项，也由各董公同会议议定之后，归年董总司其成。

公所的工作人员是司事，由各董公议，保荐老成公正之人。另外，自董事、司事以至所有工作人员，一概不准借贷公所金钱。如果有同乡等保举司事，则必须"立保单为凭"，如果司事"有银钱不清，以及不按规条办事"的情况，荐保人必须赔偿。如果司事是年董推荐的，那么会馆所有的单据必须改由四季月董轮流暂代收执，至下年司事变动，年董更换之后，方可再交年董收存。公所有专门的司账，负责登记所有的银钱出入，月底核计清楚，开列四柱清册（即旧管、新收、开除、实在），次月初二日由月董事亲自查核。如果年底有积存余额，则由年董存钱庄生息。每年正月初十日，年董和月董要上年账目清点，移交下任值年董事接管，所有的契约单据也要查点移交。司月董事要考察公所所有的工作人员，如司事、工役等的工作情况，司事、工役的工资，董事的工作相关开支，都由司月董事核实支销，不得稍有浮冒。②

---

① 郭绪印：《老上海的同乡团体》，第33页。
② 《上海创建海昌公所条规》，《上海创建海昌公所征信录》，光绪三十年刻本，转引自《中华大典·经济典·商业城市贸易分典》第1册，巴蜀书社2017年版，681—682页。

嘉郡会馆虽然也采用董事制,但是略有不同,是投票选举出董事7人,再公推总董1人,要求是必须"常寓上海者(须南北市并有之)",一年一任,每年夏历二月中旬为选举之期。可以连选连任,但不得超过三次。其中总董经画全馆整体之布置、考核、章程之从违,稽查司役之勤惰,收储契据、息折、凭单等件,核发信函、知单、筹措款项,预备扩充各事宜,董事则帮同总董管理一切。会馆所有的银钱出入一般由总董经管,也可以在董事中派出一人兼管出入款项。董事一同公举监理一人,代表总董督率工役,照料房屋,管理收捐,遇有应行通告之事缮发函件、知单及料理寄殡等事。常川住馆的还有账房和司事,负责所有所有日用伙食、薪工、经常特别开支的管理,按日记账,每月摘要,报知总董、董事会,另外还要和监理一起管理门丁、厨役,整理庭院。针对司事、账房、门丁等,都定有相关规则。①

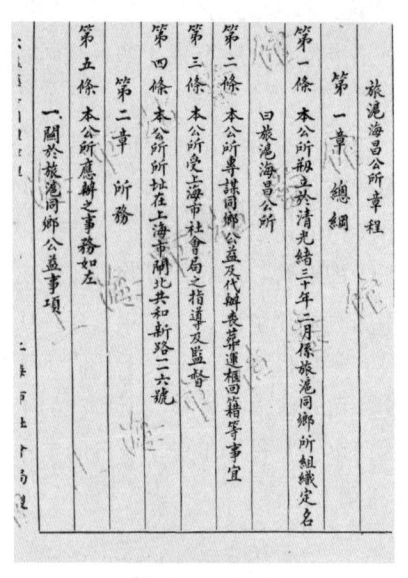

《海昌公所章程》

戴季陶曾说传统的同乡会只为死尸作事,不为活人作事②,话说得虽然极端,然而寄存棺柩和运送棺柩回籍,确实是旧会馆公所的主要职责,丙舍则是会馆公所的最重要设施,基本上占据了会馆公所建筑的主要部分。关于丙舍的运作情况,也参考海昌公所和旅沪嘉兴人创办的嘉郡会馆的相关条规作一简单介绍。

海昌公所分成元亨利贞四等。上房一间即为元字号,停放棺柩一具,每年收取"捐洋"12元。一个房间隔断成两间,即为亨字号,一具8元。中房利字号,每间停三具,

---

① 《嘉郡会馆征信录》,1920年铅印本。
② 戴季陶:《我对湖社的感情和对湖社的希望》,《湖州月刊》1925年第1期。

捐洋4元，男东女西。所有的费用均于灵柩进房日收清，并给收票为凭。统房即为贞字号，一概免费，仍给收票为凭。丙舍一般只停同乡灵柩，但偶尔也会给同乡推荐，停放客籍人士，收费标准是"照同乡捐加六"，即如元字号30元，亨字号20元，利字号10元。另收进出丙舍，上房全间每具钱1 200文，隔断者800，中房400文，统房200文。此一款项不入总账，各司事得六成作为修金，工人得四成，由司事根据工人的情况酌量派给。

丙舍寄放灵柩，以一年为期，需要"填写发票为凭"。如需延期，也要换票，并载明"过期不领，代运海宁义冢掩埋，编号立石标记"，如果家属在海宁故乡可以申领迁移。丙舍偶尔也会存在客籍棺柩，过期后就在上海购地掩埋。所有迁移掩埋工作，司事都必须亲临现场负责。

丙舍总门平日关闭。如果灵柩进出及家属祭扫，由司事亲率工人开门。丙舍内不准烧纸焚化，丙舍外专门设有地方，焚化冥纸。公所可以提供地方，让同乡办丧事，如有"扎彩或不扎彩而启屏门"的情况，捐洋10元。寻常请吊则为6元，客籍一律加半。公所还提供厅堂进行礼忏仪式，每日捐香金1元，寄放寿器每捐洋2元。①

嘉郡公所的制度基本大同小异，不同的是有一些特殊规定。如规定中元节会依照习俗，延僧讽经一日，并备有素肴羹饭一桌。又如对棺椁的质量有一定规定，"恶劣之馆及施棺，或不封口棺"不准寄放，并规定"棺之厚薄须在二寸半以上，方准寄厝"。此外，馆中预备扛夫，收费标准是"每具抬空者给力一千文，抬重者二千四百文，至法租界每名加五十文，以六名为率"，如果"用材罩者添扛"，要加400文。另外，如果远在外虹口、杨树浦及城内南市，抬空者加五百文，抬重加1 200文。如果丧家另雇扛夫进厂，灵柩接扛，特等、头二等每具均400文，三等200文。此外，可以寄存寿材，但指定以土地祠两侧间，每具每年收租金

---

① 《上海创建海昌公所条规》，《上海创建海昌公所征信录》，转引自《中华大典·经济典·商业城市贸易分典》第1册，巴蜀书社2017年版，681—682页。

洋十元。①

清末以后,特别是民国之后,由于官方政策、法律的变化,以及社会团体概念、思想的逐渐引入,上海的会馆公所开始发生转型,其中地缘性会馆公所逐渐演变成同乡会,业缘性的会馆公所则逐渐演变成商会。在上海特别市政府社会局一共登记有119所同乡会,只有5所成立于辛亥革命前。一般公认,光绪三十年(1905)创办的四明同乡会是近代上海第一个新型同乡会组织。不过正如郭绪印等学者研究的结果,民国以前,这些同乡会大多未从会馆中脱离出来。在新成立的同乡会中,广义江南范围的江苏、浙江同乡会仍然占据主导,其中江苏43所,占36.13%,浙江28所,占23.52%,两省的同乡会占据了近60%②,仍是上海同乡组织的重头。

二、传统与新变:旅沪江南同乡组织性质的变化

江宁同乡会创建时,曾如此比较旧式会馆和同乡会之不同:"会馆或公所之建立,其唯一任务,只在寄存或运送棺柩回籍,及逢时节之祀神打醮而已,律以现代精神固不足言组织,不足以言团体,更不足以言同乡事业也。近世纪以来,民治思想渐为发展,团体意识益见普遍,稍具现代知识之士,均感觉结合社团,以联络乡谊,举办公益之必要,于是同乡会之团体,乃应时而生焉。"③

江宁同乡会说出上面一段话,是有感而发的。南京在辛亥革命中受到战火影响,难民涌入上海,部分旅沪人士发起创设同乡会以谋公益,遭到反对,称既有公所,便无须有同乡会。1913年,张勋复辟,南京再遭洗劫,居民又纷纷逃入上海避难,部分遭劫绅商致电政府要求赔偿损失,江宁公所未能及时出力,导致政府置如罔闻,引起旅沪同乡会不满,

---

① 《嘉郡会馆征信录》,1920年铅印本。
② 郭绪印:《老上海的同乡团体》,第47—51页。
③ 《江阴旅沪同乡会所落成纪念特刊》,1948年。

以为不结合成团体就不会发生效力,故提议创设同乡会,拟稿呈请政府要求赔偿,并产生了作用。

传统的同乡组织,尤其是京城的会馆和近代的同乡会有很大的不同之处。从明前期开始出现、至明中叶以后广泛设立的同乡会馆,反映了人口在空间流动上的加剧;早期的会馆,虽有商人参与建设的情况存在,但总体上官宦性质较浓,或为同乡官僚俱乐部,或为服务科举的试馆。明万历嘉兴人沈德符称:"京师五方所聚,其乡各有会馆,为初至居停,相沿甚便,惟吾乡无之,先人在史局时,首议兴创,会假归未成。予再入都,则巍然华构矣,然往往为同乡贵游所据,薄宦及士人辈不得一庇宇下,大失初意。"① 清代常州籍学者刘嗣绾也言:京城会馆设立的原因是:"凡天下士大夫之趋京师者,所主无常,互有沿革,要其所以待寄旅者,皆出于乡之人自为之焉。"会馆由"中朝士大夫主之",建造修葺"每资于同乡之官于外者",其服务对象则是"朝觐候选来者,以试礼部、试顺天来者"。从现存的《武阳会馆碑记》中所附的题名录共一百四十七人,小到候补从九,大到布政使,均是官员,② 可知会馆是为"士大夫"们服务的。至清代中后期,商人开始更多地参与会馆的集资建设,并通过会馆进行行业协调或提供一些社会福利服务,上海的会馆公所基本是同乡同业组织。

到了近代同乡会大规模成立后,与旧时京城会馆相比,除了"安寄旅"这一基本宗旨没有什么太大的区别外,无论在创办者、创办原因、服务对象等方面和京城会馆均有很大的不同。首先,除了官员之外,富商成为同乡会的最主要的创办者和赞助者。常州同乡会历任会长,在亦官亦商的盛宣怀之后,如庄篯、王彬彦、刘福同、闻兰亭、刘丕基等,基本上均是上海的富商。其次,同乡会的服务对象已经不仅限于"士大夫"这样的精英阶层,而是在理论上已经扩大到旅居的所有阶层的人士。

---

① 沈德符撰,谢兴尧点校:《万历野获编》卷24《畿辅》"会馆"条,中华书局1959年版,第608页。
② 刘嗣绾:《武阳会馆碑记》,此碑拓本原由孟森先生所藏,感谢孟先生后人提供拓片影印件,原件现藏北京大学国际汉学中心。

由于工商业的从业者已经是同乡的主要职业,且又是掌握了同乡会的实权,因此也成为主要的服务对象。蒋维乔称:"我旅沪同胞无虑数十万,尤以工商界居多。"①1925年常州旅沪同乡会对会员的统计结果,也是商业和工业占了主导地位,分别是商业44.2%,工业28.3%,学17.5%,医5%,政3.3%,军1.7%,其中工商业占了其中的70%以上。②第三,联络乡谊,同乡互助虽仍是同乡会的主要宗旨,但是促进家乡的发展也被视为同乡会的主要责任。虽然,在传统社会中,维护家乡本土的利益也是在京城的官员同乡活动的一项内容,但是大多仍局限于赈灾、科举等方面,但是近代的上海同乡组织中,维护家乡利益的关注点已经发生了某些转移,促进本乡"自治之推进事项""计划建设事项"已经被纳入到章程之中。③

值得注意的是,近代旅沪同乡会的建立,固然与上海日益成为全国商业、文化中心密切相关,所谓"沪上为江海要冲,绾毂中外,输入文明,兹为利便"。④但尚有诸多原因不可忽视。如对常州同乡会影响最巨的一是沪宁铁路的开通,所谓"吾常于沪水道近接,自铁路既达,往来尤便,旅居日众"。⑤二是近代以维护乡土利益,加强地方自治为主题的一系列的地方政治运动。前者使得旅沪的常州人数量呈几何级增长,后者则使得旅沪的常州人有互相联系、互相沟通的需求,正是这两个原因导致了常州旅沪同乡会的成立。

下文将述及,晚清的一系列地方政治活动如保路运动,如社会团体等看似以省为单位组织,但其实都是以县一级为单位进行动员和发展。以江苏为例,江苏教育会和苏杭甬铁路风潮的参与者均是以县为单位进

---

① 蒋维乔:《发刊词》,《常州旅沪同乡会会讯》创刊号。
②《常州旅沪同乡会第二届会员录》。
③《常州旅沪同乡会章程》,《常州旅沪同乡会简史及会务报告工作计划》,上海市档案馆藏档案:Q117-8-1。
④ 缪荃孙等:《常州府同乡会成立大会通知》,上海图书馆藏盛宣怀档案。
⑤《上海创建常州八邑会馆劝捐公启》。

行推选的。这些活动的中心又大都集中在上海，这就为大量同乡精英在上海的集结提供了可能。如光绪三十一年常州第二次同乡会发起，与这些政治活动密切相关。根据蒋维乔的日记，是年九月初十日江苏教育会成立，大批常州教育界的人员赴沪参会。次日，沪、常两地的常州籍教育会会员在愚园召开会议，讨论常州师范学校之事。会议持续三天，分别在愚园和大生纱厂召开，这是在上海的常州人第一次大规模的集会。次年九月，江苏教育会再次开会，常州籍人士再次聚集，这次又恰逢苏杭甬铁路风潮的兴起，同时召开苏省铁路公司股东会议，聚集到上海的常州人数量更多，也不仅限于教育界，商界、政界的常州人都济济一堂。九月二十二日，参加江苏教育会和苏省铁路公司股东会的成员在文明小学堂聚集，商议地方兴办中学堂事。会议中，大家以此为契机，"又议发起常府同乡会，约定在锡金公所会议"。① 盛档中保存的一件公函也证实了这一点。其云："同人因江苏教育总会之便，有感于社会交通，非联合团体不足以谋公益"，并通知"十月初十日午后两点，在老垃圾桥北新衙门后锡金公所开会"，② 这一公函从时间和内容上都可以与蒋维乔的日记相印证，由此亦可知常州同乡会成立时的时代背景。

  同乡组织的成立不仅与当时上海的一系列同乡政治活动有关，也与倡导同乡组织的诸人的经历有关。清末民初旅沪同乡会的首脑人物，往往同时也是清末一系列新兴社会团体，如预备立宪公会、上海总商会的负责人和重要组织者，他们对新社会团体作用的认识，均对同乡会的形成产生了一定的影响。这都决定了旅沪同乡会在成立伊始，具备了与传统会馆不同的特点。

  晚清严复在翻译《天演论》时引入了"群"的概念，"天演之事，将使群者存，不群者灭，善群者存，不善群者灭"。③ 他将密尔的《论自

---

① 蒋维乔：《因是子日记》。
② 缪荃孙等：《常州府同乡会成立大会通知》。
③ 严复译，赫胥黎著：《天演论》卷上《制私第十三》，《严复集》第五册，中华书局1986年版，第1347页。

由》翻译为《群已权界论》，就是要对公共领域和私人领域进行划分，讨论处理个人自由与群体自由，个人自由与国家自由的关系。在此基础上，康有为说："夫挽世变在人才，成人才在学术，讲学术在合群。"① "思开风气，开知识，非合大群不可，且必合大群而后力厚也，合群非开会不可。"② 正是在这一背景下，自变法维新开始，上海各界纷纷以广集同志、联络情谊、图谋共同进化相号召，组织各类社会团体。1908年，清廷又颁布《结社集会律》，正式明确臣民在法律范围内有言论、著作、出版及集会、结社等自由，给社会团体这种组织行为做了一定的制度性约束，同时也代表对社会团体的承认。民国初年，新成立的政府颁布了《临时约法》，规定人民有集会结社的权利，又进一步推动了社会团体的发展。正是在这种背景下，宁波同乡会才会指出："同乡人团结成宁波同乡会，那么别人地方的同乡人，也团结成别个同乡会，再由个个同乡团体，凑合成一个整个国家的极大的团体，那么，对内可以巩固民治的力量，对外可以抵抗列强侮辱了。"③ 同乡组织已经逐渐演变成一种新型社会团体，这种团体一般具有以下功能：满足成员发展的需要，提供社会交往与获取社会承认的新途径，维护成员利益与群体权益，调节内部利益关系，形成群体表象，表达群体意愿与要求，建立与社会的各种联系渠道与信息网络，参与经济、文化、社会、政治活动，谋求公共利益与参政议政权等。④

此外，政府的影响也不可忽视。国民政府成立以后，一方面是为了致力于树立现代国家形象，另一方面出于统治的需要，进一步加强了对社会团体的管理，对同乡组织的名称、成立、章程、职能及管理制度有

---

① 康有为：《上海强学会序》，《康有为全集》第二集，上海古籍出版社1990年版，第192页。
② 康有为：《康南海自编年谱》，中华书局1992年版，第29页。
③ 《宁波旅沪同乡会第八届征求纪念刊》，1933年铅印本。
④ 参见王颖、折晓叶、孙炳耀：《社会中间层：改革与中国的社团组织》，中国发展出版社1993年版。

了一整套的规定，这也是推动同乡会更新变革的重要原因。1928年上海特别市社会局成立后提出了公益事业相关方针，其中在"维护公益团体"部分着重指出："国人素鲜团结精神，形式上之差强人意者，仅各地同乡会之组织，本市五方杂处，如各地同乡组织之会馆、公所、会所等团体尤为繁伙，总其宗旨，无非谋同乡之福利，举凡恤贫、救困、养生、送死当为共同之目标。但热心服务固多，而形同虚设者亦有。政府为策励进行计，不得不责令注册，各就其组织及事业上随时加以指导而改进之。其他公益社团之宗旨纯正者，亦同在保护监督之列也。"1930年1月23日，国民党三届中央中常会第67次会议修正通过了《人民团体组织方案》。同年7月17日，国民党三届中央中常会第101次会议又通过了《修正人民团体组织方案》。1932年8月11日，国民党四届中常会第33次会议又将"人民团体"改为"民众团体"，制定了《修正民众团体组织方案》。上海在此基础上，也相继出台了一系列的规定。是年5月，《上海特别市人民团体补行申请许可规则》出台，根据这一规则，人民团体包括职业团体及社会团体。职业团体为工会、农会、商会等。社会团体则为学生团体、妇女团体、慈善团体、文化团体及同乡会等。并规定，所有的人民团体未经市民训会（即中国国民党上海特别市执行委员会民众训练委员）许可设立，且未经主管政府核准注册者，都应向市民训会补行申请可。申请时必须提交重要职员一览表、会员名册、会章等。市民训会接受申请后，要派员视察，主要考察所呈理由是否确实，份子是否忠实，有无相同之组织，有无组织之必要等。这项法规其实就是要求对既有的人民团体进行审核。同时，市民训会又推出《上海特别市社会团体组织规则》，规定发起组织社会团体须有住居本市并有正当业务之发起人五人以上之联署，推举代表具备理由书及发起人履历表呈请许可。市民训会接受申请后即行派员视察其要点，认为合格后除批复外，即发许可证书，并函发社会局查照。社会团体领到许可后，即向社会局呈请立案。此后，市民训会又公布了《人民团体组织许可证颁发通则》。同时，社会局也制定了《上海特别市监督社会团体规则》，规定市区内社会团体除另有规定外，都必须由社会局进行监督。凡发起组织社会团体，经市党部许可后,即应将相关材料及市党部许可证向社会局呈请备案,社会团体有违反法令规章、妨害公共秩序及善良风俗等行为时,社会局可以随时取缔。由此可见,当时对社会团体是实行党部(市民训会)和政府(社会局)的双重领导。

1931年9月,上海市党部在回答律师黄伯裳询问时,专门函复如下,即同乡会之组织应依修正人民团体组织方案所规定之办法办理。① 可见,同乡会组织也必须遵循上述相关规则进行调整。这些调整主要包括以下几个方面。如接受上海市党部和社会局的双重领导。除申请许可和立案外,此同乡会成立及召开大会,一般也都会邀请党部和政府的相关官员进行"监视"。② 此外,组织体系要一律按照相关规则进行调整,如管理制度须由会董制改为委员制,章程中必须载明名称、目的、区域及会址、会员资格及其权利义务、会员入会退会及除名之规定、职员之人数职权及退任解职之规定、会议之规定、会费及其他会计之规定、互助事业之规定、章程变更之规定、解散及清算之规定等内容。对照相关同乡会的章程可知,所有同乡会基本上均按照这一规定进行了调整。

国民政府对旅沪同乡会进行登记,当然是为了推进社会组织的"现代化",但更有政治上的考虑,即通过对人民团体的登记,加强对社会组织的管理,摒除"异端"。从此角度而言,旅沪同乡会的发展一直受到政治的左右,几乎近代以来每个重大政治事件都会对同乡组织产生或大或小的影响。1937年淞沪抗战爆发时,闸北受到轰炸,闸北附近聚集了大量的同乡组织设施和会馆丙舍,这些设施大多在这次轰炸以及随之而来的战乱中被毁,1940年报纸报道称:"'八一三'沪战后,丙舍大半皆被炮火焚毁。如会文路湖州会馆,所有丙舍棺柩,完全焚毁,昨见大门亦被拆去,变成一片瓦砾场。同路北首长生公所,已无形迹。延绪山庄则大门紧闭,后面围墙亦均坍倒。朝西中华新路锡金公所之大门,用砖砌断,出入另辟一小门,亦不见有人出入。共和新路海昌公所,烬余焦屋

---

① 《同乡会之组织应依修正人民团体组织方案》,《申报》1931年9月2日第19版。
② 《宜兴同乡会定期成立》,《申报》1934年9月23日第15版。

数间，前见有尸棺数具，现亦不知去向，所有房屋已完全拆光。太阳庙路嘉郡会馆，同路朝西钱江会馆，亦均坍毁无余，烬余尸棺大抵皆已运出。普善路普善山庄所有礼堂等亦均焚毁。同路吴江会馆丙舍、扬州八邑公所丙舍，虽存若干，然前往探视者寥寥，江淮公所仅留四壁，内部全毁，现则迁往中山路五号。西区长安路广肇山庄范围最广，毁损最巨。各处马路第见巡逻日海军陆战队三五成群，搬运乱砖之卡车去来甚忙外，其余行人稀少，气象异常萧条。"①此后，汪伪政府又要求对社会团体进行登记，很多同乡会拒绝合作，工作就此陷入停顿，只有少数同乡组织为了要救济难民而坚持活动。抗战胜利后，国民政府要求对人民团体进行重新登记，同乡会活动开始陆续恢复。但是为时不久，上海解放，随着公有制的推行，依靠个人捐款和行号货捐维持的同乡组织经济基础彻底动摇，很多同乡组织已经名存实亡。与此同时，人民政府进一步加强对社会团体的管理，血缘组织和地缘组织的封建性又与新的意识形态相对立，会馆、公所、同乡会等组织逐渐通过解散、取缔、终结、合并等措施，最终从历史的长河中消失了。

值得一提的是，关于同乡组织的从会馆公所到同乡会的变化，学术界往往会使用"传统—现代"这一视角，并将其看作整个中国的社会近代化转型的一部分。如虞和平《清末以后城市同乡组织形态的现代化—以宁波旅沪同乡会组织为中心》一文是典型代表。不过，冯筱才在《乡亲、利润与网络：宁波商人与其同乡组织 1911—1949》等文章中认为宁波同乡会组织存在着"新瓶装旧酒"的一面，认为同乡会所举办的事业与会馆、公所"实无大异"，并提出会馆、公所向同乡会的转变不能单纯以"传统—现代"理论来划分。基于上述的讨论，个人以为，同乡组织变动确实不能简单地以"传统—现代"视角来讨论，会馆公所到同乡会这一进程，在很大程度上受到了政治的影响，国民政府是背后的重要推手，很多同乡组织往往是被动的调整，而非主动的变革，由此就导致"新瓶装旧酒"的情况广泛存在，各个组织章程

---

① 《清明节巡视记》，《申报》1940年4月6日第10版。

千篇一律，往往是在名称上由董事制变成了委员制，可只要细究一下，就会发现还是那些人，还是那些职能。但另一方面，同样如前所述，由于环境的变化，时代的发展，同乡会的变化就算是被动，也不能一概用简单的"新瓶装旧酒"来评价，这个变化也不是仅仅局限于表面的名字变化或者组织方式、章程的调整。下面以常州同乡会为例进行简单的讨论。

首先是领导成员的变化。常州同乡会早期的发展兴衰与一个人息息相关，这就是盛宣怀。盛宣怀地位注定了常州同乡会在成立初期无法摆脱他个人因素的影响。正是他的捐款和提倡，常州同乡会方有可能付诸实施。同乡会在致盛宣怀的信中称："公为乡中硕望，尚祈格外鼓吹，登高一呼，众山皆响，较同人等终朝喋喋，难易判于霄壤矣。"①但也正是他的地位在清末数年内的迅速变动，才导致了常州同乡会屡建屡辍。所谓"时局与人事的关系"，是指盛宣怀。所以，虽然由于新的家乡观念和群体观念的影响，常州同乡会在成立之时，虽然已经有现代社团的影子，但也正由于盛宣怀这个因素，决定了早期常州同乡会的性质仍然是传统和近代之间左右摇摆的过渡产物。这一点在早期参与常州同乡会发起的成员构成中可略知端倪。

在《常州八邑会馆章程暨拟办各事件第二次条告》一文中，出现了下列武进阳湖籍诸人的名字，可以将其视为常州八邑会馆发起人。这些人分别为诸广成、庄箓、庄清华、方宾穆（以上为提倡人），孙复瑞、费承祖、钟禄卿、强联卿、丁甘仁、刘树森、巢凤初、汪洵、陈景瀚、陈英越、闻兰亭、徐蓉绅、赵凤昌、庄蕴宽、恽毓昌、恽毓龄、沈同芳、陶湘、顾润章、吕景端、张联翔（以上为捐款人），庄殿华、瞿树承、刘福同、唐肯、姜馥棠、顾汝昌、刘树钧（以上为旅沪各业代表），总计32人。②这32人中，庄箓、庄清华、庄殿华、顾润章、顾汝昌、陈景瀚、陈英越七人是盛宣怀的亲戚。汪洵、吕景端、张联翔、陶湘为盛宣怀核

---

① 《旅沪常州会馆事务所同人致盛宣怀函》，上海图书馆藏盛宣怀档案。
② 《常州八邑会馆章程暨拟办各事件第二次条告》。

常州会馆落成留念

心幕僚,赵凤昌、沈同芳、刘树森、刘树钧、庄蕴宽、恽毓昌、恽毓龄、闻兰亭也均与之有协作关系,也即三分之一的人是盛宣怀的亲信,超过一半数量的人与盛宣怀有较密切的关系,可见盛宣怀在其中的影响。此外,名单中还有大量出身名门望族的成员,如方、恽、庄、薛等,即便是费承祖、巢凤初、丁甘仁这些名医也仍然是出自孟河医派的费、巢、马、丁传统四大家族。虽然已经出现了如诸广成、刘福同这样新兴绅商的加入,但他们在当时显然还没有掌握同乡会的重要话语权。可见,在清末的同乡会组织中,名门望族加姻亲关系仍然是其主要构成,这也符合早期旅沪江南精英群体成员的特点。

1923年10月,常州旅沪同乡会正式成立,此后庄箓先后连任两届会长,这其实是盛宣怀影响的延续。但王彬彦、刘福同两位出身平民家族的商人先后当选为副会长,标志着常州同乡会以新的形象开始出现在世人面前。不过新成立的常州同乡会仍然遇到了一系列的困难,最重要的是资金的问题。根据庄箓的报告,第一届会费仅收到5 000元左右,修建会馆,便用去一大半,其余各项均赖同人捐资办理。第二届会费收入仅止三千七百余元。究其原因,是和当时常州的经济发展密切相关。庄箓自己称:"揆厥原因,实以同乡商界无多,大都劳工及小本经营,并无行号、厂栈巨大商业,较诸无锡铁业、纱业、茧业、面粉业各大工厂富力雄厚者实相去远","甚至政界、学界诸人向无定踪,绝少实力援助",因此,庄箓以为"欲求同乡会务发达,必求商业兴隆,捐款增多,方能蒸蒸日上"。① 由于同乡会屡办屡辍,导致旅沪常州人对同乡会持有成见。同乡会职员宋联芳在收取会费时,总结了诸人拒交会费的借口:"(一)同乡会早已没有了,(二)同乡会已取消多时了,(三)我勿要入会哩,(四)出了会费有何益处,(五)常州同乡会是总归弄不好的,(六)同乡会办得真不能使人满意,(七)你们能办到宁波同乡会十分之一的成绩就人人愿入会了。"虽然宋联芳多方解释,但费尽唇舌,收效甚微。②

同乡会成立伊始,依靠的是盛宣怀的影响力和资金,当盛宣怀的因素消失之后,无论是同乡会的资金运作还是其信用必然会遇到各种各样的质疑。当原先赖以维系的传统因素不再起作用时,如何积极吸纳新的因素推动同乡会的发展,成为摆在同乡会面前的最大课题,这也是常州旅沪同乡会发展中所遇到的种种阻碍的本质。庄篆的分析其实是相当正确的。在盛宣怀去世之后,庄篆的能力和号召力远不及盛宣怀,顾润章又过早去世,盛宣怀家族的几个继承人都不成大器。新崛起的势力中,刘树森的产业屡兴屡辍,刘福同、诸广成的企业影响有限,王彬彦主要是个社会活动家,并非以经商见长。这都导致了常州人在上海经济界的影响一落千丈。在常州本地,当时掌控地方经济的如钱以振、卢正衡等仍是传统意义上的望族出身的绅商,缺乏新兴民族资本家的眼光和勇气,权力和资本的结合仍是当时常州经济的显著特色。整个经济领域中,传统行业仍占主体,据1927—1928年全市各业资本额的统计,钱、典、木、豆四大业资本仍占总额的近40%,而近代纱厂染织厂只占总额的20%。③ 在这种情况下,常州同乡会要如庄篆所言蒸蒸日上,确实"必求商业兴隆",即要在经济上求得突破,以产生出新的力量。

到了1930年代,常州本地工业开始迅速崛起,刘国钧的大成纱厂和

---

① 《常州旅沪同乡会第二届大会纪念录》,《常州旅沪同乡会第二届会员录》。
② 宋联芳:《十月卅号宋联芳第一次收取会费记》,《常州旅沪同乡会函稿记事薄》,上海市档案馆藏档案 Q117-8-16。
③ 据《全县实业名录》统计,《武进年鉴》,日进印刷所1927年铅印本。

江上达的民丰纱厂均发展成为在全国有影响的大型纺织染配套的综合性企业，大成纱厂更被马寅初誉为"工业中罕见的奇迹"。①这两个常州纺织业核心工厂的形成和之与相呼应的整个纺织业的繁荣发展，使常州地区的产业结构发生发重大变化，常州一跃成为和无锡比肩的新兴工业城市。刘国钧、江上达、刘靖基、吴镜渊等一批新兴工业家彻底代替了原来以盛宣怀、庄篆为代表的传统绅商，成为常州民族资产阶级的代表性人物。这些人大多出身中小商人，有着专业知识和创新精神，有着较强的市场观念和质量意识，企业管理水平也较高，为整个常州当地经济的发展奠定了基础。与此时同，旅沪常州人办的工业企业，如许冠群新亚药厂、吴羹梅中铅公司、诸人龙启明染织厂等也相继取得成功，刘国钧、刘敬基、江上达、许冠群、吴羹梅、诸人龙等一起成为了上海滩经济界的龙头人物。他们的出现从根本上改变了常州同乡会的面貌，常州同乡会开始逐渐摆脱盛宣怀的影响，逐渐发展成为一个新型的社会团体。

1930—1940年代，特别是1940年代前期，是整个常州同乡会发展最为迅速的时期。1928年，常州同乡会购置了同孚路房屋作为永久会所。1931年，常州同乡会又购得常州潘家桥山地三十余亩，作为本会公墓。②到了1940年代中期，一度收到的捐款额度达到500万元之多，③大量的工作由此提到推进。这虽然也有着一些特殊的因素（如当时会长闻兰亭、江上达等人在日占区的地位），但是归根结底其实是常州本地经济转型的结果。

二是组织体系和功能的变化。顾德曼曾称，同乡组织有根据环境变化进行自我调整的高度灵活性。④虞和平的研究也指出：传统的同乡会馆作

---

① 常州政协文史资料研究会编：《常州文史资料》第8辑《刘国钧先生纪念专集》，1987年内部出版物，第111页。
② 《本会大事表》，《常州旅沪同乡会会讯》创刊号。
③ 伍子实、蒋传远：《经济概况》，《常州旅沪同乡会会讯》创刊号。
④ 顾德曼：《家乡、城市与国家：上海的地缘网络认同 1853—1937》，上海古籍出版社2004年版。

为一种城市移民的地缘性社会组织，其性质及功能是与其较小的移民数量、相对狭窄的活动领域，较一致的文化素质相适应的。而随着移民数量的增加，经济活动领域的扩大和共同利益关系的密切化，导致了同乡会组织的性质和功能发生了巨大变动。① 因此，旅沪常州同乡会在组织原则、组织程度、组织建置和组织功能等诸方面，都在向一个现代性组织转变。

一是组织机构。在组织原则上，领导者的产生由原先的论资排辈向选贤任能、民主选举的方向转变。常州八邑会馆在章程中虽然清楚地表明"各职员均投票公举一年一任"，② 但正如上文所分析的，其实是盛宣怀的家族及其亲信掌握实权，本质上仍是谁出资多谁掌权的旧式社会组织的管理原则。常州旅沪同乡会成立之后，庄篯担任会长表面上看仍然是盛宣怀影响的延续，但是其本质上则发生了根本的改变。首先，在理事会的构成中，盛宣怀的亲信只有庄篯一人，名门望族的成员所占比例也不到20%。新兴绅商家族占据了最重要的地位。庄篯当选时他个人的地位和影响力已经起了很大作用，到第三、第四届王彬彦、刘福同任会长时，盛宣怀的影响已经基本消失，到了刘靖基做会长时，新兴资产阶级已经彻底地取代了传统的绅商，成为常州同乡会的领袖人物。其次，根据同乡会的章程，领导成员是由会员民主选举产生，由会员中选举理事二十七人，再由理事中互选会长一人、副会长二人，基金监五人。同时，根据捐款多少，设永久名誉会长、永久名誉董事、特别名誉会董、名誉会董等，只是纯粹的名誉职务，并不掌握同乡会实际权力。③ 这些调整虽然看似是遵循当时国民政府规定进行的调整，但也正是借助这一调整，同乡会完成了更新换代。盛文颐、盛恩颐、盛重颐、恽毓龄、赵尊岳、顾汝昌、陈宝年（陈景瀚子）等旧有势力成员虽然多次捐款，但只是永

---

① 虞和平：《清末以后城市同乡组织形态的现代化：以宁波旅沪同乡组织为中心》，《中国经济史研究》1998年第3期。
② 《常州府同乡会简章》，上海图书馆藏盛宣怀档案。
③ 《常州旅沪同乡会章程》，《常州旅沪同乡会第二届会员录》。

久名誉董事，不再掌握常州同乡会的管理实权。① 到 40 年代，常州旅沪同乡会的章程再次发生了改变，除了理事会、还设有监事会，并下设财务、会产管理、教育、医药、文艺、设计等各委员会，分工负责各项工作。这其实是在政府规定的同乡会制度框架下主动进行的再调整，这种理监事会互相制约和专职机构分工负责的组织架构的设置，既表明职责分工明确，也表明会员的各项活动在有关职能机构的统一组织和领导下展开，已经完全是现代社会的机构设置模式。②

除了职责分工明确之外，常州旅沪同乡会的经费管理模式也发生了改变。1944 年，常州同乡会募得的捐款已达 525 万元，经理事会讨论决定，"事业费与事务费划分，不得通融流用"。一是推定信用昭著者十一人为财务委员会委员，保管捐款，作为事业费，全部用于救济和慈善事业。二是将会员月收会费作为同乡会的日常开支，在会员月收会费未筹集前，暂由财务委员会主任许冠群和委员江上达、刘靖基共先筹垫 20 万元，其余八委员各垫 2 万元，作为事务费。③ 事务费和事业费的分开，确保了整个同乡会财务运作的透明性和公正性，既维护了捐款人的利益，也保证了同乡会的规范运作。同乡会作为现代社会组织的制度化和规范化进程，在此得到了充分体现。

二是组织功能。根据虞和平的研究，从"救死"到"救生"是现代上海同乡组织的一个重大改变。④ 而如前所述，常州同乡组织从八邑公所至同乡会的转变，其实也是组织功能由原先的丧葬祭祀和"安妥寄旅"向事业促进功能转变的一个过程。

如前所述，即便是在前清时期，常州同乡组织建立的背景是现代社团的风起云涌的发展，在最早的八邑会馆的章程中，"合谋旅沪同乡教

---

① 盛文颐（幼庵）是常州同乡会历年捐款最多者，但他从来没有出任过同乡会的领导职务。
② 《常州旅沪同乡会章程》，《常州旅沪同乡会会讯》创刊号。
③ 伍子实、蒋传远：《经济概况》，《常州旅沪同乡会会讯》创刊号。
④ 虞和平：《清末以后城市同乡组织形态的现代化：以宁波旅沪同乡组织为中心》。

育之发达"，"为地方自治之预备"已经是其重要的宗旨之一。①1912年，在常州同乡会尚处于名存实亡的时候，同乡会还为常州军政府赵不党诬杀革命党人陈大复而赴南京军法会审作证人。②20年代之后成立的常州同乡会章程更明确规定了自己的事业范围：一关于本乡自治之推进事项，二关于筹谋同乡之公益事项，三关于同乡工商业之提倡与发展保障事项，四关于同乡维护与救济医药事项，五关于其他有益于同乡公共福利之一切事项，六关于本乡慈善事业与计划建设之协助事项。③其内容基本上是致力于同乡自身的进步及其事业的发展，推动家乡社会经济的发展，这也是现代社团的主体功能。虽然同乡会仍然保留了丧葬功能，如在上海建立丙舍，在常州购买公墓，但这只是其功能的一部分，甚至是次要的部分了。以下对常州同乡会的活动作一些具体考察。

（1）保护同乡利益。常州同乡会于1923年成立至1925年期间的函牍涉及于此便有多桩。如李金发报告，吴椿生以银钱纠葛，纠众行凶，要求同乡会办理，同乡会派员调查，并表示若再有勒索情节，即由该会协助；如沈春和被害致命，其弟沈福和屡告无门，诉状未批，开庭无期，同乡会尽力援助，并请同乡律师李祖虞免费为其出庭；如常州同乡开办的谦益玻璃厂与张宇山开办的张洪顺交易，因营业细故，发生争执，张宇山狭嫌图诈，捏词诬诉，谦益玻璃厂要求保障商权，同乡会遂函致宝山县，为谦益玻璃厂证明；又如同乡周林宝被送至警察分所诬控被拘，同乡会副会长薛云鹏前往警察所为其证明，将其保释；周龙宝之女周娟弟被姜产金以招工为名，骗至上海卖与舢板厂某浦姓为婢，也由同乡会函请妇孺救济会救获，并将姜产金送官法办。在这几年的36份同乡会函牍中，涉及保护同乡商业利益，维护同乡生命财产的有20份④，由此可见，这已经是同乡会功能中重要的一个组成部分。

---

① 《常州府同乡会简章》。
② 《本会大事表》。
③ 《常州旅沪同乡会章程》，《常州旅沪同乡会第二届会员录》。
④ 《常州旅沪同乡会事由函牍摘要》，《常州旅沪同乡会第二届会员录》。

（2）同乡难民救济。早在1924年，由于齐卢开战，战火逼近常州，地方糜烂特甚，同乡会召开临时紧急会议，讨论救济难民办法。"一二八"和"八一三"事变，同乡会又相继设立难民收容所①。1937年11月29日，常州沦陷，日军烧杀抢掠，惨绝人寰，全城曝尸遍地，总计被杀民众4 000余人。同乡会在许冠群的支持，派薛云鹏回常，帮助掩埋尸骨，聘医生注射防疫针，并发痧药水数万瓶。同时，同乡会每年都会劝募寒衣，分发给同乡及常州当地的贫苦者。②此外，常州同乡会还专门设立敬老会，旅沪同乡会年老清贫者按规定，每月每户可以获得200元，人口较多，生计艰难的可以获得300—400元，到1944年，统一增加到了500元。③

（3）提高同乡素质。最突出的成绩是开办学校和设立奖学金，设法培养新一代的同乡子弟。1943年暑假，同乡会委托申、新两报馆办理第一次同乡清寒子弟贷学金，两报馆共计核准125名，贷金计26 857元。当年的寒假，常州同乡会则开始自行办理贷学金事宜，并设办事处于蒋维乔主持的成民文商学院，申请书登录，成绩单审核及笔试由成民的教师担任，贷金支付则由同乡会会计科办理。揭晓之日，还召集全体学生谈话，对身心修养之方法，以及就读学校之应谨慎选择都做出指导。④1947年，同乡会又在旅沪会馆（即当年的八邑会馆馆址）设立了私立常州旅沪中学，由蒋维乔担任校长。中学为6年制学校，设有房间20余间，集资3亿元，1亿元充作学校基金，2亿元为修理房舍、设施之用。⑤

（4）施医赠药。常州是近代中医学发展最为兴盛的地区，自同光时，孟河医派已经成为整个中医的主导流派，其传人如丁甘仁、谢观、恽铁樵、丁福保均执上海中医界之牛耳。尤其是丁甘仁、丁仲英父子创办的

---

① 《本会大事表》。
② 薛云鹏：《追述创办常州旅沪同乡会始末情形》。
③ 薛云鹏、伍子烺：《救助》，《常州旅沪同乡会会讯》创刊号。
④ 蒋维乔：《教育》，《常州旅沪同乡会会讯》创刊号。
⑤ 《常州旅沪同乡会会议录》，上海图书馆藏，卷宗号Q117-8-25。

上海中医学校，更是近代中医改革和发展的中心。由于丁甘仁、谢观等在常州同乡会中均有一定地位，因此，施医赠药自常州同乡创立伊始成为其一项主要功能。到1943，常州同乡会专门设立了施诊所，聘请如丁仲英、丁济万、谢观等名医担任施诊医师，还聘张赞臣、钱今阳等为驻会医师。诊疗所根据同乡病人经济状况的不同，给予不同的优惠，贫寒同乡免费给药。后因物价飞涨，一度改为送诊而不给药，但考虑到"贫民仍难得实惠"，不久恢复免费给药①，"如病重，须有贵重药品，而无代替品可用时，亦得酌量应用"。②施诊所不但得到众多同乡医师鼎力支持，同乡药品制造商也纷纷慷慨捐助。新亚药厂是近代上海规模最大的药厂之一，其负责人许冠群和赵汝调都对免费施诊给予积极支持，赵汝调还曾亲自披挂上阵，出任施诊医师。

（5）创办会讯。1943年，同乡会成立会讯编辑委员会，蒋维乔任主任委员，王春渠、唐肯、蒋尉仙、钱今阳、谢仁冰担任委员，钱小山任编辑主任。编辑委员中，蒋维乔、王春渠、唐肯、谢仁冰均曾为商务印书馆或中华书局服务，而钱今阳和钱小山又是一代大儒钱振煌的后人，可谓均是一时之选。③1944年，《常州旅沪同乡会会讯》创刊号发布，蒋维乔在发刊词中，描述了这本刊物的使命：一是联络。"本刊以浅显之记载，描写同乡之实况，而乡人之有欲怀白者，亦可投函本刊，酌量发表。"二是调查。"籍本刊之媒介，深入社会底层，调查旅沪同乡之状况，尤应注意于工界，俾能彼此互助，共谋福利，庶我旅沪同乡渐渐成为有机体。"④同乡会会讯和之后刊布的会刊虽然因为时局的变动，仅出了数期，但其刊登的内容，对增强同乡的团体观念、互助意识、信息沟通、公益活动等颇有益处。

---

① 钱今阳：《施诊给药情形》，《常州旅沪同乡会会讯》创刊号。
②《常州旅沪同乡会会议录》。
③《常州旅沪同乡会理监事及各种委员会委员姓名》，《常州旅沪同乡会会讯》创刊号。
④ 蒋维乔：《发刊词》。

第二节　旅沪江南各同乡组织概况

以下仅将江南核心区域，即常州、无锡、苏州、杭州、嘉兴、湖州各地的旅沪同乡组织①的历史及概况分别作一简略介绍。

一、苏南旅沪同乡组织

1. 常州旅沪同乡组织

常州有记录可寻的最早的同乡组织是明代崇祯年间在北京石虎胡同由董心葵创办的延陵会馆。②但是经明清朝代更迭后，延陵会馆已经"废而莫举"。乾隆间，徐书受曾经听董心葵的后人董达章称："吾乡宦游京师者倍于他邑之众，而会馆独无"。③可见，当时即便董氏家族本身也已不知道会馆的存在了。直到嘉庆九年（1804），经内阁侍读盛惇大和监察御史吴光悦倡议，以在宣武门外青厂的刘种之故宅（今顺德馆夹道13号，目前已为民居）为基，修建会馆，这便是日后著名的武阳会馆。此后，恽彦彬、冯光勋、赵执怡又于光绪元年（1875）再次重修，④此后，常州在各地也设有会馆和同乡会，如有常郡旅浙同乡会和常州旅宁同乡会、常州旅锡同乡会等。常州旅沪同乡会是常州在近代规模最大的同乡会。

光绪二十八年，盛宣怀拨捐南市局门路基地二十余亩房屋数十间，

---

① 此处基本依据民国的行政区划，涵盖公所、会馆、同乡会，即包括纯粹的同乡组织，也包括地域商帮组织。
② 花村看行侍者：《花村谈往》补遗，《丛书集成续编》史部第26册，上海书店出版社1994年版。
③ 徐书受：《教经堂谈薮》卷1《武进会馆》。
④ 汤成烈：《光绪重修武阳会馆记》，《古藤书屋文集》，上海图书馆藏稿本。

本意是建立一个三等学堂，但是不久三等学堂停办。次年，诸广成与庄清华向盛宣怀提议，将此地作为常州八邑会馆，预备做同乡集会及寄柩丙舍之用。当时盛宣怀邀请八邑士绅欢宴，计到无锡周廷弼、祝大椿、江阴钱伊湘、靖江袁恒之、宜兴任逢辛（锡汾）、武阳汪洵、诸广成、庄篯、薛牟髦（云鹏）等，"即开联席会议，创立常州八邑会馆，各县士绅一致赞同。""惟修葺房屋及整理内部需款甚巨"，盛宣怀即发起募捐，各县士绅均乐于捐款，遂推举庄篯、汪洵、诸广成、薛云鹏四人为管理会馆委员，着手整理关于基地绘图过户立案等事，依次手续办妥。会馆基础始告奠定。但是"事将成而中止"，原因是"各县士绅认捐之款未缴清"，更重要的是盛宣怀本人无暇顾及此事。导致会馆事务几至停顿。

光绪三十一年，常州旅沪同乡会再次发起，有庄篯、闻兰亭、刘福同、方宾穆、丁甘仁、强联卿、丁仲镕、孟昭常、吴稚晖及薛云鹏，筹借小花园方宾穆宅为筹备处。但是当时"人心涣散，苦无团结力，筹备三阅月即告停顿"。①

宣统元年（1909），诸广成、庄清华、方宾穆再次向盛宣怀提议创办同乡会，并得到了吕景端和汪洵的支持。九月间，盛宣怀约同诸广成至局门路基地检验各产。转年三月初一日，盛宣怀邀请八邑绅董二十余人在盛行辕酌叙，讨论常州同乡会成立事宜，定名为常州八邑会馆。三月十六日，常州八邑会馆事务所正式在广仁堂挂牌，并公举周廷弼经营捐款，经费存于其开办的信成银行，而选举庄篯为会馆办事董事。同时又讨论，由于会馆设在广仁堂有诸多不便，因此改设在蔓盘路汪洵住所内，并由汪洵暂代经理，负责钱账收支。而庄篯则负责将联单契据呈交上海道和上海县立案。同时，庄篯还负责与锡金、常州等地茧商联系，讨论常年捐问题。②庄篯还专门上交了盛宣怀一份报告，对在沪的常州各业商

---

① 薛云鹏：《追述创办常州旅沪同乡会始末情形》，《常州旅沪同乡会简史及会务报告工作计划》。

② 《常州八邑会馆章程暨拟办各事件第二次条告》，上海图书馆藏盛宣怀档案。

人做了一个全面调查，准备确定行业捐的额度等。①

但是因为"时局及人事的关系"，不久这次尝试再度失败，"仅存常州旅沪同乡会名义"。②此后又时作时辍。1913年11月14日，常州旅沪同乡会曾在《申报》上登广告，定于本月28日召开大会，发起人有汪洵、庄篆、刘福同、方宾穆、庄俞、闻兰亭、强联卿等，③但此后并无下文。直至1923年，在庄篆、刘福同、方宾穆、薛云鹏等人的倡议下，开始着手恢复旅沪同乡会，设临时办事处，于福州路新清和里租赁统厢房一幢，楼下为办事处，楼上为武进友谊社，作为俱乐部，每人各出创办费50元，共收850元，作为筹备经费。1923年10月12日在爱而近路纱业公所开成立选举大会，选出庄篆为正会长，刘福同、薛云鹏为副会长。12月，又租赁牯岭路延庆里房屋为会所，定名为常州旅沪同乡会。同时重行立案在局门路旧址建造常州会馆，删去"八邑"两字。1924年6月8日会馆修理竣工，还建立了盛宣怀纪念碑。至此，常州旅沪同乡会方才正式成立。④

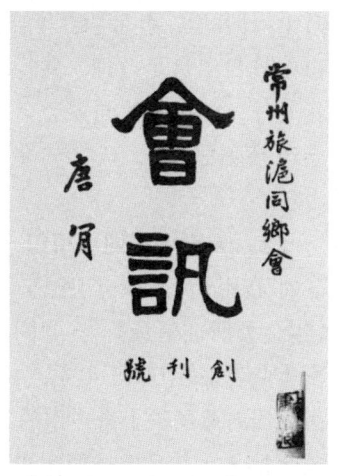

《常州旅沪同乡会会讯》创刊号

1946年10月，常州旅沪同乡会奉令改组，上海社会局颁发立案图记，正式重新成立，次年召开会员大会，选举理监事，推刘丕基为理事长。1947年1月，再开会员大会，推许幹方为理事长，下设教育委员会。1947年，常州旅沪同乡会将汝南街常州会馆寄柩迁运，饬工修葺，在此创办常州旅沪中学，是年8月成立校董会，发募经费，规划一切，于9

---

① 《常州八邑会馆创立之时采访舆论情况》。
② 《本会略史》，《常州旅沪同乡会会讯》创刊号。
③ 《申报》1913年11月4日。
④ 薛云鹏：《追述创办常州旅沪同乡会始末情形》。

月15日开学,著名学者蒋维乔、徐震相继担任校长。1949年冬季以后即由该校自给自足办理,并径取消原校董会,房屋归该校无偿借用。1950年6月,常州旅沪同乡会会务暂行结束,原有员工概予解职。之后成立会产保管委员会,至1953年,常州旅沪同乡会最终宣告结束。①

2. 无锡旅沪同乡组织②

无锡旅沪同乡组织源于太平天国战争引发的战乱而导致的人口迁移。《锡金公所征信录》言:"同治初元,粤逆平锡金,两邑迁居沪上叠向流寓生业者最数万人,其贫乏病故,苦无殓厝,即有力者亦猝无置柩地。"③因此当时旅居沪上有声望的人士中呈请有司设立崇谊局,不仅筹措资金,施舍棺木,并且在城西南买地作为义冢,俟停满后运送回里。然而由于时间日长、经营乏人、地方简陋,以致"柩停荒野,暴露风日",④于是开始有锡金公所之设立。光绪十四年(1888)四月,无锡金匮两县旅沪同乡宣琴山、张雪梅、周舜卿、祝兰航、荣秉之等人捐资创办了锡金公所,地址位于北站区海宁路一〇四六号。其后,又于闸北中兴路育婴堂路底增设分所,主要作丙舍之用。

锡金公所成立后,在组织上最初采用董事制,民国后逐渐改为理监事制,规定从旅沪同乡中选举德行、声望及热心公益者15人为理事,由理事互选出理事长1人、常务理事5人以及监事、经济理事各3人。除此之外,为处理日常事务,还设立有坐办、帮办、文牍、庶务、外账、总账、收捐各一人,茶役若干人。

在《上海锡金公所章程》中明确规定:"本公所以联络乡谊办理同乡

---

① 谢仁冰:《常州旅沪同乡会大事记》。

② 关于无锡同乡组织之研究,可参见黄莉慧《乡籍文化与关系网络:无锡旅沪同乡会研究 1924—1954》,华中师范大学硕士论文 2016 年。

③ 转引自彭泽益主编《中国工商行会史料集》下册,中华书局1995年版,第921页。

④ 转引自彭泽益主编《中国工商行会史料集》下册,第922页。

公益及慈善事业为宗旨,其业务如左:一寄柩运柩掩埋,二施棺赊材,三置备义冢,四办理贫苦同乡滨殓。"①因此,寄柩归葬一直是锡金公所的最重要职能。1914年,同乡刘君亦在公所中演说:"略谓该业中人贫苦者多,拟要求公所董事添建四等丙舍云云,众皆赞成。"此后历经扩充,又购置了大场、沪南、闽北及无锡南桥浪滩庙等义冢地,扩建了闸北丙舍。更在苏州河北岸购置码头,建立锡金公所码头牌坊,专口停放运柩船只。据《上海民政志》记载,锡金公所的义冢

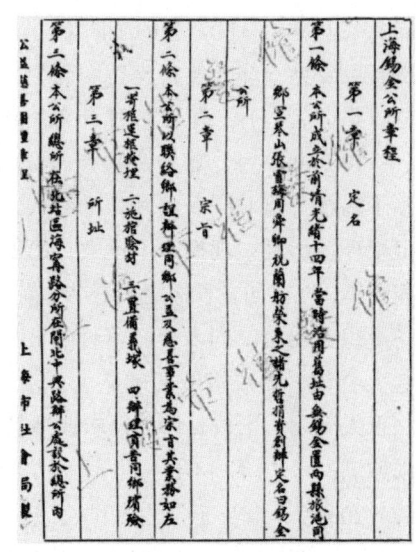

《锡金公所章程》

地有50亩之多。②即使在抗战时期,锡金公所也将同乡归葬故里作为自己工作的重点,1943年,锡金公所在无锡惠山购置土地,建造了"惠麓山庄",安葬沪上迁锡的同乡棺柩。

光绪三十二年,在旅沪锡籍人士,特别是锡籍绅商祝兰舫的大力资助下,创办了锡金公所附办两所小学堂,名曰锡金旅学,以救济失学儿童、扫除文盲。1912年,还一度举办了锡金旅沪共和女学校。1914年,锡金旅学开办届十年之际,已毕业的高初两等学生前后约有四五百人,高等生泰半升入中学肄业或在本埠各厂家及铁路、邮政任职。③无锡同乡会成立后,根据大多数同乡的意见,同乡旅沪学校及日常救助事业划归

---

① 《上海市社会局有关上海锡金公所注册登记等文件》,上海市档案馆藏档案 Q6-9-97。

② 上海民政志编纂委员会:《上海民政志》,上海社会科学院出版社2000年版,第354页。

③ 《锡金旅学之扩张》,《申报》1914年2月5日第10版。

同乡会办理，一度举办的施医给药也因1937年日本入侵上海而停止，后虽有也复办，却无经费支持。锡金公所的业务几乎完全停留在同乡的寄柩归葬事业上了，直至1951年最终结束。

  1923年9月，旅沪锡籍绅商祝兰舫、蒋哲卿、荣宗敬、周肇甫等人鉴于锡金公所对同乡日常帮助不大，且义冢已不适合上海城市的建设与卫生环境，且"规模非不远大，第偏重于消极的慈善事业，而于结合坚固团体，以谋同乡积极之发展者，尚付阙如"，① 故在沪上召开谈话会，筹备组织无锡旅沪同乡会，蒋哲卿被推为筹备主任。不久后，又召集了发起人会议，决议组织征求队、征求会员入会。征求队分18组，每队以二百人为限，不数日即"征求成绩甚为可观，入会者非常踊跃"。② 至征求期满，于10月14日报告征求结果时，"计已缴到入会费及会费者，共计6200人（未及于期内缴纳会费，业已填就入会证书者，亦有四五千人）③，成效斐然。征求工作结束后，筹备委员会立即着手选举章程起草员、负责制定章程。后经多次开会讨论，于11月3日将起草完毕的章程草案提交发起人会议审查、公布。1924年1月，在会员日众、章程粗具之后，无锡旅沪同乡会召开了第一届会员大会，公开审议章程草案。2月间，又通过投票选举了理事长、副理事长、理事、评议员长、副评议员长、评议员等人，其中蒋哲卿当选为理事长，荣宗敬、祝兰舫为副理事长，俞仲还为评议员长，廉砺清、丁仲祜为副评议员长，张秋园、孙鹤卿、陶仞千、王禹卿、刘春圃等人为理事，周肇甫、陈漱庵、王尧臣、窦孟干、范和笙、丁梓仁等人为评议员。孙鹤卿、陆培之、钱六箴为教育主任，蔡兼兰、匡仲谋、朱鸿昌为经济主任，组织机构基本完善。④ 1926年在众多会员的捐款帮助下，同乡会在七浦路购置了一座三间二进式楼房作为会所，同年11月举行了新会所的开幕礼。此时的同乡会

---

① 《无锡旅沪同乡会之发起》，《申报》1923年9月11日第15版。
② 《无锡同乡会征求队叙餐会记》，《申报》1923年9月24日第15版。
③ 《无锡同乡会征求队餐会》，《申报》1923年10月15日第15版。
④ 《无锡旅沪同乡会职员之决定》，《申报》1943年2月27日第15版。

终于有了自己的办公地点,更加便利于开展同乡的日常接待和扶助事业。抗战中,旅沪同乡会一度停止会务,1945年抗战胜利后又按照社会部颁发的收复地区人民团体调整办法规定进行整理,直至1946年10月才正式向社会局立案恢复日常会务工作。1954年8月,同乡会基本结束会务、停止工作。

3. 江阴旅沪同乡组织

宣统元年(1909),江阴旅沪同乡开始筹议建设江阴公所。① 次年,购下小西门外的地块,建设江阴公所,并于1910年6月13日举行落成仪式,公举职员。该公所位于黄家阙路东(即今大兴街),当时有正厅5间,厢房6间以及平房5间。② 公所建立后即在大门口拓建了条路,即江阴街。1920年,江阴公所还议办小学。当时先行以同乡某君在韬朋路所设之私立小学为试办处,该校原有学生四十余人,江阴籍居多。举定夏肇殷为临时全校主任,范交生掌管经济,即添聘教员,扩充学额,从事试办,后改成旅沪第一国民学校,当时还拟于曹家渡及两租界中繁盛处次第设立第二、第三、第四国民学校,然后再图创办可容纳高级学生之旅沪公学。其开办及常年经费由江阴公所董事部担任募集。③ 1933年10月31日,江阴公所在大场余庆桥建成新屋,并举行落成典礼④,此处则归江阴旅沪同乡会所有。1937年,"八一三"淞沪抗战时,这里被日军炸毁。战后,江阴公所旧址改建为江阴旅沪小学,1949年后改为江阴街幼儿园。

1923年,旅沪江阴人又筹划建立江阴旅沪同乡会,省议员郑立三说:"我江阴同乡之在沪者已有一公所,其宗旨与同乡会同,但公所只为消极的组织,而非积极的机关。刻下时势急迫,无论对内对外一般同乡均觉

---

① 《江阴旅沪同乡第三次开会》,《申报》1909年5月22日第3版。
② 《公所落成》,《申报》1910年6月12日第3版。
③ 《旅沪江阴同乡议办小学》,1920年1月7日第11版。
④ 《广告》,《申报》1933年10月29日第6版。

责任甚重,当有同乡会组织,以追随广肇、宁绍诸会之后。"是年,6月10日,江阴旅沪同乡会在江阴公所举行成立大会,当时同乡到会约600余人,推举朱祥甫为正会长,李志云、高长顺为副会长,刘永康为会计,季仲文、王步青等数十人为理事。①6月24日,又召开第一次评议会,奚萼衔、吴植南为正副评议长,并推定吴研因等三人为评议议事细则起草员。②其实,奚萼衔、刘永康、季仲文等都是当时江阴公所的董事。③是年江阴公所召开董事选举会时,同时即召开江阴旅沪同乡会的筹备会,而且,1924年后江阴旅沪同乡会因为经费的原因一直使用江阴公所的会所④。江阴公所和江阴旅沪同乡会可以看成同一同乡组织功能不同的两个分支。

上海沦陷期间,由于会所被毁,江阴巨商奚润耕一度在爱多亚路(即今延安中路)浦东同乡会对面筹建江阴旅沪同乡会。抗战胜利后,1946年4月21日,江阴旅沪同乡会召开复员成立大会,重新订立会章,选举时任市参议员王先青等33人为理监事,暂借金陵西路(旧福煦路)浦东同乡会内办事,同时开始筹募建立会所。不久,购入凤阳路428号五间三层楼房,11月3日,迁入新会址办公⑤。据称,这所大楼面积400平方米,门楣上镶嵌着10余米长、2米宽的黑色大理石,由书法家马公愚手书"江阴旅沪同乡会"7个隶体大金字。1950年,江阴旅沪同乡会大楼交由中国福利会上海分会接管,先是拨给上海市卫生局,后再划给同济医院,即今长征医院门诊部。⑥1951年,江阴公所亦宣告结束。

---

① 《江阴同乡会成立会纪》,《申报》1923年6月11日第15版。
② 《江阴同乡会近讯》,《申报》1923年6月25日第15版。
③ 《江阴公所选举董事记》,《申报》1923年3月19日第15版。
④ 《江阴同乡会会议纪》,《申报》1924年7月29日第15版。
⑤ 《本会会所落成记》,《江阴旅沪同乡会特刊》,上海市档案馆藏档案Q130-23-3。
⑥ 陈载民:《江阴旅沪同乡会》,毕昭祥主编,江阴市政协学习文史委员会编《江阴文史资料集粹》,上海古籍出版社2004年版,第814—815页。

4. 宜兴旅沪同乡会

宜兴旅沪同乡会是江南旅沪同乡会中成立较晚的一个，且成立过程颇经波折。1923 年，因鉴于"本埠各处同乡会均次第成立，惟宜兴尚付缺如"，马翰如出而发起成立旅沪同乡会，先设办事处于英租界新重庆路庆余里二弄内文绣专科女学。① 此后，徐霖深、汤心源、刘炳新、马翰如等人又议定暂就西门外法租界辣斐德路绍庆里 26 号为事务所，并准备先邀各界领袖同乡开筹备会，讨论会章及各种办法。② 但此后，"偶因问题，遂未实现"。1927 年，宜兴旅沪同乡"感于旅沪工商学界人数日多，平时既乏团体，又鲜联络，有组织同乡会之必要"，推童伯章为筹备主任，胡养初、吴汝楫为副，孙克铭、曹洪元、蒋伯阳、胡铁吾、谈丽章为干事，着手筹备，广征同意，期早告成。③ 但此次，依然未有结果。

宜兴同乡会的真正成立，是前述 1931 年社会局和市民训会关于同乡会新规出台之后。1933 年初，经发起人潘序伦、胡树、吴轶民、邵祖恩、胡养初等呈请，上海特别市党部批准组织并颁发许可证书。是年 5 月 14 日，假座立信会计师事务所开发起人大会，当场公推胡养初为主席，推定潘序伦、沙武曾等为筹备委员，暂定本会办事处在上海小东门内学院路一〇一号。④ 9 月 30 日，宜兴旅沪同乡会在历经年的波折之后，终于在八仙桥青年会召开成立大会，并公选潘序伦等 15 人为执行委员，沙彦楷等 5 人为监察委员。⑤ 10 月 7 日，又在宁波路立信会计事务所会议室，召集第一次联席会议。⑥ 11 月 4 日，又在香港路银行俱乐部补行执监委员宣誓就职典礼，并租南京路大陆商场三楼为会址。⑦ 1935 年初，同乡会

---

① 《宜兴旅沪同乡会开始筹备》，《申报》1923 年 3 月 1 日第 22 版。
② 《筹备宜兴旅沪同乡会》，《申报》1923 年 8 月 30 日第 15 版。
③ 《各同乡会消息》，《申报》1927 年 1 月 3 日第 15 版。
④ 《宜兴同乡会筹备会讯》，《申报》1933 年 5 月 16 日第 13 版。
⑤ 《宜兴同乡会成立大会》，《申报》1934 年 10 月 2 日第 12 版。
⑥ 《宜兴同乡会执监会》，《申报》1934 年 10 月 7 日第 14 版。
⑦ 《宜兴同乡会执监委员宣誓就职》，《申报》1934 年 11 月 5 日第 12 版。

从大陆商场 221 号迁移至该楼 300 号。①此后又一度迁至望平街 262 号，1937 年迁至海宁路热河路口睿圊小学校内。②抗战后则迁至河南中路恒利大楼 108 号。③1939 年，曹惠群、潘序伦等为"培植旅沪同乡之子弟，及救济一般清寒失学儿童起见"，又创设义兴小学。校舍在劳神父路 349 弄 1 号，其中曹惠群为主席校董，潘序伦等为校董。④值得一提的是，宜兴旅沪同乡会是少数几个在抗战孤岛时期一直坚持下去的同乡组织之一，并在赈济战争难民等方面做出了一定的贡献。淞沪抗战期间，旅沪同乡会组织在沪的宜兴籍难民 500 多人，分乘"江平竹""新永和"两轮返回宜兴。抗战胜利之前，又专门雇用小火轮拖带民船遣送难民返乡共计 200 余人。⑤战争中，还组织灾荒筹赈委员会，救助宜兴本地的受灾居民。⑥抗战胜利后，1946 年，宜兴旅沪同乡会经过重新登记，开始正式活动，于是年 6 月 30 日在江西路金城银行召开会员大会。⑦1949 年后，宜兴旅沪同乡会逐渐中止活动。

5. 苏州旅沪同乡组织⑧

早在乾隆嘉庆间，苏州、无锡鲜肉经营业主就曾组建苏锡公所（永义堂），这也是苏南地区在上海建立的最早的同业会所。当时旅沪的江南

---

① 《宜兴同乡会会所迁移》，《申报》1935 年 6 月 14 日第 12 版。
② 《宜兴同乡会迁移》，《申报》1937 年 1 月 12 日第 11 版。
③ 东南服务社：《大上海指南》，1947 年，第 92 页。
④ 《学校汇讯》，《申报》1939 年 10 月 6 日第 7 版。
⑤ 《宜兴旅沪同乡会第六届会员大会纪录》，《宜兴旅沪同乡会章程及宜兴灾荒筹帐委员会会议记录和筹帐经过情况报告书附宜兴县善后救济协会会议记录》，上海市档案馆藏档案 Q117-35-1。
⑥ 《宜兴灾荒筹赈委员会第一次临时会议记录》，《宜兴旅沪同乡会章程及宜兴灾荒筹帐委员会会议记录和筹帐经过情况报告书，附宜兴县善后救济协会会议记录》，上海市档案馆藏档案 Q117-35-1。
⑦ 《本市简讯》，《申报》1946 年 6 月 29 日第 4 版。
⑧ 关于苏州同乡组织之研究，可参见陈建荣《近代上海的苏州人（1843—1937）》，苏州科技学院硕士论文，2013 年。

商人人数不多，所以往往只能组成跨区域的同业公所，苏锡公所即是代表。在上海开埠前后组建的苏州地区相关的同业组织大都如此，如嘉庆二十二年（1817），由苏、宁、沪三帮成衣商人组成的成人公所（轩辕殿），光绪十年（1884）盛泽商人和嘉兴王江泾商人联合组建的盛泾绸业公所等。随着旅沪人数的增长，苏州独立的同业公所逐渐组建，除了平江公所之外，还有光绪间苏帮茶食业主在尚文门路南应公祠路组建的茶食公所，苏州书商于光绪十二年在新北门老街（今丽水路）72号组建的书业崇德公所，苏州绸布商人于光绪二十年在唐家弄善福里组建的云锦公所，苏州旅沪海产杂货商帮于光绪三十二年在法租界西门路白尔路207号组建的苏州集义公所、苏帮珠宝业商在光绪三十四年在侯家路北首组建的珠宝业公所（韫怀堂），常熟米商在新昌路529弄374号组建的常熟米业公所等。

旅沪苏州人最早的同乡组织是初设在新闸路大通路口的平江公所。苏州旅沪绅商严春旋等于光绪三年集资购地，光绪十九年开始建筑，光绪二十二年秋正式创立，名"梓安堂"。①堂的两面有关帝殿、地藏殿。东面则湖石高耸，花木衔接，花厅和旱船相毗连。最后为丙房数十椽。数年后，又在苏州倪家浜购地30余亩，建为义冢，代葬无力之棺。后因同乡旅柩寄厝日多，不敷容纳，乃于1922年复行集资更建闸北平江公所敬安堂厅事，在闸北彭浦路宝山县界，陆续建有平房丙舍一百余间，有免费间及安殓室。②平江公所的宗旨是："暂厝旅柩及施棺代赊义阡，施送衣米等"。可见这是一个为同乡商帮服务的互助互济性的慈善团体。但从其董事的职业看，它具有商人同乡团体性质。该所在1943年《公益慈善团体登记表》中填写的主要负责人7人，其中总董1人，年董1人，季董4人，坐办董1人。关于公所的组织。在《平江公所简章》中称："本所当初募捐诸乡长均推为会董，共计五十余人之谱，由诸会董公意推

---

① 《代赊施棺序》，《平江公诉总则、章程及各项规则草案、办公规则和概况表》，上海市档案馆藏档案 Q118-4-1。
② 《平江公所纪略》，《上海市社会局关于平江公所注册登记等文件》，上海市档案馆藏档案 Q6-9-94。

选同乡中资望綦重者为总董,总监察本所一切进行,五年为一任,连选得连任。每年推选年董1人,监察全年计划。推选季董4人,监察四季账略。于上年冬间先行推定"。

平江公所除了丙舍、施棺外,还创办平江儿童教养院(地址在大通路347号),以及辅助苏州旅沪小学经费。该所的产业有"新闸路本公所,占地八亩五分九厘四;闸北平江公所,占地卅六亩五分六厘六;平江里市房,占地八亩八分七厘五;苏州倪家桥之阡地,占地乏十亩另七分八厘八。"它靠寄柩费与房租收入来支付一切开支,并不向外募捐,如有盈余,则扩充其他慈善事业。① 1950年代初期,平江公所仍从事慈善救济服务,直至社会主义改造之后,才逐渐宣告结束。

光绪三十三年(1907)前后,因苏路事件,苏属旅沪同人开始筹办苏州旅沪同乡组织②,郭绪印曾发现有《上海苏府同乡会月报》,现存光绪三十三年七月出版的六月第三号,此同乡会可能即是苏府同乡会。③ 但是这一同乡会应该未能持续。

1919年6月,由杨叔英、陈养泉、贝润生等发起组织成立苏州旅沪同乡会,后于1929年向上海市社会局登记,领有公字第六十八号执照。④ 抗日战争胜利后,根据国民党政府规定,沦陷区人民团体需要重新登记,因此该同乡会成立整理委员会办理复员整理之事宜,即负责征求会员,召开大会,选举理事,监事会。1946年召开大会,产生理监事会,宣告苏州旅沪同乡会正式复会,于上海解放后即告结束。历任会长有杨叔英、陆熹双、龚子渔、钱大钧等。该同乡会会员数,历年迭有增减,抗日战争前最高曾达2 000余人,包含政商工学各界;后因沪战爆发之影响,大批返回原籍,在抗日战争结束时仅有150人。抗日战争胜利后会员增至2 604人,其中赞助会员16人,特别会员387人,普通会员2 201

---

① 郭绪印:《老上海的同乡团体》,第746—747页。
② 张德驹:《吴江旅沪同乡会会史》,《吴江旅沪同乡会季刊》创刊号,1936年。
③ 郭绪印:《老上海的同乡团体》,第746—747页。
④ 《苏州旅沪同乡会会议记录》,上海市档案馆藏档案Q117-12-7。

人，会员区分为赞助、普通、特别，在于所缴会费数额之不同，赞助会员"除入会费及年费外，一次缴纳赞助费拾万元以上者"。而普通会员"入会费1千元，年费1千元"，特别会员"入会费1千元，年费1万元"。苏州旅沪同乡会初设于平江公所内，即新闸路635号。抗战胜利后，迁入平江儿童教养院，即大通路347号。①1923年，曾购定黄河路（旧名帕克路）苏州里地产一亩六分三厘，连房屋二十余幢，长期出租，为该同乡会固定收入。

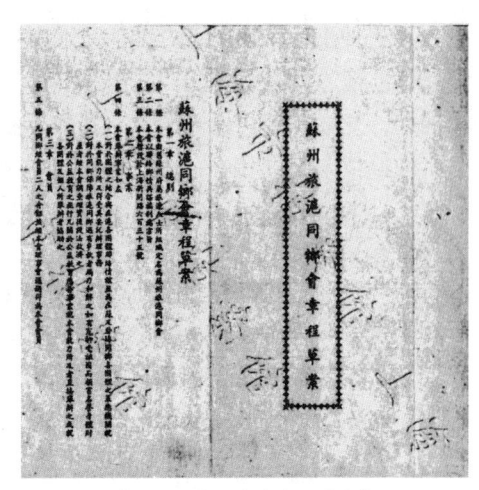

《苏州旅沪同乡会章程草案》

同乡会1920年于设立苏州旅沪公学于新闸路武林里，后改称苏州旅沪小学，每年定有免费学额，"并另协助劝募设立平江儿童教养院于大通路，专以教养贫苦儿童，不分籍贯。抗战后之数年，因食米难购及经费支绌，暂予变更为专教不养之义务小学校，组织校董会管理"②。

6. 洞庭东山同乡组织

洞庭东山最早的同乡组织是由东山原有的慈善组织莫厘三善堂逐渐发展而来。莫厘是东山旧称，三善堂则是东山旧有的三个慈善机构，即固安、惠安、体仁堂。莫厘三善堂即旅沪东山商人将三者结合起的慈善团体。惠安堂在东山前后山各有一处，创立于清嘉庆十一年（1806）。前山由椿桂堂叶氏捐建，后山为徐孝表捐建，其主要任务是办理施棺、掩埋兼施医药。固安堂创立于道光二十四年（1844），由王泰捐建，"平价

---

① 郭绪印：《老上海的同乡团体》，第755—756页。
② 郭绪印：《老上海的同乡团体》，第761—762页。

办理丧葬各事,以为隐贫者助,凡无力殡殓其先人之骸骨者,皆得由固安代任办理"。体仁堂创于太平天国时期,当时因战乱而"人民流离,疫疠四起,死亡相接,枕骸遍地,吾邑亦然"。叶问波不忍坐视,"倾其私囊,施赈棺木",但因"私囊有限,车薪杯水"而"几于停办"。同乡叶辅廷、马鸿甫等人闻风响应,并向浙江湖州丝商及来沪避难的同乡中的富有者集募,遂创体厂局于后山。同治二年(1863),来沪逃避战乱者"愈形拥挤,疫疠蔓延至沪,旅沪乡人之客死者,日必数起。一时有贫而无以为殓者,有欲含殓而无地可假者,彷徨失所,惨苦非常",马、叶二人出于怜悯之心,遂于上海小南门外糖坊弄赁屋十余间,名曰体仁善局,办理施赈棺木,及客死沪地之同乡借此含殓之所。又劝抽丝捐,添办送柩回籍,及义埋等项举措。嗣后又有东山旅沪的巨商如叶义茂、朱义森、广义泰等商号,捐上海大东门太平街市屋,作为公产,基金更为雄厚,遂在十六铺江滨购地设立码头,供自东山来的船只停泊。后有王子勋、邱小亭募购该处邻房,及许振新募购西门外肇家浜田地,开辟为义冢。此后"继三善堂而并入者,尚有济安局,及存仁堂两处"。济安系王灏生、周润甫募资建立,为客死沪地的同乡停柩之所。存仁系同治十三年翁大本所募建,为暂停归柩及病殁舟次而无处含殓者停殓之所。光绪十三年,翁大本之子翁长炳捐入三善堂。

　　三善堂成立之初,尚无经董,办事简略。光绪十二年,东山旅沪同乡推举万梅峰为首任总董,订立章程,设立司年、司月、稽核、会计等职务,各司其事,将收支各项,按年编册,分送各同乡,以便核实,此后账目"朗若列眉,不爽锱铢",而堂中公款亦年年增多。不久又购地建堂于小南门外,更添办救济贫苦及故乡东西山之义渡与故乡防盗等项义举。光绪二十五年,万梅峰又和叶翰甫各捐500金,在苏州创立东山码头,方便在沪东山人士行旅。此时三善堂虽无会馆之名,但已行会馆之实。①

　　民国初年,因糖坊弄人烟稠密,善堂殡舍厕其间,恐碍卫生兼防火患,总董施禄生募集同乡捐款15 000余两,于斜桥地带购地11亩有奇,

---

① 郭绪印:《老上海的同乡团体》,第761—762页。

建殡房大小百余间。又就惠安堂所有太湖中之大小包山两处，开为义冢，迁埋尸骨。并在沪西日晖港购地一方，为旅沪客死无属棺柩掩埋之地。①

1915年春，席锡蕃、刘恂如、张知笙等认为："因吾山原有三善堂，所办事业，仅及慈善施舍部分，他未暇计，同乡会则根基未固，能力尚嫌薄弱，而各地旅沪同乡会，咸有会馆之组织，如广东同乡之有广肇公所，宁波同乡之有四明公所，苏州同乡之有平江公所，即西山同乡亦有金庭会馆，为号召计。"②席裕康也曾回忆："上年本堂运柩回山，请领护照，关督不知三善堂名，却之。又以我山人旅沪日众，西山已有会馆，东山何独无之，莫若于移堂之际，建造东山会馆，即以莫厘三善堂、旅沪同乡会附属之，范围广大，规模崇宏，凡筹款等事应易为力。"于是"召开同乡特别大会，公议不动三善堂存金。"特备公启，另筹捐款。前后募集银10 200两，洋25 644元，"乃相度地势，支配屋宇，另建会馆"。③1916年2月，洞庭东山会馆落成，计为屋36间，有正厅、武圣殿、猛将室、议事厅、神祠、生祠、书记室、办公室、舞台、门房和庖厨等。"屋宇宏尚，陈设周备，公用银22 700余两，金铁髹漆为属焉。督其事者，为王宪臣、徐复初、朱鉴塘三君，任建筑者，木作冯泰舆也。会馆既成，乃公举席锡蕃为总董，朱鉴塘为偕董，张知笙、王宪臣为查账董事，严吾馨、严韫石为文牍董事，严秋庚为会计董事，刘恂如为庶务董事，席征三为检查董事，万建生等九人为调查董事，吴礼门等十三人为评议董事，订立章程二十二条，规模于焉大备。"④

洞庭东山旅沪同乡会成立于1912年。是年3月24日，在上海爱文义路（今北京西路）惠然轩召开成立大会。最初发起人是钱庄经理张知

---

① 朱品生：《莫厘三善堂记》，《洞庭东山旅沪同乡会卅周纪念特刊》，上海市档案馆藏档案Q117-9-37。
② 朱大铺：《洞庭东山会馆记》，《洞庭东山旅沪同乡会卅周纪念特刊》，上海市档案馆藏档案Q117-9-37。
③ 郭绪印：《老上海的同乡团体》，第761—762页。
④ 朱大铺：《洞庭东山会馆记》，《洞庭东山旅沪同乡会卅周纪念特刊》，上海市档案馆藏档案Q117-9-37。

笙，并得到席镜华、席锡蕃、施禄生三人最初的赞助。"其间关于一切章程条规之拟订，亦以张君之力为多，席锡蕃、吴步云、叶仲嘉诸君亦各供意见，襄助甚力。"在论及发起原因时曾言：当时"各乡各县均有自治之观念，咸思群策群力，励情图治"，东山人士"素称才略优秀，不甘后人，奋袂而起，同乡会之组织，盖亦风云际会中重要之机构也"。同乡会最初本拟以"旅沪莫厘同乡会"等为名称，在成立大会上确定名称为"洞庭东山旅沪同乡会"。第一任正会长严孟篆、副会长施禄生、书记员叶扶霄、会记员席锡蕃、庶务员席梅峰，另有评议员9人，调查员10人。会址设于斜桥丽园路，办事处则设于北京西路108号。①1928年，同乡会按照上海市的相关规定对章程进行修订，将会董制改为委员会制。②抗战胜利后的1945年，同乡会奉上海市社会局命令进行改组，并成立整理委员会，于1946年7月7日召开会员大会，将委员制又改成理监事会制，选出理事15人，候补理事7人，监事5人，候补监事2人。③

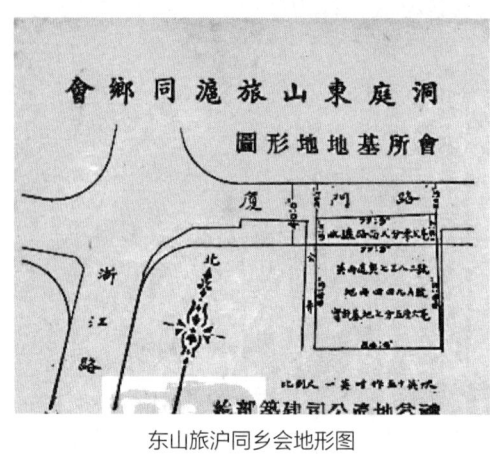

东山旅沪同乡会地形图

洞庭东山旅沪同乡会属下最主要设施是一所相当规模的医院，即惠旅养病院，前身是惠然轩公坛。惠然轩公坛，是个道教的团体，是念经拜签、修心养性的场所。洞庭东山旅沪同乡会成定于民国元年，

---

① 朱润生：《本会创始记》，《洞庭东山旅沪同乡会卅周纪念特刊》，上海市档案馆藏档案 Q117-9-37。
② 徐六笙、陆钟琪：《三十年来本会章程之沿革》，《洞庭东山旅沪同乡会卅周纪念特刊》，上海市档案馆藏档案 Q117-9-37。
③ 郭绪印：《老上海的同乡团体》，第314页。

而惠然轩公坛却早在清光绪二十九年癸卯，由席锡蕃创立。最初在上海麦加利银行三层楼上辟一净室，供奉纯阳祖师，奠定了惠然轩公坛的基础。经后即由席锡蕃领导，在席云生、席微三、金锡之、刘鸿源、席启荪等协助下，创办了惠旅养病院。

养病院的第一笔建筑基金，是由宣统元年（1909）席嘏卿80寿礼及筵资移助的。席嘏卿令其子锡蕃创办养病院，"乃以此3 600余金作为首创捐款，以后陆续募集捐歙，集有成效"。1919年春，乃在惠然轩毗连西面余地上，开始建造医院房屋。建造期间，先后两年，一面募款，一面动工，直到1920年10月方始落成，1921年5月正式开幕，推定席锡蕃先生为总院长，分设中医、西医两部。1933年，席锡蕃逝世，嗣后该养病院"仍旧照常维持着以往的工作"，直到1943年，经主持人议决，全部移交给洞庭东山旅沪同乡会管理，"经同乡会执监委员会议决接受后，交常务委员会管理之"。① 抗战胜利后，惠旅养病院改名为惠旅医院，并管理东山的保安医院和登善医院，两院分别改称惠旅前山医院和惠旅后山医院。三院管理委员会合并改组统一管理，推叶振民为主任委员。②

此外，洞庭东山旅沪同乡会还曾创办了洞庭业余补习班，后推选朱润生先生为董事长，刘道周先生为校长，补习班也正式改为洞庭业余补习学校，并有学生一百六十余人。③

7. 洞庭西山金庭会馆

西山商人至迟于清代即在上海经商。西山旅沪商帮于抗日战争胜利后申请重新建立同乡团体的呈文中称"窃查敝处洞庭东西两山原为旧太、靖两境，本与县属分治，故旅沪同乡不减县治，自清光绪即建会馆，民

---

① 朱润生：《惠然轩公坛与惠旅养病院》，《洞庭东山旅沪同乡会卅周纪念特刊》，上海市档案馆藏档案 Q117-9-37。
② 《惠旅医院董事会章程》，《洞庭东山旅沪同乡会会刊》第4期，上海市档案馆藏档案 Q117-9-21。
③ 《洞庭东山旅沪同乡会会刊》，上海市档案馆藏档案 Q117-9-21。

十成立同乡会迄今二十余年"。可见西山商帮早在清代光绪年间即在沪建立了会馆。但是在《上海金庭会馆简明概况报告表》中，在"创建年月"一栏中填写为"民国三年六月"。至于该会馆名称为"金庭会馆"的原因，在表中"乡土"栏中称："吴县洞庭西山，山有林屋洞道书称第九洞天，吴王夫差曾遗灵威丈人入探得禹书云：中有金庭玉柱之奇，本会馆取名金庭以此。"

金庭会馆确实于民国三年（1914）成立，申报是年曾刊文称：本年农历八月二十二日（10月11日），金庭会馆在黄家阙路会馆召开了成立大会，并通过章程，选举董事。① 会馆呈请地方政府备案，则是在1919年。《申报》中详细刊载了是年金庭会馆的呈文：

> 洞庭西山人罗贻等呈上海县文云：窃公民等原籍吴县洞庭西山，旅居治下城厢内外，经商有年。近来同乡之来沪贸迁侨寓者日益众多。公民等为联络乡谊，办理公益起见，爰各出己资，在西门外黄家阙路购买民地，建筑会馆一所，名曰"西山金庭会馆"，于馆舍之右添盖市房三十余幢，即以所收租金作为会馆修理，及办理同乡公益慈善之用，另于馆舍之左偏隙地盖建殡房十间，以备同乡旅榇寄屯之处。现因会馆基础已立，规模粗具，若不呈请官厅立案，不足以垂久远。兹特详拟会馆办事章程，并绘具会馆房屋图样，抄录地亩契据，呈请县长俯赐立案，给示勒石，并恳详咨沪海道尹、淞沪警厅立案，给示勒石，以资保护，维公益而垂久远，实为公便。②

此外，金庭会馆还在西山渡马桥侧拓地数弓，建屋三楹，名曰"金庭殡舍"，又名"停云仙馆"，旅榇之归者，均暂存其间。每年冬季为棺柩起运回籍之期。会馆对贫寒同乡有代赈会之设，凡贫苦同乡身故者，赈给棺木，无力运回之滞柩，由公所代为运送本乡，停放西山殡舍，如

---

① 《广告》，《申报》1914年10月29日第10版。
② 《金庭会馆呈请备案》，《申报》1919年2月24日第11版。

家属无钱安葬，则为之掩埋公山。① 此外，会馆还办有识字学校，1935年，上海市党部规定全市各社团筹备识字学校必须呈请备案，并统一编定命名，金庭会所的识字学校定名为第七校。②

　　1931年，根据当时的规定，金庭会馆拟具章程呈请上海特别政府社会局核准备案，依法组织会员。由于之前长期驻军，导致沿街市房破损，决定进行修复。③但是由于引发了时任金庭会馆临时执行委员会负责人罗甘尝与其他会员之间的纠纷，会员认为罗氏"非法处分公产，私擅订立合同"，并宣称金庭会馆临时执行委员会对外之一切契约合同等，非经本董事会全体常务董事签名盖章者，一概无效。④此后又因为房租的问题，又和房客引发了连串矛盾。1935年，又有郑主平发起缥缈社，并于10月15日召开成立大会，不过因为"发现票数与当选人名单不符"，引起社员反对。会馆方面也以"同一区域不得设有两个同性质团体之原则"为由，据情呈请市党部解释。⑤1937年，淞沪抗战爆发，该馆司事徐鼎丞、凌文锦，茶房姚永安等为逃避战乱离开会馆，会馆处于无人管理状态。会馆所在的闸北处在战场，损毁严重。在无人管理的情况下，无处安身的土工李小弟、陆小狗住宿于会馆内，"二人代为照料会馆，略贴照料费至1941年5月"此后房屋出租与蒋鸿奎（即蒋沈美英）开设南市殡仪馆，仅留会馆东首后厢房一小间约一百方尺大小自用。抗战结束后，会馆处于勉强维持状态，月收租金仅白米二石五斗，而看管职员薪水尚须二石九斗，在1949年后终于"寿终正寝"。⑥

---

① 宋钻友：《同乡组织与上海都市生活的适应》，第38页。
② 《各社团筹办识字学校纷呈市党部备案》，《申报》1935年6月1日第15版。
③ 《洞庭西山旅沪金庭会馆临时执行委员会启事》，《申报》1931年6月27日第16版。
④ 《金庭会馆董事会驳复陶嘉春律师代表丰泰公司启事之启事》，《申报》1932年1月22日第16版。
⑤ 《金庭会馆与缥缈社》，《申报》1935年11月30日第12版。
⑥ 郭绪印：《老上海的同乡团体》，第359页。

8. 吴江旅沪同乡组织

吴江地区在上海有同乡组织始于清末,光绪三十二年(1906),张德驹和顾岩在上海发起江震(吴江、震泽两县)同乡会。当时正逢苏路运动,两邑同人汇集颐园,以联情愫,是为同乡会之发端。此后在商务印书馆工作的黄元吉、王家荧和在南洋、复旦读书的郑传、张谔介等人积极参与,暂定名为留沪江震同人恳亲会,于是年十一月初八日在西门白云观对面崇庆里一号开会成立,推定干事。次年三月初二日,借新闸路酱园弄江苏教育总会召开春季大会,正式定名为江震旅沪同乡会,定会所在三马路东鼎新里。光绪三十四年,苏属旅沪同人在平江公所会商筹办苏州旅沪同乡会,经讨论,江震旅沪同乡会归并入苏州旅沪同乡会,此后,江震同乡会仅存名义而已。1911年夏,吴江遭水灾,吴江旅沪各界以同乡会名义募取赈款,"因悟沪上无本邑公团,无以对外",因此拟重组同乡会,但不久因人事变动,会事又告停顿。①

吴江旅沪同乡会正式成立是在1919年。是年4月20日,假盆汤弄丝业会馆召开成立会,到者有施子英、钱慈念等202人,还有女宾7人。施子英(则敬)当选为正会长,钱慈念、洪藩生当选为副会长,干事当选者有徐宝琪、周心梅、邵仲辉等42人,会所定在老垃圾桥贻德里。②7月,同乡会立案呈请获得上海县知事核明通过。③此后,会址屡经变迁,先后设在英租界厦门路154号、浙江路118弄35号。④

1920年,同乡会在召开干事评议会时,会长施子英认为"建筑丙舍最为紧要,盖能办到此层,则本会永久基础于是乎立"⑤,于是开始建筑会馆丙舍。当时费用主要来自丝商龚叔平等捐款洋二万余元,不敷部分议决发行公债五千元,分一千号,每号五元四厘起息,至1927年春季起,

---

① 张德驹:《吴江旅沪同乡会会史》,《吴江旅沪同乡会季刊》创刊号,1936年。
② 《吴江旅沪同乡会成立》,《申报》1919年4月21日第11版。
③ 《道署批示两则》,《申报》1919年7月24日第11版。
④ 郭绪印:《老上海的同乡团体》,第795页。
⑤ 《吴江旅沪同乡会开会纪》,《申报》1920年4月27日第11版。

分五年抽签还本。每年抽签二百号，公债票上由正副会长签名负责。①会馆地址在闸北区普善路301号，占地面积三亩零四毫一厘。②有正厅三间，旁屋厨房等三间半，丙舍十三间。③会馆成立后，同乡病故沪上者，可将棺柩寄放放在所设殡舍中。每遇夏令季节还施茶给药。部分会员还自行集合，成立赊材会，附设于会馆内，以资助在沪亡故而无力殡葬的贫苦者棺木。④1928年，吴江旅沪同乡会进行调整，将理监事制改为执监委员制，并于是年12月2日举行第一届执监委员就职典礼。⑤

抗战期间，吴江旅沪同乡会仍然继续维持，并将会址迁入同孚路（今石门一路）282弄11号华顺里5弄。⑥抗战胜利后，因当时国民党政府规定恢复区（即沦陷区）人民团体须经过整理才允许合法存在，故同乡会以吴江县旅沪同乡会名义于1945年11月向上海社会局重新登记，并于1946年8月4日召开会员大会，⑦12日又召开理监事联席会议，宣誓就职，并选举杨千里为理事长，毛啸吟等为常务理事，殷启人等为常务监事，会址也迁至吴江路75号。⑧此后同乡会一直活动，延至1949年后结束。

9. 常熟旅沪同乡会

常熟最早的旅沪同乡会组织是常熟公所，光绪二十八年（1902），由常熟旅沪运米船商集资建造，地址在大东门外新新街31号。⑨1912年，民国成立之初的4月13日，李经赞、曾朴、宗舜年、宗嘉谟等

---

① 《吴江同乡会筹款之会议》，《申报》1924年1月11日第15版。
② 郭绪印：《老上海的同乡团体》，第796页。
③ 《吴江同乡会补行春季大会纪》，《申报》1921年6月1日第11版。
④ 郭绪印：《老上海的同乡团体》，第796页。
⑤ 《吴江旅沪同乡会执监就职》，《申报》1928年12月3日第15版。
⑥ 《吴江旅沪同乡会迁移通告》，《申报》1942年4月28日第4版。
⑦ 郭绪印：《老上海的同乡团体》，第796页。
⑧ 《吴江旅沪同乡会召开理监事会议》，《申报》1946年8月13日第4版。
⑨ 《停止拍卖公产》，《申报》1936年10月18日第11版。

人发起成立同乡会，并在报刊上发表启示："仆等在沪重行组织同乡会，特定于本月十四号（旧历二月二十七日）午后二时在北京路耕余里一千一百五十二号先开谈话会，凡我同乡，务乞准时莅临，共商一切。"①在谈话会中，书记王仲学发表声明，称："同乡会之成，凡属乡人，除营业不正当及犯极不名誉事外，不论工商绅学各界，皆可入会，皆属平等，一洗阶级之陋习。"②此后，又于6月4日午后假豫园仰山堂开成立大会公，讨论章程，并选举宗伯皋为正会长，李伯苞为副会长兼会计，王仲学为文牍兼书记，陈士贤、鲍公德、潘月樵等8人为干事，钱南山等8人为评议员，并暂假南京路德裕里28号房屋为事务所。③但是这一同乡会应该并未真正成立，前后历经三次波折，均无成果。1925年时，常熟同乡平襟亚、吴虞公等曾向江苏省省长韩复榘等发表通电，声明："鄙人等旅沪将近十载，并未闻有常熟旅沪同乡会之成立。"④期间，因"五四运动"的影响，还一度成立了常熟旅沪学生同乡会。⑤

常熟旅沪同乡会真正组建是在1931年。是年3月，曹振卿、徐枕亚、胡无咎、卢慕琴等发起组织常熟旅沪同乡会，并经市党部颁发许可证书，遂于3月16日举行第一次筹备会议，并推举曹振卿、苏嘉善、周斐成、徐枕亚、卢慕琴、季毅生、胡无咎等为筹备委员。⑥6月15日，常熟旅沪同乡会假天后宫大礼堂召开成立大会，到会员200余人，选举曹振卿、陈楚豪、周梦熊等15人为执行委员，周斐成等7人为候补执行委员，殷松厓等7人为监察委员，翟仁芝等4人为候补监察委员。⑦7月6日，又举行第一次执监联席会议，选举曹振卿为主席委员，陈楚豪、钱丽生、嵇聘璠、卢慕琴为常务委员，殷松厓为监察常务委员，继推曹润

---

① 《常熟旅沪同乡公鉴》，《申报》1912年4月13日第2版。
② 《组织常熟同乡会》，《申报》1912年4月17日第7版。
③ 《常熟同乡会成立》，《申报》1912年6月5日第7版。
④ 《借用常熟同乡会名义之反响》，1925年3月22日第14版。
⑤ 《常熟旅沪学生同乡会成立》，1920年4月12日第10版。
⑥ 《各同乡会消息》，《申报》1931年3月17日第16版。
⑦ 《各同乡会消息》，《申报》1931年6月16日第16版。

身等兼任总务等各科主任。①

但是好景不长,常熟旅沪同乡组织成立不久即发生了重大变故,主席委员曹振卿以旅沪同乡会主席名义,借协助船商争产之事,趁机将公所土地执业证盗押于浦东银行②,引发了连串诉讼,而常熟公所和常熟旅沪同乡会也因此以"惟因内部组织未善,致会务停顿,形同虚设"③为由相继被市民训会和社会局勒令整顿,常熟公所一度接近破产边缘,甚至被社会局吊销执照。④经整顿后,常熟公所于1936年1月10日假北市豆米业公所举行重新成立大会,选举陆公权、瞿良士、卢慕琴等13人为董事,张守仁等7人为候补董事,沈玉珊等7人为监察,陈根弟等3人为候补监察。⑤2月18日,全体董事监察举行宣誓就职典礼。⑥

淞沪抗战前后,爱国热情高涨,常熟旅沪同乡相继成立了常熟旅沪青年联谊会和常熟旅沪同乡救亡会,常熟旅沪青年会成立时称:"因鉴于我国目前处境之险,已达于标点,古人云:'天下兴亡,匹夫有责',而欲求转危为安,转弱为强,唯赖我们青年之能否奋发上进,埋头苦干,同时与社会人士能否通力合作,携手同行。沪地人口众多,五方杂处,为世界所瞩目,而青年在此豪华奢侈的都市中,过惯了萎靡不振的生活,实为我国目前衰弱的主因,此种大病,而我们同乡人士,最为普遍,故特发起常熟旅沪青年联谊会。"⑦常熟旅沪同乡救亡会其实就是常熟旅沪同乡会发起成立的,其主席即为当时的会长卢慕琴。⑧淞沪抗战爆发后,同乡会务一度停滞。1939年,常熟旅沪同乡会商量恢复整理,聘请瞿良

---

① 《常熟同乡会执监联会记》,《申报》1931年7月7日第16版。
② 《停止拍卖公产》,《申报》1936年10月18日第11版。
③ 《常熟同乡会重行整理》,《申报》1936年2月23日第13版。
④ 《市党部发还常熟公所许可证》,《申报》1936年6月15日第13版。
⑤ 《常熟公所成立大会选举陆公权等十三人为董事》,《申报》1936年1月13日第9版。
⑥ 《常熟公所董监就职》,《申报》1936年2月20日第12版。
⑦ 《常熟旅沪青年发起组织联谊会讯》,《申报》1937年4月9日第11版。
⑧ 《救亡运动情绪高涨,牺牲到底,抗战到底》,《申报》1937年8月10日。

士等20余人为顾问委员,杨华杭等50余人为征求委员,以上海四马路六五零号常熟山景园、浙江路清和坊长春旅馆洽大公司为通讯处,开始同乡登记等事宜,准备重行召开大会,改选执监委员,①但这项工作并未持续。抗战胜利后,常熟旅沪人士庞甸材等人,再度发起组织旅沪同乡会②,并于1949年1月18日在格致中学举行成立大会,选出庞甸材、王亢侯、周斐成等为理监事。③但不久,时势发生变化,常熟旅沪同乡会也自此中止。

10. 太仓旅沪同乡会

太仓旅沪同乡会成立于1912年,是年5月13日,旅沪同乡发布启示称:"吾娄同乡散处各界,情谊疏阔,遇有公益,无以合力进行,妥指定南石路怀仁里青溪旅馆为同乡会事务所,凡我娄人务望于旬日内到所签名,以期早日成立。"④此后选举著名学者唐文治为第一任会长,并至上海县立案。⑤此时,太仓人洪伯言就任上海县知事,太仓同乡在邑庙萃秀堂召开欢迎大会,盛况空前。⑥此后洪伯言虽因不能担任本省地方官员而调任浙江镇海,但是不久他即回沪,并就任会长。这也是太仓旅沪同乡会较为兴盛的时期。1915年,刘少溪曾捐出斜桥南首计地二亩七分基地,希望以此建成公所会址,但是因为筹集建筑经费未果而中辍。⑦但在洪伯言、唐文治的支持下,为繁荣家乡经济建设,贯通太仓、嘉定、宝山与上海之间的交通,太仓旅沪同乡会创办了沪太长途汽车公司,沪太路于1922年正式通车,这是当时的江苏第一家民营汽车公司,也是旅沪同乡组

---

① 《常熟同乡会实行恢复整理》,《申报》1939年2月11日第10版。
② 《本市简讯》,《申报》1948年7月1日第4版。
③ 《常熟旅沪同乡会昨举行成立大会》,《申报》1949年1月18日第4版。
④ 《太仓旅沪同乡公鉴》,《申报》1912年5月13日第1版。
⑤ 《批答太仓旅沪同乡会呈公推正副会长请立案颁给图记由》,《上海公报》1913年第4期。
⑥ 《太仓同乡欢迎洪知事》,《申报》1913年1月14日第1版。
⑦ 《筹建公所之会议》,《申报》1915年5月3日第1版。

织创办的较为成功的实业之一。此后，太仓旅沪同乡会事务一度停顿。

1930年，因"感平时素少联络，以致精神涣散，一切社会公益事业无由发展"，以其时在市党部就职的何元明发首，胡粹士、何元明、朱恺俦、黄伯勋、金侠闻等五人发起重组同乡会。①1930年9月7日，太仓旅沪同乡会按照新的规定进行重组，并举行改选大会，何元明等5人当选为监察委员，顾涉高等3人当选为候补监察委员，项惠卿、王伯埙、朱恺俦等15人当选为执行委员，王天觉等7人为候补执行委员。②时任上海棉纱公会会长的项惠卿出任会长，当时会址在汉口路上海棉纱公会内，后又迁至今延安东路瑞临里。1932年，项惠卿逝世，胡粹士接任会长，会务则由时任沪太长途汽车公司经理的朱恺俦主持，会址也迁至光复路沪太公司内。1937年，抗战爆发，朱恺俦撤走后方，沪太公司位于淞沪抗战的战场，会址只得迁入租界胡粹士家中。1940年12月，日军进入租界后，同乡会被迫停止会务。1945年抗战胜利后，太仓旅沪同乡会一度重组，主要人物为陆京士、狄君武、朱恺俦三人，会址设在陆京士主持的"恒社"内，并规定于每月初的第一个周日上午举行月会，但不久渐至消沉，1949年左右，已经终止活动。③

11. 昆山旅沪同乡会

昆山在上海一直没有成立同乡组织，1927年12月，昆山旅沪学生一度拟召集组织昆山旅沪学生会，但最终未果。④1935年，昆山旅沪同乡一度发起同乡会。次年9月，蔡吾裁等人又在东亚酒楼召开发起人谈话会，筹组同乡会，但不久抗战爆发，这些努力均相继流产。⑤

---

① 《发起组织太仓同乡会》，《申报》1930年8月11日第16版。
② 《太仓同乡会改选大会》，《申报》1930年9月8日第16版。
③ 项仲川、钱荷百：《太仓旅沪同乡会追记》，政协太仓县委员会编《太仓文史资料辑存》第2辑，第88—93页，第97页。
④ 《昆山旅沪学生组织学生会》，《申报》1927年12月23日第15版。
⑤ 《蔡吾裁等筹组昆山同乡会》，《申报》1936年9月9日第13版。

抗战胜利后，昆山再度发起组织同乡会。1946年5月16日，时任京沪卫戍司令部总参议徐祖诒、徐士浩等在大西洋菜社召开昆山旅沪同乡会筹备会，确定总务邵汝干、徐剑寒，文书王震公、周序冬，会计顾序东等，交际钱弗公等，因王震公为当时澄衷中学校长，暂定此时尚借驻于北京路384号通易大楼的澄衷中学为同乡会通讯处。① 7月14日，昆山旅沪同乡会在格致公学召开成立大会，选出理监事徐祖诒，徐士浩，吴保兴等20余人。② 这是苏南地区在上海成立最晚的一个同乡组织。21日，又在通易大楼召开首届理监事联席会议，选举徐祖诒、徐士浩、王震公、邵汝干、顾序东为常务理事，殷震贤、王慰伯为常务监事。③ 此后，办事处迁至永嘉路346号。1947年，昆山旅沪同乡会鉴于同乡清寒子弟求学不易，特设奖学金额20名，凡旅沪同乡子弟，在高中以上学校肄业，如家境清寒成绩优良者，均得申请资助。④ 1949年后，昆山旅沪同乡会事务结束。

二、浙江省旅沪同乡组织

1. 浙江旅沪同乡会

浙江旅沪同乡会始于1906年的浙江旅沪学会，详情见后。抗战爆发后，名存实亡，抗战后，浙江旅沪同乡会开始重组，并于1946年12月26日成立，假座西藏路宁波旅沪同乡会召开成立大会，选举理监事，陈霭士任理事长。⑤ 次年4月16日始，扩大征求会员，同时筹募建筑会所基金。1948年，浙江旅沪同乡会又在制造局路筹建浙江旅沪中学。⑥ 1950

---

① 《两同乡会筹备中》，《申报》1946年5月19日第4版。
② 《本市简讯》，《申报》1946年7月15日第4版。
③ 《本市简讯》，《申报》1946年7月24日第4版。
④ 《昆山旅沪同乡举办奖学金》，《申报》1947年9月18日第8版。
⑤ 《浙江同乡会今成立》，《申报》1946年12月26日第6版。
⑥ 《浙江旅沪中学校舍初步完成》，《申报》1948年12月24日第4版。

年,浙江旅沪同乡会最终结束。

2. 杭州旅沪同乡组织

嘉郡会馆成立时,曾言:"前清时,乡人以申江为南北通衢,士商骈集,各省之侨寓于是者无不鸠设会馆,以联乡谊,并建丙舍以妥旅魂,同省如杭、湖、宁、绍各郡早经成立,独嘉兴一郡尚付阙如。"① 此处所言杭郡会馆,是指钱江会馆,但是钱江会馆并不是一个同乡组织,而是一个同业组织,也不限于杭州人,只不过在杭州旅沪同乡组织尚未成立之时,此处一直视作旅沪杭州的同乡会馆,杭州旅沪同乡组织成立之后,也一直在此进行活动。此外仅将钱江会馆及其相关先行叙述。

道光三十年(1850),上海绸缎业主成立了同业组织湛华堂,次年(咸丰元年,1851)抽厘为同人恤患赈灾之储,开始有同业互助活动,同年购置玉藻堂为公产,光绪三年(1877)五月,将该堂改为上邑城厢内外绸缎铺业公所,名为绪纶公所。此后,根据绸缎的不同产地,相继成立了一系列的绸业公所,钱江会馆即为其中之一。钱江会馆最早于乾隆间设于苏州桃花坞。同治间,上海的杭绸商人开始增多,经营杭绸业的杭州、苏州等地的商人推仁丰绸店主人唐莲伯为业董,赁屋设"会商处",并议定提厘和特捐的方式集资生息。光绪十二年、光绪十三年在宁波路中旺弄分别购地二处,② 光绪十五年会馆正式落成,定名为钱江会馆。此外还有在光绪十年,由吴江县盛泽镇和浙江嘉兴王江泾镇两地驻申庄同业发起组成"盛泾绸业公所",即盛泾会馆,所址设于南苏州路767弄(即盛泾里)4号。光绪十三年,湖绉庄(贩卖湖绉的绸庄)成立上海浙湖绉业公所,所址在北京路522号后门。光绪二十年,经营苏缎同业组成上海云锦公所,所址在新唐家弄普福里。宣统二年(1910)成立山东河南府绸公所,所址在山海关路,后又在太阳庙路建造公所,别名"鲁豫堂"。值得注意的是,前四者均为了由产地绸商驻申庄同业发起组成,

---

① 《上海县知事公署布告第一八八号》,《嘉郡会馆征信录》。
② 《上海租界临时法院公告》,《申报》1929年5月24日第5版。

它们的会员籍贯比较划一，有浓重的地域色彩，亦可以将其视为产地的同乡组织。只有最后一个是例外，府绸公所成员的籍贯并非以产地为主，而是集中在浙江籍和江苏籍，即是由在山东、河南等产地收购府绸，并至上海进行贸易的江南商人组成的。

1929年8月17日，国民政府公布施行《工商业同业公会法》，不久，上海特别市成立商人团体整理委员会，上海市民训会颁布了工商同业公会组织程序十四条。此番改制要点有四：一是名称改为同业公会；二是公会采取委员、常务委员制，摒弃原来的董事制；三是全体同业皆得入会；四是一业一合整合行业组织。最后一点在上海商界引起震动，以上述绸缎业为例，五个同业组织有不同的商帮和目标市场，分设不同的行业组织，占据不同的领域，各有惯例，各行其是，要求他们突然合并，自然会引起不满。1930年9月，商人团体整理委员会就致函丝绸各团体，认为他们同属绸缎贩卖组织，理应合组一个团，即上海特别市绸缎同业公会。各团体专门在报刊上注销致工商部的上书，要求免于合并，在这封公开信中，对于各自行业的特色，有着较为明确的解释：

（一）查杭绸业（钱江会馆）之库缎线春纺绸官纱产于杭州，湖绉业（绉业公所）之湖绉，产于吴兴，苏州纱缎业云锦公所之纱缎产于吴县，府绸业（山东河南丝绸业公所）之府绸，产于山东河南，因产地之不同，水土之不同，织造之不同，丝质之不同，因之颜色亦不同，货分亦不同，命名亦不同，货价亦不同，故甲处不能仿造乙处之货，乙处亦不能冒称甲处之名，此各业货品之不同，命名之各异，不能为统一之组织者一也。（二）钱江之杭绸业，绉业之湖绉业，云锦之纱缎业，山东河南之府绸业，在沪所设之庄曰申庄，如在杭州、湖州、苏州、山东、河南产地所设者曰内庄，上海既有会馆公所之设名曰申会馆，或申公所，在产地亦有会馆公所之设，名曰内会馆，或内公所，如杭州为观成堂，湖州为吴兴绉业会馆，苏州为云锦公所。凡关于货运、货价、货分、捐务、分运等事宜，并须互征同意，会同办理。如果实行合并组织，不独事实上不能为统一之谋，对于业务上则势必破坏系统，引起纠纷，故各业之申会馆与内会馆方能为真正同业团体，其他事实上，并不称为同业，此各业组织之不同，性质之各异，不能为统一之组织者二也。（三）杭绸、湖绉、纱缎、府绸因产地丝价工本运费捐税之不同，售盘之增减，亦因之而异。即就本年春盘而言，杭绸恢复去年春盘，湖绉论疋加一两，论两加二分府绸则分文未加，纱缎则保持旧盘，此各业售价之不同，成本之各异，不能为统一组织者三也。（四）杭绸产于杭垣，纱缎产于苏州，运输全恃火车。湖绉产于吴兴，府绸产于豫鲁，运输须藉轮船。此各业产地之不同，货运不能为统一之组织者四也。（五）杭绸之销路，遍于国内，湖绉之推销，侧重南洋美国，府绸之推销全赖洋庄，纱缎之推销在于北帮长江，此销路之不同，营业之各殊，不能为统一组织者五也。（六）杭绸之捐税，有生货熟货之分；湖绉之捐税以权斤论两而别，纱缎至沪则属一物一税；府绸至沪则经征四税，此各业因产地之远近，征税之不同，不能为统一组织者六也。（七）杭绸连色定价，湖绉以白坯作底，颜色随加，纱缎原色织成，府绸采用本色，此各业之业规之不同，营业方法之各殊，不能为统一组织者七也。（八）其他各业之商情习惯历史之不同，尤不胜缕述，总之因地制宜，随业而异，业务之分，殊为显著，甲业之货品货价，乙业完全不知其底蕴，丙业之货分丈尺，询之丁业，则丁业必无从置答，如此必强为之曰同业，殊属片面之理想，而非真正之事实，此各业商情习惯历史之不同，不能统一组织者八也。①

不过工商部并没有支持各团体的意见，各公所只得成立统一的上海商业公会，但原有的公所仍然保持原状，各设理事会和办事机构，各雇员工，各有章程，各自保管原有财产，只不过在新的公会内部以不同的专业组的名义展开活动，如钱江会馆即为杭绸组，浙湖绉业公所为湖绉组，盛泾公所为盛泾组等。

---

① 《上海山东河南丝绸业公所、杭绸业钱江会馆、浙湖绉业公所、苏缎业云锦公所呈工商部文》，《申报》1930年3月28日第6版。

1928年,为"顺应潮流",改为委员制,并于1928年8月27日选举出第一届执监委员。①,钱江会馆还鉴于教育之重要,于1925年在老闸桥北唐家弄成立钱江公学,"以资培植同业子弟,并为推广教育起见,兼收业外学生"。学校成立后,非常重视商业科,专门设立"模范商店,模范银行以资实习",并由"富有该项学识之人员专责指导,以便他日应付裕如",所以学生毕业后,"就商者多"。1927年,上海教育局对私立学校进行立案时,钱江公学是最早立案的学校之一,被认为是"办理完善之私立学校"。②

钱江会馆还设有丙舍,在新闸路武林里,名维善山庄,1920年代移建至闸北太阳庙井亭路。会馆还设有同仁集,推行恤嫠、施药、施衣、赊材等慈善活动,"凡同业中人或老病残废者,有干修以补助之;身家寒者有恤嫠以周给之,夏则施药物,冬则施衣米,及制棺木以备出让,建殡舍以便寄厝"。③

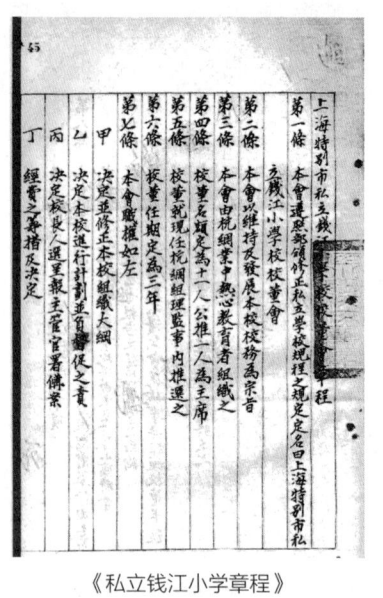

《私立钱江小学章程》

不过钱江会馆虽然名为"钱江",主营产品也是杭绸,杭州商人占主导地位,但是由于历史原因,成立之后先是由吴县唐氏家族主持,唐氏迁居苏州后,接替负责的则是苏州洞庭东山商人席嘉荪,可以说并不是一个纯粹的杭州同乡组织。因此杭州成立独立的同乡组织也必须提上议事日程。

1919年10月26日,由杭县、海宁、富阳、余杭、临安、於潜、新登、

---

① 《会馆选举第一届执监委员》,《申报》1928年8月28日第16版。
② 《广告》,《申报》1928年1月31日第6版。
③ 《上海钱江杭绸会馆同仁集报告录》,丁卯年。

昌化八县同乡组成的杭属八县同乡会正式在中旺弄路钱江会馆召开成立大会,到会会员538人,选举孙宝琦为正会长,徐宗溥、徐光溥为副会长,丁立中等25人为会董。①杭属八县同乡会最初一直以钱江会馆为活动会址,且在成立之后召开的第一次董事会上,即一致通过采取丝绸业的提议,向浙江省政府要求设法恢复五十里限制茧行条例②,可见其与钱江会馆之间的深厚渊源。必须注意的是,根据章程,此同乡会并不是一个严格意义上的旅沪同乡组织,只不过"因交通便利而设立于上海"。章程规定,原籍是八县,即使"居住在原籍或他省他国者",甚至"客籍久居,得有该居住地选举资格者"也可加入同乡会成为会员,所以方定名为"杭属八县同乡会"而非"杭属八县旅沪同乡会"。③1926年,同乡会又购下老龙华镇制造局后的土地,作为丙舍之用。④但是淞沪抗战后,在日军轰炸之下,闸北成为一片焦土,太阳庙的钱江会馆丙舍"坍毁无余",钱江会馆基本陷于停顿,影响之下,杭属八县同乡会也随之渐渐名存实亡。

3. 海宁旅沪同乡组织

据《海昌公所纪念碑》云:"咸同以后,邑人在上海业丝茧及洋货者,势与甬上湖州诸商相埒。"著名丝商徐棣山、沈元恺等是其代表。徐棣山曾在苏州河老闸桥北唐家弄界开有怡成丝栈,1883年被勒令关闭后,在此建著名的双清别墅,亦即徐园。光绪二十八年(1902),沈元恺"关怀梓谊,遍访同乡,以兴建公所事不可缓",遂于是年九月二十七日在徐园"柬邀集议",张如笙首先倡捐五百金,片刻间集资5 000余金,花鲤庭助以新闸基地八分。而"购地兴建,筹募收支"等事,由沈元恺独任其艰。光绪三十年春,海昌公所成立。对于应办事件,则公举总董、协

---

① 《杭属八县同乡会成立》,《申报》1919年10月27日第11版。
② 《维持浙省丝绸业之近况》,《申报》1919年12月13日第10版。
③ 《杭属八县同乡会章程》,1919年铅印本。
④ 《各同乡会消息》,《申报》1926年11月1日第10版。

董、月董等分任其事,并另选议董,以资规画。① 地址在新闸桥北夏家弄,后为共和新路 11 号。公所既成,此地便名海昌路。内设长生材会、养病房、息影房,并掩埋无主棺木。此处共占地 6 亩 6 分 9 厘。共有特字、元字、亨字、利字、贞字、天字、利字等多间殡舍。同时还在海宁十八都八庄余墩庙后购地,建有公墓,有丙舍 3 间,作为上年运归未领之柩埋葬之地。② 1936 年,由于卫生原因,公所在大场购入十余亩,安葬客籍寄柩。③

海昌公所原为传统会馆,但是随着时间的推移,虽然名字未变,但职能逐渐向新式同乡会靠拢,并积极参与政治事务。尤其是五四运动期间,海昌公所公开发表声明,称:"陆宗舆媚日误国,众所鄙弃。本公所于六月十三日开全体同乡大会议,决不承认为海宁同乡。特此登报声明。"④ 在当时引起轰动,海昌公所也由此声名大震。1929 年 3 月 7 日,根据新的人民团体管理相关规定,向上海社会局批准立案,颁给执字第 112 号证书。并改组为委员制,其中执行委员 21 人,常务委员 7 人,再于常委中推定主席一人。⑤ 章程的"所务"方面,在原有的"关于旅沪同乡丧葬事宜""关于旅沪同乡代制寿器及运柩回籍等事项"之外,加了第一条"关于旅沪同乡公益事项"。⑥ 公所还办有识字学校,1935 年,上海市党部规定全市各社团筹备识字学校必须呈请备案,并统一编定命名,海昌公所的识字学校定名为第十二校。⑦

1937 年淞沪抗战爆发,地处闸北的海昌公所沦为战场,受损严重。当时同乡的报告称:"海昌公所位于闸北共和新路,自经兵燹,庐舍荡然。"其中"后埭沿沪杭铁路贞字号殡房九间,于战发之初毁于轰炸"。

---

① 《海昌公所改组委员会启事》,《申报》1927 年 3 月 27 日第 3 版。
② 宋钻友:《同乡组织与上海都市生活的适应》,第 103 页。
③ 《海昌公所催柩领葬》,《申报》1936 年 8 月 31 日第 11 版。
④ 《旅沪海昌公所宣言》,《申报》1919 年 6 月 14 日第 1 版。
⑤ 《海昌公所改组委员会启事》,《申报》1927 年 3 月 27 日第 3 版。
⑥ 《旅沪海昌公所章程》,《海昌公所》Q6-9-96。
⑦ 《各社团筹办识字学校纷呈市党部备案》,《申报》1935 年 6 月 1 日第 15 版。

国民党军队退出闸北后,前厅、大厅、账房、客室、先辈祠及长生集制材作场尽付一炬。只余中埭特字、地字、元字、东亨字、西亨字、东利字、西字各间,分号殡房存柩134具幸免于厄。"公所本拟派员前往清查界址,围筑竹笆,修理毁余殡舍,雇工驻营,但是因为领不到许可证,根本无法实现,不得已只能派一人报领通行证,前往勘查。此后损毁更加严重,不仅屋栋倾斜,门厅规范,宵小公然窃取,甚至毁棺盗尸亦数见不鲜,只能于1938年9月召集留沪的执监委员开会,决定商请普善山庄暂借沪西冢地一方,将剩余棺木迁葬,等时局安定再送回故乡。①抗战胜利后,海昌公所重组,由施少初任主席,但是由于房屋被毁,基金尽表,一切事业均告暂停,只依靠委员和同乡捐助勉力维持办事处和海昌余墩庙丙舍的开支。②1949年后,海昌公所的活动完全停止。

4. 嘉兴旅沪同乡组织

嘉兴旅沪同乡组织最为著名者当属嘉郡会馆。《嘉郡会馆征信录》中收有上海县知事公署布告第一八八号,称嘉郡会馆筹备处,董事有张俞灏、张麟魁、徐棠、姚寿同、姚福同、葛嗣浵、陶葆廉、周昌岐、戴文溶、胡元宲、陈维泷、谢王澜、沈善保、沈恒炽、钱瑑、金应柏等人。前清时,嘉兴人"曾于光绪三十二年(1906)开会集资,在卢家湾购地十亩有奇,宣统三年正拟兴工建筑,而以时局变更,因致停顿。嗣后又以卢家湾基地在推广法租界区域内,不能建设殡房,各种阻滞,延搁多年"。

1912年,趁着辛亥革命的东风,嘉兴筹措旅沪同乡会,并于6月15日在盆汤弄丝业会馆召开成立大会,选举朱桂卿为会长,姚慕莲、钱鸣伯为副会长,许公若、沈次峰、高泳文、张元济等13人为董事。③不过同乡会成立后,并未有实质性的活动。7月,董事程杰专门在报刊中发表宣言,称:"沪上为通商巨埠,四方来此者莫不以结合同乡会为急务,

---

① 《旅沪海昌公所劫余旅栋迁葬概况》,《海宁》1939年。
② 《公益慈善团体登记表》,《海昌公所》Q6-9-96。
③ 《嘉兴六邑旅沪同乡会纪事》,《时报》1912年5月2日第10版。

盖联络感情，发展事业，惟同乡会是赖"。嘉兴人旅沪虽"既有年"，但"外之势力未能扩张，内之地方未尽善举，推其原因亦以各有自扫门前雪，不管他人瓦上霜耳，虽有同乡会，一如虚设"，因此希望同乡会诸人能够"将前次破坏之媒介物化除尽，一德一心，共图进行"。①但是这次同乡会的尝试并未达到这一效果。

1914年，旅沪嘉兴同乡再次筹建会馆，在美租界钱庄会馆隔壁姚宅开会。讨论名称时，认为"此举发起于前清光绪丙午年，当时尚系郡治，且嘉兴现系一县之名，似难包括，故仍名嘉郡会馆"。于是按照当年嘉兴府属七县名义，每县各举董事二人，并公推姚颂南、张石君二君为办事董，每县各推干事一人，担任筹捐。②

1916年，众人"另购二十七保十一团作字圩，土名为太阳庙东首，空地八亩四分正为会馆基地，遂于1917年阴历九月十五日开工③会馆面积为八亩三分一厘五毫，房屋大小七十余间。正厅供奉关公神像，旁厅安设乡先贤总神位，并供长生禄位，并司事住宿舍、账房，后平屋三间为厨房，后面朝北平房四间，为养病院，大门之右为门房，厅字后有腰墙一堵，腰墙之后，东首平屋三间，为土地祠，靠东西二面及中间分造丙舍四十余间，前后二段统绕以围墙一道。④1919年，嘉郡会馆曾拟建造分殡房一所，因为沪南工巡局认为在城区范围之内不能建设殡房而被否决。⑤

1932年，"一·二八"抗战爆发。2月11日9时许，有日机两架在太阳庙路上空盘旋，连掷炸弹十余枚，嘉郡会馆前部左右两方楼房、中间大厅、后部三进六间均被炸毁，中部尚未着弹，东首纸厂内空地上又

---

① 《嘉兴同乡会董事程杰（振奇）宣言：为敬告嘉兴旅沪同乡化除意见合谋进行事》，《时报》1912年7月11日第10版。
② 《筹办嘉郡会馆之会议》，《申报》1914年5月27日第10版。
③ 《上海县知事公署布告第一八八号》，《嘉郡会馆征信录》。
④ 《本馆章程》，《嘉郡会馆征信录》。
⑤ 《嘉郡会馆建造分殡房之波折》，《申报》1919年1月9日第11版。

掷一弹穴，深数丈。当时，石瓦四飞，太阳庙墙壁全被震坍，幸好未有死伤。①此后，嘉郡会馆一度修复。1935年，卫生局限令将寄厝于会馆的旅榇迁移，会馆在海盐朱公亭及澉浦曹湾村购地分别建筑公墓，将旅榇陆续运回原籍安葬。②1937年，八一三抗战爆发，嘉郡会馆再度被毁，变成白地，尸棺暴露。1940年，局势稳定之后，留沪的会馆各董事商讨补救办法，将所存之柩托普善山庄收拾迁运寄葬，补助该庄经费一千元。以后一切事务借山东路德兴坊平湖旅沪同乡会为接洽处所。③此后，嘉郡会馆仅处于勉强维持状态。

　　1924年，齐鲁之战爆发，嘉兴人避难来沪者不少，因深感"旧有嘉郡会馆远在闸北近乡，会员涣散，于精神上殊少团结"，陶慧斧、高叔荃、陈静安、黄桐生等人开始发起组织嘉兴旅沪同乡会。10月22日，在老垃圾桥盛经里开临时会，推选陶拙存等人为为临时董事，以陶慧斧为主席，巢堃、陶慧斧、郑斐湛、高蟾伯为章程起草员，着手征求会员。④11月6日，嘉兴旅沪同乡会召开成立大会，选举陶拙存、蒋莱仙、陈静安、汪育贤、陶慧斧、高蟾伯、郑斐谌等15人为董事，事务所在河南路十七号二楼东方公司办事所。⑤但是战事平静之后，因负责无人，同乡会即无形解散。抗战后，由于嘉郡会馆被毁，嘉兴同乡组织陷入瘫痪状态。但此时，江苏、浙江大部沦陷，大家均认为"江浙两省，仍以沪上最为安逸，故绕道金华、兰溪，而由宁波逃回上海者日见增加，大都以家眷累坠，只身来沪者，现邮电不通，个人则安居租界，家属仍陷于水火，思乡之念，油然而生"，⑥于是沈淇泉、孙筹成、沈希平等乃发起重行组织同乡会，设筹备处于龙门路信平里4号，筹资派人返里，调查乡

①《昨日日机到处掷弹》，《申报》1932年2月12日第1版。
②《广告》，《申报》1935年11月29日第2版。
③《嘉郡会馆善后》，《申报》1940年3月11日第11版。
④《嘉兴旅沪同乡会之进行》，《申报》1924年10月23日第11版。
⑤《嘉兴旅沪同乡会成立会纪》，《申报》1924年11月7日第10版。
⑥吴松如：《致嘉兴旅沪同乡》，《上海报》1938年2月10日第2版。

情。① 不久，同乡会成立，会所设在厦门路尊德里三十一号。② 11月18日，嘉兴沦陷一周年纪念，旅沪同乡会专门发出通告，希望旅外同乡于是日合家茹素一天，以志哀痛。③ 但是随着上海孤岛也沦入敌手，嘉兴同乡组织再次陷入停顿。

5. 海盐旅沪同乡会

海盐旅沪同乡会成立于1919年，《申报》曾刊有同乡会备案呈文云：

> 窃敝会同人均籍隶浙江海盐，商学两界旅沪历有多年，人数约有三千之众。或因区离南北，或因界隔华洋，声气鲜通，殊多捍格，甚或同处一堂，各不相识，推原其故，皆由平日无团体机关，不能表示其恳亲状态，良用慨然。同人等有鉴于此，爰组织一海盐旅沪同乡会，专以联络乡谊，图谋公益为宗旨。会议处所附设于闸北太阳庙嘉部会馆，嗣因南北窎远，诸多不便，特分设办事处于城内黑桥浜酱业公所。已于本年阳历七月间开旅沪同乡成立大会，照章选举正副会长及各职员，业经分别担任义务，一致进行。④

是年3月23日下午，海盐旅沪同乡为筹设同乡会，在城内酱业公所开会，公推周辛伯为筹备主任，朱斐章、张桐生为副主任，并推定干事12人，担任劝捐。⑤ 是年5月30日，海盐旅沪同乡在闸北太阳庙嘉郡会馆召开成立会，并选举职员，当选职员38人，备补职员10人。⑥

根据章程，同乡会设董事会，由会长1名、副会长2名、董事4名

---

① 《嘉兴旅沪人士重组同乡会》，《新闻报》1938年2月7日第7版。
② 《嘉兴同乡会开会记》，《申报》1938年11月10日第12版。
③ 《嘉兴同乡纪念故乡沦陷》，《申报》1938年11月17日第9版。
④ 《海盐同乡会请准立案》，《申报》1919年11月18日第11版。
⑤ 《海盐人筹设旅沪同乡会》，《申报》1919年3月25日第11版。
⑥ 《海盐旅沪同乡会成立》，《申报》1919年7月1日第11版。

组成，另有名誉董事2名、评议员12名、干事员12名、文牍员3员、会计员2名以及驻会书记员，由此组成常设机构。以上人员统称职员，由会员大会投票选举产生，再由当选人依照规定的职数选举产生会长，副会长，董事，以及评议员、干事员等，任期两年，续选连任，以3次为限。首任会长周辛伯总理会中事务，副会长张桐僧、朱斐章襄理会务，会长有事时，副会长代行其职权。董事为徐苹史、卢柜香、陈晋轩、金守斋，协助会长管理会务及担任稽校经费之责。名誉董事张元济、徐植甫，对同乡会

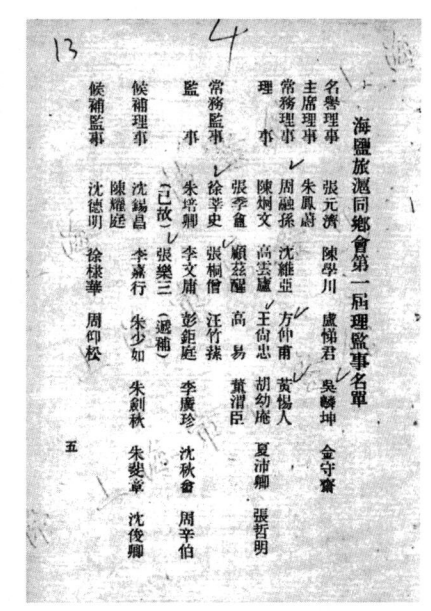

海盐旅沪同乡会理事名单

工作提供意见和建议。评议员由毕云程等12人担任，为全会代议机构，评议会中应兴应革之事。干事员由张树犀等担任，负责联络人会与未入会之各同乡，与外界往来交际，以及担任会中必要之事务。文牍员、会计员处理紧要文件信札，总核银钱出入等事。书记员蒋通夫由会长延聘，酌给薪水，常年驻会办事，并受会长节制。除此之外，所有人员义务为同乡服务。同乡会每年春季在嘉郡会馆开会员大会一次，每月第二个星期日在城内事务所开职员会一次。① 当时旅沪海盐精英人士主要是酱园帮和澉浦棉布帮，这些人占了全体同乡会员的七成以上，这也是为什么同乡会将事务所设在酱业公所的原因。

值得一提的，当时正值"五四运动"高潮时期，海盐旅沪同乡会成立其实深受此影响，成立之初，便发通告，宣称"一致不用日

---

① 《海盐旅沪同乡会第二年报告书》

货"。①1925年，五卅运动时，海盐旅沪同乡会再次走到了前面，曾经专门致电外交部，对英捕枪杀学生表示抗议。②

不过，此后海盐旅沪同乡会逐渐消失在公众视线之中，1935年9月，沈秋畬、高云庐、李文庸等30余人再次以"为谋联络情谊，交换智识，促进桑梓繁荣起见"发起成立同乡会，并于18日联名具呈申请备案，并请发给许可证。③10月4日，新成立的海盐旅沪同乡会在南市福佑路第117号会所举行了成立大会。④抗战期间，同乡会再次停顿。抗战胜利后的1947年，根据当时的相关规定，在3月30日上午于蓬莱路267号上海市总工会召开会员大会，依法改选，公推时任负责人朱凤蔚为理事长。⑤1949年后，同乡会逐渐退出历史舞台。

6. 嘉善旅沪同乡会

嘉善旅沪同乡会成立于1934年，是年12月，嘉善同乡会筹备处在报刊上发布征求会员启事称：奉市党部执行委员会颁发第三七三号许可证，即日成立筹备处于上海英租界西藏路口爱多亚路第845号门牌，电话91436号，并设通讯处于英租界偷鸡桥芝罘路益丰里六号沈镛律师公馆，电话94211号，法租界贝勒路永裕里十七号，电话85033号，陆宅，便同乡就近入会。⑥

抗战后，由于同乡会工作停滞，嘉善旅沪同乡顾纶、孙彦才曾一度讨论加强同乡会组织。⑦1945年12月，以上海市社会局专员黄麟书、社会局稽查专员李时雍为代表的嘉善30余位同乡发起成立了嘉善旅沪同乡

---

① 《广告》，《申报》1919年5月26日第1版。
② 《公共租界罢市之第三日·（十一）本埠各团体之函电》，《申报》1925年6月4日第15版。
③ 《筹组海盐旅沪同乡会》，《申报》1935年9月29日第13版。
④ 《海盐旅沪同乡会召开成立大会通告》，《申报》1936年10月3日第7版。
⑤ 《海盐旅沪同乡会昨召开会员大会》，《申报》1947年3月31日第4版。
⑥ 《上海嘉善同乡会筹备处征求会员启事》，《申报》1934年12月24日第5版。
⑦ 《本市简讯》，《申报》1940年3月17日第10版。

建设协进会，其宗旨为"谋协助故乡嘉善之建设，集合旅沪有志同乡，为建设尽心尽力，筹设有关建设救济计划，贡献于嘉善党政议会等当局"，会址设在四明里86号。①1949年后，基本结束。

7. 平湖旅沪同乡会

平湖旅沪同乡会始于1913年，是年5月4日，平湖旅沪商学各界发起组织旅沪同乡会，假小花园嘉荣公社开会决议办法，以嘉荣公社为临时事务所。②6月22日下午，平湖旅沪同乡会在钱庄会馆后面新北山西路丝厂晒业公所开成立大会，选举正副会长及各职员。③不久，因葛词蔚决意辞去副会长，6月29日又改选，正会长为张石君，副会长金籛荪、林依中，会董为葛词蔚等8人，评议员陈菊山等16人，另候补陈晋轩等4人。④此后，事务所迁至英大马路王宝和对面洋货集益会楼上。⑤

1926年，平湖旅沪同乡会和平湖慈善公会在平湖当地募得基地四亩六分，兴建慰幽山庄，专厝上海运回旅柩，至1928年建成丙舍18间。⑥此后又在大东门内鱼行桥南灵济街中购置基地新建会所，并于1928年10月28日举行落成典礼。⑦期间，平湖旅沪同乡黄祖香等亦曾在于1928年组织同乡友谊会，但并无下文。⑧另外，1920年，还成立过平湖旅沪同学会。⑨

抗战爆发，平湖旅沪同乡会一方面派人到处打听家乡的消息，一方

---

① 《上海市社会局关于嘉善旅沪同乡会申请登记的文件》，上海市档案馆藏档案Q6-5-1026。
② 《组织平湖旅沪同乡会》，《申报》1913年5月6日第7版。
③ 《平湖旅沪同乡会广告》，《申报》1913年6月21日第12版。
④ 《平湖同乡会改选职员》，《申报》1913年7月2日第10版。
⑤ 《平湖旅沪同乡会第一届周年大会通告》，《申报》1914年6月21日第2版。
⑥ 《各团体消息》，《申报》1926年9月7日第21版。
⑦ 《平湖同乡会行落成礼》，《申报》1928年10月9日第12版。
⑧ 《团体消息》，《申报》1928年8月2日本埠增刊第3版。
⑨ 《平湖旅沪同学会欢送会纪》，《申报》1920年12月28日第11版。

面征求在沪难民的信息，进行同乡总登记。① 后经时任理事长戴桐秋提议，从1938年2月12日起，在《大晚报》上连载《同乡会每日辑要》，"宣传抗战消息，坚定同乡信念，并载同乡动态及敌伪丑态"，持续至1940年8月31日结束。期间，戴桐秋一度被日方威胁。② 抗战胜利后的1947年10月27日，平湖旅沪同乡会召开了复员后第一届会员大会，选出戴桐秋、徐子文等15人为理事，张祥和等5人为候补理事，王涤生等5人为监事，金敬渊等为候补监事。③ 11月7日，平湖旅沪同乡会在邑庙萃秀堂举行当选理监事宣誓就职典礼，推选戴桐秋为理事长。④ 1949年后，平湖旅沪同乡会基本结束。

8. 桐乡旅沪同乡会

1937年，浙西各地相继沦陷，桐乡屡遭日机轰炸，险象环生，因消息隔膜，旅居上海者忧乡甚切，曾有人在报刊上专门刊登征求桐乡消息，希望知道家乡状况者，于每日午前至宁波路顾家弄21号唐君一谈，或以函达，以便乡人咨询。⑤ 在这种情况下，同乡组织的作用凸显出来。1938年2月，胡时渊、沈文华因乡音杳渺，遂筹组同乡会，互通消息，定于2月13日在温州路220号报本堂召开成立大会。⑥ 当时推定曹辛汉、程志和、程慕灏、陈筦书、陆梓樵等9人为筹备员。择定牛庄路764号为会址，当时入会者仅40余人。不过当时由于国民政府机关已经撤走，同乡会仅向工部局政治部备案。⑦ 此后，为沟通故乡消息起见，新成立的同乡会宣布每月办理沪桐间通信一次，桐乡城区、青炉、濮院、石泾、日

---

① 《平湖同乡会征求同乡登记》，《申报》1938年11月1日第11版。
② Q117-40-1，平湖旅沪同乡会。
③ 《两同乡会推定职员》，《申报》1947年10月28日第4版。
④ 《本市简讯》，《申报》1947年11月7日第4版。
⑤ 《征求桐乡消息》，《申报》1937年11月15日第6版。
⑥ 《桐乡同乡已组织同乡会》，《力报》1938年2月13日第4版。
⑦ 《桐乡旅沪同乡会简史》，《上海市社会局关于桐乡旅沪同乡会申请登记的文件》，上海市档案馆藏档案 Q6-5-1035。

晖、玉溪6区乡人，如有信件托带，于每月19日前交马白路昌明制钟电器公司。①随着战争越演越烈，会务无形停顿。抗战胜利后，1946年4月5日，同乡重新集议，并于6月16日，在牛庄路本部举行成立大会。章程称本会由桐乡城区、青炉区、濮院区、石泾区、日晖区、玉溪区旅沪同乡组成，定名为桐沪旅沪同乡会，以敦睦乡谊，发挥互助为宗旨。当时会员为116人，估计尚未入会的同乡尚有三分之二。大会选举曹辛汉、陈笏书等15人为理事，曹葭生、沈伯明等9人为候补理事，程志和等5人为监事，王祥林等2人为候补监事。7月21日，召开了第一次理事会议，曹辛汉、陈笏书、程慕灏、王绍裘、陆梓樵当选为常务理事，曹辛汉当选为理事长，程志和当选为监事长。此后会址改至海宁路久远里50号志仁小学内。②1949年后，会务基本结束。

9. 湖州旅沪同乡组织③

咸丰十年（1860），南浔丝业领袖陈竹坪等邀集同行，"为联同业之情，而敦异乡之好"，报浙江丝绸捐沪局总办、湖籍官员赵炳麟批准，成立上海丝业会馆。④会馆祭祀蚕神，并建有养病房和殡舍。随着旅沪湖州商人群体的扩大，同治十一年（1872）湖州丝商黄佐卿、杨信之、谢子楠等在上海创立圣寿庵，雇请僧人主持，通过宗教朝觐活动，集合同乡，敦睦乡谊，密切亲情。庵所，可以说是湖州人在上海建立的第一个同乡性质的团体，是早期同乡团体的一种形式。光绪三十二年（1906），为了推动同乡公益及家乡建设，周庆云、沈联芳、王一亭、杨谱笙等发起成

---

① 《桐乡同乡会接受委托递信》，《新闻报》1938年4月15日第4版。
② 《桐乡旅沪同乡会简史》，《上海市社会局关于桐乡旅沪同乡会申请登记的文件》，上海市档案馆藏档案Q6-5-1035。
③ 关于湖州旅沪同乡组织研究，可参见周虹《精英与桑梓：湖社对湖州的公益活动（1927—1937）》，东华大学硕士论文2012年；潘中祥、郭延娜《湖社与湖州区域社会的互动》，《湖州师范学院学报》2010年第5期；方福祥《在沪湖州商帮的新旧同乡团体及其比较》，《档案与史学》2002年第5期等。
④ 彭泽益：《中国工商行会史料集》，中华书局1995年版，第77页。

立湖州旅沪同乡会,并成为上海最早的同乡会之一。同年,湖州旅沪学界代表汤济沧等组织湖州旅沪学会,"谋求革新桑梓庶政"。①

学会成立伊始,为了解决同乡移民子弟的入学问题,乃由绅商醵资创建湖州旅沪公学。公学最初拟兼办文科师范,以造就家乡师资,后因经济原因决议先设高初级两等小学,校长为凌铭之。光绪三十二年春,旅沪小学在浙江北路和康里落成,当时学生仅20余人。秋天,学校迁至爱而近路庆祥里,继又迁至丝商杨信之房产信昌里。宣统元年(1909)另设女学部。此后,学校声誉稳步上升,当时有沪宁铁路沿线上海名校有"路南凌铭之,路北唐伯耆(即市北中学创办人)"之美谈。此后小学部学额相应增加,且又试办中学部。学校校舍除信昌里外,添设泰仁里和文极司脱路长康里,女学部则移至开封路正修里。1926年,正式添办初级中学,学校亦正式更名为湖州旅沪中小学。同时在闸北湖州会馆设立分校,但不久分校即停办。1931年,信昌里房产拆迁,学校迁入阿拉白司脱路(今曲阜路)钧和里民房。"一二八"战争爆发后,正修里校舍被占,学生星散,1933年中学部停办,但不久新任校长严浚宣又努力恢复,迁至湖社办学。②1952年,湖州旅沪中小学由上海市人民政府接管,改名育青中学。1956年,根据市教育局指示,育青中学、中华中学合并为上海市闸北第二中学。2012年,闸北二中与向东中学合并,成立上海外国语大学附属苏河湾实验中学。

此后,又因湖州人在上海有朝觐之地,而无专司运柩回籍或暂厝棺柩的会馆。1910年,王一亭、沈联芳、周庆云等在上海闸北海家桥创建湖州会馆。会馆大殿奉祠关帝,备有养病房和殡舍。这是上海地区少有的同乡会建立于会馆之前的个案。究其原因,湖州丝商在此之前有丝业会馆和圣寿庵作为养病、殡葬之所,湖州旅沪同乡会的创建背后有一定的政治因素,此时湖州丝商开始大量进入上海缫丝业,因此建立会馆方显必要。

湖州旅沪同乡会和湖州会馆在服务同乡、帮助桑梓方面做了不少工

---

① 徐新吾主编:《近代中国缫丝工业史》,上海人民出版社1990年版,第141页。
② 宋钻友:《同乡组织与上海都市生活的适应》,第111页。

作。但至1920年代，由于经办人员年龄的老化，组织松弛，使同乡团体"遇事冷淡，总是涣散的气象"。① 戴季陶也曾批评湖州旅沪的同乡组织"缺乏团体精神，只为死尸做事，不为活人做事"。② 陈果夫等人的批评也很激烈，"果夫于十二年阴历七月间，为江浙问题发生，危及吾乡人之生命财产，未闻旅沪同乡有发一言，拍一电，而挽救乡人于水火之中者"。尤其是五四运动之后，各种新思想传播迅速，但是湖州会馆主持人却仍然坚守传统思想，如周庆云、黄晋绅等在修订同乡会章程时，仍以"女子应守三从四德之教"为由，反对女子入会。这些老一代的旅沪人士对湖州同乡团体的控制引起了陈果夫等新生代旅沪人士的不满："果夫对于同乡社会改革之事，起意颇久，愿望甚奢"。最终导致了"旅沪湖州同乡会因被三数老朽把持之故，闹出种种笑柄……竟至纠集徒党，扰乱会场"，竟至不可收拾。最终"同人以旧同乡会不合现代潮流，应改组一有组织，有实力迎合新潮之同乡团体"。③ 1924年6月，张静江、陈蔼

湖社社所

---

① 沈阶升：《十年来社务一瞥》，《湖社十周年纪念刊》，上海湖社1934年铅印本。
② 戴季陶：《我对湖州的感情和对湖社的希望》，《湖州》第2卷第1期。
③《湖州旅沪同乡会改组纪录》，上海档案馆藏档案 Y4-1-700。

士、陈果夫、戴季陶、潘公展等一大批在上海从事政治、文化教育、经济工作的湖州人抛开原有同乡组织，发起成立了湖社。湖社成立之后，原有的湖州会馆基本停顿，整整六年间未曾开会，董事任期早经届满又复延不改选①，1930年，在相关同乡组织新规出台之后，社会局认为章程不合现行法规，董事资格已失时效，②要求会馆进行整顿，并指派王一亭等7人成立整理委员会。

湖社成立之初，就出版机关刊物《湖州月刊》，并相继在南京、汉口、吴兴、杭州、苏州、嘉兴、宁波设立湖社事务所，在浙江永嘉设通讯处，内部实行委员制，1931年改为理监制，陈蔼士长期担任湖社委员长。1927年南京国民政府成立，湖社核心成员纷纷进入国民党政府中枢。1935年国民党"五大"时，湖社陈果夫、陈立夫、张静江、戴季陶、潘公展、褚民谊、朱家骅等10人被选为国民党中常委。1931年冬，湖社在上海原湖州旅沪同乡会公产——贵州路圣寿庵原址建立湖社社所及英士纪念堂。1932年7月19日举行纪念堂落成典礼。随着湖社事业日渐迈进，原本三层式建筑的社所不敷应用，拟在屋顶加筑一层，更筹建第四层社所，至此湖社事业发展达到顶峰。③然而不久，随着抗战爆发，社员星散，留沪委员亦寥寥无几，湖社的政治色彩亦使得其无法继续存在下去，社务陷入停顿。

需要指出的是，湖社成立之后，原有的湖州旅沪同乡会并没有就此退出舞台，周庆云、庞莱臣、刘承干等老人仍然留在了同乡会。为了救济同乡，抗战期间同乡会继续在孤岛开展公益活动，1938年1月，留在上海的湖社成员潘公展、沈田莘、沈延祥等人以同乡会为基础，对其进行改组，重新修订章程，"以联络同乡情谊，力谋同乡公益"为宗旨，成立了旧湖属六邑旅沪同乡会，实行理监事制，由原湖社执委主席沈田莘

---

① 《湖州会馆奉令整饬》，《申报》1930年3月9日第15版。
② 《湖州会馆筹商整理》，《申报》1930年3月20日第16版。
③ 沈田莘：《建筑本社社所之经过》，《湖社十周年纪念刊》，上海湖社1934年铅印本。

为会长,湖社委员潘祥生、周健初为副会长,并成立湖州慈善救济会,救济、援助战争难民。抗战胜利后,湖社复社,致力于重建家园工作。但也仅维持4年,即随南京政府的覆亡而名存实亡。湖属六邑同乡会再次接管了湖社的同乡事务,处置湖州会馆的棺柩,接办湖州旅沪中学。1953年公私合营之际,商帮不复存在,同乡会也宣告解散。①

此外,值得一提的是,1936年3月7日,褚民谊等还专门成立了南浔旅沪同乡会②,后又以湖社为榜样,认为"旅沪"两字范围太狭,又改名为浔社。③1937年7月28日,浔社在大陆商场举行理监宣誓就职仪式,推选褚民谊、庞登臣、周建初、张仲恺、陆连奎等六人为常务理事。④但是不久,抗战爆发,社务陷于停顿。1938年10月,由于避难沪上的南浔人日益增多,同乡会再次重组,⑤确定于仁记路四川路口一一九号大厦四楼七十四号为社所,并拟创办刊物《浔声》。⑥抗战胜利后,浔社仍然继续存在,根据1947的《大上海指南》记载,浔社的社址在北京西路318弄14号。⑦

10. 德清旅沪同乡会

1947年8月25日,以上海教育局顾问许潜夫、上海证券交易所理事俞寰澄、上海市商会理事蔡昕涛、中国广告公司经理钱浚川等为代表的300余位德清旅沪同乡会向上海社会局呈请成立德清旅沪同乡会。称德清同乡或自行经商,或创办实业,或服务政界,或从事教育,向来绝少联络,更无互助机会,因此特组织同乡会,以联络感情,实行互助,

---

① 郭绪印:《老上海的同乡团体》,第641页。
② 《褚民谊发起组织南浔旅沪同乡会》,《申报》1936年3月9日第10版。
③ 《褚民谊等议组浔社》,《申报》1936年11月26日第13版。
④ 《社团新闻》,《申报》1937年7月29日第18版。
⑤ 《南浔同乡会将恢复办公》,《申报》1938年10月31日第11版。
⑥ 《浔社开始办公同乡登记踊跃》,《申报》1938年11月30日第10版。
⑦ 《大上海指南》,《光明书局》1947年版,第94页。

调查旅沪同乡，筹办福利事业。会址设于圆明园路133号412室。①但是成立后，德清旅沪同乡会活动不多，且随着时局的变迁，至1949年后基本结束。

第三节　旅沪江南同乡与政治活动

如前所述，在传统社会中，同乡组织及活动偶尔也涉及政治层面，但主要仅限于北京的官员阶层，同时也仅限于维护家乡本土的利益，如弹劾地方官员，为家乡捐款赈灾等，极少卷入朝政时局当中。但到了近代，同乡政治活动也发生了一些重要的变化。上海这座移民城市聚集了大量的外来人口，并且成为全国的经济和文化中心，精英分子在此汇聚，同乡群体掌握的资源也日益丰厚，上海由此成为和北京一样甚至更为重要的同乡活动中心。也正在此时，随着中央集权的政治结构日趋松动，各省政治和经济独立发展的倾向日益显著，"地方自治""立宪"等政治理念的日益传播，人口流动日益发展，对地方利益和个体价值的追求也日益愈加强烈，同乡整合的意识也日益增强。乡土意识和维新、革命紧紧结合在一起，维护乡土利益甚至成为当时一些政治活动的出发点，其中最为著名的莫过于清末最后几年各地风起云涌的保路运动。学界在研究晚清政治史和思想史时，已经开始逐步关注这一点。如列文森曾通过"省区""民族""世界"检讨过近代中国的"认同"问题②，沟口雄三也提出"乡里空间"在晚清政治中的重要性③，章清则认为"乡党"观念成为

---

① 《上海市社会局关于德清旅沪同乡会申请登记的文件》，上海市档案馆藏档案 Q6-5-1029。

② Joseph R. Levenson, *The Province, the Nation, and the World: The Problem of Chinese Identity*. In Albert Feuerwerker etc.(ed.), *Approaches toModern Chinese History*. Berkeley: University of California Press, 1967, pp.268-288.

③ 沟口雄三:《辛亥革命新论》:《开放时代》2008年第4期。

近代中国集团力量形成的最初诱因①，并有多篇文章就这一论题进行深入研究。②也有众多学者从同乡活动入手，讨论其与近代政治的关系，如顾德曼就曾讨论过近代上海同乡社团在从辛亥革命到五四运动时的积极作用。③近年如唐仕春的《近代中国的政治与乡谊》（四川人民出版社 2020 年版）等也对此课题也有显著推进。前文已经述及湖社与民国政治之密切关系，此处，仅以常州旅沪同乡间的一次政治事件和浙江旅沪学会这一同乡团体与近代政治的关系这两个个案来进行讨论。

一、常州府同乡致恽学士毓鼎事件

《常州府同乡致恽学士毓鼎书》（以下简称"公开信事件"）是一次相当有意味的事件，首先，其与晚清著名的政治事件"丁未政潮"息息相关，是同乡群体参与重大政治活动的典型案例；其次，这次政治活动的矛盾焦点集中在同乡群体内部，与其他同乡群体的似乎目标一致对外的政治活动相比更显独特。本书以此事件为例，来分析近代旅沪同乡文人群体参与政治活动的集结方式、观念分野及背后的原因，由此来讨论近代同乡组织在转型过程的艰难及其所受到了种种牵绊。

1. "丁未政潮"与《常州府同乡致恽学士毓鼎书》

《常州府同乡致恽学士毓鼎书》（以下简称"公开信"）的全文刊登于 1907 年 6 月 16 日的《申报》上，④另外全文及恽毓鼎的答复（以下

---

① 章清：《省界、业界与阶级：近代中国政治力量的兴起及其难局》；《中国社会科学》2003 年第 2 期。
② 如刘伟《晚清"省"意识的变化与社会变迁》，《史学月刊》1999 年第 5 期；苏全有《论清末的省界观念》，《安徽史学》，2009 年第 1 期；《论辛亥革命中的省界观念》，《福建论坛》2009 年第 9 期等。
③ [美] 顾德曼著，宋钻友译：《家乡、城市和国家：上海的地缘网络和认同（1853—1937）》，上海古籍出版社 2004 年版。
④ 《申报》题为"旅沪常府绅士致恽薇孙学士书"。

简称"答书")也收入签名者之一沈同芳的《公言集》中。①

此事件与当时的"丁未政潮"密切相关。所谓"丁未政潮"②是清末一次大的政治风波,在此期间朝廷枢臣频繁更动,各派力量分化组合,此消彼长。其中一个关键人物是公开信所言的"恽学士毓鼎"。时为翰林院侍讲学士的恽毓鼎于当年五月初六日上章弹劾瞿鸿禨,七月初一日上章弹劾岑春煊,促使瞿氏与岑氏开缺,同时也宣告"丁未政潮"最终结束。公开信事件发生在恽毓鼎弹劾瞿鸿禨之后不到两周内,其主旨是在上海的常州同乡对恽毓鼎在"丁未政潮"中的行为公开表示谴责。

恽毓鼎

关于"丁未政潮",当时报刊、笔记多有记载,而本次事件的两位当事人刘垣和恽毓鼎在《张謇传》和《澄斋日记》也分别有相关记述,因此成为除公开信外,有关当事双方态度的最宝贵记录。但是恽毓鼎的《澄斋日记》有个极为耐人寻味的现象,即五月初六日到七月初一日之间的《日记》除了记录了他两次上章弹劾瞿、岑之事外一片空白,"答书"是他关于此事的唯一辩解,因此只能结合相关文献及《澄斋日记》在事件前后的记录作些推测。

仔细分析公开信的内容,可以发现,恽毓鼎弹劾瞿鸿禨并不是双方争论的焦点,公开信以为瞿鸿禨早就该被弹劾,只不过应该是为了"辛丑迄今六七年间内政外交失败之过"。这和当时舆论吻合,《申报》在

---

① 沈同芳:《常州府同乡致恽学士毓鼎书》,《公言集》卷3,宣统三年万物炊累室丛书本。
② 关于"丁未政潮"的研究,可参见张践《丁未政潮与预备立宪》,《四川大学学报》,1994年第2期。

《论瞿鸿禨之革职》的评论中称：瞿鸿禨"居枢密之要地则束手无一策"，其"革职诚中国之幸"。①因此，双方的焦点在于恽毓鼎弹劾瞿鸿禨是否与杨翠喜案有关，以及是否受奕劻和载振的指使。当时《申报》以为"瞿中堂参案其原因不一，最针锋相对者则为杨翠喜一案"。②所谓杨翠喜案，是段芝贵行贿奕劻及为贝子载振购歌妓杨翠喜一案败露，在瞿鸿禨的支持下，御史赵启霖、赵炳霖、江春霖纷纷上书弹劾奕劻、载振父子"置时艰于不问，置大计于不顾，尤可谓无心肝"。随后赵启霖被褫职。③恽毓鼎日记中对此案曾有如下按语："臣谨按，此事有无不必论，赵启霖亦不足惜，唯国家设立言官，特许风闻言事，原欲其搏击权要，以警奸邪而肃朝纲，若科以反坐之罚，则此后谁复敢犯权贵，致蹈不测之诛乎？言路结舌，主听日蒙，恐非朝廷之福也。"④四月初八日的日记中称，他亦草一疏，申救赵启霖，只不过未及上陈⑤，这也是"答书"中称"鼎九日曾缮疏求救赵启霖"的证据。当然由于疏未上陈，是否实有此事，并未可知。但可作为佐证的是，赵启霖出都时，汪康年组织龙树寺公宴，为他声援饯行的名单中有恽毓鼎的名字⑥，可见他对杨翠喜案的态度并非如公开信中指责的"隔岸观火"，从这点看，他确实有点冤枉。

但是问题出现了，既然恽毓鼎自己说，"唯国家设立言官，特许风闻言事，原欲其搏击权要，以警奸邪而肃朝纲，若科以反坐之罚，则此后谁复敢犯权贵，致蹈不测之诛乎？言路结舌，主听日蒙，恐非朝廷之福也"，那么他为什么要用"暗通言官"、"授意报馆"来指责瞿鸿禨呢？所谓"暗通"、"授意"，是指奕劻病假，慈禧询问瞿鸿禨谁可继任，此语不久辗转为汪康年和曾广铨所知，曾氏时为英国《泰晤士报》访员，告

---

① 《申报》1907年6月19日第2版。
② 《申报》1907年6月29日第3版。
③ 《日下见闻》，《光绪朝东华录》，中华书局1958年版，第5560页。
④ 史晓风整理《澄斋日记》，浙江古籍出版社2004年版，第350页。
⑤ 史晓风整理《澄斋日记》，第351页。
⑥ 赵启霖：《瀞园自述》：《北京图书馆馆藏珍本年谱丛刊》第186册，北京图书馆出版社1997年版。

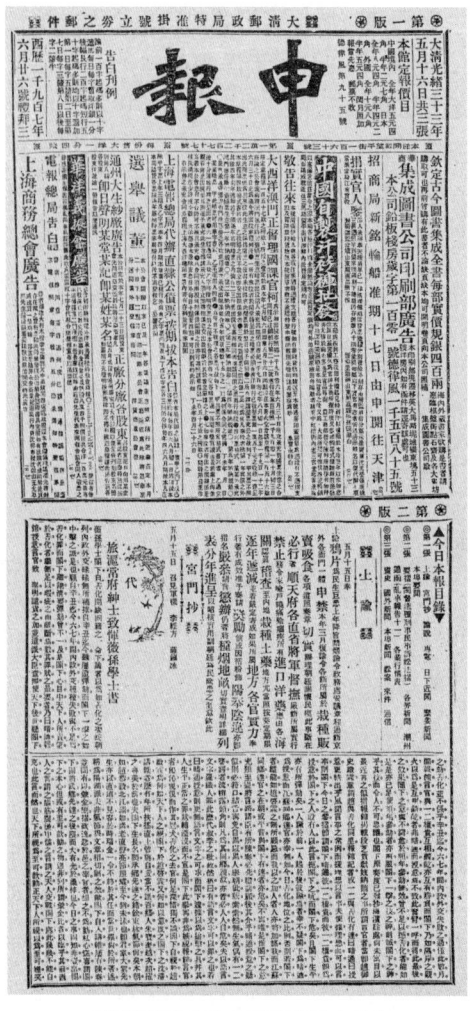

《旅沪常府士绅致恽薇孙学士书》

知英报当即发表。① 如果恽毓鼎申救赵启霖是为了不让"言路结舌",那么他用"暗通"、"授意"来指责瞿,明显是自相矛盾之举,所以他的同乡即使冤枉他,也是出于合理的推测。

另外一个焦点问题是恽毓鼎是否真如"答书"所言"守身如玉,从不知托足权门,晋谒执政",没有受到奕劻和载振的指使。当事者刘垣在半个世纪后仍然说,恽的奏章是杨士琦手笔,只不过以白银二万两购得他的具名。② 公开信中称所谓有"至可歆动之物,以临乎其前,西人之言谓之'脑筋震荡',中儒之言谓之'天人交战'",当指此白银二万两。恽毓鼎曾称写公开信的同乡们事后得知了真相,"气沮口噤,不复措辞",甚至"颇悔之",③ 但从刘垣的态度来看,并非如此。

---

① 胡思敬:《国闻备乘》卷三;《近代中国史料丛刊》一编第45辑,文海出版社1971年版。
② 刘垣:《张謇传》,第151页。
③ 史晓风整理《澄斋日记》,第390页。

这个问题其实从恽氏日记中可看出一些端倪。首先，所谓"不知托足权门，晋谒执政"应是不实之词。前一年的九月初五，经人居中介绍，恽毓鼎拜访了载振，载振"极致久仰"之意，恽则称载振"虚怀乐善，无华胄骄贵之习，可敬也"。① 此后，恽与载振多次见面。慈禧、光绪病危时，京城谣言四起，他也是直接跑到载振处打听消息。② 丁未政潮发生的当年九月二十四日，恽又称"贝子人多谤之，余则谓其虚怀乐善，无皇族习气，有足贵者，非党论也"。③ 此处说"非党论"，却更让人觉得他已经把自己归为与载振一"党"。其次，从动机来看，有"可歆动之物临乎其前"也并不一定是空穴来风。恽毓鼎中进士以后，也算一帆风顺，尤其光绪二十四年（1898）超擢翰林院侍讲学士，更为得意，在日记中也称自己升官是"水到渠成，毫无停顿"。④ 但从此之后，一直停滞不前，再无升迁之望。其子恽宝惠在日记按语中曾分析过此事，"溯维先君自戊戌至己亥冬，三次独对，备蒙优奖。及两宫西幸，又奉饬赴行在之谕，倘彼时即奔赴晋陕，必可不次超迁，立跻显要"，但是由于恽毓鼎留在京城，参与谈判，"结果竟遭诬劾，其事至为不平"。恽宝惠还转引叶昌炽《缘督庐日记》中一段话，即"行在诸人显分畛域，以扈跸者为第一等，以奔赴者为第二等，留京者为第三等"以作佐证。⑤ 不管恽宝惠的分析是否正确，恽毓鼎从此不得志却是事实。他一直盼望可以外放学政，弥补家累，但希望落空，"乃并会房而失之"，因此"郁郁殊甚"。⑥安徽学政连三任皆宗室，更让他感到愤懑。⑦ 就在本年春节过后诣署开印时，他还感慨："相传学士封印开印无逾两次者，以例应读学当头者将事不及一载，必升官而去也。余与景佩珂学士各已四次，宦途迟速今昔不

---

① 史晓风整理《澄斋日记》，第 327 页。
② 史晓风整理《澄斋日记》，第 405 页。
③ 史晓风整理《澄斋日记》，第 354 页。
④ 史晓风整理《澄斋日记》，第 178 页。
⑤ 史晓风整理《澄斋日记》，第 204 页。
⑥ 史晓风整理《澄斋日记》，第 235 页。
⑦ 史晓风整理《澄斋日记》，第 236 页。

同如此。"① 此时他选择托足权门，寻求出路，肯定是个合理的选择。公开信中称"阁下之沉滞讲帷者历有年所"，说明同乡也怀疑是这个原因。因此，虽然恽对袁世凯颇为不满，以为徐世昌超升兵部侍郎是"士大夫之无耻者，群媚北洋，以为外援，超取爵位"，② 岑春煊初来时，他也觉得"近日官以贿成，朝政污蚀已甚，得此公一荡涤之，亦快事耳"。③ 但这种正义凛然，其实夹杂着对自己境遇的不满及对别人超擢升官的忌妒，希望反腐败只是因为自己没有机会腐败。如果有朝一日，真有"可歆动之物"摆在面前，无论是可以解决家累的二万两白银还是升官的许诺，那么前一天可能会上疏营救赵启霖的他，在"天人交战"之后迅速转变立场以谋私利，也当在情理之中。

2. 血缘、地缘与业缘：人员结构与网络形成

无论同乡们对恽毓鼎的攻击是否有道理，恽毓鼎对此事是相当恼火。一年之后，他在日记中写道："吾从前刻刻思南，至去夏而始变计。吾无负于乡里，而乡人则待吾之情太簿。习俗浇漓，实不愿见此辈面也。"④ 所谓"去夏始变计""乡人则待吾之情太簿"，显然是指公开信事件。同年七月初二日的日记中，他更明确地表明态度："去夏余劾罢善化，旅沪乡人贻书诋余甚力，且登之报章，以播扬为得意……汪子渊（洵）为之魁，吕幼舲（景端）及森昆仲（孟森、孟昭常）次之，皆多年雅契也……余则心冷故乡，痛邑子感情之薄，不复作首邱想矣。"⑤ 恽毓鼎甚至以永不终老家乡为誓，并在此后付诸实践，可以此事对他的刺激。那么这些"多年雅契"是什么样的人，又是如何组织起来的呢？公开信签名者共有26人，其详细情况，根据相关资料，列表如下：

---

① 史晓风整理《澄斋日记》，第342页。
② 史晓风整理《澄斋日记》，第283页。
③ 史晓风整理《澄斋日记》，第349页。
④ 史晓风整理《澄斋日记》，第386页。
⑤ 史晓风整理《澄斋日记》，第390页。

表1 公开信签名人物一览表

姓名	籍贯	年龄	功名	学习经历	职业及社会团体	政治关系
汪洵（子渊）	常州	62	光绪二年举人 光绪十八年进士		翰林院编修	盛宣怀幕
吕景端（幼舲）	常州	49	光绪八年举人		中书舍人	盛宣怀幕
陆尔奎（炜士）	常州	46	光绪十七年举人	南菁书院 南洋公学	商务印书馆、预备立宪公会、江苏教育会	岑春煊幕
丁同曾（仲鸿）	常州		贡生		招商局、江苏教育会	盛宣怀幕
孟森（莼生）	常州	40	生员	南菁书院 南洋公学 龙城书院 留日	预备立宪公会、江苏教育会	郑孝胥幕
程炳熙（芝岩）	常州	44	光绪十一年举人	南菁书院	南洋公学、江苏教育会	盛宣怀幕
孟昭常（庸生）	常州	37	光绪十七年举人	南洋公学 留日	预备立宪公会、江苏教育会	郑孝胥幕
沈同芳（友卿）	常州	36	光绪十七年举人 光绪二十年进士		预备立宪公会，江苏教育会	张謇幕 袁树勋幕
刘垣（厚生）	常州	35	生员	南洋公学	预备立宪公会，江苏教育会，苏路公司	张謇幕
商文蔚	靖江		光绪十四年举人		江苏教育会	
胡尔霖（雨人）	无锡	40	生员	南洋公学 留日	南洋公学，预备立宪公会，江苏教育会	

（续表）

姓名	籍贯	年龄	功名	学习经历	职业及社会团体	政治关系
曹启襄（芑乡）	宜兴	50	举人			
孙锡庚（师竹）	无锡		生员		江苏教育会	
储蕴华（志道）	宜兴	38	光绪二十九年举人		知县	
朱楚善（湘帆）	宜兴	38	贡生	南菁书院	江苏教育会	
蒋维乔（竹庄）	常州	35	生员	龙城书院南菁书院	商务印书馆，江苏教育会，预备立宪公会	
蔡文森（松如）	无锡		生员	南菁书院留日	商务印书馆，江苏教育会	
杨鼎复（子佑）	无锡		生员	留日	江苏教育会	
史光汉	不详		不详	不详	不详	
杨名浩（翰儒）	靖江		光绪二十六年举人		江苏教育会	
吴欲鸣	不详		不详	不详	不详	
储勋章	宜兴		无	不详	不详	
沈颐（朵山）	常州	27	生员	龙城书院	澄衷学堂，正则学堂，商务印书馆，江苏教育会	
庄俞（伯俞）	常州	29	生员	龙城书院	商务印书馆，江苏教育会	

（续表）

姓名	籍贯	年龄	功名	学习经历	职业及社会团体	政治关系
郑渠	不详		不详	不详	不详	
顾渊（复生）	常州	31	无	江苏法政学校	上海商业学校，江苏教育会	

上表中26人，有3人生平不详，可查考者常州人（即当时的武进、阳湖两县）13人，占一半，而且执笔者沈同芳及恽毓鼎所推测的主持者汪洵、吕景端、孟森、孟昭常均为常州人，恽毓鼎本人也是常州人，可知常州人当是其中的主角。因此，下文的分析，主要是以这13名常州人为中心，兼及旁县。

（1）血缘：名门望族与新兴家族

十三人中，汪洵、吕景端、陆尔奎、丁同曾、程炳熙和庄俞六人都出生于名门望族，所在家族之前都出现过在本地甚至是全国有着举足轻重影响的人物。如前所述，庄俞来自常州最为著名的常州学派创始人庄存与家族，曾祖庄有可是著名经学家，属于常州学派中坚力量——爱日草堂诸子①成员。父亲庄鼎彝和嗣父庄鼎臣均是当时著名的学者，分别是咸丰七年和光绪十七年举人，他们"以变法兴学为急务"，在常州创办了较早的新式学堂——冠英小学及女子学校——幼幼女学②，对庄俞的思想变化有着深远的影响。吕景端所在的吕氏家族曾经涌现出毗陵七子中的吕星垣和近代史学大师吕思勉，《旧典备征》则将其列入清代最成功的科举家族之中，③吕景端本人是吕星垣的曾孙。④丁同曾的曾祖丁履恒是庄存

---

① 陆宝千：《爱日草堂诸子：常州学派的萌坯》；《中研院近史所集刊》第16期，1987年。
② 张惟骧：《清代毗陵名人小传稿》卷10。
③ 朱彭寿：《旧典备征》卷4《科名盛事》。
④ 《毗陵吕氏族谱》卷4。

与的孙婿，爱日草堂诸子成员①，陆尔奎的族高祖陆继辂同样是爱日草堂诸子成员。②"毗陵七子"和"爱日草堂诸子"是清代常州最著名也是影响力最大的文人共同体，以上四人的先辈均是其中成员，可见其家族文化影响力之深远。汪氏和程氏经历类似，都是徽商移民家族，是本地富甲一方的商业世家，并在科举上也取得成功，汪洵的父亲汪本铨官居浙江布政使，族兄汪赞纶则是江苏典业公会的第一任会长③，程炳熙的四世族叔祖程景伊更官居文渊阁大学士④，两个家族均兼有经济资本和文化资源。

文化精英阶层有着一套其独特的策略积累和延续他们的地位，以获取和维持最大利益。其中策略之一是家族的传承和婚姻的联结。稳固的家族制度和家族内部对教育的重视可以保证文化资源的代际传递，而可靠的婚姻策略则可以通过建立一个更广阔的社会网络来实现文化资源的交换和增值。因此，这些名门望族之间都有着互相的婚姻联系。前文已提及，丁同曾的曾祖丁履恒是庄存与的孙婿。上述诸人的关系也很密切，如吕景端和丁同曾是表兄弟，程炳熙是吕景端的妹婿，汪洵的父亲则娶了吕景端的族叔祖之女。⑤婚姻关系不仅促进了他们之间的文化资本的传承与交换，而且组成了一个看似松散，实则严密的网络，借此不仅可以获得优于一般人的学习和交流管道，也保证了家族中会不断产生新的文化精英。

汪洵、吕景端在本次事件中明显地发挥了组织者的作用，恽毓鼎称"汪子渊（洵）为之魁，吕幼舲（景端）及（孟）森昆仲次之"，而沈同芳也称"推汪渊丈领衔，丈慨然署首"，"幼舲于篇中亦增损数字"。⑥汪

---

① 吴育：《山东肥城县知县丁君家传》；《私艾斋文集》卷5，道光二十年刻本。
② 《下浦陆氏本支谱》卷1。
③ 《汪氏合谱》。
④ 《清代朱卷集成》第175册，成文出版社1992年版。
⑤ 《毗陵吕氏族谱》卷4。
⑥ 沈同芳：《常州府同乡致恽学士毓鼎书》。

洵、吕景端领导地位的形成有很多种原因，下文还将论及，但其文化精英的地位及名门望族的出身毫无疑问是其中的一个重要因素。由此可见，无论是在本土还是旅居，名门望族出身的文化精英阶层始终占据着文人群体的领导地位。

但文化资源的获得和积累并非完全被本地的名门望族所垄断，一个稳定社会的文化精英产生机制必须兼具同质性交换与异质性交换，否则会减少社会流动机会，导致潜在的阶级冲突。① 所以文化精英的产生和聚集应该具有一定的开放性和包容性。前述徽商汪氏和程氏进入常州名门望族的核心圈是一个典型事例，沈同芳的个案则是另外一个例证。沈同芳祖籍上海崇明，迁居常州时间很短，甚至家谱已佚，和本地名门望族也没有婚姻关系，但他仍然可以凭借其天才被文人共同体吸纳，20岁中举，24岁入翰林，随后成为身处京城权力中心的吏部侍郎汪鸣銮的妹夫，在翰林任上乞假结婚，成为当时一大盛事。② 他在晚清的众多社会团体如江苏教育会、预备立宪公会中都占据了重要职务，在本次事件中则是执笔者，显示他在旅沪常州文人群体中举足轻重的地位。

到了近代，这种文化精英的产生与聚集方式又有了新的特点，即平民家族的迅速涌现，本书在前章已经论及，孟森、孟昭常、刘垣、蒋维乔、沈颐五人是其中的代表。

（2）业缘：同年，同学与同事

文化精英群体其实是一个社会关系网络，形成和聚集有一整套的制度模式，除了婚姻关系之外，还通过其他方式，寻找身份的认同和感情的交流，促进群体的产生和聚集。科举时代，"同年"是一种文人来往互动的稳定的制度凭借。在公开信事件中，存在着一个独特的"同年"群体，即光绪十七年（1891）乡试同年，其中有陆尔奎、孟昭常、沈同芳、庄俞的父亲庄鼎彝也在其中。③ 更值得注意的是，汪洵、吕景端、陆尔

---

① 林南：《社会资本：关于社会结构和行动的理论》。
② 张惟骧：《清代毗陵名人小传稿》卷9。
③ 董觋庵：《毗陵科第考补编》，上海图书馆藏稿本。

奎、程炳熙、孟昭常、沈同芳这几个公开信事件的核心人物都参加了次年也即光绪十八年（1892）的会试，并且在会试期间有密切的交往。① 可以这么说，参与公开信事件的旅沪常州文人群体核心层在光绪十八年会试期间已经基本形成。

随着近代新式教育的出现，"同学"逐渐取代"同年"，成为社会关系的重要组成部分。事件发生之前两年科举制度已经取消，而早在科举制度取消之前，已经有很多人放弃了以科举为进阶之途。如出身于中国历史上最为成功的科举家族之一的庄俞自1902年之后听从父亲庄鼎彝的建议，不再参加科举考试。蒋维乔和沈颐也很早就放弃科举考试，转向新式学校，孟森、孟昭常、蔡文森、胡尔霖、杨鼎复还有留日的经历。由于当时还处在新旧过渡阶段，"同学"的"学"还包括龙城书院、南菁书院这样传统的学校，但即使这些学校在当时也被赋予了新的内涵。如龙城书院早在1896年分设经古精舍和致用精舍，前者研习经史辞章，后者探究舆地算学。②1902年南菁书院也改为江南全省高等学堂，新开理化、测绘、英文、日文等学科。蒋维乔到上海，与南菁书院的理化教师钟观光有关，而他在龙城书院与庄俞、沈颐的同学关系则为日后商务印书馆"常州帮"的聚集埋下了伏笔。

在传统社会，文人的出路除了入仕便是坐馆，但是到了近代，上海的西式生活和高度发达的商业社会，改变了文人的从业选择，他们从庙堂走向民间，从官僚体系的依附者向以自由职业为主的近代知识分子转型，"入仕"已不再是他们实现人生理想和个体价值的唯一途径。如果说程炳熙这样以南洋公学教师为业，"终其身未他就"③还有着传统文人掌教书院的影子的话，那么更多的人则将办报、编刊、译书、著述这些"末途"或"副业"，变成了作为近代知识分子身份标识的"正业"，"同事"

---

① 恽毓德：《壬辰春试记》，常州图书馆藏稿本。
② 庄俞：《庄百俞先生年谱》。
③ 张惟骧：《清代毗陵名人小传稿》卷10。

也随即成为社会网络关系构建的新途径。在公开信事件的文人群体中，商务印书馆的常州籍同事们占了相当重要的比例，陆尔奎、蒋维乔、庄俞、沈颐及无锡人蔡文森均在商务印书馆工作，在此前后曾经和商务印书馆发生关系的还有孟森、孟昭常、程炳熙、胡尔霖等人。蒋维乔、沈颐、庄俞最早在上海聚集，也是因为他们组织"人演社"从事翻译和出版事宜。① 出身即是平民阶层，没有任何功名和官阶的蒋维乔作为商务印书馆的编辑而能与众多进士、举人平起平坐，参加同乡会会议，当选为江苏教育会的评议员②，标志着文化精英群体对近代新兴职业的认同和吸纳。

（3）新与旧的中介：沈颐的角色

根据蒋维乔的日记，他在公开信事件发生的当年和所有同县的签名者都见过面，但是和吕景端、汪洵、程炳熙、沈同芳这些有功名的旧式文人见面频率并不高，而和沈颐、庄俞、蔡文森这些商务印书馆同事几乎是天天在一起活动。③ 由此可知，旅沪常州同乡中存在着分属新、旧文人不同的活动圈。但在新与旧之间，并非有明显的界线，否则这些不同经历、不同职业的人不可能在这次政治事件中集中到一起。如上所言，文化精英群体有着对新时代的适应能力，这种能力的基础是传统社会的人际纽带，这种纽带使得同乡文化精英群体得以较顺利地完成从旧到新的过渡。在本次事件中，沈颐扮演了纽带的角色，以他为中介，新旧两代人聚集到了一起。

沈颐的父亲沈保衡和吕景端是光绪七年乡试的同年，这层关系使得沈颐成为吕景端的女婿。沈保衡和汪洵的族弟汪文溥分别娶了湖南人陈范的两个妹妹，陈范则娶了庄鼎彝的妹妹，成为庄俞姑父④，由此他进入了常州本县的文化精英圈。1893 年，沈保衡任桃源县训导，结识时任桃

---

① 庄俞：《庄百俞先生年谱》。
② 蒋维乔：《竹翁自订年谱》1906 年条。
③ 蒋维乔：《因是子日记》。
④ 吕景端：《子均公传》；《毗陵沈氏宗谱》卷 2。

源县教谕的无锡人胡和梅及其子胡尔霖、胡尔修,并和胡和梅一样,对本地天才青年张相文颇为赏识。沈保衡离任后,把张相文带在身边,让他教育自己的儿子——沈颐和沈步洲。张相文在常州沈家中待了两年,又来到无锡胡家,教育胡尔霖、胡尔修的儿子。① 由此,沈颐的交往圈由本县又扩大到本府。1902年,刘垣的长兄刘树屏在上海筹办澄衷学堂,沈颐在岳父吕景端的介绍下,进入澄衷学堂任教习,成为刘树屏的得力助手,并一同编定早期国人自行编辑出版教科书的代表《澄衷蒙学堂字课图说》。1902年底,蔡元培应刘树屏之邀任澄衷学堂的监督,不久,张元济邀请蔡元培和蒋维乔等爱国学社成员进入商务印书馆,② 随后,在蒋维乔的介绍下,庄俞和沈颐也相继进入商务印书馆任职,③ 由此,他又进入了上海的文化精英圈。

沈颐并不是此次政治事件中的核心人物,但是却起到了将所有人联系在一起的黏合剂作用。他和吕景端、汪洵有着亲戚关系,他和刘垣的长兄刘树屏是上下级,他和胡尔霖亦师亦友,他和庄俞既是亲戚又是同事,和蒋维乔、蔡文森等商务印书馆的同事们关系亲密。他的交往圈从本县到本府到上海,并以此为媒介,扮演了把新旧两个活动圈子联系在了一起的中介角色。值得注意的是,蒋维乔在本年的日记中并未提及参与公开信之事,事发的这段时间他的父母来沪,他一直在陪同父母到处游玩,只有五月十四日他和沈颐见过面,④ 根据《申报》,公开信签名是五月十四日这一天。可见,蒋维乔参与签名的居中联系人应该是沈颐。所以,沈颐不仅只是蒋维乔这样的新式知识分子与传统文人之间的联系人,而且也应该是这次公开信事件的联络人。沈颐的这种中介和黏合剂作用,恰恰说明了,在旅沪文人群体的聚集过程,传统的人际关系仍然占据了重要的作用。

---

① 张星烺:《泗阳张菊谷居士年谱》。
② 高平叔:《蔡元培年谱长编》,第204、251页。
③ 庄俞:《庄百俞先生年谱》;蒋维乔:《竹翁自订年谱》。
④ 蒋维乔:《因是子日记》。

3. 同乡异梦：原因分析

文人群体的聚集方式往往是以传统的人际关系为纽带，恽毓鼎和旅沪文人之间也存在着这样的纽带。恽毓鼎的外祖母是来自吕氏，"外大母吕恭人于诸外孙中最爱毓鼎"，①哥哥恽毓嘉、弟弟恽毓巽也均娶了吕景端的族姑。恽毓鼎的弟弟恽毓德也是前述光绪十七年乡试同年，他和恽毓嘉也都参加了光绪十八年的会试，日记中也记载了他们和沈同芳、陆尔奎、孟昭常等人的交往，因此，恽毓鼎也是常州文人共同体的成员之一。同乡加上血缘关系构成了传统社会中人与人之间最紧密的纽带，这样的纽带如何会发生断裂，背后的原因是更令人感兴趣的。

（1）立场分歧

先可以看一下当事人对个中原因的解释。沈同芳说："上年五月恽学士参善化事发表后，海上旅沪同乡金谓吾常州人近颇蒙物议，不可无公论。"② 当时舆论一致对恽毓鼎给瞿鸿禨所加罪状，尤其是"暗通"、"授意"十分不满，当时《顺天时报》曾刊文称："天下光明正大之路，足以昭示于人间，而无所隐匿者，莫报馆若也"，因此利用报馆只能算是莫须有的罪名。③ 公开信也称："报馆为舆论之代表，东西各国皆得与政府直接，固无害其为'通'，又安所用其'暗'？"当时还曾有人替恽毓鼎询问过此事发生的原因，对方的回答是："今日时势，不当助满人逐汉人政府。"④ 而这同样也是当时舆论的观点。《申报》分析说："办理前案（杨翠喜案）如其宽，办理是案（瞿案）则如此其严"，便是因为"此事非军机之竞争，乃满汉之竞争矣"。⑤ 沈同芳所谓的"物议"，当是指此二事。恽毓鼎曾在日记中写道："庸生（孟昭常）曩在京师，与余为文字交，共守

---

① 史晓风整理《澄斋日记》，第384页。
② 沈同芳：《常州府同乡致恽学士毓鼎书》，第4页。
③ 《论参劾枢臣暗通报馆事》，顺天时报，1907年6月21日。
④ 史晓风整理《澄斋日记》，第390页。
⑤ 《日下见闻》，《申报》1907年6月29日第3版。

桐城派，有同志之乐。后游东瀛，尽弃其所学而学焉，以书抵余，宗旨稍乖。"①无论是对报馆舆论还是对满汉关系，"宗旨稍乖"、观念分歧应该是导致此次事件的主要原因。

　　同乡中很多都是预备立宪公会的主要成员，其中沈同芳、陆尔奎、刘垣、孟昭常为会董，孟森为翻译员。②吕景端虽然不是成员，但他却是清末宣传立宪幕后的重要人物，曾与张元济、张謇、汤寿潜、张美翊联络促成了五大臣出洋考察政治之举。③庄俞、蒋维乔、沈颐、胡尔霖等人则更一直是革命的同情者。蒋维乔是蔡元培组织的中国教育会的成员，他和庄俞、沈颐都间接参与了"苏报案"，沈颐的弟弟沈步洲是南洋公学墨水瓶事件和爱国学社的领袖人物，姑父陈范是《苏报》馆主。蒋维乔对丁未政潮并不关心，但对同时发生的徐锡麟刺杀恩铭一事却极其关注，在日记频频抄录秋瑾的诗篇，以志纪念④，是其政治立场的鲜明表达。因此，他们说出"今日时势，不当助满人逐汉人政府"完全可能。更何况，公开信成员中有一大批人从事出版、新闻业，他们对"暗通报馆"的指责较之普通人会有更多的反感。他们利用报刊这样的新式媒体来表示公开政见，而恽毓鼎却以朝廷大事"往往事未宣布而报纸已流传"为由弹劾瞿鸿禨，在面对同乡指责时也不敢寄奏折原本来为自己辩护，"恐登报也"。⑤这本身显示出他们对媒体不同的态度，由此产生对恽毓鼎的不满是可以理解的。

　　反观恽毓鼎，虽然曾任宪政研究所总办，可谓晚清新政的参与者，但仍是官员中观念趋向保守的人物。他同意对制度进行改革，但是认为关键是"患在用人不当"，⑥他同意将科举考试改为论体，但坚

---

① 史晓风整理《澄斋日记》，第390页。
② 《预备立宪公会题名表》：《辛亥革命浙江史料选辑》，浙江人民出版社1981年版，第210—222页。
③ 张树年：《张元济年谱》，商务印书馆1991年版，第49页。
④ 蒋维乔：《因是子日记》。
⑤ 恽毓鼎：《恽学士覆函》：《公言集》，第5页。
⑥ 史晓风整理《澄斋日记》，88页。

持"义理之学断不宜废"。① 他严守理学立场,以为"今日如宋学盛行,时事之坏,余敢断其决不至此"。② 早年,他因此与刘垣的兄长刘可毅产生过矛盾,"昨日刘葆真在省馆丑诋宋儒,余不与争辩,以一哂避之"。③ 对于提倡学习西方的人,他认为"不向根本处培植而唯考之以西学为务,是直驱民离叛也。可恨可痛"。④ 孟昭常留日之后,与之"共守桐城派"已不可能,"宗旨稍乖"自是必然。两者之间的差异,是显而易见的。另外,在此事件中对恽毓鼎表示支持的人立场也大致和他相近。恽在致缪荃孙的信中称:"公(缪荃孙)乃奖其敢言,侄始知老前辈犹有公论(次伯、八叔均加奖励)。"⑤ 恽、缪二人在汉宋之争方面有分歧,⑥ 但对新学的态度则相当接近,缪荃孙以为"当由旧学窥新学,不宜舍旧学而图新,亦不能弃新而守旧"。⑦ 信中提到的次伯即恽彦彬,八叔即恽祖祁,恽彦彬、恽祖祁对其"加奖励"除了因为有亲戚关系外,政治立场的一致也是重要原因。辛亥之后,恽毓鼎、缪荃孙均以遗老自居,而恽祖祁及其子恽毓龄更是力主复辟的宗社党重要首脑。⑧

近代上海由于其特殊的情况,不但得风气之先,且处在中央权力控制的边缘地带,特殊的多元文化格局和较为宽松自由的社会环境,吸引了大批文人,许多新思想也在此发酵酝酿,身处其中,耳濡目染,难免受到影响。恽毓鼎和同乡们之间的矛盾,既是不同观念之间的分歧,也是京沪两地文化之间的差异表现。

---

① 史晓风整理《澄斋日记》,160页。
② 史晓风整理《澄斋日记》,164页。
③ 史晓风整理《澄斋日记》,138页。
④ 史晓风整理《澄斋日记》,133页
⑤ 《恽毓鼎致缪荃孙书》:《艺风堂友朋书札》,上海古籍出版社1980年版,465页。
⑥ 史晓风整理《澄斋日记》,225页。
⑦ 缪荃孙:《刘太史集》序:《刘太史集》卷首,宣统二年刻本。
⑧ 宗方小太郎:《宗社党的复辟活动》:《近代史资料》第48号,中国社会科学出版社1982年版,第91—99页。

(2) 利益冲突

然而"宗旨稍乖",立场各异只是事情的一面,丁未政潮中的袁世凯也赞同立宪,因此,隐藏在背后的其实还有政治派系的利益冲突。刘垣在《张謇传》中曾经就此事下结论:"瞿、岑两人排斥庆、袁之一幕中,假如有盛宣怀在内,亦必有郑孝胥之居间。"刘垣还引用汪康年所收集的袁世凯致端方亲笔信为证据,指出盛宣怀应当参与了瞿鸿禨与岑春煊排斥奕劻和袁世凯的政治斗争中。① 作为当事人,刘垣的结论应该不错。盛宣怀在东南互保中曾经和袁世凯有过合作,袁世凯升任北洋大臣、直隶总督,盛宣怀也曾助其一臂之力,但袁世凯地位稳固之后,着手与盛宣怀争夺招商局、电报局等各项利益,双方成为死敌。② 盛宣怀参与瞿、岑排袁之争,从动机上是可信的。盛宣怀是常州旅沪同乡会的创办人,也是旅沪常州文人群体的真正领袖,他虽然没有出现在公开信的署名中,但其影子无处不在。事件中的主要人物都和他关系密切,汪洵和吕景端是他最亲信的幕僚,丁同曾和程炳熙则分别是他招商局和南洋公学的下属,沈颐曾在他创办的常州正则学堂工作,陆尔奎、刘垣、胡尔霖、孟森则曾在其创办的南洋公学中读书,刘垣之兄刘树屏和刘树森还是盛宣怀的生意伙伴。尤其是两大幕僚汪洵和吕景端成为公开信事件的主角,很难让人相信背后没有盛宣怀的因素存在。恽毓鼎的奏折直接导致瞿、岑开缺,不便出面的盛宣怀指使下属发表公开信,利用舆论推波助澜,应在情理之中。除了盛宣怀之外,刘垣所言的另外两个核心人物——岑春煊和郑孝胥也与事件中的人物渊源颇深。孟森曾是郑孝胥在广西时的助手,他和孟昭常留学日本也是由郑孝胥居中联系。③ 预备立宪公会是岑春煊幕后一手策划,而事件中的主要核心人物都是预备立宪公会成员,陆尔奎更是岑春煊的核心幕僚,他从广东到上海参加组织预备立宪公会是在岑春煊授意

---

① 刘垣:《张謇传》,第148页。
② 参见夏东原《盛宣怀年谱长编》,上海交通大学出版社2004年版。
③ 张惟骧:《清代毗陵名人小传稿》卷10。

之下进行的。① 由此可以想见，除了立场观念差异之外，派系斗争的争权夺利也是这些同乡反目的重要原因，而信中表述的"舆论自由""满汉之争"之类话语看似正义，却也让人怀疑像是借用公众舆论的力量以占据批判的致高点。

刊登公开信的《申报》上曾附有旅沪常州同乡致申报馆的一封信函，称《上海报》之前未经同意，刊登了公开信的未定稿，署名为常州府旅沪同乡会②，因此声明"此事系个人出名，并非用同乡名义"。③ 这个声明据笔者推测，当有两层内涵。首先，常州府旅沪同乡会中有恽氏的亲属或支持者，对是否发表公开信可能意见不一，以"个人出名"，可以避免这些纠纷。其次，盛宣怀是常州府旅沪同乡会会长，以同乡会名义，等于直接让盛宣怀走向幕前，而以"个人出名"，则表明此事乃个人行为，政治派系利益冲突这一幕后原因可得到掩盖。沈同芳说汪洵要他在文末加上"我辈迫于清议之意"，因此在公开信结尾加入"某等怵于人言之可畏，不敢不一施其攻错"，④ 其实也是为了将旁人视线从利益冲突引向观念分歧。更重要的是，恽毓鼎在这里并不是矛盾的主要焦点，只是承担了替罪羊的角色，打击恽毓鼎的目的在于打击庆、袁，这其中玄机大家也均心照不宣。更何况，近代政治风云变幻，昔日好友因利益不同渐行渐远，甚至反目为仇的事例不胜枚举。辛亥时，恽毓鼎指责昔日好友屠寄等人在常州闹革命，是"群儿自相贵，可发大噱"。⑤ 当"情意甚笃"的亲戚庄思缄继任江苏大都督，他则宣布"今则风马牛不相及矣"。⑥ 既然他也认为因立场各异会从"情意甚笃"变成"风马牛不相及"，那么指责"多年雅契"情意淡薄也就没什么道理了。

---

① 劳祖德整理《郑孝胥日记》，中华书局1993年版，第1056—1057页。
②《上海报》的公开信内容笔者未见，因此无从知晓其与《申报》的内容有何不同。
③《申报》，1907年6月16日。
④ 沈同芳：《常州府同乡致恽学士毓鼎书》，第4页。
⑤ 史晓风整理《澄斋日记》，560页。
⑥ 史晓风整理《澄斋日记》，570页。

（3）地方恩怨

蒋维乔这样的新式知识分子并不关心朝廷党争，因此派系利益和他们无关；虽然恽毓鼎的奏章涉及干涉舆论自由和满汉之争，但这种官场纷争毕竟离他们太过遥远，蒋维乔甚至对参加江苏教育会，任职评议员都"无甚兴味"，"自问不能称职"，① 他之所以参与到此次事件中，在公开信中签下自己的名字，要涉及与恽家的一段恩怨。

光绪二十八年（1902）岁末，蒋维乔从上海返乡过年，和志同道合的庄俞、庄启兄弟及沈颐、杨秉铨等人组织体育传习所，并借地于武阳公学举办演讲会，恽祖祁遂致书武阳公学堂董要求阻止，称这是"做痴样，说痴话"，蒋维乔等人随即致书武阳公学总办，指责恽祖祁"守旧、顽固"，"大声痛抵之为文明学界之公盗"。②

双方的冲突并没有就此结束，就在公开信事件发生的前一年，一件牵扯到更多人的事件再次爆发，这就是粹化女学事件。粹化女学是蒋维乔的好友、庄俞的族兄庄先识创办的。庄先识留日归国后，在常州创办粹化女学，受到了恽祖祁的阻挠，遭到停办的威胁，引起了众多同乡的声援。③ 恽祖祁在地方上屡屡与新兴知识分子产生冲突，当时已成众矢之的。如前文所述，常州籍的小说家张春帆曾在小说《九尾龟》中虚构一个无耻绅士"祁祖云"来对他进行讽刺。④ 他们对恽祖祁的不满，势必会转移到和恽祖祁有着共同立场，又是亲戚的恽毓鼎身上，这也应是蒋维乔参与签名的真正原因。

其实，粹化女学事件既是新旧观念之争，也是地方权力之争。恽祖祁在指责庄先识的过程中，曾不断地追问"汝等欲帮助刘葆良（树屏）

---

① 蒋维乔：《竹翁自订年谱》1906年条。
②《记常州演说会事》，《苏报》光绪二十九年二月二十五日、二十六日，《中国史学丛书》第18册，台北学生书局1965年版。
③ 粹化女学：《记常州粹化女学开办始末及劣绅仇阻情形》，清光绪三十年石印本。
④ 张春帆：《九尾龟》，第582页。

耶"，①可见他反对粹化女学的真正目的仍在于与刘树屏等其他权绅争夺地方教育权力。因此，当粹化女学遭禁时，出来声援的除了蒋维乔、庄俞等与其有观念冲突的新兴知识分子之外，吕景端、刘树屏、丁同曾、沈同芳、陆尔奎、刘垣等人也均参与其中，因此，粹化女学事件已经转化成地方权力斗争，而这种斗争及由此产生的恩怨纠葛也无疑会和一年之后的公开信事件牵连到一起。

4. 小　结

公开信事件是旅居上海的江南同乡文人群体政治活动的一个典型个案，从集结方式到行动目的都具备了当时政治活动的典型特点。从集结方式来看，虽有来自新兴家族和新兴成员的参与，但基本仍是传统方式的延续和自我更新。从蒋维乔本年的日记中可以发现，一年内他在上海来往的人几乎都是他的同乡，公开信中签名者的大部分都在其中，名单中的13位本县同乡更全部包括在内，他在商务印书馆经常交往的同事除了张元济、高梦旦等几个负责人以及常熟人徐念慈之外，也基本上是他的同乡。而商务印书馆的"阳湖耆宿"群体的形成，也和张元济的母亲是常州人或多或少有些关系。②走出僻居一隅的故乡到都市发展，是近代中国知识分子流动的基本轨迹。上海这样的大都会作为一个人群聚散的平台，资源交往的空间，为文化精英提供了一个更加多元的人际关系网络，使他们可以突破乡土文化单一而封闭的限制，但另一方面，这个多元的人际关系网络却依然没有突破血缘和地缘的限制，仍然是以婚姻和聚居为中心，随之而扩散开的同心圆。从行动目的来看，虽然这场政治活动看似正气凛然，大义灭亲，代表了所谓新旧观念的分野，但事实上，派系利益和个人恩怨始终纠缠其中，无从摆脱。张践认为，清末立宪运动的最终失败，"丁未政潮"是重要原因，因此指责立宪派不明智，没有

---

① 粹化女学:《记常州粹化女学开办始末及劣绅仇阻情形》。
② 张树年:《张元济年谱》，第6页。

联合应该联合的一切力量。① 其实，奥尔森认为集体行动中的每个参与者都有着纷繁复杂的个人动机，同时每个参与者又尽可能地避免承担集体行动的成本，而试图分享由他人提供的集体收益，因此，理性的个人行为一般不会导致理性的集体结果。② 立宪派并非不明智，其所作所为均是每个人利益最大化的反映，他们之所以在旁人眼中"不明智"，其实是因为各种利益和恩怨纠缠在一起的他们还没有形成真正的所谓"派"。也正是这样的纠缠不清，才导致了近代中国知识分子的不断分化组合。在事件发生一年后盛宣怀找到恽毓鼎，将其壹仟元汉冶萍铁厂股"归入老股，俾享优先利"时，刚刚尚在指责同乡们感情淡薄的恽毓鼎对此大加赞赏，"中国辟此大利源，杏丈功不可没也"。③ 从这一点看，正如章清所言，受到各种局限的近代中国知识分子始终面临着无法真正形成现代意义上的政治共同体的难局④，这也为日后中国政治的走向和知识分子的命运打下了深深的伏笔。

二、浙江旅沪学会与辛亥革命前后上海的政治风云

浙江旅沪学会成立于1907年，是浙江省在上海的同乡会组织，在晚清至民国间，屡次参与到当时的政治活动中，一度扮演了非常重要的角色。之前，学界对于浙江旅沪学会，仅在论及浙路运动、辛亥革命及民国浙江自治时稍有附带论及⑤，详细状况却多语焉不详。此处仅利用相关文献对浙江旅沪学会及其在清末民初间的活动进行讨论。

---

① 张践：《丁未政潮与预备立宪》。
② 参见奥尔森：《集体行动的逻辑》，上海人民出版社1995年版。
③ 史晓风整理《澄斋日记》，第374页。
④ 章清：《省界、业界与阶级：近代中国政治力量的兴起及其难局》。
⑤ 如章开沅《辛亥革命与江浙资产阶级》，《历史研究》1981年第5期；王逍《浙路风潮再反思：光复会计划失败的原因》，《史学月刊》2001年第2期；冯筱才《理想与利益：浙江省宪自治运动新探》，《近代史研究》2001年第2期等。

1. 浙江旅沪学会的成立及其性质

关于浙江旅沪学会的成立及其性质，一般都会引用亲历者沈祖绵（飚民）的回忆，其晚年在《浙江拒款保路运动的群众斗争及其他》一文中曾专列一节《回忆浙江旅沪学会》，记述此事：

> 一九〇六年春，光复会陶成章（焕卿）、魏兰（石山）、敖嘉熊（梦姜）三人联名写信我，嘱在上海组织一学会，作为光复会的交通点。因原设在新闸路人和煤号内的交通点，系附设于商业机构内，同志进出，目标易于暴露，联系殊多不便。于是我和叶景莱（仲裕）商议，发起浙江旅沪学会。为避免外界怀疑，并邀虞辉祖（含章）及同盟会会员杨兆鋆（谱笙）四人，作为发起人，筹备处设于福州路益智社楼上。四人分头宣传，邀请浙江旅沪人士参加，入会者一百二十人。首次会议，推举张元济（菊生）为会长、刘锦藻（澄如）、周晋镳（金箴）为副会长、我为主办、王廉（清夫）为干事、姚麐（定生）为文牍。王系人和煤号经理，姚先任绍兴大通学堂监督，辞职来沪，担任此职。我们三人，皆光复会会员，暗中作为光复会交通点，事颇顺利。旋张元济不愿任会长之职，改推副会长周晋镳继之。杨兆鋆觉学会与其宗旨不合，渐对会事不加顾问，不久离去。这是浙江旅沪学会创办时的情形。①

沈祖绵在另一篇《记光复会二三事》中的叙述也大致类似，并言：龙华会沈荣卿、平阳党竺绍康等光复会成员来上海，均住在人和煤号内。其求是书院同学石承宣曾联系扬州统领徐怀礼起义，徐怀礼到上海后，也至旅沪学会找沈祖绵联络。②

不过对于浙江旅沪学会的成立具体情形及其性质，尚待利用更多资

---

① 沈飚民：《浙江拒款保路运动的群众斗争及其他》，政协浙江省文史资料研究委员会编《浙江文史资料选辑》第 2 辑，1963 年，第 38 页。
② 沈飚民：《记光复会二三事》，全国政协文史资料研究委员会编《辛亥革命回忆录》第 4 集，文史资料出版社 1963 年版，第 136 页。

料进行确证。

(1) 晚清的"学会"与旅沪学会

旅沪同乡团体使用"学会"之名似乎少见，但事实上，浙江旅沪学会并不是当时旅沪同乡团体中唯一使用"学会"之名的，甚至不是第一个使用"学会"之名的。

查阅当时相关文献，旅沪同乡团体中第一个使用"学会"之名的应该是安徽旅沪学会。早在1906年5月14日，安徽旅沪学会便在寰球中国学生会召开第一次大会①。发起原因是因为"上海为交通之中心点，而安徽远处内地，欲结团体，兴学务以竞争乎世界，非立会于上海不可"。②此时正在上海读书的胡适得悉旅沪安徽同人将要组织"安徽旅沪学会"时非常激动，认为"此为吾皖人创举，闻之大快意。闻此事主动者为方君守一，定今日开会，布告意味，余本欲赴会，后读《时报》，知已缓期，乃罢"。③至1907年，根据相关媒体报道，福建、江西、中州（河南）等各旅沪学会成立，即使浙江本地也有湖州旅沪学会、浙台旅沪学会等相继成立。

关于晚清的学会，张玉法和王尔敏等均有相关论述。张玉法将学会概念分为广狭，广义是指知识分子为某些共同兴趣而组织的团体，参加团体的人，或研究学术研究，或传播知识，或弘扬理念。狭义则指知识分子为研究学术所组织的团体。他进一步指出，晚清，特别是戊戌时期的学会，无不以讲求学术为入手之方，而且讲求学术的目的是强国。④王尔敏则言："现代性之学会，昉于清光绪甲午戊戌之间，实袭西洋体制，尤仿英美教士在华之广学会，其异于古者，盖为客观化之社团组织，循一定规章以为会员行为之约指，有固定宗旨及专门性之旨趣，会友须负

---

① 《安徽旅沪学会开会情形》，《申报》1906年5月15日第17版。
② 《安徽旅沪学会二次大会》，《申报》1906年5月29日第17版。
③ 胡适：《胡适日记全集》第一册1906年5月6日条，台北联经公司1993年版，第25页。
④ 张玉法：《戊戌时期的学会运动》，《历史研究》1998年第5期。

担一定量之会费及年费，为宣扬某种理想，有机关发行之报章书刊，并由选举以组织执行中枢。"①

晚清的学会，大致兴起于戊戌变法前后，随着变法的失败，或是遭遇封禁，或是停止活动，渐渐消亡。随着革命浪潮重起，学会又再度兴盛。1905年清廷废科举，成立学部。当年，阳湖恽祖祁、崇明王清穆等人发起成立江苏学会，其宗旨为"专事研究本省学务之得失，以图学界之进步"。不过江苏学会成立后即更名为江苏学务总会，学部《各省教育会章程折》颁布后，又改名为江苏教育总会。②从安徽旅沪学会的"兴学务以竞争乎世界"宗旨推断，应为效仿江苏学会而成立。时隔不久的1906年9月，清廷发布《宣布预备立宪先行厘定官制谕》，向全国宣布"仿行宪政"。在这一背景下，立宪团体大量涌现。在这一时期以"学会"为名的各地旅沪团体相继成立，无疑是紧随当时的政治潮流。

（2）浙江旅沪学会的成立

浙江旅沪学会之名最早见于文献，始于1907年8月。是年8月24日至26日，《申报》用连续三期刊登了《浙江旅沪学会暂定章程》，其中在8月26日最后一次连载章程中刊登了学会发起人的名单，即：樊棻、周晋镳、朱佩珍、孙廷翰、汤寿潜、李厚祐、张元济、虞和德、徐棠、陶葆霖、卢洪昶、严义彬、沈毓麟、方舜年、王震、徐珂、虞辉祖、郭凤鸣、汤振常、钟枚、沈祖绵、屠

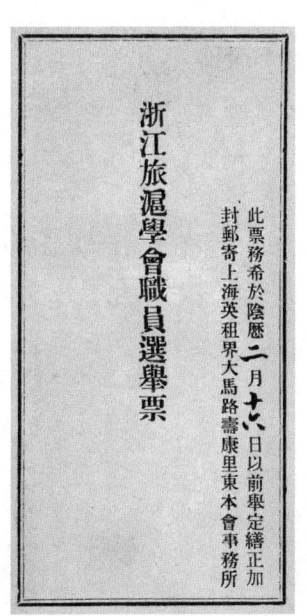

浙江旅沪学会职员选票

---

① 王尔敏：《清季学会汇表》，《晚清政治思想史论》，广西师范大学出版社2005年版，第111页。
② 朱有瓛等：《中国近代教育史资料汇编，教育行政机构及团体》，上海教育出版社1993年版，第256—272页。

用锡、林亮功、叶景莱。①

上海图书馆保存了1913年、1915年两年的《浙江旅沪学会题名录》，题名录根据入会顺序依次排列②。将其与《暂定章程》中名单对照，除叶景莱去世，张元济、林亮功、钟枚三人退出之外，顺序与发起人名单完全一致，上述23人应是浙江旅沪学会的最初发起者当无疑问。

《暂定章程》连载结束后，《申报》又连续刊登了《浙江旅沪学会成立广告》：

> 浙人寓沪，岁有增益，未能团结一气，进步极难，是以亟谋创设学会。今粗幸成立，议于八月初即须举行大会，办理会中一切事宜，以谋全省公益。凡我浙旅沪官绅士商之热心公益者，务乞赞成。此举通信处在四马路东首惠福里口新智社楼上本会事务所，或惠福里内科学仪器馆虞君含章处均可，草章即向通信处索阅可也。③

广告刊登二十天后的八月初十日（9月17日），浙江旅沪学会召开了第一次大会。《申报》如此报道：

> 浙江旅沪学会于初十日下午借愚园开会，到者约二百人。先由各会员公举周金箴先生为临时会长，述开会词。次由金雪滕先生代述浙会设立之旨，次由姚伯怀、王惕斋、俞宗周、王熙普、鲍葆琳、庄申甫、张苞龄诸先生相继演说，濮紫泉先生以力顾公益屏除私见为主，由金箴先生代述。次举职员，登录如下：正会长张菊生，副会长周金箴、刘澄如，会董十二人：朱葆三、严子均、李云书、虞治卿、樊时勋、濮紫泉、孙

---

① 《浙江旅沪学会暂定章程（续）》，《申报》1907年8月26日第20版。按，朱佩珍（葆三）原文漏载，后增补。
② 《浙江旅沪学会会员题名表》，1913年铅印本；《浙江旅沪学会会员题名表》，1915年铅印本。
③ 《浙江旅沪学会成立广告》，《申报》1907年8月26日第2版。

问清、陶悍存、卢鸿沧、汤蛰仙、徐冠南、王一亭,评议员十二人:叶仲裕、汤济沧、沈迪民、虞含章、屠康侯、姚伯怀、石积夫、杜亚泉、史庚身、叶揆初、孙玉仙、杨谱笙。干事员六人:方樵苓、胡叔田、宋伯寅、严浚宣、杨振骧、孙楚琴。一切办法定于十二晚再开职员会提议,迨散会时已钟鸣六下矣。①

学会成立一年之后,又于1908年10月分别向两江总督②和浙江提学使③立案,并获得立案通过。

(3)浙江旅沪学会的成员

如上文所言,上海图书馆保存有1913、1915年的浙江旅沪学会的题名录,两份题名录中一共收录有会员603人,其中2人未著录籍贯,已去世的会员29人。将两份会员题名录相对照,1913年会员中有方舜年、寿孝天、杜亚泉、包诚、林斗南、濮登南6人名字不见于1915年会员题名录中,推测已经退会,1914—1915年新加入的会员则有52名。

著录有籍贯的601名会员中,据清末民初的行政区划,分府情况如下:绍兴190人,宁波180人,湖州47人,杭州44人,嘉兴43人,台州31人,温州27人,金华9人,处州7人,衢州6人,定海厅10人。宁波、绍兴两府相加已过大半。以县分,较多者的分别为鄞县(宁

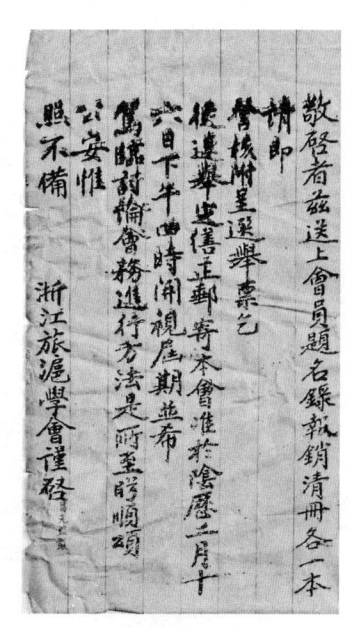

浙江旅沪学会启

---

① 《浙江旅沪学会开会纪事》,1907年9月18日第19版。
② 《江督批奖浙江旅沪学会》,《申报》1908年10月21日第3版。
③ 《浙江旅沪学会禀准立案》,《申报》1908年10月21日第18版。

波）67人，镇海（宁波）63人，绍兴（含清末的会稽、山阴）60人、上虞（绍兴）50人，慈溪（宁波）46人，杭县（杭州，含清末的钱塘、仁和）32人，余姚（绍兴）29人，吴兴（湖州）26人，嵊县（宁波）20人。上述诸县除杭县及吴兴外，均分属宁波及绍兴。学会23名发起人中，来自宁波诸县的达10人，几近一半。历年的正副会长周金镳、孙廷翰、汤寿潜等人也大多来自宁、绍，这也和当时宁波、绍兴两地人士在上海的发展状况相符合。所谓"吾浙人之能以社会雄者，则惟宁、绍两府人"。① 其他成员也主要来自经济相对发达，富商与官员较多的杭州、湖州、嘉兴等地，台州、处州、衢州等地的成员则相对较少，直至民国之后，台州屈映光、处州张兆辰方才因其在辛亥革命后迅速上升的地位而成为副会长。

就职业而言，政界和商界成员在其中占了多数，以第一任会长、副会长、会董为例，樊芬、周金镖、朱佩珍、李厚祐、虞恰卿、徐棠、卢洪昶、严义彬、王震为当时海上浙商代表，张元济、孙廷翰、汤寿潜为进士，陶葆霖是商务印书馆高层，同时又是高官陶模之子。沈毓麟是举人，出生于富商家庭，是湖州政界、学界的领导人。这基本上可以体现旅沪学会领导层的职业构成。民国成立后，浙江省政府及各地方政府的高级官员、浙军的高级军官大量涌入浙江旅沪学会，成为新加入成员中的主要力量。

但是，对浙江旅沪学会的覆盖面似不能估计过高。仅以晚清上海地区的几个重要组织为例，预备立宪公会名单中有52名浙江人，列名旅沪学会题名录的为27人② 。上海商务总会中浙江人为60人，列名旅沪学会题名录的为22人③；上海总商会中浙江人为94人，列名旅沪学会题名录

---

① 《浙声》，《浙江潮》1903年第1期。
② 《预备立宪公会会员题名表》，浙江省辛亥革命史研究会、浙江省图书馆编《辛亥革命浙江史料选辑》，浙江人民出版社1981年版，第210—222页。
③ 《上海商务总会历年职员汇录》，上海市工商业联合会、复旦大学历史系编《上海总商会组织史资料汇编》，上海古籍出版社2004年版，第94—96页。

的仅为 30 人。[①]虽然预备立宪公会、商务总会及上海总商会的主要负责人，如汤寿潜、周金镳等均是旅沪浙江学会的负责人，但即使考虑到有退出的可能性，仍有大量的旅沪浙江精英并未参与到旅沪学会之中。

（4）浙江旅沪学会的宗旨及性质

如上所述，晚清的学会大多均有政治主张，旅沪学会之所以定名为"学会"，也自当有政治上的追求。沈祖绵回忆中曾列出学会的章程，较之《申报》所刊之《暂定章程》略有修订，从中即可了解当时学会的一般宗旨。《暂定章程》称："本会以敦厚乡谊，互换知识，维持公益为宗旨。凡本省学务及公益诸事亦有协助之责。"正式章程则将宗旨分成敦厚乡谊与研究学术两个部分。其中敦厚乡谊包括维持旅沪浙人公益和维持本省地方公益两个部分，而研究学术则包括考求政法和推广教育两个部分。在"责任"方面，除了一般旅沪同乡组织均有的"力行义举""保卫乡人"功能之外，其他"调查事件""研究方法""表示意见""报告事实"和"联合团体"诸项均值得注意。所谓"调查事件"，包括"对本省财政、教育、物产、地质之类的调查"；以及"对政治上、社会上一时发生之事件关系重要，须确查其实在情形者"；"研究方法"包括"地方自治方法、教育改良方法之类"以及"凡政治上、社会上一时发生之事件，关系重要，须研究其利害得失，而定对付之方法者"，将这些调查结果和研究所得通报给政府、官员、团体和个人，即为"表示意见"和"报告事实"。在"联合团体"一项中，学会则宣称本会"可为本省教育总会及各府厅州县教育劝学所等之旅沪机关""可为本省官绅士商之在各省或外国之旅沪机关。"[②]

无论是明确将宗旨扩展至"考求政法"，还是调查、研究"政治上、

[①] 参见《民国元年上海总商会同人录》、《1916 年上海总商会同人录》，上海市工商业联合会、复旦大学历史系编《上海总商会组织史资料汇编》，上海古籍出版社 2004 年版，第 148—155 页，第 169—177 页。

[②] 沈飐民：《浙江拒款保路运动的群众斗争及其他》，政协浙江省文史资料研究委员会编《浙江文史资料选辑》第 2 辑，1963 年，第 39—40 页。

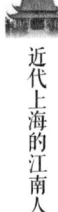

社会上一时发生之事件",以及研究"地方自治方法"等,可见旅沪学会对政治的关注程度,也正顺应了当时立宪的风潮。当年宣称"不涉学外事"的江苏教育总会在苏路运动及国会请愿运动时曾经扮演了重要的角色,"教育总会"的"旅沪机关"只是其职责的一部分的旅沪学会当然也不甘心只成为一个单纯的同乡团体。

旅沪学会是否如沈祖绵所言是光复会的分支呢?沈祖绵曾回忆,当时在浙江杭州设有浙学会,原设在浙江杭州,鼓吹革命,旋被清政府下令通缉,于是一部分会员恐惧万分,登报声明退会;有一部分会员继续斗争,由陈汉第改名为浙学会,以为掩护。此"浙学会"一般认为日后光复会的前身。① 沈祖绵等人将旅沪浙江同乡团体命名为"浙江学会",可能也有将其视为光复会在上海的分支的意思。

从上文所引旅沪学会第一次大会的职员名单中也可发现,评议员中的叶仲裕(景莱)、沈迪民(祖绵)、虞含章(辉祖)、石积夫(承宣)、杨谱笙(兆鋆)均为光复会会员,汤振常(济沧)是沈祖绵在南洋公学的同事,叶揆初(景葵)是叶景莱的兄长,孙锵(玉仙)是同盟会外围组织新学会社的成员②,姚伯怀(绍书)在广西曾见过同盟会会员陈少白,可见评议员基本都是革命党或者同情革命者。再加上沈祖绵提到的姚麐和王廉,以及发起人中日后参加辛亥革命的沈毓麟、钟枚(丰玉),再考虑到日后学会成员在革命的表现来看,旅沪学会参与革命、同情革命的人数也应该是不少的,沈祖绵他们利用旅沪学会作革命联络点当是可行的。

但是另一方面,正如沈祖绵自己所言:随着旅沪学会成立后"会员人数骤增,各阶级人士均有,方向也逐渐变化,而趋于复杂"。杨兆鋆退出便是表现。因此,将旅沪学会简单地定位为革命组织或政治组织,应

---

① 沈瓞民:《记光复会二三事》,全国政协文史资料研究委员会编《辛亥革命回忆录》第4集,文史资料出版社1963年版,第131—132页。
② 孙表卿:《新学会社及其他》,宁波市暨各县(市)区政协文史资料委员会编《宁波文史资料》第11辑,1991年,第55—59页。按,孙振祺(表卿)也是浙江旅沪学会的成员。

也不尽准确。仅就沈祖绵自己列出的光复会成员名单来看，除了上述的几位外，大部分光复会成员均未参与到旅沪学会中，同盟会的浙江籍成员如陈其美等人同样没有参与。旅沪学会的历任会长、副会长、会董大都是政界和商界的重要人士，当时真正投身革命者还是少数。旅沪学会仍然是成员复杂，诉求多样的同乡会组织，只不过其成立于预备立宪之后，成员中又不乏革命党及同情革命者，自然会涉及大量的政治活动。可以这么说，浙江旅沪学会是晚清众多同乡组织中政治倾向最为鲜明，参与政治活动最为积极的一个。

2. 清末浙江旅沪学会的政治活动

关于浙江旅沪学会成立后的主要活动，沈祖绵曾称："浙江收回路矿权，振兴航业，办理教育等事业，凡对革命有利者，无不积极参与。"① 他对此有详细论述，相关研究也多有提及，本文不再赘述，仅就其在清末的政治活动作一补充。

浙江旅沪学会参与的最有影响的政治活动莫过于浙路运动，沈祖绵曾言："如保路运动，自始至终，加以策动。上海浙江保路会、女保路会，均是学会所组织。浙江各地的保路会，学会也遥为策应。凡宣言通电，策动群众，报道新闻，我时时与光复会商讨后，暗中加以贯彻。运动高潮之际，学会出版路事增刊，广事鼓动，对保路运动，起了一定的推动作用。"②《浙江旅沪学会评、干两部致浙路公司董事局书》③《浙江旅沪学会敬告全浙铁路股东及各团体文》④ 等公开电文在当时均颇有影响。尤

---

① 沈飻民：《浙江拒款保路运动的群众斗争及其他》，政协浙江省文史资料研究委员会编《浙江文史资料选辑》第 2 辑，1963 年，第 38 页。
② 沈飻民：《浙江拒款保路运动的群众斗争及其他》，政协浙江省文史资料研究委员会编《浙江文史资料选辑》第 2 辑，1963 年，第 41 页。
③ 《浙江旅沪学会评干两部致浙路公司董事局书（为挽留汤刘总协理事）》，《申报》1909 年 6 月 25 日第 4 版。
④ 《旅沪学会敬告全浙铁路股东及各团体文（为挽留汤刘总协理事）》，《申报》1909 年 6 月 28 日第 5 版。

其是劝汪大燮引退的电文引发轰动，《新闻报》上还专门模仿汪大燮的口气，戏拟了一篇他致旅沪学会的回信。① 会员姚麐、叶景莱因浙路事相继自沉，更在社会上引起了强烈反响。

此外，浙江旅沪学会在清末参与的主要政治活动包括推进地方谘议局选举和国会请愿等。如 1908 年 9 月，浙江旅沪学会以周晋镳等人的名义专门上呈浙江巡抚，要求尽快开始谘议局的选举调查，并自行草拟了调查概则十一条，要求下发谘议局筹备处，按照概则实施。② 浙江的国会请愿活动也是由旅沪学会发起。1908 年 6 月 2 日，《申报》刊登杭州专电云："浙江旅沪学会派代表到杭发起国会请愿事，拟于（农历五月）初十日特开大会，请众签名，公举代表入京。"③ 随后旅沪学会在浙江两级师范学堂举办的孙怡让追悼会中专门发言，提议国会请愿，并下发传单：

> 敬启者：自立宪诏下，人民延跂国会成立，有如饥渴。今各省赓续发起，浙人讵可独后。上年借款起，预备叩阁签名者凡八千余人，惟无年龄、籍贯、出身、职衔，碍难列册。兹由同人刊印请愿签名册。向此国民同此志愿，务期全体协力，多多益善。大会期理宜于签名后公决，定于七月十四日为大会期。届时各府厅州县务举代表莅省，再公推全省代表赴都请愿，并议以后进行方法，庶无负预备立宪时代之国民尔。签名册附呈全浙教育总会。旅沪学会谨启。④

1909 年谘议局成立后，又连续发起了三次国会请愿活动，是年 11 月 27 日，十六省谘议局代表陆续到达上海，讨论国会请愿事宜。这期间，浙江旅沪学会仍然起到了领导作用。如 12 月 28 日，浙江旅沪学会

---

① 《戏拟汪大燮致浙江旅沪学会书》，《新闻报》1909 年 5 月 13 日第 3 版。
② 《浙江旅沪学会周晋镳等呈浙抚文（为谘议局选举调查事）》，《申报》1908 年 9 月 25 日第 4 版。
③ 《专电·电七（杭州）》，《申报》1908 年 7 月 2 日第 5 版。
④ 《志浙省绅士发起国会请愿事》，《新闻报》1908 年 7 月 9 日第 5 版。

和江苏教育总会联合在上海西门外教育总会招待各省请愿国会代表，旅沪学会会长孙廷翰和江苏教育总会副会长张謇同时致开会辞。①

值得注意的是，由于旅沪学会同情革命的倾向，对浙江各地方的革命活动多有维护。如绍兴因徐锡麟、秋瑾事件，风声鹤唳，传闻四起，多兴冤案，旅沪学会经常出面为之辩白。如上虞吴鹏翀、王廷耀诬陷学生金葆稚为革命党，偷运军火②，以及绍兴知府勒停自治讲习所等事件③，旅沪学会均致电浙江巡抚要求处理。因为旅沪学会的影响力，这些风波大多得到了妥善的解决。可以说，旅沪学会的政治活动造成了一定的社会影响，在某种程度上加大了浙江旅沪精英阶层对清廷的离心力，为日后的革命奠定了一定的基础。

辛亥革命期间，尤其在上海光复和浙江光复中，旅沪学会扮演了非常重要的角色。沈祖绵回忆，他和王震、姚麐等早就利用旅沪学会进行革命联络。光复会上海联络工作，实际是由浙江旅沪学会负责。

> 凡光复会函札往还，均由浙江旅沪学会收转；会员来沪，也先于学会来找我们三人（按，即沈、王、姚）犹忆龙华会沈荣卿来沪，持密条云："干，来书。家瑛来沪配备书籍仪器，请招待，陶起。""干，来书"，是光复会暗号。所谓"家"指光复会的同志，是自己的人意思。"陶起"系陶成章的化名。沈荣卿就住在人和煤号内。又平阳党竺绍康来上海，也是如是。惟竺绍康被清朝政府通缉，不敢径往学会而已。又如求是书院同学石承宣（子夫）为光复会联系扬州统领徐怀礼（宝山）起义，徐石系亲戚，故通过石的关系，与徐暗中接洽。一九一一年徐怀礼到上海，石承宣就有函给我："前所约事外，另有要事相商。见字乞速来第一楼（四马路）上层一叙。并会宝山办事人，速速弗延。此上迪民砚兄好。石

---

① 《紧要新闻一·中国国会之发轫机》，《申报》1909年12月29日第3版。
② 《浙藩喻致浙江旅沪学会电（为诬告革命案）》，《申报》1908年5月5日第5版。
③ 《浙江旅沪学会致浙抚电（为绍兴官绅冲突事）》，《申报》1908年12月2日第19版。

子夫上。"宝山指徐怀礼已来上海,徐系"盐枭"出身。我们在上海二洋泾桥法商密采礼旅馆第五号房间商讨扬州起义事,约定武昌起义,扬州即举义旗,并商定由光复会通知,电文内容:"沪友新甫到,请接洽。"徐回扬州,见电报后,立即起义了。扬州起义,使江北提督王士珍军队无法与张勋联络,有利于江苏革命工作。浙江旅沪学会所联系的,大半是浙江志士。①

同盟会同样与旅沪学会有关系,前文已述,同盟会的重要联络点,"沪、浙辛亥革命的秘密机关"②新学会社的成员如孙锵、孙振麒是旅沪学会的成员,同盟会浙江主要人物如赵家蕃、陈训正、周柏年、庞元澄同样是旅沪学会的会员。同盟会在上海的主要人物陈其美虽然不是旅沪学会的成员,但也经常出入于旅沪学会中。学会会员周越然日后回忆:"某夕,余闲坐于(上海南京路)浙江旅沪学会之厢房中,见一戴金丝眼镜者徐步而入。友人许君政,以右手指定我身而作匆促之介绍曰:'英士先生,他就是越然——周越然呀。'"③

随着时间的推移,旅沪学会的上层人物如虞洽卿、朱佩珍、周金箴、李厚祐、李厚禧、方舜年等也开始逐渐倾向革命。虞洽卿曾多次资助陈其美,并为其筹款购置枪械,以供起义之用。为掩护革命党人活动,辛亥革命前夕,虞洽卿与朱佩珍等在上海公共租界组织"宁商总会"。为掩护革命党人活动的重要场所。方舜年曾发起组织"革命军饷征募队",劝募民军经费。李厚禧则在武昌起义后组织敢死队,上海光复时,他曾率所部与北半城商团和起义巡警共同攻打上海道署、县署和海防厅。由虞洽卿任名誉会长的上海商团,更是在攻打制造局的战斗中发挥了关键作

---

① 沈瓞民:《记光复会二三事》,全国政协文史资料研究委员会编《辛亥革命回忆录》第4集,文史资料出版社1963年版,第104—105页。
② 孙表卿:《新学会社及其他》,宁波市暨各县(市)区政协文史资料委员会编《宁波文史资料》第11辑,1991年,第57页。
③ 周越然:《纪念英士先生》,《六十回忆》,北方文艺出版社2017年版,第36页。

用。1911年11月4日,上海光复后,经湖州同乡庞元澄、王震的活动,在取得虞洽卿、朱佩珍等浙江富商的支持后,陈其美出任沪军都督。虞洽卿则名列8名顾问官之首,而且还担任外交副总长和闸北民政总长。不久,李厚祁接任闸北民政总长,朱佩珍任财务总长,傅筱庵担任参议。李厚禧则任光复军统领。上海光复后,虞恰卿又代表上海商界赴苏州劝说江苏巡抚程德全易帜。他以南洋劝业会所还垫款36万,再加上向商界所借之64万,凑足百万交程,促使程宣告江苏独立。

虞恰卿

当时南京清军仍据险顽抗,虞洽卿曾自告奋勇前往南京游说,但被江南提督张勋"坚拒"。返回上海的虞洽卿一面"暂借"联军10万元以充军需,一面与朱佩珍等14人联名发表启事,劝募犒军物资。李厚禧则将所部编成两个团,参加了攻宁之役。浙江军政府汤寿潜也下达命令,组编成"浙军攻宁支队",与江苏军队组成江浙联军。江浙联军终于在12月2日攻克南京。①

虞恰卿等人参与革命,是否背后与旅沪学会有关,尚待进一步的考证。但是,有史料证明,在辛亥革命中,旅沪学会的参与已成了一种有组织的集体行动。如同盟会员庄崧甫回忆,上海光复时,同盟会攻打江南制造局,陈英士、高子白入内谈判被执,情况危急万分,"斯时同志星散,所与共事者只有周君淡游、江君环卿、胡君梧冈、汪君更生、应君梦卿吾奉化五六人,时经费毫无,乃至浙江旅沪学会,邀王君清甫、虞君洽卿等急筹费用"。②浙江旅沪学会遂派遣李厚祁、谢天赐(蘅窗)等

---

① 参见汪林茂《浙江辛亥革命史》,浙江大学出版社2001年版;王慕民《宁波旅沪士绅与上海、宁波的光复》,《史林》2002年增刊;李瑊《旅沪宁波人与辛亥革命》,《史林》2002年增刊等。
② 庄崧甫:《求我山人年谱》,北京图书馆藏珍本年谱丛刊第180册,第520页。

人找到李平书，获得了江南制造局总办张士珩存银十万两，解决了革命军的财政问题。又如上海光复后，杭州驻防将军尚未反正，周越然等人在旅沪学会商议解决办法，并一同乘车前往杭州参与革命。①浙江光复后，讨论浙督人选，褚辅成称："吾省宜推一负有众望者担任，方足以资号召，革命较易成功。汤寿潜先生为沪杭甬铁路争回自办，众望所归，堪膺此选。"汤寿潜时任旅沪会长，其"众望"很大程度是和旅沪学会联系在一起的。也正因如此，浙江革命党人决定"先由浙省铁路城站发电，专送浙江旅沪学会，报告光复情形，请汤即来"。汤寿潜遂偕陈时夏、王清夫、高尔登、韦以黼等会员乘专车到杭，各界当场推举汤为都督。②

革命成功之后，旅沪学会俨然以辛亥功臣自居。其曾如此自述其对辛亥革命的贡献："上海一隅，乘时独立，为苏浙先，商团实为首功，学会亦与有力焉一也。杭城光复，会员多驰回，尽义务，事定即返，不享其成二也。浙军克复南京，功为诸军冠，由会员备物，亲往犒劳三也。浙军在固镇，为张军所怪，而省中军饷不以时至，由会中筹垫九万金，以资接济四也。"③自豪心情溢于言表。

3. 民国初年浙江旅沪学会的"革命红利"与政治纠纷

1912年5月1日，凯旋的浙军回沪，旅沪学会举行了盛大的欢迎仪式，并动议在"南市黄家嘴角浙江海运局旧址建造凯旋门，作为旅沪浙人欢迎浙军永远纪念"，报纸也称"实为从未有之盛举"。④同为会员的浙督蒋尊簋与褚辅成的矛盾，也是由汤寿潜以旅沪学会名义进行调解，并以褚辅成通电旅沪学会表示同意担任民政司长一职而初步结束。⑤至此，

---

① 周越然：《六十回忆》，北方文艺出版社2017年版，第34页。
② 褚辅成：《浙江辛亥革命纪实》，《浙江辛亥革命史料》第7卷，浙江古籍出版社2013年版，第76—77页。
③《欢迎浙军凯旋大会纪事》，《申报》1912年5月12日第7版。
④《欢迎浙军凯旋大会纪事》，《申报》1912年5月12日第7版。
⑤《杭州褚辅成君电浙江旅沪学会》，《申报》1912年2月21日第7版。

浙江旅沪学会风头之劲,一时无两。

然而树大招风,风波也由此开始。汤寿潜任浙督时,曾因当初与秋瑾遇害有关而遭到反对,只是因为陈时夏、褚辅成的支持而作罢。有意思的是,陈、褚二人均为学会会员,而反对者王金发、陶成章却不是。汤就任浙督后,革命党仍然对其颇有意见,指责都督"府中人员,又多旅沪学会中人,大权独揽,假威陵众",使"首功诸同志以难堪,多愤恨欲绝"。① 但正如其所言学会"会员多莘莘学子,易堕其术"完全与事实不符一样,这种指控并无太多道理。马叙伦就曾言:"汤老固然正式做了都督,但是不有实权,褚辅成做了民政长,而他这个民政长和湖北、江苏等省的不同,是和都督平行的。"② 不久,革命党人假托汤寿潜名义,枪决当初汤氏劝降归顺的旗营协领贵林,让他极为不快,一度欲潜赴上海③,更说明了上述的指责只是某些革命派系争权夺利的借口。

汤寿潜虽然不久就辞去都督一职,但针对学会的风波并未平息。1912年8月8日的《神州日报》沪评专栏突然刊登了一封来信,称李平书收取学会十万元,另外李平书负责的上海民政总会收支报告中,也载有"支浙江旅沪学会洋九千五百余元"的内容,未指明用途。来信认为浙江旅沪学会只是"上海之一平常之私人团体","以何名义用此巨款,不明不白",且宣称"吾为浙人羞矣"。这封信其实涉及前述上海光复时,旅沪学会帮助

汤寿潜

---

① 章天觉:《回忆辛亥》,《辛亥革命史丛刊》第二辑,中华书局1980年版,第160页。
② 马叙伦:《我在辛亥这一年》,《辛亥革命回忆录》第1集,文史资料出版社1961年版,第175页。
③ 章天觉:《回忆辛亥》,《辛亥革命史丛刊》第二辑,中华书局1980年版,第160页。

革命党解决十万两经费的来源问题。关于这笔钱的来源,浙江旅沪学会如此说:"客岁九月十四日晨,闻制造局未下时,饷需支绌,艰险万状,敝会员煞费苦心,将张楚宝(即江南制造局总办张士珩)所寄存贞吉里之现银十万两,并设法支出,以济军需,一篑功成,赖有此款。其时先生(指李平书)及沪都督府均未成立,事起仓促,义士群集,即以敝会为给发饷械机关,以资利便。"①李平书的说法则不尽相同。这十万两是江南制造局在九月份由江苏藩库取出,因为"其时风声已紧,不敢存局中,亦不敢分存银号、钱庄",张士珩便托李平书在其寓所隔壁"代租空屋,存储此款"。上海光复时,攻打江南制造局急缺军饷,浙江旅沪同乡会的李厚祏、谢天赐(蘅窗)等人找到李平书,商量筹饷事宜,李平书提出可以动用这笔款项,并协同李厚祏诸人将钱取出,由旅沪学会出面运至东方银行,成为光复后财政之一大宗。②

相较而言,关于这批现银的前因后果,李平书叙述得更为明白,旅沪学会只说这是张士珩寄存在贞吉里,但是钱是如何来,却语焉不详,可见李平书的叙述应该更加接近事实。此事看似一个误会,却也暴露出了一些问题。旅沪学会在致李平书的信中有以下一段话:"敝会对于上海革命及苏浙独立奔走运动,捐资助饷,组织独立军队与夫攻克金陵,进兵固镇,筹饷运械,寝食俱废,至今沪、杭、南京发银部中人类能言之。事定功成,即不言劳,亦未享丝毫权利,有何不快意?老先生而故含混其词,使他人疑敝会亦在沾溉余润之列乎?"③这一段话显然引起了李平书的不快,所以立刻在报纸上刊登了回信,并在信末加上了一段话:"至贵会于光复前后运动奔走,捐资助饷,种种事业,鄙人深为钦佩,恒谓贵会会友真能各尽天职,不求人知,不言己功,且不欲享丝毫权利,实为革命正宗,今人固已知之矣。"④语意似带嘲讽。旅沪学会以革命功臣自

---

① 《浙江旅沪学会致李平书君函》,《时报》1912年8月15日第6版。
② 《李平书复浙江旅沪学会书》,《时报》1912年8月17日第5版。
③ 《浙江旅沪学会致李平书君函》,《时报》1912年8月15日第6版。
④ 《李平书复浙江旅沪学会书》,《时报》1912年8月17日第5版。

居的态度显然也引起不满,而可能就是这种不满才引发了这场风波,《神州日报》来信中称旅沪学会只是"上海之一平常私人团体"应即此意。而且这封来信其实有所针对,对象即为李厚礽。李厚礽曾任江苏裕苏官钱局的总办,因裕苏官钱局出现亏空,引发挤兑①,李厚礽一度被押,家产被抄②,此事一直延续到民国成立尚未解决③。裕苏官钱局亏空之缘由,一说是李厚礽动用此钱资助革命党④,一说是李厚礽各方面借贷过多,周转不灵,又有江苏布政使陆钟琦之子挪借。⑤不管缘由如何,一旦出现财务问题,学会的某些敌人自然会抓住机会针对李厚礽,并以此攻击学会,李厚礽本人不久即因此郁郁而终。

另一场风波不久也开始来临。如前所述,旅沪学会办有浙江旅沪公学。其缘始为1909年7月,旅沪学会接办原有由商学公会举办的中等商业学堂,将其更名为浙江旅沪公学。⑥1910年,会员经伯涤兄弟根据其父亲经元善的遗愿,将高昌庙左近桂墅里前则田十亩八分捐助学会,作为新的旅沪公学校基。⑦不过这块地"地形长狭,支配为难,出路又逼窄",旅沪学会会长周晋鑣曾一度致函江南制造局总办张士珩,希望借用高昌庙庙址以作扩大,但是张士珩以此址欲办兵工小学而婉拒。⑧

辛亥革命后,旅沪学会又看中了原浙江海运局的局址。《(民国)上海县续志》曾记:"浙江海运局,在王家嘴西。同治年购建。初,浙漕由沙船协运,嗣轮船分运后,始专用宁船。每岁冬,浙江巡抚派员来沪,

---

① 苏州市工商业联合会:《辛亥革命时期苏州金融业的动荡》,政协苏州市委员会史文史资料研究委员会编《文史资料选辑》第7辑,第150—154页。
② 《苏州李革守在押近状》,《申报》1911年8月24日第11版。
③ 《宁苏两局钞票问题》,《申报》1912年1月14日第10版。
④ 李祖范:《李徵五、李薇庄参加同盟会》,上海市工商联史料委员会编《辛亥革命前后的上海总商会动态》,1961年,第11—12页。
⑤ 高拜石:《程雪楼之蜕变》,《古春风楼琐记》,台北民生报社1979年版,第245页。
⑥ 《中等商业学堂改归浙江旅沪学会接办》,《申报》1909年7月15日第3版。
⑦ 《浙江旅沪学会开周年大会》,《申报》1910年10月3日第3版。
⑧ 《浙江旅沪学会商请江南制造局将新高昌庙庙基及官地拨充该会应用的往来文书》,上海市档案馆藏档案S446-1-39。

于此办运"。① 当时沙船业已经渐至衰弱，且旅沪学会认为既然清廷已亡，则"南漕必废"，海运局已经没用。他们认为这是浙江的财产，"以浙人之产供浙人之用，"因此想改为公学校舍，并分请浙江、沪军两军政府核准，当时浙江军政府都督汤寿潜为学会会长，沪军都督陈其美是浙江人，自然持支持态度，所以不久就获准。②1912年，旅沪学会隆重欢迎浙军时，宣称要竖立的凯旋门就准备建在浙江海运局门口。

不过浙江海运局并非无主地产，甚至也不完全是浙人之产。辛亥革命后，参与革命的上海各个团体"因并无办事地方，故已禀请民国军政府拨给事务所地位，以便常常驻守"，军政府同意将"浙江海运局改为商学补习会事务所"。③据商学补习会称："浙江海运局初因上海沙船承运浙粮，乃是苦差，往往互相推诿，不愿承运。其时上海沈、王、郁三姓各有沙船数百号，经浙官一再敦促，乃由王信义沙船号东王叔彝君发起，拨运浙漕，并创议建造公所，以资联络。"王叔彝即上海著名沙船王氏家族的王庆勋。可见，浙江海运局虽为负责浙江海运，但其创始人及业主为上海王氏家族。商学补习会既获得军政府的批准，又取得了王氏家族的许可，将此事作为其办事处尚属合理合法。只不过商学补习会称"名称浙江海运局，系取体制宏大，如招商局之类"，④似乎全与浙江无关，也不符合事实。根据文献可知，海运局的官员均由浙江派遣，浙江官员来沪也常驻于此。⑤因此，浙江旅沪学会将之视为浙产，也有其理由，并在浙江人内部有共识。双方争持不下，由此便引发了一起耗日持久的官司。

---

① 吴馨修，姚文枏纂，《（民国）上海县续志》卷2，《上海府县旧志丛书·上海县卷》，上海古籍出版社2014年版，第2303页。
② 《咨财政部浙江海运局系浙人集捐而成自当保存请查照令遵文》，《教育公报》1918年第8期，第51—52页。
③ 《各团体之事务所》，《申报》1911年11月9日第19版。
④ 《上海县民政长呈江苏都督文为浙江旅沪公学校舍被占事》，《时报》1912年11月23日第6版。
⑤ 《浙江海运局委员名单》，《申报》1887年11月22日第2版。

根据媒体的报道，这场官司从1912年一直延续到1914年，1913年浙江旅沪学会的报销清册均有海运局官司费用一项，其中1912年为讼费208.942元，1913年为起诉费3.844元。① 双方均各显神通，浙江旅沪学会会长、浙江都督汤寿潜亲自写信给江苏都督程德潜，指责时任上海县知事吴馨不顾沪、浙两都督批示，一味袒护商学补习会。② 南京光复后，浙军一度将海运局作为兵站，以造成既成事实。③ 商学补习会则强调自己是业主，合法占有。双方在报纸上打笔仗，更是一轮又一轮。有意思的是，双方都将这件官司上升到苏浙对立的高度。汤寿潜在致程德全的信中用了浓重的笔墨，不厌其烦地说着旅沪学会在上海光复中的功劳：当时"闸北退警，沪南防军均以乏食中辍，独是今日之商团，亦已独力难支，废然而返。该县长与团董皆上海人，其夜不知窜匿何所，并不见出头"。是旅沪学会"念此系苏人大局，出为指挥，咄嗟而办，分馈闸北沪防墨银各二千元及面包等物，其武力始得复振，制造局以克"。他更是责问："天未明，而面请任先生通告各领者，谁为之？致函朴爱傅，沪宁中立者，谁为之？搜提某总点办移匿之十万金，举而返之前民政长李者，谁为之？"现在这场官司是因为"苏人而以光复为非吹皱池水，干卿甚事，敝会越沮，诚有罪矣"。④ 学会开会时，也有人认为这是"苏既以敌国视浙，浙亦当以敌国视苏"。并称"无论海运局可如何，吾旅沪浙人前途甚为危险"。⑤ 然而旅沪学会越是夸耀自己的功绩，商学补习会却越是认为对方是仗势欺人，"会长曾任都督，会友亦掌兵权，位尊势大，取一公产，易如反掌"。至于以建欢迎浙军的凯旋门为由，要求海运局的主权，更是欺人太甚："上海并非浙人属地，浙军光复南京之功勋，何用

---

① 《浙江旅沪学会报销清册》，1914年铅印本。
② 《汤蛰仙为沪南商团补习会强占浙海运局致程雪楼都督书》，《时报》1912年11月20日第10版。
③ 《商学补习会会长复民政长函》，《时报》1912年11月28日第6版。
④ 《汤蛰仙为沪南商团补习会强占浙海运局致程雪楼都督书》，《时报》1912年11月20日第10版。
⑤ 《浙江旅沪学会开会记》，《申报》1913年3月24日第7版。

建凯旋门于上海？"① 不过，鉴于当时旅沪学会的影响力显胜商业补习会，这场官司的结局当也可想而知："缘依通行管辖命令，在上海第一初级审判厅提起占有案诉讼，奉判收回管领"。②

三、结 语

如前所述，浙江旅沪学会最初的创立其实有着光复会员们的私心，也许成立之后的进程并不一定如他们所希望，但是最终其实还是达到了他们的目标。1911年后，随着辛亥革命的胜利以及学会地位的迅速上升，似乎这个组织前景一片大好，即使学会面临的所谓风波也仿佛只是风吹过池水偶尔泛起的涟漪，但是不知不觉中，无论是内部的裂痕还是外部的压力都逐渐让这个组织受到了越来越大的考验。

1913年的旅沪学会名录就已经没有发起人之一张元济的名字，张元济并不是不关心同乡组织，当时他仍是海盐同乡会的名誉会长。其实从旅沪学会的历年会议记录来看，张元济应该从1908年之后便已经淡出旅沪学会的活动了，这与张元济在浙路运动中态度的变化其实是一致的。张元济在浙路运动中的态度变化的原因，易惠莉先生早有讨论。③ 但无论是什么样的原因，早年的张元济以及曾经积极参与的方舜年、杜亚泉等人相继于1914年前后退出旅沪学会，都说明旅沪学会的内部似乎一直存在着某种分歧。1913年，旅沪学会开会选举时，孙其镛（铁舟）认为"投票选举之结果，未免偏重虚声，故未及开会，即翩然而去"。④ 也是这一分歧的体现。预备立宪公会和上海总商会那些人究竟是出于什么样的原因没有参与到旅沪公会，我们不得而知，但有一点可以明确，即他们

---

① 《商学补习会会长复民政长函》，《时报》1912年11月28日第6版。
② 《咨财政部浙江海运局系浙人集捐而成自当保存请查照令遵文》，《教育公报》1918年第8期，第51—52页。
③ 易惠莉：《清末新政时期上海官、绅、商结合的实业活动》，《思想与文化》第4辑，华东师范大学出版社2004年版，第86—115页。
④ 《浙江旅沪学会开会记》，《申报》1913年3月24日第7版。

应该在这个组织中没有找到自己所想要的东西。

学术界之前讨论同乡组织与政治活动时，往往将其视成一个整体，似乎进行目标一致对外的政治活动，而尚未能关注其政治倾向的变化及内部成员的政治分野。浙江旅沪学会可以说是晚清同乡组织中政治倾向最为鲜明，参与政治活动最为积极的一个，但终归还是同乡组织，而不是党派，将他们聚合在一起的只是地缘关系。政治理想只是少数人的追求，即使是这些少数人，动机、目的也不一样。沈祖绵等从始至终都是革命的中坚力量，汤寿潜、虞恰卿、朱葆三则因中途失望而迅速转向革命，但是刘锦藻这样坚持当遗民的应该也不在少数，局外旁观者更是绝大多数。

民国成立后，即使参与革命的人也开始分化，矛盾渐至纷起。一些人开始热烈拥抱新的政治权力，另外一些人的热情却在迅速消退。二次革命时，时任鄞县知县的沈祖绵与驻军旅长顾乃斌会衔布告鄞县独立，由此触犯了袁世凯的利益，袁世凯令朱瑞、屈映光将沈逮捕。① 三人都是旅沪学会会员，旅沪学会自然尽力营救，派虞洽卿、田澍霖等4名会员赴杭州，代沈氏剖白。② 最终朱、屈二人网开一面，"姑念其前年光复时，曾著劳绩，自奉令取消独立后，于地方秩序尚能切实维持"，沈氏被"褫职，交地方官严加管束"，③ 从此流亡，不再过问学会之事。同一个学会的会员，在此事件中却扮演着不同的角色。可见在此时，旅沪学会这种同乡组织的政治倾向如何已经似乎不再重要。

1912年，旅沪学会的两位干事毛雍祥（安甫）、陆本瑜（吟生）发出致程德全、张謇、伍廷芳、王人文、汤寿潜、赵凤昌诸人的公开信，指出"武昌起义，东南响应，诸先生乃乘时奋起身，任民军重要职务，以为天下倡"，民国成立后，却"冷冷落落，或辞职归来，或托故他去，或优游翔回而不任事，与前日之轰轰烈烈者，判若二人"，要求他们出而任

---

① 《宁波宣布独立之余音》，《申报》1913年11月18日第6版。
② 《剖白撤任知事》，《申报》1913年10月11日第10版。
③ 《命令》，《申报》1913年10月30日第2版。

事,坚持到底,"以拯我已饥已溺之同胞,周我若续若绝之民国"。①可是他们没有清醒地认识到,此时也已非当初了。同样,对于旅沪学会来说,此时也已非当初。如果说上海光复是旅沪学会的荣耀顶峰的话,民国之后,旅沪学会的存在感却在逐渐走低。日后,在浙江自治、齐卢之战,五四运动等政治事件中,学会仍会发出自己的声音,但是随着新政治秩序的确立,相对当时风起云涌的政党热潮,学会的声音越来越微弱了,关于它的新闻也越来越少,学会已经逐渐回归成一个纯粹的同乡组织。1918年,突然有一位自称是浙江省官产处科长的秦光荣来到旅沪学会,声称要将浙江海运局的房产收回。虽然经过虞恰卿的申诉,此事最终未果。②但是这也已经说明,旅沪学会在当时浙江省府眼中的地位。1932年,沈半梅、董旭初等人以浙江同乡"旅居沪上"却"平时漫无组织,苦乏联络机会"为由发起成立浙江旅沪同乡会。③此时旅沪学会其实还在活动。抗战后,随着上海的沦陷,学会逐渐名存实亡。1946年,新成立的浙江同乡会④彻底取代了这一个一度声望显赫的同乡组织。

---

① 《毛安甫、陆吟生致程雪楼、张季直、伍秩庸、王人文、汤蛰仙、赵竹君诸君函》,《申报》1912年3月27日第7版。
② 《咨财政部浙江海运局系浙人集捐而成自当保存请查照令遵文》,《教育公报》1918年第8期,第51—52页。
③ 《各同乡会消息》,《申报》1932年12月1日第16版。
④ 《浙江同乡会成立》,《申报》1946年12月26日第6版。

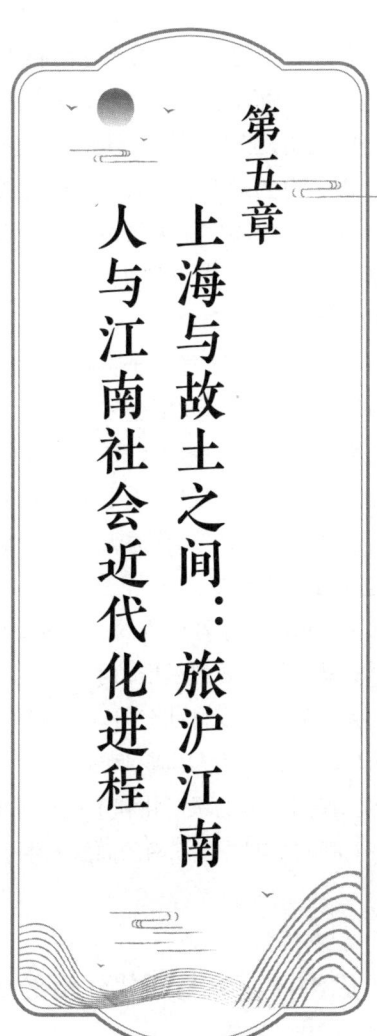

第五章 上海与故土之间：旅沪江南人与江南社会近代化进程

1893年，蒋维乔从庄曾谟处第一次看到江南制造局翻译的西学书籍，当时本地旧儒听说他们研究西学，目为怪物，痛诋不已。蒋维乔因此深感常州与上海交通需用帆船，交通不便，导致风气极为闭塞。①可以说，在当时他的心目中，离上海的远近，对风气的闭塞或开放有着关键的影响。不过，虽然蒋维乔称常州风气极为闭塞，但上海对江南人的影响在很早就已经开始。早在1848年，常州武进的农民吴正慧每月都会抽几天来上海贩卖东西，他偶然得知一个消息，就在自己经常活动的王家码头一带开办了一所教会学校，便决定把儿子吴虹玉送往这所教会学习，期盼着他能够成为一个洋行的买办，发财赚钱，只是没想到吴虹玉日后没有成为买办，而是成为基督教会在中国最重要的传教士之一。②几乎与此同时，江南文化人如王韬等更是早已进入上海，并参与到一些新的文化机构中。可见当时江南并非闭塞，从普通人到先进知识分子早就已经开始关注上海，并已经参与到其中去了。

随着时间的推移，上海变成了江南人的一个重要聚集地，也是江南走向近代的一个助推器。其中最重要的是推动了江南的城市化和工业化的进程。城市化是由农业为主的传统乡村社会向以工业和服务业为主的现代城市社会逐渐转变的历史过程，包括人口职业的转变、产业结构的转变、土地及地域空间的变化。江南各地的城市化和工业化进程均受到了上海的影响，可以说，正是在上海的影响下，江南的面貌发生了重要的改变。

第一节 旅沪江南人与近代江南经济的发展

戴鞍钢通过研究认为，近代上海的航运、贸易和工业中心地位，在

---

① 蒋维乔：《竹翁自订年谱》本年条。
② 吴虹玉口述，朱友渔记，徐以骅译：《吴虹玉牧师自传》，《近代中国》1997年。

资金、技术、人才等方面，都有助于江南地区工业的发生发展。①以无锡为例，20世纪初年，随着附近农村蚕桑种植的兴盛和与上海联系的更趋紧密，无锡的缫丝工业起步，并逐步发展成为江南仅次于上海的缫丝工业重镇。无锡缫丝工业发端于光绪三十年（1904），如前所述，创办人即旅沪绅商周廷弼。他原先供职于上海的一家外商洋行，稍积资力后自设行号，代销洋行商品，并镇江、常州、苏州、无锡和汉口等地，先后设立分号。大约在光绪二十一年前后，他在家乡开设裕昌祥茧行，专为英商怡和洋行收购原茧。为减少损耗，创办裕昌缫丝厂，开无锡缫丝工业的先河。在周廷弼后，渐有效仿者。宣统元年（1909），商人顾敬斋在无锡黄埠墩开办源康丝厂，投资77 000两，置备丝车320部。宣统二年，商人孙鹤卿筹建干生丝厂，置备丝车208部，于1911年投产。曾在上海公和永丝厂任账房的许稻荪，集资10万两，在无锡开办振艺机器缫丝厂，购备坐缫丝车520部，是无锡规模最大的一家缫丝厂。可以说，无锡较大的资本集团如荣宗敬、荣德生兄弟的面粉、棉纺集团，薛南溟、薛寿萱父子的缫丝集团，杨宗瀚家族的棉纺集团，周舜卿的缫丝集团等资本集团的创始人以及其他著名企业的创办人，如振新纱厂的荣瑞馨、豫康纱厂的薛宝润、振艺丝厂的许稻荪、源康丝厂的祝大椿、惠元粉厂的贝润生等人，都先是在上海发迹，开阔了眼界，然后才回到无锡创办新式工业。无锡的棉纺厂、面粉厂大部分为无锡籍上海资本家创办。至1930年，由上海资本家在无锡创办的丝厂达17家。②

无锡缫丝业的设备更新，也得助于上海。1930年代初永泰丝厂淘汰老式坐缫丝车，由上海环球铁工厂承接，改用日本式立缫车；该铁工厂后又与无锡合众铁厂携手，承担瑞纶丝厂改用立缫车的设备改造业务。③

---

① 《港口、城市、腹地：上海与长江流域经济关系的历史考察（1843—1937）》，复旦大学出版社1998年版，第225页。
② 《港口、城市、腹地：上海与长江流域经济关系的历史考察（1843—1937）》，第227页。
③ 沈祖炜主编：《近代中国企业：制度和发展》，上海社会科学院出版社1999年版，第41页。

无锡申新铁工厂

生丝出口贸易的扩大及近代缫丝技术的传入，促使无锡发展成为长江三角洲又一个机器缫丝集中产地，与上海的经济联系也更加密切。上海先进工业技术、人才和企业管理制度的扩散效应，并不仅见于缫丝业。1924年，曾在上海外商纱厂就职或实习的楼秋泉、余钟祥，去无锡申新三厂出任技术员，从事管理和技术改革，他们从设备运转到保养，从管理到技术，作了多方面的改革，收到良好成效；1925年，在原上海大中华纱厂技师汪孚礼的主持下，无锡申新三厂的企业管理制度又有新的改进。①

这种情况在其他城市也屡见不鲜。1912年，奚九如从上海求新制

---

① 上海社会科学院经济研究所：《荣家企业史料》上册，上海人民出版社1980年版，第158、159页。

造机器轮船买回了8马力火油机与8米口径的水泵,这是常州农业机器运用之始,此后又合资创办溥利米厂,引擎和碾米机均系在上海求新厂购得。后因引擎运至上海修理不便,又求助于上海求新制造厂民族资本家朱子尧,于1913年9月创设厚生制造机器厂,所有机器也均从求新厂购买,日后厚生成为近代江南最大的机器厂之一。① 厚生机器厂的工部领班蔡世生、翻砂部领班周梅卿、木模部邬姓领班,都来自求新厂。② 1915年,蒋盘发和和刘国钧集资创办常州最早的动力织布厂和近代纺织厂——大纶机器织布厂时,蒋盘发曾专程由上海东货铁工厂陈清鉴陪同去日本考察,并由陈清鉴介绍购进了大英机10台和铁木混10台,这是铁木混织机最早引入常州。③ 1925年大纶改组,设总公司于上海,采用董事制,推顾吉生为常务董事,驻上海主持大计。1929年刘国钧接盘大纶改为大成,甫一成立,就在上海设立办事处,由刘靖基负责,专门分析市场动态,了解经营方向。④ 1931年,民华染织公司总经理王有林每月大部分时间都要在上海调查商情,根据市场情况积极进行技术改造,用42支双股线代替60支双股线,生产的府绸质量一度超过了大成。⑤

浙江的不少工厂都起源于上海,如南浔八牛之一的周庆云先后在杭州开设了天章丝织厂和虎林公司,在湖州开设了模范丝厂,均是杭州丝绸工业中名列前茅的企业,周庆云又在上海筹组了虎林公司和模范丝厂的出口部,从而改变了以前丝绸出口必遭洋商居中盘剥的局面,产量迅

---

① 叟人:《厚生制造机器厂史略》,《江苏国工半月刊》1936年第3期。
② 上海市第一机电工业局机器工业史料组编:《上海民族机器工业》,中华书局1966年版,第227页。
③ 常州市民建、常州市工商联:《常州纺织工业史话》,常州政协文史委《常州文史资料》第3辑,1982年,第7页。
④ 朱希武:《大成纺织染公司与刘国钧》,全国政协文史委编《文史资料选辑》第31辑,中国文史出版社1989年版,第192—194页。
⑤ 王有林:《民华厂竞争图存二三事》,常州市纺织工业公司修史编志办公室编《常州纺织史料》第2辑,1983年,第107—108页。

速增长。① 胡海秋等 6 位在法国学习纺织的留学生于 1925 年初在上海闸北成立了六一织造厂,但一度经营不善,遂于 1927 年迁至杭州,迅速成为全国重要的针织内衣生产厂。② 杭州华丰造纸厂的经历更是典型。1922 年杭州商人俞丹屏创办武林造纸厂,因经营不善,被浙江省建设厅没收资料,1921 年由湖州商人王叔贤创办的上海竟成造纸公司中标,改称竟成公

近代杭州街道景

司第五厂,一度成为中国机器造纸工业的佼佼者。但因资本扩张过速,1931 年再度遭到破产拍卖。沪商杜月笙、褚慧僧、金廷荪、叶荫三、竺梅先等着手接办,更名为华丰造纸厂,再度成为中国最大的造纸工厂之一,资本额从 50 万元增长至 150 万元。③ 叶荫三还成为中国板纸厂同业联合委员会理事长。由上海的企业注入资金收购合并的工厂个案屡见不鲜。如 1929 年上海三友实业社合并了杭州通益公纱厂改称三友实业社杭州制造厂,1934 年杭州光华火柴厂被刘鸿生的上海大中华火柴公司合并等。同时,杭州的厂家在上海设立办事处或门市部,推销自己的产品。④ 可见近代上海凭借其工业中心地位,具有强烈的辐射功能,把发达的产

---

① 陈永昊、陶水木主编:《中国近代最大的丝商群体》,浙江人民出版社 2001 年版,第 240—242 页。
② 徐寿松、金绛年:《胡海秋与六一织造厂》,政协杭州文史委、中共杭州市委统战部编《杭州文史资料》第 22 辑,1999 年,第 195—199 页。
③ 陶水木、周丽莉编:《杭州运河老厂》,杭州出版社 2018 年版,第 40—42 页。
④ 汤洪庆:《杭州市城市早期现代化(1896—1927)》,《浙江学刊》2009 年第 6 期。

业、先进的科技和技术人才扩散到周边地区，推动其工业的发生发展。

正是随着工业化进程的推进，江南各地的面貌发生了改变。1917年从美国留学归来的蒋梦麟在杭州看到原来是旗人聚集的湖滨路"一个新市区终于在这废墟上建立起来，街道宽阔……饭馆、戏院、酒店、茶楼已经取代古老的旗下营而纷纷出现，同时还建了湖滨公园，以便招徕周末从上海趁火车来的游客，杭州已经成为观光的中心了"，而杭州工业也逐渐发展，"杭州是蚕丝工业的中心，若干工厂已经采用纺织机器，但是许多小规模的工厂仍旧使用手织机。……杭州已经有电灯、电话，它似乎已经到了工业化的前夕了"。①

改变最为明显的是无锡。1919年，无锡有工厂78家，在全国仅次于上海（491）、大连（146）。②1929年，无锡共有工厂253家，资本额2 940万元，总产值10 472万元。1936年，无锡有纺织、面粉、缫丝、碾米、榨油、化工、建材、造纸等20个工业门类，294家工厂。资本总额3 860万元，工业总产值13 550万元。③基本形成了以纺织、面粉、缫丝为支柱，其他工业门类相配套的轻工业生产体系。从全省和全国范围来考察，无锡工业经济占有十分重要的地位。当地共开办了29家棉纺织厂，纱锭总数占江苏省的42.4%，布机总数占江苏省的51%，两者在全国华商棉纺织厂中的比例分别为9.5%和14.5%。④1936年，无锡共5l家缫丝工厂，有15 832台丝车，占缫丝工业中心地的华东地区（包括上海在内的江苏省、浙江省）全部制纱工厂的31.7%、车数的44%，占中国全部工厂丝输出量36 020公斤的28.18%，成为名副其实的丝都。⑤面粉

---

① 蒋梦麟：《西潮》，辽宁教育出版社1997年版，第96—97页。
② 沈家五编：《北洋时期工商企业统计表》附表二，《近代史资料》第58号，中国社会科学出版社1985年版，第285—289页。
③ 严克勤、汤可可等：《无锡近代企业和企业家研究》，黑龙江人民出版社2003年版，第6页。
④ 无锡市地方志编纂委员会编：《无锡市志》，江苏人民出版社1995年版，第873页。
⑤ 钱耀兴主编：《无锡市丝绸工业志》，第422页。

无锡鸟瞰

工业,有工厂7家,占全国的4.60%,资本额342万元,占全国民族资本总额的6.47%,日生产能力36 100包,占全国日生产总能力的7.98%,不论是工厂数还是生产能力,均居全省第一位。①

1937年2月的统计,无锡工业资本总额1407万元,在全国工业城市中居第五位;年总产值7 726万元,仅次于上海、广州,居第三位;产业工人总数6万多人,居上海之后位列全国第二。② 全国民族资本每百元资本年产值为286元,上海、天津、武汉、广州、青岛、无锡六大工业城市平均为386元,而无锡达到549元,③ 工业生产水平居全国领先地位。

无锡的产业结构也发生了本质的改变。1933年,全国工业新增产值6.4亿元,农业总产值187.6亿元,两者之比约为1∶29。同年,无锡县工业产值7 726万元,农业产值869万元,农业产值大约相当于工业

---

① 上海社会科学院经济所编:《中国近代面粉工业史》,中华书局1988年版,第66页。
② 无锡市地方志编纂委员会编:《无锡市志》,第855页。
③ 严克勤、汤可可等:《无锡近代企业和企业家研究》,第6页。

产值的10%。因为无锡的工业绝大部分是制丝、纺织、制粉等农产品加工，若按照原料生产产值一般占工业总产值70%计算的话，核到工业新增产值约2318万元，即农业与工业的比例约为1∶3。这标志着无锡已经变成了近代化的工业城市。这一变化也反映在人口上。1933年的调查统计，无锡县全部人口中，农业人口占51%，非农业人口占49%，相比于当年全国农业人口与非农业人口之比73∶27来看，当时无锡城市化水平已达到相当高的程度。①据统计，民国初年无锡城乡人口为79万余人，其中城区仅5—6万人。1920年全县人口将近92万，城区人口突破10万，与民国初年相比，前者增加16%左右，后者增加60%以上。1928年，全县人口94万余人，而城区人口接近20万。8年时间，全县人口增长约2%，城区人口则翻了一番，已达到民国政府普通市条件，无锡因此有筹备废县设市之举。1930年代，无锡城市人口进入30万大关，而全县人口最高峰在1936年为121.9万人。又一个8年，全县人口增长近30%，城区人口增长50%。到1949年，市区人口已达到48.67万人，较之1912的统计，将近40年时间内，无锡全县人口增长不到40%，城区人口增长5倍左右。②1919年全城工人数为25616人，占全县人口2.8%，城区人口1/5。1929年达到7万人，占全县人口8%，城区人口1/3，城区劳动力的60%—70%。1933年，产业工人占全县人口12%，1948年工业人口达到89263人。③工人人口的持续增加及其占总人口比例的逐步提升，从一个侧面呈现近代无锡由传统农业文明向现代工业文明的转化过程。

经济发达造就了城市的繁荣。1911年至1937年，无锡城新建各类建筑达120万平方米以上，其中55万平方米为工业建筑，占46%左右。1949年底，无锡城区建筑面积315万平方米，其中工商业用房110万平方米，住宅180万平方米。在住宅中，新兴工商业者占了70万平方米。

---

① 无锡市地方志编纂委员会编：《无锡市志》，第352页。
② 无锡市地方志编纂委员会编：《无锡市志》，第343—344页。
③ 无锡市地方志编纂委员会编：《无锡市志》，第351页。

因此，工商业资本占有的房产将近60%。①这从一个侧面反映了工商经济在城市发展中所起的作用。

早在1917年的《申报》称无锡"社会踵事奢靡，摹仿海上繁华，色色俱备，时有'小上海'之目。"②1918年《申报》又称："锡邑商务发达，地方日见繁盛""故有小上海之名"。③1935年的《无锡概览》称其"东有世界重要商埠之上海，运河、铁路横贯全县，锡澄、锡沪、锡宜等公路亦会轸于此。交通发达，运输便捷，商业旺盛，工厂林立，近年社会状况盖已渐离农村经济之阶段，而入于工商经济之阶段矣。迩岁强壮农民颇多抛离乡村，群趋城市或上海，舍农就工"。④1925年11月25日的《密勒氏评论报》更是以《Wusih-The Pittsburg of China》（无锡—中国的匹兹堡）为题，将无锡与美国重要的工业城市匹兹堡相提并论。

同样的变化也发生在常州。以人口职业而言，1926—1931年，常州城市人口年均增长率为8.31%，占全县的比例从12.6%提高到16%。城市人口的聚集是城市化的重要标志之一，这也是常州近代城市发展的一个缩影。更重要的是人口的社会结构也发生了重大的变化。1930年全县工商业人口占总人口的比例已经达到12.3%，1931年第一区（即城区）人口142 309人，其中在业人口为63 739人，占44.8%，其中商业占在业人品21.4%，工业为10.2%，工商业人口占全城人口的31.6%，工商业人口的增加也标志着城市结构的转型，30年代无锡城市工商业人口也占据了全城人口的32.9%，这也说明常州的城市化进程与无锡这样当时在全国领先的工商业城市基本处于同一水平。到了1949年市区在业人口5.6万人，占市区总人口的22.7%，其中有职工2.93万人，占在业人口的52.32%，农业劳动力1.99万人，占35.54%；个体劳动者0.68万人，占

---

① 《无锡的住宅建设与房地产管理》，无锡地方志办公室等编《无锡地方资料汇编》第4期，1985年，第97—98页。
② 《地方通信·无锡》，《申报》1917年7月20日第7版。
③ 《地方通信·无锡》，《申报》1918年5月23日第7版。
④ 《无锡概览》，《无锡文库》第2辑，凤凰出版社2011年版。

12.14%，各种现代职业已经成为城市在业人口的主要成分。①

就产业结构而言，到30年代，常州已经初步形成了以纺织工业为中心，包括面粉、碾米、油厂、毛巾厂在内的近代工业城市。据1931年《中国经济年鉴》的统计，当时常州已经有厚生、万盛、平民工艺厂、鑫大机器厂、大可机器厂、唐荣昌机器厂、工务机器厂、华远机器厂、大生机器厂、万成机器厂、新盛机器厂、荣大昌机器厂、求精机器厂、万森机器厂、骏远机器厂、中华机器厂等多家，总资本119 300元，工人总计达到700人，规模和资本仅次于上海。②1931—1933年间，武进共有榨油厂19家，工人总数674人，资本总数775 000元，生产总值5 055 000元，平均每年出口油3 300担，价值16 176 000元，饼808 800担，价值3 437 400元，仅次于上海。1932年常州棉纺、棉织、毛巾、面粉、碾米、榨油、机器制造等8个主要工业部门的资本总额为500余万元，而仅纱厂、棉织厂资本达400余万元，占了80%。除机器制造业外，其余7个行业的工人人数为9 188人，其中纺织业工人为6 983人，约占76%。1920年代，全县工商资本总额仅171.7万元，其中纱厂、染织厂的资本总额仅34万元，加上色白布业资本12万元，而到1936年，仅大成一个厂的资本总额已经达到了400万元。③

从城市面貌而言，随着近代工业的发展，常州的城市面貌开始发生变化，城市中开始出现大片的工业区、仓库区和商业区、居住区，社区的自然划分开始明显起来，原来作为府县邑的单一的功能格局已经开始改变。一些街道向城墙外扩展，旧有的城墙格局已经基本打破。城市布局在清代的基础上也发生了一定的变化。城西地区由于水陆交通便利，早在清代就形成了批发转口市场，米市、豆市集中于此，而新马路和怀

---

① 常州市地方志编纂委员会：《常州市志》，中国社会科学出版社1995年版，第436页。
② 《中国经济年鉴》下册第1册第十一章《工业》，民国丛书续编第1编，上海书店出版社2012年版，第613—614页。
③ 实业部国际贸易局编：《中国实业志·江苏省》，1933年版。

德桥的建成,西瀛门的新开,使得此处的批发业更加繁荣,船帮也集中于此。而城内的河南厢西瀛里由于与城西市场临近,明清时期的繁荣得到了延续和发展。南大街更成为全城最为整洁宽阔也是最为热闹的商业街区。常州商人于定一曾称:"常州城内诸街以千秋坊口至青云坊口之大街为最盛,房屋之租赁价格亦以此处为最贵。"① 除了怀德路一带机器厂较为集中外,大部分工业区集中到了城外,其中80%的工厂设在运河沿岸。城西原来是手工业中心,近代以来更成为机器、碾米、油饼业的集中区域。北门火车站附近由于交通便利也成为部分工厂集中的地方,如恒丰面粉厂设于此。纺织工业则集中到东南东下塘一带。

不过,江南地区的工业化和城市化进程并不同步。以苏南三地而言,无锡发展较早,步伐也最快;常州兴起于1920—1930年代,并逐渐追赶;相对而言,苏州发展则较为缓慢。中日《马关条约》签订后,苏州被开为商埠,允许外国人投资设厂,由此开始了工业化进程,光绪二十二、三年苏经丝厂、苏纶纱厂先后建成投产,开启了苏州近代民族工业的门户。陆润庠向苏松等地绅商借款54.8万两,借户就为股东,由官督商办,开办了苏经丝厂与苏纶纱厂,但两厂却因种种原因,经营困顿。苏经、苏纶两厂开张后不久,陆润庠即"服阙进京",不得已由祝承桂接办。因洋纱的冲击,纱厂亏损严重。光绪二十九年4月,费承荫接办苏纶、苏经两厂,适逢日俄战争,日本减少棉纱对中国的出口,因而苏纶纱厂销路转好,获利颇丰。光绪三十三年,费氏五年期满之后不在续约,两厂则由原股东张履谦、王驾六、周廷弼等收回自办。王驾六先后出任过两厂的总经理与总协理,但并没能扭转企业亏损的状态。直至1925年,上海的资本家严裕棠租办纱厂,自任经理,方才起死回生,并进入稳定的发展阶段。苏经、苏纶两厂开办后,旅沪苏州商人陆续在苏州设立了一些近代工业。光绪三十二年,黄宗宪、王驾六等于葑门外投资兴办的恒利丝厂,有意大利缫丝机104台;光绪三十三年怡和洋行买

---

① 于定一:《取缔惠民桥平易坊摆设摊贩感言》,《延爽集》,振群印刷局1926年版。

办黄梅贤投资7万元,以其族人黄敏伯为经理,在苏州南濠街创设生生电灯公司。宣统元年,无锡祝大椿与苏州银钱业庄主洪少圃等加入合资经营,改名为振兴电灯公司。光绪三十三年,洞庭西山商人罗焕章在东村设立了机器织布厂。席启孙与旅沪东山商人朱献淮等人集资创办了东山农业股份有限公司。期间,还陆续开办了面粉厂、电厂等。①

但是这些公司、工厂大多因各种问题倒闭。"惜苏人无意投资工业,且无管理近代工业之才。"② 这句话说出了苏州人投资近代企业失败的原因在。到1930年代,苏州几乎没有近代工业机械,工业也只有碾米、造纸、榨油、铁工、纺织、火柴业,手工业方面有顾绣、夏布、剪刀、骨刻、织席、纽扣、眼镜、皮箱、丝边等,仍是以奢侈品为主,大多是传统时代的产物。民国初期,苏州出产有721个、30余种商品,但为满足官绅、富豪奢侈需要的绸绫、纱缎、金银、珠宝、玉器、烟酒等业种,占全部商品的32.87%。③ 韩国学者朴正铉就认为,苏州是在传统农业社会基础上发展手工业的,近代以后,这样的工业转换没能很好地进行,是苏州发展停滞的重要原因之一。其手工业长期停留在政府和皇室筹措人的地位上,因此需求有限,

苏州街景

---

① 参见陈建荣:《近代上海的苏州人(1843—1937)》,苏州科技学院硕士论文,2013年。
② 朱宏涌:《严裕棠先生事略》,政协苏州市文史资料研究委员会等编《吴中情思:苏州文史资料选辑》第17辑,第32页。
③ 实业部国际贸易局:《中国实业志·江苏省》,1933年版,第35页。

并在辛亥革命后随着需求减少而逐渐衰退下去。所以苏州的手工业虽然曾经在传统时代是主流,但却很难转化为近代工业。另一方面,苏州的地主和商人资本习惯投资于收益较高的钱庄或典当铺等金融机构或商业,没能积极地向工业资本转化。①

1920年代,郁达夫从上海去苏州旅游,他这样写下两座城市的比较:若说上海是二十世纪的市场,那么苏州只可以说是十八世纪的古都。上海若说是一个Busy Port(繁忙的港口),而苏州只可以说是一个Sleepy town(睡着的小镇)。②与上海人相比,苏州人具有明显重土守成的、"脱不下长衫"的贵族文化情结。当时上海人就如此评价苏州人:"保守,不求进取,到了相当程度,便适可而止。就事业而言,有了成就,不再想扩展,只要本人一生安乐,至多给子孙可以温饱无忧。胆小,怕冒险,有十分钱干十分事,不比无锡、宁波各地人,有三分钱要做七分事。"③苏州在近代转型过程中,受到了传统因素的顽强抵抗,步伐相对缓慢,所以苏州的现代化可以说是"半截子现代化""在传统与现代的角力中,前者并没有彻底失败,它还顽强地凭据着旧阵地,阻挡着现代因素的进展。传统与现代处于相互缠绕、犬牙交错的状态"。④

第二节　旅沪江南人与江南地方建设

旅沪江南人除了在家乡进行投资设厂外,还采取各种措施,特别是借助同乡会的力量,帮助推进地方建设,振兴家乡。

如湖社于1934年成立振兴湖属蚕桑丝绸委员会,其主要职责:一是

---

① [韩]朴正铉:《无锡和苏州近代化之比较》,《徐州师范大学学报》2006年第4期。
② 郁达夫:《苏州烟雨记》,《郁达夫文集》第3卷,花城出版社1982年版,第67页。
③ 梅花落:《上海人看苏州人》,《礼拜六》1946年第19期。
④ 张海林:《苏州早期城市现代化研究》,南京大学出版社1999年版,第362页。

关于振兴湖属蚕桑丝绸之研究事项；二是关于振兴湖社蚕桑丝绸之建设事项；三是关于振兴湖社蚕桑丝绸之进行及协助事项。委员会下设蚕桑组、丝茧组、织绸组，分别组织和管理相应工作。具体工作则包括改良土丝、人才培养、建立指导所、上书政府和呼吁社会等方式，积极维护湖丝的发展。如为推进新型缫机，推广改良丝，特设立改良缫丝处，具体的职责是：（一）传习改良缫丝之事；（二）奖勉传习后，能自在家如法改良缫丝，并转传他人同样改良之事；（三）筹划劝导推广改良缫丝之事；（四）巡回指导之事；（五）其他关于提倡推广改良缫丝，及取缔妨碍改良缫丝等之事。①湖社还调动社员的积极性，通过集思广益提出改良办法。如周颂华提出《以发展湖丝的国际贸易，救济湖属农村经济案》，要求"从速在吴兴设立湖州蚕种制造场，制造改良蚕种，以最低价格，供给湖属各县蚕户饲育""创设湖州缫丝厂，仿照省立杭州缫丝厂办法，采用最新设备，缫制适合外人需要之生丝，运销海外""设立英土蚕桑学校，培植专材，并附设蚕桑讲习班，养成技术指导人员""湖属各县，应联合设立改良蚕桑机关，主持改良蚕桑事宜""改良蚕桑机关着手湖属各县设立养蚕指导所，设法杜绝土种"。②为获得资金支持，湖社还在吴兴设立丝业银行，以低利资金，定期放给蚕户，要求湖属各县严禁贩卖夏蚕种，提倡秋蚕，在湖属各县，设立茧行，收买改良蚕茧。湖社还通过其影响力，在政府方面吁请实施各种优惠政策，如呈请时任浙江省政府主席，也是湖社成员张静江，"将国货湖绸税率，量予减征，并将去年新加之五成北伐捐豁免"。③省政府鉴于"湖属丝绸工商困难情形，但又不得不顾及税收，因此允许减轻浆粉生分二成。④翌年"允将丝绸一项，列入日用品，改税率为千分之二"。⑤在呈请国民政府方面，湖社提

---

① 《湖州改良土丝续法之借镜》，《湖州月刊》1925年第2期。
② 《提案汇录》，《湖社第九届社员大会特刊》，1933年。
③ 《为维持湖州丝织业事呈浙江省政府文》，《湖州月刊》1929年第10期。
④ 《第六届社务报告》，《湖社第六届社员大会特刊》，1930年。
⑤ 《第七届社务报告》，《湖社第七届社员大会特刊》，1931年。

出"取法文明各国,保护税则",将国货湖绸税率减轻,外货人造丝税率加重,稗国计民生,双方兼顾;政府规定口服,须用国货织品;明定劳资互助办法;由政府或本社劝导该业,群查内外时尚,随时改良,裨可由国内贸易品,进为国际贸易品"。①陈果夫、陈立夫还分别致函财政部、工商部,呼吁扶植民族丝绸工商业。在他们推动下,国民政府颁布了蚕丝统制政策,1933年在浙江省设立管理改良蚕丝事业委员会,主要"办理蚕种统制、茧行统制、运销统制、桑苗培育并设立蚕丝改良模范区等工作"。为此湖社指定南浔为蚕丝改良实验区。陈果夫呈请国民政府协助农民,办理合作社,共同承担盈亏风险,派专业技术人才出国考察研究,同时取缔陈旧不堪的丝厂,改良蚕丝品种等。②

又如江浙地区虽然沪宁、沪杭铁路通过,但当时还有县城未通火车,如当时属江苏省的嘉定、太仓、宝山三县,水路交通已相当发达,但陆路交通仍赖人行小道,交通工具主要依靠人力车和畜力车。因此,行旅受阻,经济闭塞。当时,人们从浏河赴上海,要先坐独轮车至嘉定,转乘嘉翔(嘉定县城至南翔镇)间小火轮至南翔,再换乘沪宁线火车才能到达。行程艰难,颇费周折。1920年4月19日,太仓旅沪同乡会开会时,朱恺俦提议筹建创办上海至浏河的长途汽车公司,并修建沪太路。以改变嘉、太、宝地区与上海之间的交通落后状况,从而促进沿线地区的经济繁荣。③6月底,旅沪同乡会的负责人洪伯言、项惠卿等人决定集资建设沪太汽车路。④同年12月26日,太仓旅沪同乡会七十余人,假座上海邑庙萃秀堂集会,商议设立筹备事务所及集议招股办法,公路全线计长72里(自上海闸北起至刘河镇止),预算开办费每里约计地价路工桥梁等需1 500余元,总共约需银17余万元

---

① 《吴兴事务所干事提议案》,《湖社第五届社员大会特刊》,1929年。
② 参见周虹《精英与桑梓:湖社对湖州的公益活动(1927—1937)》,东华大学硕士论文,2012年。
③ 《太仓旅沪同乡会纪事》,《申报》1920年4月20日第11版。
④ 《太仓旅沪同乡会开会纪》,《申报》1920年6月29日第11版。

路，预计成通车之后每年可得净利约5万元，项惠卿、张纶卿、汪傅如、朱恺俦、洪伯言、吴挹峰等首先入股。①次年1月10日，首届筹委会假座福州路会乐里，制订招股简章。②2月11日起，《申报》连续刊登招股公告：

> 同人等为谋利，便交通起见，发起组织沪太长途汽车股份有限公司，筑路购车通行。自上海闸北起，经过宝山之大场、刘行、罗店，至太仓之浏河止，现定资本总额二十万元，分为四千股，每股五十元（每股得分为五零股），由发起人分认股额四份之三，尚余四份之一留待赞成此举之同志投资附入，共享利益。欲知详细内容者请，向三马路云南路中会乐里第一弄底本公司筹备事务所索阅章程可也。③

此后，又与宝山交通事务局签订了《租借县道契约》15款。属宝山县境路线33.89公里的筑路经费，除宝山县交通事务局自筹2万银圆外，余者由沪太公司垫款16.35万银圆。由宝山县交通事务局负责施工。沪太公司的筑路垫款，宝山县在10年后陆续归还，公司则每年向宝山缴付租路费。④这条路最初定为南自上海共和新路宋公园（今闸北公园），不久改为大统路、中兴路口，向北经彭浦、大场、塘桥、顾家宅、刘行、长浜、罗店、潘家桥、霜草墩、墅沟桥到达浏河镇，共有12个大小车站，其中太仓县境3公里许，由公司自行购田筑路。筑成的路面宽10米，其中行车道8米，煤屑面层。沿线建桥45座，上部结构多为木质。1922年1月1日，上海至大场段筑成通车，3月15日通至罗店，3月23日上海至浏河全线通车。⑤沪太路是中国第一条商办省际公路，全长37.25公里。

---

① 《沪浏长途汽车之筹办》，《申报》1920年12月28日第11版。
② 《筹办沪太长途汽车之近讯》，《申报》1921年1月12日第11版。
③ 《广告》，《申报》1921年2月11日第6版。
④ 《沪太汽车租借宝山县道契约》，《申报》1921年5月4日第11版。
⑤ 《沪太长途汽车最近营业状况》，《申报》1922年5月2日第15版。

沪太路至今仍是上海的重要交通要道，而在当时则成为上海市联络市郊和外省市的一条重要干线，也推动了沿途太仓、嘉定、宝山各地的经济发展。当时报刊称："沪太路一切设施，大致颇佳，殊足为人模范，生意甚盛，每日过客平均在五百以上，每日收入在三百元以上。"①

沪太路

旅沪江南人对于家乡的建设并不局限于个别领域的推进，而是关注于家乡的整体发展。这一点在新江阴建设计划中表现得尤为突出。

1945年10月20日，根据当时国民党政府颁布的《江苏省江南各县复员会组织法》，江阴成立了江阴县复员委员会，在临时参议会未成立之前，代行县参议会职权，并负其责任，是当时江阴的"临时之民意机关"。同时，成立了新江阴建设计划委员会，经四次会议后，提出了新江阴建设计划，并专门提交当时的江阴旅沪同乡会审阅。

江阴县复员委员会主任是当时的江阴县长，江阴乡绅邢介文为副主任委员，邢介文同时兼任新江阴建设计划委员会的主席。但邢介文只是挂名主持，真正负责新江阴建设计划的，则是时任复员委员会建设组长的胡亨吉。胡亨吉（1893—？），字通甫，江阴人，毕业于江苏工业专门学校土木工程科，曾任江淮水利局测量班长，江阴测量局测量队长，后任苏浙太湖水利局测量队长、淞沪商埠督办公署测量队长，上海特别市成立后，他是工务局第二科测绘股技士，②此后，他长期在工务局工作，

---

① 旨显：《评沪太长途汽车路》，《申报》1922年5月13日第23版《申报汽车增刊第二十五期》。

② 《现任职员一览表》，《上海特别市工务局业务报告》第1期，1927年。

并作为工程师入选《海上名人录》，积累了丰富的城市建设经验。新江阴建设计划由他负责主持，可谓是不二人选。

这份新江阴建设计划指出，虽然江阴在抗战后"一切陷入贫乏，城市为墟，农村破产"，但是由于其"在地理位置上有着最自然最优厚的条件"，因此只要将此优势充分开发，一切难题自可迎刃而解。计划认为江阴的优势有两个方面，一是地理位置的经济价值：江阴北带长江，为下流江面最深狭处。渡江而北，广大平原，通如泰扬淮海，公路贯通，富产杂粮；南接太湖流域，以黄田港为吞吐口，运河、应天河、东横河为水上交通线；澄锡、澄琴、澄武公路司陆运之贯通，中接京沪铁路中点无锡，为大江南北成品土产交流之枢纽；江运东通上海，西展长江沿线，可以说是太湖流域及长江上下物资交换集散转运之总站，长江下游最优良的通商港埠。二是人工运营不竭。沿江滩地广大，运河两岸均为良好的工业地带，可作振兴工厂之用。江阴当时人口80万，农田仅120万亩，农村劳力过剩，如果赴上海、无锡、常州等工业城市打工，虽得高工资，但繁费而不实惠。如果就地设厂，虽工资可能较低，但是总体生活成本较低，工人收入其实没有下降，且原料制品运输线可以缩短，成本下降。因此，总体而言，发展工商业较为有利。

新江阴建设计划的重点在于交通，起点也在于交通，其建设方案共十四点，绝大多数为交通建设，包括开发长江码头轮渡，开发运河、东横河、西横河，黄田港建筑新式船闸，建筑澄琴路面桥梁，建筑京沪铁路锡澄支路，发展县道、乡道构成交通网，这六条是发展各种事业之首要工作。然后在此基础上推进

江阴旅沪同乡会址

实业,包括江边规划工商业区域地带,接洽江轮南靠,组织大规模实业公司,组织各种合作社,以运输合作,配合交通机构,统筹货运之便利,以运销各种产品,利用长江水力,建设大规模水电厂等五条。以下是发展教育,储备人力,改进社会,包括开办职业学校,发展国民教育,提高知识水平。最后是调查勘探土地,招垦开发。

胡亨吉在此基础上,又提出自己的补充计划。他认为,黄田港以西,夏港以江,长江以南,镇澄路以北地带最适合成为工业集中地,如果在此区域内,加快推进相关建设,将使江阴工业得到尽量发展。围绕这一计划,应开展以下工作:一是开辟商港,建筑船坞;二是建筑铁路,与船坞相接,并向南展筑,经无锡达宜兴张渚,使江北货物可以直达浙皖腹地,浙皖货物可以直达江北;三是浚深江滩,建筑水泥驳岸及码头,使轮船可直达南岸,江边再大力建筑堆栈仓库;四是以此为中心建设铁路公路。由于要建设工业中心,必须做好基础设施建设,因此建议筹划江阴电气中心站,除了供工业和民用外,还可建设电车和灌溉农田。同时,他富有预见性地指出,如果江阴作为工业中心的地位得到充分发挥,日后人口自然会骤增,原有房屋不敷居住,因为必须开辟新市区。他认为中山门以北,君山以南最适合发展成新的市区,因此在规划市区道路时,必须进行提前预案。同时,围绕黄田港发展,一是要及早完成全县交通风我,同时也要将周边的水道进行疏通,整治夏港、石牌港,疏浚东西横河。①

新江阴建设计划推出后,提交旅沪同乡会,得到了同乡的积极回应,同乡会通过筹款筹股、提呈建议等方式对新江阴建设计划表示了支持,这项由旅沪同乡提出、旅沪同乡支持的计划让很多人对江阴的未来充满信心。在新江阴建设计划提出的同时,另一份计划也提交到了建设计划委员会,之后同样在旅沪同乡中引发了热烈讨论。这就是荣德生的得力助手、著名工业家薛明剑(1895—1980,经济学家孙冶方长兄)提交的湖江工业中心计划。抗战后,薛明剑回到无锡,先后兴办允福面粉

---

① 《新江阴建设计划》,《江阴旅沪同乡会特刊》,上海市档案馆藏档案 Q130-23-3。

厂等多家"允"字头工厂，希望以此为基础，推广其宏伟的地方发展计划，建设包括锡、澄、常三地的湖江工业中心，亦即苏南工业区。①1946年，在薛明剑的倡导下，无锡、江阴、武进三县本地及旅沪人士的推动下，计划从无锡太湖独山起，北至江阴夏港江边筑一条贯通太湖和长江，全程43公里的湖江超级公路。②但是好景不长，国民党政府一心搞内战，无意于地方建设，更何况时局瞬变，不到三年，解放军已经直逼长江，江阴成了国共对峙的前线，新江阴计划和湖江工业区计划也随之彻底夭折。但是，当年胡亨吉和薛明剑提出的计划也并非毫无意义，改革开放后，原先一度在苏南落后的江阴区位优势得到了充分的发挥，迅速成为长三角最令人瞩目的城市之一，长期高居全国百强县前两位，其锋芒今天甚至有超过无锡之势，当年这些旅沪同乡的高瞻远瞩和宏伟计划，终于有一天变成了现实。

第三节　旅沪江南人与江南新式教育

除了上述的变迁之外，江南城市的近代化进程也是人的生活方式和整体素质不断提高的过程，更是一个文化重铸的过程，而这一文化重铸的过程其实也与上海息息相关。近代上海的都市文化的发展本身离不开江南人的身影。在上海的生活改变了他们的生活，更改变了他们的思想。1903年是蒋维乔第一次长时间居住在上海的年份，在这一年岁尾的日记中，他写道："今岁处沪上，所得阅历上之知识及教育学生心得，什佰于他岁。"③如前文所述，正是由于聚集在上海，才使江南的文化精英从传统文人向近代知识分子转型，从企业家、大学教授、书局编辑、报馆记

---

① 《苏省工业会发起人薛明剑答记者问》，陈文源主编《薛明剑文集续编》下册，凤凰出版社2007年版，第1041页。
② 《兴筑湖江超级公路》，《申报》1946年5月10日第2版。
③ 蒋维乔：《竹翁自订年谱》。

者、专业作家、电影导演到演艺人员,这些在上海活动的江南人融入上海,成为海派文化的一分子,也成为新兴都市文化的创造者。更重要的是,这些新兴都市文化的创造者和经历者,必然会把他们的经历和创造的东西带回到他们自己的家乡,因此,出走和回归,其实是这些近代知识分子的必由之路。此处,仅以近代常州旅沪人士与家乡教育和新思想传播的关系做一简单介绍。

一、从藏书阅报社开始:蒋维乔与家乡文化事业的发展

常州最早传播新式思想始于屠寄与张鹤龄,1896年,张鹤龄与周腾虎之孙周维翰在屠寄的支持下设经世学社,购上海江南制造局、格致书院、广学会等机构出版的翻译书籍,谢荫昌和唐演首先加入经世学社,阅遍社中图书,并对《时务报》尤热衷。①1898年,庄俞在庄鼎彝的支持下也在常州举办阅报社,准备了《申报》等上海的报刊供人阅读。1902年,何志霄以原来的云溪义塾改建为育志小学堂,由许指严担任总教。这座建立在常州文人聚集的中心区域白云溪边上的小学成为日后常州文人转型的重要阵地。这年的八月初六日,刚刚从上海被父亲骗回常州的蒋维乔和何士准、何志霄、庄俞、杨择等人在育志小学成立藏书阅报所,"以期开通风气"。蒋维乔等人或捐报费,或捐书报,公举屠寄为总理。随后又因"书报只能激发识字之人,演说兼能启发不识之人",于是每星期在藏书阅报所中讲演,以"变法兴学"为宗旨。②藏书阅报社成为常州最有影响的传播新思潮的机构,对当时的本地年轻人影响极大。据吕思勉回忆,屠寄曾在藏书阅报社讲元史,吕思勉往听,受到了很大启发,此后好谈民族问题,导源于此。③

---

① 谢荫昌:《演苍年史》,北京图书馆藏珍本年谱丛刊第198册,北京图书馆出版社1997年版。
② 蒋维乔:《竹翁自订年谱》。
③ 吕思勉:《我学习历史的经过》,《中美日报》堡垒副刊1941年第161期。

与此同时，蒋维乔、庄俞、许指严、汤中、孙叔久等还举办修学社和改良私塾会。据谢荫昌回忆，修学社的主旨是译辑学术著作，以应实施"新教育"之需。社中蒋维乔主哲学，许指严主文学，谢荫昌主史学，汤中主法学，孙叔久主数学，此外尚有魏声龢、何长懋、瞿葆刚等人。①蒋维乔此后至常熟，参观南菁书院同学丁祖荫所主持的常昭蒙养学堂，结交日本人金井秋苹，遂与许指严一起邀请金井至常州为修学社教授日文，这年的十月十六日，修学社日文学习班在周线巷盛宣怀宅开课。②据谢荫昌回忆，当时"常州学社风起云涌，学子言论风生，几复三百年前东林、复社之旧"。此后参与各学社的诸人受到由上海带来的新思潮的吸引后，都进入上海。如蒋维乔入爱国学社，随后入商务印书馆，庄俞、汤中等则组织人演社，谢荫昌则经汪康年结交蒋智由，在蒋智由创办的《选报》中任编辑。③

　　这些进入上海后，又大量介绍更多的常州青年进入上海。如前章所言商务印书馆常州帮，便是典型的个案。很多女子也开始进入上海读书，如爱国女学中很多学生是蒋维乔介绍的同乡，其中谢仁冰弟弟谢仁炘的夫人、庄适的夫人、胡菊生的夫人、陆尔奎的夫人均经蒋维乔介绍至爱国女校读书。蒋维乔曾言："女校中学生宁波、常州各居其半。"④可见常州学生在爱国女校中的比重。这些人进入上海后，继续将上海学习到新知识、新思想传播回家乡。

　　蒋维乔自1902年底起，每年假期回常州时，都要和同仁们发起一些活动，其内容都是他在上海学习的成果。何士准和何志霄曾在爱国女校教授体育课，他们和蒋维乔以及在湖北自强学堂学习的庄启等将体育课引入常州。1903年春节前后，他们发起成立常州体育会和体育传习所，假武阳公立小学堂场地训练。1903年，由于俄国违反了《中俄交收东三

---

① 谢荫昌：《演苍年史》。
② 蒋维乔：《竹翁自订年谱》。
③ 谢荫昌：《演苍年史》。
④ 蒋维乔：《因是子日记》光绪三十年二月十六日条。

省条约》，拒绝在东北撤兵，导致了掀起了一场全国性的要求收复东北为中心的拒俄运动。蔡元培和蒋维乔等于这年的12月，在上海组织对俄同志会，"以研究对付东三省问题之方法"，并创办机关报《俄事警闻报》，专门报道沙俄侵略消息，号召国民奋起抗俄。蒋维乔在年底回常州过年时，和同仁们集资购置《警钟日报》，分别送至玉壶春、步瀛楼、迎凤楼、鸿运楼四茶座供人阅览，①号召市民参与拒俄运动。

1904年春天，沈心工在务本女塾创设乐歌讲习会，蒋维乔、谢仁冰、严保诚等人都加入乐歌讲习所，学习音乐。如前所述，蒋维乔加入乐歌讲习会并不只是简单的兴趣，更重要的目的是学习音乐教育，以便在常州学校中推广音乐课程，以提高民众素质。"吾乡虽有小学校，而乐歌一事付诸缺如焉。此科在小学校至重要，吾辈独不可稍缓一分子之义务。乘暑假之假归"。他代育志学堂购买风琴，并"草拟简章，一遵沪上乐歌讲习会宗旨，邮寄许志毅君，使先宣布"。暑假中，蒋维乔、严保诚、谢仁冰在育志学堂办音乐研究会。开始的时候，参加研究会的太少，蒋维乔以为是"知之者鲜"缘故，又开特别演说会。各人分写传单，"揭广告通衢"。开讲之日，入座听讲者百数十人，"座满不能容，则有立而听者"，"吾常学堂之有风琴，自今日始。而吾乡人之后闻风琴声，亦自此始"。②

这年下半年，他又和严保诚随钟观光在科学仪器馆学习理化课程，达到了中学程度。课程结束后，他又帮忙为育志学堂购买了理化试验器具，在回乡过年时举办了理化讲习会。开讲时，由许指严弹琴唱歌，次由蒋维乔演说理科之关系与分类，严保诚展示氢气试验，最后由屠寄演说。初定先讲无机化学一月，来年暑假讲有机化学与物理学，自次日起，每天上午九时开讲。③

随着时间的推移和影响力的增强，蒋维乔之后对家乡的影响已经不

---

① 蒋维乔：《竹翁自订年谱》。
② 蒋维乔：《因是子日记》本年六月初十日《甲辰暑假纪事》。
③ 蒋维乔：《竹翁自订年谱》。

再停留在演说和宣传这一初步层面上。伴随着江苏教育会等一系列的社会团体在上海的成立,在 1906 年之后,蒋维乔、陆尔奎等这些远居上海的人已经开始对家乡的教育乃至政治事务具备了相当的话语权。从蒋维乔的日记可看出,自从江苏教育会成立后,他作为常州推选出的评议员,多次至江苏教育会与沈同芳、陆尔奎等人商议常州学务事。陆尔奎发起举办的文明雅集常州同乡聚会其初衷也是讨论常州学务问题。1907 年,武进旅沪同乡多次在愚园和大生纱厂等地开会,也是为了讨论常州学务,设立常州师范一事。而常州本地的教育界和政界的负责人如钱以振、唐演等也多次来沪,和蒋维乔、陆尔奎等讨论相关事宜。常州地方教育界出现问题,如庄先识与徐果人之争,屠寄与恽祖祁之争,也均是来上海,请蒋维乔、陆尔奎、严保诚等人回乡调停。1909 年,江苏省第一届谘议局议员选举,蒋维乔、沈颐、庄俞、孟昭常等这些旅沪文化精英均回乡投票,蒋维乔和沈颐还分别担任武进和阳湖的投票监察员,可想而知他们当时在地方上的公信力。而最终的选举结果,孟森、孟昭常这些旅沪的精英也和本地的实力派人物如钱以振、屠宽、于定一等人一同当选。可以说,这些旅居上海的江南人对家乡的影响已经随着时间的推移越来越大,也越来越明显了。

二、新式学校的创建:以冠英和正则为个案

新式知识分子对地方最大的贡献是新式教育在常州的推进和发展。光绪二十七年(1901)八月初二,清廷颁布谕旨:除京已设大学堂外,着各省所有书院,于省城改设大学堂,各府及直隶州均改设中学堂,各州县改设小学堂。从此之后,常州陆续创立了众多近代新式小学堂。这些新式学堂大都具备了两个特点。一是学校基本上都由旅居上海的文化精英创办,他们或是出身望族,或是有显赫功名,均在地方有一定声誉,经他们号召,绅富筹集款项创办而成。如常州当时最有名的两所新式学校,冠英和正则分别由庄鼎彝、盛宣怀、刘树屏创办,而庄俞、沈颐分任总教。又如育志由屠寄、何志霄创办,粹化由庄先识创办等。二,学

校的结构、章程、授课内容大多模仿上海的学校,如粹化女学基本仿造上海的务本女学。此处以冠英和正则两所学校做详细的个案分析。

冠英和正则是当时规模最大,影响力最广的学校,在当时曾有西党(冠英设在城西)和东党(正则设在城东)之称,可见其并驾齐驱的地位。冠英和正则之所以成功,是因为他们都是从族学改造而来,都有坚实的经济基础做后盾。

盛宣怀的祖父晚年曾有意建族学,但当时太平天国战争刚过,建族学条件并不成熟。同治十一年(1872)宗族议定于常州拙园义庄东建族学"人范书院",供宗族子弟读书之用。光绪八年(1882),"人范书院"开始动工兴建,盛庚捐养廉银千缗,其余费用则由盛康捐给,盛氏宗族义庄还专辟三百亩族田为读书田,作为常年经费。光绪十五年(1889)春,"人范书院"落成,开塾授课,凡族中七岁至十五岁子弟住院中,聘请品学兼优之师授课。"人范书院"建立后,宗族议定盛隆以下子孙按年量力各捐若干,除每年开支外,以剩余资产为"人范书院"置田。① 同时规定:盛隆以下子孙任官者岁捐俸廉银一成中之二成,候补、候缺者岁捐薪水一成中之一成,退归林下、游牧在外或读书子弟如有膳养修脯膏火余资,均可随愿乐助书院,以此积少成多,随时置田生息。同时,为族学捐助的族人姓名及出入、盈余一一登记在宗族义庄名册上,以昭核实而示征信。②

人范书院捐启

---

① 《人范书院记》,《龙溪盛氏宗谱》卷23《义庄录》。
② 《人范书院捐启》,《龙溪盛氏宗谱》卷23《义庄录》。

而当癸卯学制颁布后，盛宣怀开始考虑将原有的族学改建为新式小学堂，正好刘树森也有此打算，当时正在合作经商的盛氏和刘氏着手联合创办一所新式学校，这就是正则小学堂。正则小学堂是光绪三十年（1904）年底由盛宣怀和刘树屏、刘树森兄弟合资创办的，并于次年春节后开学。学校分正则东校和正则西校，各有高等小学堂和初级小学堂一所。正则东校设于盛宣怀周线巷祖宅，而西校则设于西关刘氏祖宅青果巷西下塘，而每次月考、季考则均在周线巷东校会集，盛氏家族的贻范堂和刘氏家族的积庆堂各半承担学堂的开办费和常年经费，而刘树屏则担任学堂的总理，所有聘请总教、分教及学堂一切规则并银钱出入均由他一人主持。

根据正则的章程，学校完全遵循《奏定高等小学堂章程》，以培养国民之善性，扩充国民之智识，强壮国民之气体为宗旨，以童年皆知作人之理，皆有谋生之术为目标。其中初等小学堂的课程有修身、讲字、理字、写字、作句、浅算、历史，每天课时七小时，冬底春初为六小时。高等小学堂的课程有修身、读讲经、国文、算术、历史、地理、理科、图画、唱歌、体操，课时与初等小学堂相同。高等小学堂（正科）学期四年，初等小学堂（预科）学期三年，初等小学堂毕业后由学堂考验合格，升入高等小学堂，高等小学堂毕业后，由学堂具报地方官考验合格，给予文凭，照章送入中学堂肄业。初等小学堂学生每月学费大洋五角，每年六元，高等小学堂学生每月学费大洋八角，每年九元六角。八岁以上，十五岁以下的均可报考。有"家计平常或子弟二三人不能全任者"，可由保人证明，收取半费。而盛、刘两家子弟则完全免费。另外学校还收取书本费和体操服装费，如果在学校就餐者尚需交膳费一元。学校第一期的经费总共筹集了大洋1 400元，学额160名，实际招收了高等小学堂全费学生17名，半费学生8名，免费生4名，初等小学堂全费生40名，半费生17名，免费生15名，总计101名。①

如果说盛氏的族学是传统族学中规模较大者的话，庄氏的族学则是

---

① 《正则高等小学堂章程》，上海图书馆藏盛宣怀档案。

传统族学中历史最悠久,影响最大的一个。洪亮吉、赵翼、刘逢禄等都曾经在庄氏族学中读书。道光二十一年(1841年),苏应珂、邵荣洗等在新街巷创办冠英义学。此后由庄逢泰、庄凤威等庄氏族人接收,太平天国战争结束后,庄逢泰等将冠英义学改为义塾,并拨入族内无主房屋归义塾所有,并置办产业,收租给用义塾。常州在太平天国之后兴起了修建义塾的风潮,《武阳志余》曾记载:"今高门大族其视训子弟略不经意,以为习句读而已,而贫者又无力延师,坐听其荡废,吁此亦风俗所由衰矣,吾郡素称仁里,近年于睦婚任恤之谊多所敦行,而义学之兴最盛。"①冠英义塾是当时这种风潮上的产物。冠英义塾此后一直由庄氏族人进行管理。在科举时代,冠英义塾经常举行会课,一度名流荟萃,角胜文场,蜚声翰苑。但是此后因乏人经理,几同虚设。

就在盛宣怀、刘树屏创办正则小学堂的同时,光绪三十一年(1905)春节刚过,庄鼎臣、庄鼎彝、庄济泰、庄洞等庄氏族人在城区觅渡桥将冠英义塾进行整肃扩建,创办冠英小学堂。开设3个班,学生70余人。②

庄鼎彝虽然出身在中国最成功的科举家族,本人也是举人,但他早就对科举不满。早在1896年已告诉其子庄俞:"世乱无已,科举不足致用,宜尽弃旧业,研究有用之学。"1902年时,他又说:"科举当废,即不废,亦不必再应试。"③他在冠英小学堂的简章中也称:"自学校废,科目兴,中国积弱至今已臻极点,人心风俗更流荡而不知返,此世变之所以日亟也。"④可以他认为科举是导致中国积弱的重要原因。同时他又举日本崛起的例子,以为日本"以蕞尔国获优秀之美,登争剧之场",其原因是"自明治维新以来,深得普通教育之效"。所以"近瞻东海,远法西欧",要急起直追,必须以废科举,兴普通教育。常州当时只有一所官办

---

① 光绪《武阳志余》卷3《书院》。
② 武进县教育志编纂领导小组,《武进县教育志》,1986年内部出版物,第31页。
③ 庄鼎彝等:《常州公立冠英小学简章》,上海图书馆藏盛宣怀档案。
④ 庄俞:《庄百俞先生年谱》。

武阳小学堂，民办小学堂只有育志和溪山，"未宏造就"，而常州原有义塾不下数十处，义塾原先都有经费，将这些义塾改造为小学堂可以取得事半功倍之效。另一方面，小学堂在教学方面较之义塾有很大优势。他认为原先的义塾只不过是"平日收六七蒙童，课《千文》、《百姓》"，"徒抛岁月"而已，而且"重课读，不重讲解"，导致"有年将及冠，提笔不能作家书者"。而改造为学堂，则一方面改读新编初等教科书，有图有说，易于领悟；另一方面，课读与讲解并重，使毕业生"未有不通浅近文字者"。因此，改义塾为学堂，即可以节省经费，又可以收取速效。①

为了创办冠英小学堂，庄鼎彝辞去了汉口轮船招商局的职务，庄俞也辞去了商务印书馆的职务，从上海返乡，两人都将全部身心投入办学中，从改筑校舍到整顿学科，庄鼎彝均亲力亲为，出钱出力。未及半年，因校舍狭小，乃迁校于庄氏宗族三贤祠。一年后，学生益众，校舍仍不敷使用，复募集经费，于祠后扩建校舍，建北舍、西舍各九大间，改造者若干间。同年，庄鼎彝用自己住宅创设幼幼女学，办学经费，悉由己出。三十二年（1906），幼幼女学年开学，庄鼎彝聘请教员，详订课程，历尽艰辛。至宣统元年（1909），冠英两等小学堂和幼幼女学学生多至二百人。②

庄氏在经济实力上不及盛宣怀和刘树森、刘树屏雄厚，但是由于庄氏家族在本地和外地影响都很大，因此号召族人募捐成为他们经费的主要来源。开办伊始，他们"驰函分告在外出仕诸公及退归林下，优游乡里诸大老"，广为劝募。并规定每月捐一元起至数十元止，为经常捐，随时捐助数十元起至数百元止为特别捐，捐款者均为学堂名誉赞成员，永远榜列堂内，以为纪念，并按季开送《报销册》、《功效表》，以表昭信。同时，还向武、阳两县地方官申请在地方公款项下拨助若干费用。和正则一样，冠英也分高等小学堂（即高等班）和初等小学堂（即寻常班）两级，学期均为四年。高等班收学费一元，寻常班收五角，高等班学生

---

① 庄鼎彝等：《常州公立冠英小学简章》。
② 庄蕴宽：《庄公茗甫墓志铭》，庄鼎彝：《一匮草堂诗钞》卷首，1934年铅印本。

不住宿,如果在学校用餐,则月收午膳费一元五角。课程也基本按照癸卯学制,和正则小学堂大致相同,寻常班课程有修身、读书、习字、算术、图画、体操,高等班有修身、读书、算术、习字、地理、历史、图画、理科、体操。①

无论是冠英还是正则,其师资力量就以今天的标准而言也称得上出众。刘树屏曾在安徽主持安徽大学堂,并在上海主持过澄衷学堂,而总教则由他在澄衷学堂的最得力助手沈颐担任,他们两个曾主编过早期国人自行编辑出版教科书的代表——《澄衷蒙学堂字课图说》。副总教习徐镜澄也是著名的教育家。②徐镜澄后来曾在清华任教,是梁实秋的国文老师,对其有深远的影响。③冠英的总教庄俞是商务印书馆新编小学教科书的编辑,他和沈颐都是当时全国最为权威的小学教育工作者之一,有着出色学校管理和教学的经验,在他们领导下,正则小学和冠英小学的教育质量必然会有所保证。正则小学后由于盛宣怀的关系未能在民国之后继续延续,冠英小学则一直持续到今天。民国成立后,它被改为武阳市立第二高等小学,当时已被称为模范学校,中华人民共和国成立后改为觅渡桥小学,至今仍是常州地区质量最好的小学之一。瞿秋白是这个学校百年历史中最著名的学生,除了他之外,还培养了大量优秀的人才,目前就有蒋亦元、顾冠群、庄逢甘、庄逢辰、庄逢源五位毕业生是中科院院士。

1911年,常州城区已有公私立中小学35所。民国成立后,由于常州城市化和工业化的进程进一步加快,常州的教育有了进一步发展。到1936年,常州有小学71所(其中城区37所,有7所附设幼稚园)、中学11所、中等师范学校1所、职业学校5所,学校数增至88所。这些学校的老师水准均较高,很多学校的师资与现在一流大学相比也毫不逊色,吕思勉等许多著名学者曾在此任教,培养出一大批优秀的学生。历

---

① 庄鼎彝等:《常州公立冠英小学简章》。
② 《正则高等小学堂合同》,上海图书馆藏盛宣怀档案。
③ 梁实秋:《清华七十》,《雅舍杂文》,文化艺术出版社1998年版,第41页。

史学家严耕望曾言:"清末民初之际,江南苏常地区小学教师多能新旧兼学,造诣深厚,今日大学教授,当多愧不如。无怪明清时代中国人才多出江南!"①

可以说,正是在这些新式知识分子的影响下,过去江南小城那种目障身塞、孤陋寡闻的狭小空间被一种开放的广阔的精神空间所代替。当然,江南城市的现代文明并不是马上就形成的,这其中有太多的艰难曲折。首先,由于思想观念的嬗变取决于经济基础和物质生活条件的变迁,经济基础和物质生活条件的差异性就决定了江南城市的社会变迁也存在着差异性。比如说,知识阶层和士绅阶层为代表的中上层社会的观念变迁显于下层社会,城镇社会的思想观念变迁也显于乡村社会。因此尽管常州女性教育相对而言称得上在全国领先,但据统计,1931年常州城区,女性识字人数为6 209人,仅占总人数的4%。② 正是这种差异性的存在使得近代社会所呼唤的民主和科学找不到自身的载体。其次,正如学者忻平所言,除非在实际生活中由于现实条件的制约,使得旧俗的实行不再成为可能时,新俗的引进与旧俗的变异才成为可能。因此,在那些新俗还未真正显示出对旧俗绝对优势的生活层面上,人们仍习惯按旧的方式去生活。③ 所以要发生真正的改变尚有待时日。

---

① 严耕望:《钱穆宾四先生行谊述略》,严耕望:《治史三书》,上海人民出版社2008年版。
② 常州市志编纂委员会:《常州市志》,第435页。
③ 忻平:《从上海发现历史》,上海人民出版社1996年版,第485页。

尾　声

在近代，随着上海这样现代都市的出现和西方思想的大规模传播，传统社会遭受了极大的冲击，正如镇海郑传笈为常州旅沪著名中医丁甘仁作传时开篇便称，自上海开埠以来，"士之负异才，挟奇术，欲凭胜地以自显者，猥集凫趋不绝"。① 大量人群从乡村涌向城市，从小城市进入大城市，传统聚居模式开始发生重大的变化。更重要的是，随着社会生活日益多样化，人们交往范围日益广泛，传统的宗法观念、婚姻观念、性别观念都开始发生重大的变化。离开故土的人们对血缘和地缘的认同感也日益淡化，发生了文化、心理乃至关系上的疏离，而对新的迁居地却产生了一种特殊的认同。

关于这些移民眼中的上海，下面一段文字有着典型性：

> 我之所以喜欢上海，倒不是为它有许多戏院和舞场，或者女人和繁华，当然，这些东西对我也有大的吸引，但是在别的都市里也可以找到。我之喜欢上海，只为它有一种复杂的年轻的气质，换言之就是青春，这在别的都市里是不大容易感受到的，因为它们都已经古旧了，消沉了。而上海则每天每时都有新的血液注进去，每天每时都在那里自然地生长，各式各样的交通器具载来陌生的冒险家，要在这块土地上碰碰他们的运气，而不论他们的运气如何，总多少会影响这个城市，不管是好是坏，所以它一直是闪烁而动荡的，像一个倔强无比的女孩子。住在这样性格的城市里，你无法使自己平静，因为这两个字根本就不存在，除非你安

---

① 《孟河丁甘仁先生墓志》，民国铅印本。

心隔绝开这个社会跟这些人,当然这是不可能的,所以你自己也会不断地进步,我们都知道进步是在矛盾与动荡中产生的。①

上海的城市性格,或者说作者所言这个城市的"青春气质"其实是那些外来的"新的血液"注入的,些"新的血液"也因被"青春气质"所吸引,在这个城市里不断地进步,城市与人互相影响,终于构成了这座城市最亮丽的本色,这其实就是上海城市发展历程的一个缩影。也正是在上海城市发展过程中,在这些外来"新血"进步的过程中,"新血"逐渐融入这个城市,成为城市的一部分,新的意义上的"上海人"也随之形成产生。

明清两代有严格的编查户籍制度,清人吴荣光对此有详细的解释:根据会典,凡民之著于籍者曰"民籍",此外根据职业的不同,还有所谓"军籍""商籍""灶籍"等,但均"禁其冒籍、跨籍者"。"他省人于寄居地方置有坟庐,已逾二十年者,准其入籍,是为寄籍,其原籍为祖籍,出仕者祖籍、寄籍一体回避。"②没有"寄籍"却旅居外地的,则为"客籍",他们并没有当地的籍贯,除了一些特殊群体外,也不能参加当地的科举考试,户籍登记时也将他们另外统计。其实,随着清代"盛世滋丁、永不加赋"及雍正时期"摊丁入亩"政策的推行,传统户籍制度本身已经因缺乏合理性而出现了松动,再加上"湖广填四川"等或是由政府推动,或是人群自发的大量移民活动,人口的流动性已经越来越普遍。只不过"本籍""客籍"之分,仍然为大多数人认可。

但是到了近代的上海,"本籍""客籍"的区别却越来越模糊,甚至逐渐消融。这种消融是以晚清地方自治运动和各种新兴社团的建立为契机。光绪三十一年(1905),上海成立城厢内外总工程局,其章程规定设总董一员,帮董二员,会议董事九员。其中总董必须本籍绅士充当,帮

---

① 周五红:《论上海与上海人》,《中华时报》1946年9月5日。
② [清]吴荣光《吾学录初编》卷2《政术门户籍》,《续修四库全书》史部第815册,上海古籍出版社1995年版。

董一本籍,一客籍,会议董事不论土客绅商。①此时尚分本籍、客籍,但会议董事已经不论土客。光绪三十二年,上海总工程局制定章程,则规定选举人资格为(一)年在二十岁以下者;(二)本地人及住居本地五年以上者;(三)年纳地方捐税十元以上满三年者。此时原来"逾二十年"的限制已经缩短至"住居本地五年以上"。②至光绪三十三年,上海西北城地方联合会成立时,对客籍会员的要求已经缩短至三年以上。③光绪三十四年,上海教育会成立时,规定"本籍绅衿暨久居本境之客籍绅衿,对于本境教育皆有应担负之义务,皆得为会员"。④光绪三十五年,政府制定《地方自治章程》,规定城镇乡选民的资格是:一有本国国籍者;二男子年满二十五岁者;三居本城镇乡接续至三年以上者;四年纳正税(指解部库司库支销之各项租税而言)或本地公益捐二元以上。⑤可见,居于本地三年即可有城镇乡选民资格,也即被视为本籍居民了。

光绪三十二年,围绕上海是否拆除城墙,发生了争论,其中反对拆城者,以上海本地居民为多,尤以曹骧为著名。他曾发表演说,其中称"城垣之设,所以保卫阖邑人民,上海城垣,我上海人应当事务讨论"。这引起轩然大波。《新闻报》刊出上海本地人的文章,指名批驳曹骧,其中便谈及本籍与客籍的问题,以为这只是科举时代的观念,现在已经过时,按照时下的法律观念,不应再有此类区分:"且夫上海人欲与客籍绅商分别界限,固有甚难者矣,数十年来,上海之慈善事业、公置事业,悉以客籍绅商所捐之资为多。属此系科举未废时代,目之为客籍绅商耳,若以户籍法论,凡住居上海若干年,在上海置有产业者,咸为上海人。盖其于上海之休戚关系者深,故其对于上海之慈善事业,公益事业皆有应尽之义务,而于振兴上海之拆城问题,乃欲歧而二之,曰客籍绅商,可乎?否乎?此

---

① 《上海县城乡内外总工程局章程》,《东方杂志》1905年第10期。
② 《上海总工程局章程》,《南洋官报》1906年第57期。
③ 《西北城地方联合会暂拟草章》,《申报》1907年8月9日第19版。
④ 《上海教育会章程》,《申报》1908年9月8日第28版。
⑤ 《地方自治章程》,《申报》1909年1月28日第4版。

亦上海人所不可不知，而不能以此废物分同室之界限者也。"①

此后上海绅商就保护城墙问题发表意见，其中有"全体绅商"一语，并就此语之内涵做了阐释：

> 昨有上海全体绅商保存城垣公会，函送章程多条如下：一，"全体绅商"四字，系承道宪照会言之，缘上海各小部分之团体最多，核其人数如太仓梯米，有挂一漏万之虞。兹所云"全体绅商"者，系包括阖邑在内。一、无论城厢内外及乡村市镇，凡本邑境内皆为上海全体之区域。一、境内四民，凡系正当营业者，皆有公民住民之资格，皆在全体二字之内，皆可来会发抒意见，毋自弃其发言之权。一、土著、客籍并无分别，但有生产在上海，职务在上海者，即与斯城有奢切之关系，均在公民住民之列，本令一例欢迎。②

以上这段话，既可视之为对《新闻报》所刊批评意见的回应，对曹骧意见的修正，是对客籍上海人身份的肯定，更是对既有事实之承认。如果不吸纳客籍商人，在当时的上海，保存城垣根本不可能取得成功。而到了民国时，县志中都承认："查吾邑水陆辐辏，五方杂处，但可论住年之久近，无从有土客之区分"③，可以称得上是对上海主客关系的定论。

此后，人们基本上认可这样的标准，即仅以是否居住在上海为准，而消除本地、客籍之分。1921年《礼拜六》上讨论上海人心理的文章就这样讲："什么唤做上海人？上海人就是住在上海的人。其实真正上海的土著没有几个，浦东方面与南市方面却还多些。但是我所说的上海人是指租界方面居多数，就是别处的人，或者来做生意买卖的，或者做海上寓公的，或者来游历的，只要住上一年半载，我就承认他是上海人了。"④

---

① 《规上海人》，《新闻报》1908年7月5日第3版。
② 《上海人立会保存城垣》，《沪报》1908年7月13日第13版。
③ 吴馨等修，姚文枏纂：民国《上海县续志》卷6《田赋上·户口》，第2393页。
④ 镜心：《上海人之心理》，《礼拜六》1921年第105期。

当年批驳曹骧的文章中就指出：上海人之特性"是主因而不主革，主旧而不主新，主退而不主进，主让而不主争"，这才导致了"上海人之商务尚为上海者所有者，百之一矣"，所以提倡上海之特性，其实是"阻碍上海之发达"。要实现上海之发达，必须改变上海之特性，要改变上海之特性，就不能有土客之分。① 日后上海的发展也证明了这点。这些移民以不同的方式和力量参与到了上海的城市发展中，在与上海这座城市共同成长的过程，完成了对城市的情感认同，与本地人共同塑造了新的"上海人"，建构了上海的城市品格，成为上海建设发展的重要力量，客籍人无论是在数量还是在贡献上甚至还占了主导："所谓上海人，实际不是上海人。真正的上海人，叫做本地人。本地人在上海的人口中，虽然未有正确的统计，依了普通的估计，恐怕最多也不过占到百分之十。其余的百分之九十，虽然其中广东人、宁波人、山东人、江北人以及其余边疆远省的人，应有尽有，但是他们却没有不以上海人自命的。"所以有人这么说："上海的地方是一个很奇怪的都会，进了这个都会同化起来非常迅速。从前内地的人多说黄浦里的水吃过了是能变性质的，这句话真是不错呢。内地人性质一变就是上海人。"甚至上海话也是各种方言融汇的结果："上海因了这五方杂处的关系，'上海话'也跟着'上海人'而大受影响。'本地人'说的上海话，其实倒是不折不扣的'上海话'，但是'上海人'偏要硬说本地人说的是浦东话。用各处方言杂凑成功的，才算'上海话'。例如说'我'，须学宁波人说'阿拉'；'你'，须学本地人说'侬'：'他'，须学苏州人说'俚'；'好'，须学广东人说'顶括括'；'不好'，须学北方人说'不兴'；表示惊讶而失望，须学江北人说，'乖乖不得了'。倘使你的话，能够这样子不三不四的东学一句，西学一句，那人家就心悦诚服，而且五体投地地佩服你是一位货真价实的'老上海'。"② 也有这么说："上海人说起了'浦东'，总不免学上几句浦东小贩，叫卖土产的乡音，以资笑乐。查上海未关租界之前，'浦东话'，实

---

① 《规上海人》，《新闻报》1908年7月5日第3版。
② 白石：《上海人的分析》，《申报》1932年9月9日第17版。

上海北站

是上海的'普通话'。自从开设租界之后,五方杂处,中外杂居,于是便产生了一种'客籍上海人'的所谓'上海话',而把原有的上海话,硬指为'浦东话',而造成了这么个喧宾夺主的现象。"① 上海客籍人喧宾夺主,何止在方言上,而如果没有客籍人的喧宾夺主,上海又怎么会成为今天的上海?

但是另一方面,诚如蒋维乔所言,近代社会仍处于一个过渡时期。因此,这一社会其实也是一个矛盾的社会。上海这样的大都会作为一个人群聚散的平台,资源交换的空间,为人们提供了一个更加多元的人际关系网络,使他们可以突破乡土文化单一而封闭的限制。但另一方面,这些身处异乡的人在大都市中难免会有茫然无措的那一刻,这种对城市的陌生感以及对地缘和血缘的亲近感,在上海又体现得特别鲜明。有一个对比特别有趣,同样是那些旅居上海的人,有时候,"你遇到一个上海

---

① 惟经:《浦东》,《申报》1937年7月13日第18版。

话句不会说的客民,尽恭维他是'上海人',准不会错"。① 可有时候人们又会发现:"现在上海住了几十年的也常常不承认自己是上海人,他们一定要报出原籍来,说我是某地某地人,由此可见上海人是不大有人要做的"。② 看起来这似乎有点矛盾,然而正是这种矛盾,恰恰是这些新"上海人"心态的真实反映。他们努力想要融入这个城市,但同时也觉得和这个城市有着隔膜。也正是这种矛盾的心态,使得他们会转而寻求习惯性的血缘和地缘的关系来依靠。很多在上海的江南人的人际关系网络依然彻底没有突破血缘和地缘的限制,仍然是以血缘、地缘为中心,随之而扩散开的同心圆,各种各样的会馆、公所、同乡会也正是出于这种原因才产生、发展出来的。《申报》曾有一篇文章讨论同乡会为什么会在上海兴盛:

> 在最初的时候,上海原还是一片荒漠凄凉的白地,当然,是无所谓有什么"同乡会"的。直至后来日子渐渐久了,上海被辟成了通商的一个口岸,于是,交易兴旺了,生意繁盛了,上海慢慢地才算踏上了繁荣的大道。同时,由外埠各地到上海来谋生的工商人士,也从少而渐渐地增多了;说起来,在目前上海的四五百万人口中,真正的可以称得'上海人'的,着实很少很少,大部分可谓都是当时从外埠迁来沪地经商,做工,因而长久居住起来的。这一群从各地来上海的人士,为了各自的方言的不同,习俗的差别,当然,在每遇到了'同乡'的时候,总会格外地显得亲热些,要好些,所以,久而久之,为谋每个'同乡'的福利与方便起见,他们便集合了起来,组织成了各个'同乡会',以便用集体的力量,来对各个身处异乡的人士,做一些有益的事情,履行一些互助救济的责任。③

---

① 白石:《上海人的分析》,《申报》1932年9月9日第17版。
② 周五红:《论上海与上海人》,《中华时报》1946年9月5日。
③ 凡几:《论同乡会》,《申报》1939年4月14日第15版。

其实，即使在今天，无论是在北上广深这样的大城市，还是在世界各地的任何一个角落，有中国人聚集的地方，只要同一地区的外来者聚集到一定规模，他们之间的联络便会增强。这背后的原因，其实不能简单地用安全需要、经济利益来解释。正如很多研究者所发现的，即使在经济活动多元化、法律相当健全的海外华人社区，只要同乡者出现一定规模的聚居，便会逐步形成类似同乡的组织。有学者甚至认为，汉族人对自身以及自身所属群体的历史合理性和归属性的执着需求，其实是中华汉族文化的一个基本特征。

然而，不管经历了怎么样的磨难，也不论如何依恋传统，有多么希望生活在过去，这些江南的移民都在上海自觉或不自觉地发生了一场蜕变，并在这一过程中对历史的进程作出了重要贡献。是他们把江南文化带进了上海，又把海派文化带回了江南。正是以他们为媒介，使得海派文化从江南文化的土壤中汲取了丰富的营养，完成了从承继江南文化、到熔铸江南文化、再到引领都市文化的历程，从而推动了上海文化在整个江南文化格局中中心地位的确立。也正是以他们为媒介，江南腹地越来越多地受到了上海的影响，人员、信息、资金、技术相互流动，文化科技知识和技术不断传播，市场不断开拓整合，工矿企业逐渐兴办，江南各地也开始了一系列深刻的变化，正是在这种不断地相激相荡、相生相克中，上海和江南都发生了巨大的变化，至今仍是中国最充满魅力和活力的地区之一。那些在上海的江南人就在其中扮演了至关重要的角色。他们的功绩不应该被人遗忘。

后 记

上海对于我来说是一个有着独特意义的城市，在少年时代，这是一个除了家乡之外，我最熟悉的城市。自二十年前起，我就长居于此。回顾我半生的几乎所有时间，可以说都身处于江南和上海。记得三十年前的某日，我走在上海街头，耳机里正好传来 Sting 那首著名的 Englishman in New York，突然想到，江南人在上海，其实有点像英国人在纽约，熟悉而又陌生，亲近而又疏离。2019 年，熊月之先生邀请我参与丛书的撰写，最初题目是《常州人在上海》，后来将范围扩大，改为《上海的江南人》。期间由于疫情及其他工作等原因，本书的撰写一直断断续续，好在之前有一定基础，终于可以在截稿前完成了所有工作。

本书中的很多课题，是我一直关注的问题，之前也有部分内容以各种形式发表于报纸和学术刊物中。在研究过程中，常和本所同仁及诸多同好一起探讨，并受到了如熊月之、马学强、宋钻友等诸先生的指导，受益匪浅。本书在出版过程中，经过了出版社编纂团队的辛勤劳动。同时还要感谢上海市委宣传部、上海市档案馆将我纳入四史研究团队，使得我在疫情防控期间可以相对方便地在上海市档案馆查阅档案。在此，请允许我一并向以上提到的以及没有提到的所有人表达自己最诚挚的感谢。

叶舟

二〇二一秋于沪上

参考文献

中文文献

A

《爱日草堂诸子,常州学派的萌坼》,陆宝千,《"中研院"近史所集刊》第16期,1987年。

B

《百年颠沛与千年往复》,王家范,上海远东出版社2001年版。
《北洋时期工商企业统计表》,沈家五编,《近代史资料》第58号,中国社会科学出版社1985年版。
《编纂小学教科书的回忆》,蒋维乔,《出版周刊》1935年第156号。
《博潴奚氏宗谱》,2019年铅印本。

C

《蔡元培年谱长编》,高平叔,人民教育出版社1998年版。
《常州八邑会馆创立之时采访舆论情况》,上海图书馆藏盛宣怀档案。
《常州八邑会馆章程暨拟办各事件第二次条告》,上海图书馆藏盛宣怀档案。
《常州的近代化道路:江南非条约口岸城市近代化的个案研究》,万灵,安徽教育出版社2002年版。
《常州纺织工业史话》,常州市民建、常州市工商联,常州政协文史委编《常州文史资料》第3辑,1982年。

《常州府同乡会成立大会通知》，缪荃孙等，上海图书馆藏盛宣怀档案。

《常州府同乡会简章》，上海图书馆藏盛宣怀档案。

《常州公立冠英小学简章》，[清]庄鼎彝等，上海图书馆藏盛宣怀档案。

《常州旅沪同乡会第二届大会纪念录》，《常州旅沪同乡会第二届会员录》。

《常州旅沪同乡会第二届会员录》，1925年铅印本。

《常州旅沪同乡会函稿记事簿》，上海市档案馆藏档案Q117-8-16。

《常州旅沪同乡会会讯》创刊号。

《常州旅沪同乡会会议录》，上海图书馆藏，卷宗号Q117-8-25。

《常州旅沪同乡会会员名册》，1947年，上海市档案馆藏档案Q117-8-5。

《常州旅沪同乡会简史及会务报告工作计划》，上海市档案馆藏档案，Q117-8-1。

《常州市轻工史料》第一辑，常州轻工业局编史修志办公室，1983年。

《常州市志》，常州市地方志编纂委员会，中国社会科学出版社1995年版。

《常州文史资料》第8辑《刘国钧先生纪念专集》，常州政协文史资料研究会编，1987年内部出版物。

《陈果夫的一生》，吴相湘，传记文学出版社1980年版。

《陈衡哲散文选集》，陈衡哲，百花文艺出版社2004年版。

《陈英士先生纪念全集》，何仲箫，《近代中国史料丛刊》续编第26辑，文海出版社1970年版。

《晨报》。

《澄斋日记》，恽毓鼎著，史晓风整理，浙江古籍出版社2004年版。

《崇百药斋文集》[清]陆继辂，《续修四库全书》集部1497册，上海古籍出版社1995年版。

《钏影楼回忆录》，包天笑，中国大百科全书出版社2009年版。

《从鲁迅的弃医从文谈到恽铁樵的弃文从医》，范伯群，《复旦学报》2005年第1期。

《从上海发现历史》，忻平，上海人民出版社1996年版。

D

《大成纺织染公司与刘国钧》，朱希武，《文史资料选辑》合订本第10卷，中国文史出版社2000年版。
《丁日昌集》，丁日昌，上海古籍出版社2010年版。
《大公报》。
《大上海指南》，东南服务社，光明书局1947年版。
《丁未政潮与预备立宪》，张践《四川大学学报》，1994年第2期。
《东方杂志》。
《洞庭东山旅沪同乡会会刊》，上海市档案馆藏档案Q117-9-21。
《洞庭东山旅沪同乡会卅周纪念特刊》，上海市档案馆藏档案Q117-9-37。
《多歧之路：商务印书馆编译所知识分子研究（1902—1932）》，郑峰，复旦大学博士论文，2008年。

E

《二十世纪中国知识分子史论》，许纪霖，新星出版社2005年版。

F

《纺织时报》。
《冯友兰选集》，冯友兰，吉林人民出版社2005年版。

G

《港口、城市、腹地，上海与长江流域经济关系的历史考察（1843—1937）》，复旦大学出版社1998年版。
《革命逸史》，冯自由，新星出版社2009年版。
《格致汇编》。
《公言集》，[清]沈同芳，宣统三年万物炊累室丛书本。

《古代宗族乱以名贤为祖先的通病，以明代〈新安萧江宗谱〉为例》，冯尔康，联合报文化基金会国学文献馆编《第五届亚洲族谱学术研讨会会议记录》，联经出版公司1991年版。

《光绪朝东华录》，中华书局1958年版。

《光绪武阳志余》，[清]庄毓鋐等纂，《中国地方志集江苏省府县志辑》第38册，江苏古籍出版社1990年版。

《光绪宜兴荆溪县新志》，[清]钱志澄修，吴景墙纂，《中国地方志集成·江苏府州县志辑》第40册，上海古籍出版社1990年版。

《国民党政权在沪粮政的演变及后果》，马军，上海古籍出版社2006年版。

《国闻备乘》，胡思敬，《近代中国史料丛刊》一编第45辑，文海出版社1971年版。

H

《海盐县志（1986—2005）》，海盐县党史地方志编纂委员会，浙江人民出版社2013年版。

《海盐张氏族谱》，1934年刻本。

《杭属八县同乡会章程》，1919年铅印本。

《杭州市城市早期现代化（1896—1927）》，汤洪庆，《浙江学刊》2009年第6期。

《杭州运河老厂》，陶水木、周丽莉编，杭州出版社2018年版。

《洪亮吉集》，[清]洪亮吉，中华书局2001年版。

《厚生制造机器厂史略》，叟人，《江苏国工半月刊》1936年第3期。

《胡海秋与六一织造厂》，徐寿松、金绛年，政协杭州文史委、中共杭州市委统战部编《杭州文史资料》第22辑，1999年。

《胡适口述自传》，胡适口述，唐德刚译注，华东师范大学出版社1993年版。

《胡适来往书信选》，胡适，中华书局1979年版。

《胡适日记全集》，胡适，台北联经公司1993年版。

《胡适文集》,胡适,北京大学出版社1998年版。
《湖社第九届社员大会特刊》,1933年。
《湖社第六届社员大会特刊》,1930年。
《湖社第五届社员大会特刊》,1929年。
《湖塘桥农村织布工业》,张千里,《纺织建设月刊》1948年第2卷第4期。
《湖塘镇志》,湖塘镇编史修志领导小组编,1986年。
《湖州旅沪同乡会改组纪录》,上海档案馆藏档案Y4-1-700。
《湖州望族之一,吴兴陈氏》,邵钰,湖州市陈英士研究会编《陈英士研究文集,纪念辛亥革命九十周年》,2001年。
《沪报》。
《沪游梦影》,池志澄,上海古籍出版社1989年版。
《沪游杂记》,[清]葛元煦,上海书店出版社2009年版。
《花村谈往》补遗,花村看行侍者,丛书集成续编史部第26册,上海书店出版社1994年版。
《怀庭府君年状》,[清]陈鼎等,光绪木活字本。
《皇朝经世文编》,[清]贺长龄编《近代中国史料丛刊》初编731册,台北文海出版社1975年版。
《皇朝续文选通考》,[清]刘锦藻,续修四库全书史部第820册,上海古籍出版社1995年版。
《回忆辛亥》,章天觉,《辛亥革命史丛刊》第二辑,中华书局1980年版。
《会馆公所与近代上海社会》,熊月之,上海三山会馆管理处编《上海会馆史研究论丛第2辑》,上海社会科学院出版社2014年版。
《绘图上海杂记》,[清]藜床卧读生,文宝书局1905年石印本。

J

《集体行动的逻辑》,[美]奥尔森,陈郁译,上海人民出版社1995年版。

《记常州粹化女学开办始末及劣绅仇阻情形》,粹化女学,清光绪三十年石印本。

《记光复会二三事》,沈飐民,全国政协文史资料研究委员会编《辛亥革命回忆录》第4集,文史资料出版社1963年版。

《记陆尔奎先生》,白羽,《长城》1934年第24期。

《家乡、城市和国家,上海的地缘网络和认同(1853—1937)》,[美]顾德曼著,宋钻友译,上海古籍出版社2004年版。

《嘉郡会馆征信录》,1920年铅印本。

《嘉庆上海县志》,[清]王大同等修,《上海府县旧志丛书·上海县卷》第2册,上海古籍出版社2014年版。

《嘉兴市志》,《嘉兴市志》编纂委员会,中国书籍出版社1997年版。

《蒹葭堂稿》,[明]陆楫,《续修四库全书》集部第1354册,上海古籍出版社1995年版。

《江阴旅沪同乡会》,陈载民,毕昭祥主编,江阴市政协学习文史委员会编《江阴文史资料集粹》,上海古籍出版社2004年版。

《江阴旅沪同乡会所落成纪念特刊》,1948年。

《江阴旅沪同乡会特刊》,上海市档案馆藏档案Q130-23-3。

《交通史航政编》,交通史编纂委员会1935年版。

《教育公报》。

《金㳘生日记》,[清]金武祥,上海图书馆藏稿本。

《近代上海大事记》,汤志钧主编,上海辞书出版社1989年版。

《近代上海的苏州人(1843—1937)》,陈建荣,苏州科技学院硕士论文,2013年。

《近代吴江丝绸商人在上海苏州》,周德华,政协吴江学习文史委编《吴江文史资料》第16辑,1998年。

《近代戏曲家谈小莲事迹考》,胡瑜,《文教资料》2009年第18期。

《近代浙商对辛亥革命的财政支持》,徐淑华,《云南大学学报(哲学社会科学版)》2012年第4期。

《近代中国蚕丝业及外销》,李明珠着、徐秀丽译,上海社会科学院出版社1996年版。

《近代中国企业,制度和发展》,沈祖炜主编,上海社会科学院出版社1999年版。

《近代中国缫丝工业史》,徐新吾主编,上海人民出版社1990年版。

《精英与桑梓,湖社对湖州的公益活动(1927—1937)》,周虹,东华大学硕士论文,2012年。

《瀞园自述》,赵启霖,《北京图书馆馆藏珍本年谱丛刊》第186册,北京图书馆出版社1997年版。

《旧典备征》,〔清〕朱彭寿,中华书局1982年版。

《旧上海人口变迁的研究》,邹依仁,上海人民出版社1980年版。

K

《康南海自编年谱》,康有为,中华书局1992年版。

《康有为全集》,康有为,上海古籍出版社1990年版。

《康有为日记》,康有为,张荣华整理,《近代史资料》第119号,中国社会科学出版社2009年版。

L

《琅琊费氏族谱》。

《李徵五、李薇庄参加同盟会》,李祖范,上海市工商联史料委员会编《辛亥革命前后的上海总商会动态》,1961年。

《力报》。

《历史的本色,晚清民国的政治、社会与文化》,桑兵,广西师范大学出版社2016年版。

《两罍轩尺牍》,〔清〕吴云,清光绪十年刻本。

《刘柏生先生墓志铭》,刘垣,1941年石印本。

《刘国钧和常州的纺织工业》,万灵,《江苏纺织》1991年第6期。

《刘国钧文集》,刘国钧,南京师范大学出版社2008年版。

《刘海粟画集》,刘海粟,北京工艺美术出版社2006年版。

《刘河镇纪略》，[清]金端表，《中国地方志集成·乡镇志专辑》第9册，上海书店出版社1990年版。

《六十回忆》，周越然，北方文艺出版社2017年版。

《龙城书院课艺》，[清]缪荃孙等，中国历代书院志第12册，江苏教育出版社1995年版。

《龙溪盛氏宗谱》，1943年敦睦堂木活字本。

《陆尔奎与〈辞源〉》，宗清元，《文史知识》，1988年第5期。

《论上海与上海人》，周五红，《中华时报》1946年9月5日。

《论中国女学不兴之害》，蒋维乔，《女子世界》1904年第3期。

《吕思勉编年事辑》，李永圻，上海书店出版社1992年版。

《旅沪常州会馆事务所同人致盛宣怀函》，上海图书馆藏盛宣怀档案。

《旅沪海昌公所劫余旅栋迁葬概况》，《海宁》1939年。

《旅沪宁波人与辛亥革命》，李瑊，《史林》2002年增刊等。

M

《孟河丁甘仁先生墓志》，民国铅印本。

《民国陈英士先生其美年谱》，徐平，《新编中国名人年谱集成》第8辑，台北商务印书馆1980年版。

《民国金融巨子贝祖诒》，张晰，《浙江档案》2007年第11期。

《民国上海县续志》，吴馨等修，姚文枏纂，《上海府县旧志丛书·上海县卷》第4册，上海古籍出版社2014年版。

《民国十五年以前之蒋介石先生》，毛思诚，1937年版。

《民华厂竞争图存二三事》，王有林，常州市纺织工业公司修史编志办公室编《常州纺织史料》第2辑，1983年。

《民权报》。

《明清江南进士数量、地域分布及其特色分析》，范金民，《南京大学学报》1997年第2期。

《明清江南人口社会史研究》，吴建华，群言出版社2005年版。

《明清江南商业的发展》，范金民，南京大学出版社1998年版。

《明清两代嘉兴的望族》，潘光旦，商务印书馆 2015 年版。
《墨余录》，[清]毛祥麟，上海古籍出版社 1985 年版。

N

《南浔镇志》，周庆云纂《中国地方志集成·乡镇志专辑》第 22 册上，上海古籍出版社 1990 年版。
《南洋官报》。
《能改斋漫录》，[宋]吴曾，中华书局 1960 年版。
《宁波旅沪士绅与上海、宁波的光复》，王慕民，《史林》2002 年增刊。
《宁波旅沪同乡会第八届征求纪念刊》，1933 年铅印本。
《宁波旅沪同乡会月刊》。
《女权说》，蒋维乔，《女子世界》1904 年第 5 期。

P

《蓬窗日录》，[明]陈全之，《续修四库全书》子部第 1125 册，上海古籍出版社 1995 年版。
《毗陵科第考补编》，董觊庵，上海图书馆藏稿本。
《毗陵吕氏族谱》，光绪四年木活字本。
《毗陵沈氏宗谱》，1930 年九思堂刊本。
《毗陵增修庄氏族谱》，1935 年铅印本。
《毗陵张氏支谱》，光绪二十七年守经堂钞本。
《平湖旅沪同乡会会议记录》，上海市档案馆藏档案 Q117-40-1。
《平江公诉总则、章程及各项规则草案、办公规则和概况表》，上海市档案馆藏档案 Q118-4-1。

Q

《祁祖云与恽祖祁：九尾龟本事小考之一》，一土，《明清小说研究》1989 年第 3 期。
《清稗类抄》，徐珂，中华书局 2010 年版。

《清代内河水运史研究》，[日]松浦章，董科译，江苏人民出版社2010年版。

《清代毗陵名人小传稿》，张惟骧，《近代中国史料丛刊》续编第13辑，文海出版社1971年版。

《清代日记汇抄》，上海人民出版社1982年版。

《清代朱卷集成》，成文出版社1992年版。

《清季外交史料》，书目文献出版社1987年版。

《清末到解放常州工商业略述》，查秉初，常州市地方志编纂委员会、常州市档案局编《常州地方史料选编》第1期，1981年。

《清末新政时期上海官、绅、商结合的实业活动》，易惠莉，《思想与文化》第4辑，华东师范大学出版社2004年版。

《清末以后城市同乡组织形态的现代化：以宁波旅沪同乡组织为中心》，虞和平，《中国经济史研究》1998年第3期。

《清前期上海港发展演变新探》，张忠民，《中国经济史研究》1987年第3期。

《清实录》，中华书局1985年影印本。

《求我山人年谱》，庄崧甫，北京图书馆藏珍本年谱丛刊第180册，北京图书馆出版社1999年版。

《全国银行年鉴，民国二十六年》，中国银行经济研究室编，《近代中国史料丛刊三编》，文海出版社1987年版。

R

《壬辰春试记》，[清]恽毓德，常州图书馆藏稿本。

《荣家企业史料》，上海社会科学院经济研究所，上海人民出版社1980年版。

《荣氏宗谱》，1935年木活字本。

S

《上海公报》。

《上海公共租界史稿》，蒯世勋编著，上海人民出版社1980年版。

《上海妓女：19—20世纪中国的卖淫与性》，［法］安克强，袁燮铭译，上海古籍出版社2004年版。

《上海近代贸易经济发展概况（1854—1898年）：英国驻上海领事贸易报告汇编》，李必樟译编，上海社会科学院出版社1993年版。

《上海近代社会经济发展概况（1882—1931）：海关十年报告译编》，徐雪筠译，上海社会科学院出版社1985年版。

《上海开埠初期对外贸易研究（1843—1863）》，黄苇，上海人民出版社1961年版。

《上海民政志》，上海民政志编纂委员会，上海社会科学院出版社2000年版。

《上海民族机器工业》，上海市第一机电工业局机器工业史料组编，中华书局1966年版。

《上海人看苏州人》，梅花落，《礼拜六》1946年第19期。

《上海人之心理》，镜心，《礼拜六》1921年第105期。

《上海史，走向现代之路》，［法］白吉尔，上海社会科学院出版社2005年版。

《上海市社会局关于德清旅沪同乡会申请登记的文件》，上海市档案馆藏档案Q6-5-1029。

《上海市社会局关于旅沪海昌公所注册登记等文件》，上海市档案馆藏档案Q6-9-96。

《上海市社会局关于嘉善旅沪同乡会申请登记的文件》，上海市档案馆藏档案Q6-5-1026。

《上海市社会局关于平江公所注册登记等文件》，上海市档案馆藏档案Q6-9-94。

《上海市社会局关于桐乡旅沪同乡会申请登记的文件》，上海市档案馆藏档案Q6-5-1035。

《上海市社会局有关上海锡金公所注册登记等文件》，上海市档案馆藏档案Q6-9-97。

《上海通史》第 9 卷《民国社会》，罗苏文、宋钻友，上海人民出版社 1999 年版。

《上海通志》第一册，上海通志编纂委员会，上海人民出版社、上海社会科学院出版社 2005 年版。

《上海锡金公所章程》，1935 年铅印本。

《上海闲话》，姚公鹤，上海古籍出版社 1989 年版。

《上海：现代中国的钥匙》，[美]罗兹·墨菲，上海人民出版社 1986 年版。

《上海橡胶工业的先驱者：刘永康和薛福基》，钱尊藩，江阴市政协学习文史委编《江阴文史资料集粹》，上海古籍出版社 2004 年版。

《上海研究资料》，上海书店出版社 1984 年版。

《上海总商会组织史资料汇编》，上海市工商业联合会、复旦大学历史系编上海古籍出版社 2004 年版。

《社会中间层：改革与中国的社团组织》，王颖、折晓叶、孙炳耀，中国发展出版社 1993 年版。

《申报》。

《"绅商"词义及其内涵的几点讨论》，马敏，《历史研究》，2001 年第 2 期。

《神秘的东方家族，贝聿铭和他的家族》，张一苇，苏州大学出版社 2014 年版。

《省界、业界与阶级，近代中国政治力量的兴起及其难局》，章清，《中国社会科学》2003 年第 2 期。

《盛宣怀档案资料选辑，汉冶萍公司 3》，陈旭麓编，上海人民出版社 2004 年版。

《盛宣怀年谱长编》，夏东原，上海交通大学出版社 2004 年版。

《盛宣怀评传》，易惠莉，江苏人民出版社 2012 年版。

《十九世纪的中国买办：东西间桥梁》，[美]郝延平，李荣昌、沈祖炜译，上海社会科学院出版社 1988 年版。

《十里洋场的侧影》，谢菊曾，《涵芬楼往事》，花城出版社 1983 年版。

《时报》。

《市镇分布与地域的开发,明中叶以来苏南地区的一个鸟瞰》,范毅军,《大陆杂志》2001年第102卷第4期。

《释江南》,周振鹤,《中华文史论丛》第49辑,上海古籍出版社1992年版。

《四象八牛:南浔丝商十二家庭》,林黎元,《浙江文史资料》第32辑,浙江人民出版社1986年版。

《泗阳张纯谷居士年谱》,张星烺,《近代中国史料丛刊》第30辑,文海出版社1971年版。

《宋会要辑稿》,[清]徐松辑,中华书局1957年版。

《苏报》。

《苏北人在上海1850—1980》,[美]韩起澜,卢明华译,上海古籍出版社2004年版。

《苏州旅沪同乡会会议记录》,上海市档案馆藏档案Q117-12-7。

《苏州旅沪同乡会理监事、特别会员、普通会员和选举理监事选票及社会局关于理监事宣誓就职的指令》,上海市档案馆藏档案,Q117-12-2。

《苏州通史(人物卷)》下,李峰主编,苏州大学出版社2019年版。

《苏州早期城市现代化研究》,张海林,南京大学出版社1999年版。

《顺天时报》。

《孙中山与湖州人》,沈石铭主编,团结出版社2001年版。

T

《太仓旅沪同乡会追记》,项仲川、钱荷百,政协太仓县委员会编《太仓文史资料辑存》第2辑,1984年。

《太平天国革命亲历记》,(英)呤唎著,王维周译,上海古籍出版社1985年版。

《覃研斋师友小记》,赵椿年,《中和月刊》1942年第3期。

《唐长孺回忆录》,唐长孺,中华书局2021年版。

《陶庐五忆》,[清]金武祥,光绪粟香室丛书刻本。

《铁报》。

《同乡组织与上海都市生活的适应》，宋钻友，上海辞书出版社2009年版。

《统一战线人物志》，华文出版社2007年版。

《图画日报》，上海古籍出版社1999年影印本。

《图书馆演说》，常州女士张罗兰，《女子世界》1904年第3期。

W

《晚清小说史》，阿英，人民文学出版社1980年版。

《晚清政治思想史论》，王尔敏，广西师范大学出版社2005年版。

《晚晴簃诗汇》，[清]徐世昌编，中国书店1988年版。

《万历野获编》，[明]沈德符撰，谢兴尧点校，中华书局1959年版。

《汪氏合谱》，1943年木活字本。

《王震事略》，《历史档案》1981年第3期。

《翁佩孚先生哀挽录》，1927年铅印本。

《翁同龢日记》，[清]翁同龢，中华书局2006年版。

《我对湖社的感情和对湖社的希望》，戴季陶，《湖州月刊》1925年第1期。

《我所知道的"维华银团"》，吴中，《中国出版史料（近代部分）》第3卷，湖北教育出版社2004年版。

《我学习历史的经过》，吕思勉，《中美日报》堡垒副刊1941年第161期。

《我一游记》，庄俞，商务印书馆1936年版。

《我走过的道路》，茅盾，人民文学出版社1981年版。

《无锡的住宅建设与房地产管理》，无锡地方志办公室等编《无锡地方资料汇编》第4期，1985年。

《无锡概览》，《无锡文库》第2辑，凤凰出版社2011年版。

《无锡和苏州近代化之比较》，[韩]朴正铉，《徐州师范大学学报》2006年第4期。

《无锡近代企业和企业家研究》，严克勤、汤可可等，黑龙江人民出版社 2003 年版。

《无锡旅沪同乡会会员入会志愿书》，上海市档案馆藏档案 Q117-7-32。

《无锡旅沪同乡会填报社会团体登记表》，上海市档案馆藏档案 B168-1-797-19。

《无锡市丝绸工业志》，钱耀兴主编，上海人民出版社 1990 年版。

《无锡市志》，无锡市地方志编纂委员会编，江苏人民出版社 1995 年版。

《"吾国乐界开幕第一人"》，《音乐世界》，1989 年第 2 期。

《吾学录初编》，[清] 吴荣光，《续修四库全书》史部第 815 册，上海古籍出版社 1995 年版。

《吴虹玉牧师自传》，吴虹玉口述，朱友渔记，徐以骅译，《近代中国》1997 年。

《吴江旅沪同乡会季刊》创刊号，1936 年。

《吴阶平传》，邓立，浙江人民出版社 1999 版。

《吴氏红塔支统世支谱》，1936 年铅印本。

《吴兴农业经济》，刘大钧，中国经济统计研究所 1939 年版。

《吴趼人全集·诗戏曲杂文》，吴趼人，北方文艺出版社 2019 年版。

《吴稚晖先生全集》，吴稚晖，中国国民党中央委员会党史编纂委员会 1969 年版。

《吴中贝氏家谱》，1920 年石印本。

《吴中贝氏家族》，贝祖武，政协苏州市文史资料研究委员会等编《吴中情思：苏州文史资料选辑》第 17 辑，1988 年。

《武进年鉴》，日进印刷所 1927 年铅印本。

《武进西营刘氏家谱》，1929 年铅印本。

《武进西营刘氏旅沪通讯录》，上海档案馆藏档案 Y4-1-291。

《武进县教育志》，武进县教育志编纂领导小组，1986 年内部出版物。

《武岭蒋氏宗谱》，中华书局 1948 年铅印本。

《戊戌时期的学会运动》,张玉法,《历史研究》1998年第5期。

X

《西潮》,蒋梦麟,辽宁教育出版社1997年版。
《锡山周氏光霁祠大统宗谱》,1919年木活字本。
《下浦陆氏本支谱》,光绪十八年善庆堂木活字本。
《先考通奉府君年谱》,[清]刘锦藻,《北京图书馆藏珍本年谱丛刊》第169册,北京图书馆出版社1999年版。
《现任职员一览表》,《上海特别市工务局业务报告》第1期,1927年。
《乡籍文化与关系网络,无锡旅沪同乡会研究1924—1954》,黄莉慧,华中师范大学硕士论文2016年。
《乡土中国》,费孝通,三联书店1985年版。
《项苍园非张春帆考》,谢仁敏,《文学遗产》2010年第3期。
《萧江氏宗谱》,1948年萧江氏思源堂木活字本。
《小不其山房集》,[清]徐有珂,《清代诗文集汇编》第680册,上海古籍出版社2010年版。
《小说纵横谈》,秦瘦鸥,花城出版社1986年版。
《辛亥革命时期苏州金融业的动荡》,苏州市工商业联合会,政协苏州市委员会史文史资料研究委员会编《文史资料选辑》第7辑,1988年。
《辛亥革命新论》,沟口雄三,《开放时代》2008年第4期。
《辛亥革命在上海史料选辑》,上海人民出版社2011年版。
《新闻报》。
《新学会社及其他》,孙表卿,宁波市暨各县(市)区政协文史资料委员会编《宁波文史资料》第11辑,1991年。
《徐念慈传》,蒋维乔,《教育杂志》1912年第1期。
《薛明剑文集续编》,薛明剑著,陈文源主编,凤凰出版社2007年版。

Y

《延爽集》,于定一,振群印刷局1926年版。

《严复集》,严复,中华书局1986年版。

《严裕棠先生事略》,朱宏涌,政协苏州市文史资料研究委员会等编《吴中情思:苏州文史资料选辑》第17辑,1988年。

《演苍年史》,谢荫昌,北京图书馆藏珍本年谱丛刊第198册,北京图书馆出版社1997年版。

《"阳湖耆宿"与商务印书馆》,黄健民,《商务印书馆一百年》,商务印书馆1998年版。

《叶景葵年谱长编》,柳和城,上海交通大学出版社2017年版。

《一匮草堂诗钞》,庄鼎彝,1934年铅印本。

《宜兴旅沪同乡会章程及宜兴灾荒筹帐委员会会议记录和筹帐经过情况报告书附宜兴县善后救济协会会议记录》,上海市档案馆藏档案Q117-35-1。

《艺风堂友朋书札》,上海古籍出版社1980年版。

《因是先生自传》,蒋维乔,《大众》1945年第27期。

《因是子日记》。蒋维乔,上海图书馆藏稿本。

《因是子游记》,蒋维乔,商务印书馆1936年版。

《涌幢小品》,[明]朱国桢,中华书局1959年版。

《郁达夫文集》,郁达夫,花城出版社1982年版。

《预备立宪公会会员题名表》,浙江省辛亥革命史研究会、浙江省图书馆编《辛亥革命浙江史料选辑》,浙江人民出版社1981年版。

《鸳鸯蝴蝶派研究资料》,魏绍昌辑,上海文艺出版社1984年版。

《越缦堂读书记》,李慈铭,辽宁教育出版社2001年版。

《恽氏家乘》,1939年光裕堂铅印本。

Z

《张謇传记》,刘厚生著,上海书店1985年版。

《张謇全集》,张謇,上海辞书出版社2012年版。

《张元济年谱》,张树年,商务印书馆1991年版。

《张元济全集》,张元济,商务印书馆2010年版。

《张元济日记》,张元济,商务印书馆1981年版。
《张园与晚清上海社会》,熊月之,《南方周末》2004年4月4日。
《浙江潮》。
《浙江籍买办的崛起及其影响》,陶水木,《历史教学》1998年第7期。
《浙江拒款保路运动的群众斗争及其他》,沈飑民,政协浙江省文史资料研究委员会编《浙江文史资料选辑》第2辑,1963年。
《浙江旅沪学会报销清册》,1914年铅印本。
《浙江旅沪学会商请江南制造局将新高昌庙庙基及官地拨充该会应用的往来文书》,上海市档案馆藏档案S446-1-39。
《浙江辛亥革命纪实》,褚辅成,《浙江辛亥革命史料》第7卷,浙江古籍出版社2013年版。
《浙江辛亥革命史》,汪林茂,浙江大学出版社2001年版。
《正则高等小学堂合同》,上海图书馆藏盛宣怀档案。
《郑孝胥日记》,郑孝胥,劳祖德整理,中华书局1993年版。
《治史三书》,严耕望,上海人民出版社2008年版。
《中国工商行会史料集》,彭泽益,中华书局1995年版。
《中国婚姻与婚姻管理史》,孟昭华等,中国社会出版社1992年版。
《中国教育会之回忆》,蒋维乔,《东方杂志》1936年第33卷第1号。
《中国近代对外贸易史资料》第1册,姚贤稿,中华书局1962年版。
《中国近代教育史资料汇编:教育行政机构及团体》,朱有瓛等,上海教育出版社1993年版。
《中国近代面粉工业史》,上海社会科学院经济所编,中华书局1988年版。
《中国近代企业的开拓者》,孔令仁等,山东人民出版社1991年版。
《中国近代最大的丝商群体》,陈永昊、陶水木主编,浙江人民出版社2001年版。
《中国经济年鉴》,民国丛书续编第1编,上海书店出版社2012年版。
《中国轮船航运业的兴起》,樊百川,中国社会科学出版社2007年版。

《中国人口史·清代卷》，曹树基，复旦大学出版社2005年版。
《中国实业志·江苏省》，实业部国际贸易局，1933年版。
《中国文学史资料全编·现代卷·鸳鸯蝴蝶派文学资料》，芮师和、范伯群等编，知识产权出版社2010年版。
《中国现代出版史料（丁编）》，张静庐，上海书店出版社2011年版。
《中国小说史略》，鲁迅，人民文学出版社2006年版。
《中国资本主义发展史》，许涤新、吴承明主编，人民出版社1990年版。
《中华大典·经济典·商业城市贸易分典》第1册，巴蜀书社2017年版。
《中华民国名人传》第2册，蒋永敬等，近代中国出版社1984年版。
《中华民国史人物传》第1卷，中华书局2011年版。
《中华民国史人物传》第5卷，中华书局2011年版。
《中华民国史人物传》第7卷，中华书局2011年版。
《中华民国史资料丛稿，人物传记》，上海市政协文史资料工作委员会、中国社会科学院，中华书局1988年版。
《中华民国史资料丛稿·人物传记》第15辑，中国社会科学院近代史研究所、中华民国研究室合编，中华书局1982年版。
《中外旧约章汇编》，王铁崖，三联书店1957年版。
《中吴纪闻》，[宋]龚明之，上海古籍出版社1986年版。
《周廷弼》，冯炬、刘曼殊，政协无锡市文史资料研究委员会、无锡市地方志编辑委员会等编《无锡文史资料》第1辑《无锡历史名人传》，1988年。
《竹翁自订年谱》，蒋维乔，上海图书馆藏稿本。
《竺可桢文集》，竺可桢，科学出版社1979年版。
《庄百俞先生年谱》，庄俞，民国二十九年铅印本。
《梓溪刘氏宗谱》，1940年铅印本。
《宗社党的复辟活动》，[日]宗方小太郎，《近代史资料》第48号，中国社会科学出版社1982年版。

《最近十六年之北平离婚案》,吴至信,《社会研究季刊》,1935年第1期。

外文文献

Banister, A History of the External Trade of China, 班思德《最近百年中国对外贸易史》,1931年中英合璧本。

Joseph R. Levenson, The Province, the Nation, and the World: The Problem of Chinese Identity. In Albert Feuerwerker etc. (ed.), Approaches to Modern Chinese History. Berkeley: University of California Press, 1967.